Helen Andelin

L'univers fascinant de la femme
COMMENT LA FEMME IDÉALE ÉVEILLE L'AMOUR ET LA TENDRESSE CHEZ L'HOMME

Helen Berry Andelin
(1920-2009)

Helen Andelin est née en 1920 à Mesa, en Arizona, dernière de sept enfants d'un dentiste. A dix-huit ans elle rencontre son futur mari, Aubrey Andelin, à la Brigham Young University de Provo (Utah) où elle suit des cours d'économie domestique. Ils auront huit enfants. Le jeune couple s'installe en Californie, où Aubrey exerce son métier. Helen Andelin, qui donne des cours sur le mariage, a bientôt l'idée de rédiger une sorte de manuel pour leur servir de support et permettre à d'autres de répandre son enseignement. Le cours et le livre, *Fascinating Womanhood* (fascinante féminité), prennent le contre-pied du courant féministe et en particulier de Betty Friedan (*The feminine mystique*). Ce sont des immenses succès, surtout dans les milieux religieux traditionnels. On y apprend comment être à la fois une femme enfant, une championne de l'organisation, une mère admirable, et surtout une épouse soumise, de manière à obtenir un mari tout à sa dévotion.

L'univers fascinant de la femme

Fascinating Womanhood
Première édition, Pacific Press Santa Barbara - 1963

Traduit en français par Le Retour aux Sources

© Le Retour aux Sources - 2023

www.leretourauxsources.com

Tous droits réservés. Aucune partie de cette publication ne peut être reproduite, distribuée ou transmise sous quelque forme ou par quelque moyen que ce soit, y compris la photocopie, l'enregistrement ou d'autres méthodes électroniques ou mécaniques, sans l'autorisation écrite préalable de l'éditeur, sauf dans le cas de brèves citations incorporées dans des critiques et de certaines autres utilisations non commerciales autorisées par la loi sur les droits d'auteur.

INTRODUCTION	**11**
CE QUE CE LIVRE PEUT VOUS APPORTER	**16**
CHAPITRE I	**17**
L'AMOUR CÉLESTE	17
CHAPITRE II	**24**
«LA FEMME IDÉALE» DU POINT DE VUE D'UN HOMME	24
PARTIE I	**46**
LES QUALITÉS ANGÉLIQUES	46
CHAPITRE III	**48**
ACCEPTER UN HOMME TEL QU'IL EST	48
CHAPITRE IV	**75**
L'ADMIRATION	75
CHAPITRE V	**92**
SON AMOUR-PROPRE	92
CHAPITRE VI	**109**
LE BESOIN DE COMPRÉHENSION D'UN HOMME	109
CHAPITRE VII	**133**
FAITES DE LUI LE NUMÉRO UN DANS VOTRE VIE	133
CHAPITRE VIII	**148**
LE RÔLE DE L'HOMME DANS LA VIE	148
CHAPITRE IX	**172**
L'HOMME, LE PROTECTEUR	172
CHAPITRE X	**180**
L'HOMME, LE SOUTIEN DE FAMILLE	180
CHAPITRE XI	**199**
LES FINANCES FAMILIALES	199
CHAPITRE XII	**208**

LE PROFOND BONHEUR INTÉRIEUR 208

CHAPITRE XIII **218**
   UN CARACTÈRE DIGNE 218

CHAPITRE XIV **245**
   LA DÉESSE DES ARTS DOMESTIQUES 245

PARTIE 2 ....**267**
   LES QUALITÉS HUMAINES 267

CHAPITRE XV **268**
   LA FÉMINITÉ 268

CHAPITRE XVI **276**
   LES MANIÈRES FÉMININES..276

CHAPITRE XVII **289**
   LA DÉPENDANCE FÉMININE 289

CHAPITRE XVIII **308**
   RAYONNER DE BONHEUR 308

CHAPITRE XIX..**314**
   UNE SANTÉ FRAÎCHE ET RADIEUSE..314

CHAPITRE XX...**321**
   LA FEMME-ENFANT 321

CHAPITRE XXI **343**
   QUELQUES MOYENS ADDITIONNELS 343

RÉSUMÉ...**365**

DÉJÀ PUBLIÉ **379**

Introduction

Être aimée et chérie est un désir ressenti dans le cœur d'une femme face au mariage. Ce livre est écrit pour rétablir votre espoir de voir se réaliser ce désir et pour suggérer des principes que vous pouvez appliquer pour gagner l'amour sincère d'un homme.

Un océan de ténèbres

Jamais dans l'Histoire avons-nous connu une génération de femmes aussi désillusionnées, déçues et malheureuses en mariage que la génération actuelle. Beaucoup de femmes sentent que la vie ne leur offre pas ce qu'elles avaient espéré et rêvé. Certaines se sentent négligées, non appréciées et non aimées. Lorsqu'elles cherchent des réponses, elles se retrouvent perdues dans une mer de ténèbres. Certaines se résignent à cette situation mais d'autres gardent encore espoir et cherchent toujours des réponses.

Il y a, bien sûr, beaucoup de femmes qui ont atteint un haut niveau de bonheur mais, dans plusieurs de ces cas, ce n'est pas le bonheur dont elles avaient rêvé et leur but n'est pas vraiment atteint. Elles ressentent le besoin d'enrichir et de compléter leur vie. Elles ont aussi besoin d'être éclairées et comprises.

Une plus grande obscurité

Dans cette vaste mer d'obscurité matrimoniale, on trouve d'autres femmes qui sont dans une noirceur encore plus grande, car elles pensent qu'elles sont heureuses alors qu'elles ne le sont pas. Elles vivent juste à la marge du bonheur, mais n'en connaissent pas les beautés. Elles se satisfont de manger les miettes qui tombent de la table, car elles n'ont jamais eu droit au banquet ; elles croient que leur herbe est belle, parce qu'elles n'ont jamais vu de magnifiques fleurs ; et certaines se contentent d'un enfer parce qu'elles n'ont jamais connu le ciel.

Le paradis d'une femme

Qu'est-ce que le bonheur en mariage pour une femme ? Est-ce d'avoir une jolie maison ? Des enfants heureux et en santé ? Un mari qui réussit dans la vie ? Du temps pour des activités artistiques ? Aucun problème d'argent ? De former un couple qui a du plaisir ensemble ? Est-ce le sentiment de réussir dans le rôle de maîtresse de maison ? Est-ce d'être admirée par ses congénères ?

Toutes ces choses sont importantes et certaines sont essentielles, mais il y en a une qui est fondamentale et c'est d'être aimée et chérie de son mari. Sans cet ingrédient particulier, la femme ne sera pas comblée. Il se peut qu'elle soit une personne prospère à certains égards et heureuse jusqu'à un certain degré mais, intérieurement, il lui manquera quelque chose. Elle ne connaîtra pas le paradis. Elle jouira seulement de l'herbe plutôt que des fleurs.

La réponse

Y a-t-il une lumière qui la guidera vers le paradis terrestre et qui la sortira des ténèbres ? Oui, il y a une lumière, et elle repose sur une loi fondamentale.

Toute vie est gouvernée par une loi. Il n'est pas question de hasard ou de chance. Une femme réussit en mariage parce qu'elle respecte la loi ; une autre échoue parce qu'elle y désobéit. Il se peut que ni l'une ni l'autre ne comprennent la loi.

L'obéissance ne repose pas toujours sur la compréhension. Mais elle conduit inévitablement au succès, tandis que l'irrespect mène toujours à l'échec.

Parce qu'on ignore le fonctionnement si simple de ces lois élémentaires, on se retrouve devant un malheur qui pourrait être facilement évité. On trouve des femmes heureuses, honorées et aimées et d'autres, non moins attrayantes ni fondamentalement moins admirables et dignes d'amour, qui sont négligées, malheureuses et déçues. Pourquoi ? Ce livre répond à la question car il explique les lois auxquelles une femme doit obéir si elle veut être honorée, aimée et appréciée.

L'univers fascinant de la femme

L'univers fascinant de la femme est conçu pour expliquer à la femme comment être heureuse en mariage. Il vous enseignera trois principes essentiels pour créer un mariage heureux :

1. L'amour : puisque la pierre angulaire du bonheur d'une femme dans son mariage est d'être aimée, le but premier de ce livre est d'enseigner les principes qu'elle doit mettre en application pour faire naître cet amour. Toute femme peut susciter chez son mari des sentiments d'amour, quels que soient son âge et sa situation. L'amour n'est pas réservé qu'aux jeunes femmes, aux femmes célibataires ou à celles d'une grande beauté. Il est réservé à celles qui savent susciter l'amour chez un homme. Si un homme n'aime pas sa femme de tout son cœur et toute son âme, c'est la faute de la femme. Un homme cesse d'adorer et de chérir une femme après le mariage parce qu'elle cesse de faire les choses qui suscitent ces sentiments. Si elle obéit aux lois qui sont à la base de l'amour, elle peut alors allumer un sentiment profond et vibrant dans le cœur de l'homme.

Ce livre vous enseignera l'art de gagner l'amour total et l'entière vénération d'un homme. Il n'est pas nécessaire que l'homme sache ou fasse quoi que ce soit à ce sujet. Cela ne veut pas dire que les hommes ne font pas d'erreurs ou qu'ils n'ont pas besoin d'améliorer leur comportement. Mais lorsque les femmes corrigent leurs propres erreurs, elles peuvent inspirer à un homme une merveilleuse réponse amoureuse. Nous devrions nous féliciter d'avoir ce pouvoir de réconcilier une relation et de la faire s'épanouir en amour et en tendresse sans que le mari ait à faire directement un effort pour cela.

L'art d'éveiller l'amour d'un homme n'est pas une réalisation difficile pour les femmes, parce que cet art est basé sur nos instincts naturels. Cependant, dans la vie complexe et hautement civilisée d'aujourd'hui, plusieurs de nos instincts naturels peuvent être endormis ou supprimés. Il nous est essentiel de retrouver les traits caractéristiques propres à la nature de la femme.

2. La dignité humaine : également essentielle au bonheur d'une femme en mariage est sa dignité humaine. Elle ne peut supporter les blessures, l'humiliation, les injures ou un traitement injuste de la part de son compagnon de vie sans que son cœur et son esprit n'en soient atteints. Ce livre lui enseignera comment surmonter ces situations difficiles sans douleur et sans heurt. Il lui enseignera comment réagir lorsqu'elle se sent traitée injustement, qu'elle est ignorée ou qu'on abuse d'elle.

3. Les désirs de la femme : si une femme veut vraiment être heureuse en mariage, elle doit aussi être en mesure d'avoir les choses qui sont chères à son cœur. Elle est un être humain avec des besoins humains, des désirs ardents et des droits qui doivent être assouvis. Grâce à *L'univers fascinant de la femme*, elle apprendra à obtenir ces choses sans jeter de la confusion dans sa vie conjugale. Elle apprendra comment amener son mari à vouloir faire des choses pour elle.

Dans ce livre, je soulignerai les principes auxquels elle doit obéir si elle veut vraiment être heureuse, aimée et appréciée.

Mon but est de lui montrer comment devenir *La Femme Idéale*, ce type de femme pour lequel elle est désignée, ce type de femme qu'un homme veut. N'oubliez pas, une femme tient entre ses mains les possibilités d'avoir un mariage merveilleux. Elle peut y parvenir indépendamment de toute action délibérée de la part de son mari. Ainsi, une femme possède les clés de son propre bonheur.

En accomplissant ceci, une femme ne perd aucunement sa

dignité, son influence ou sa liberté ; au contraire, elle les gagne. Et ce n'est qu'à ce moment qu'elle peut jouer la partie vitale de son rôle dans ce monde. Le rôle d'une femme, lorsque correctement rempli, est un accomplissement fascinant, comblant et même intrigant. Ce rôle ne présente jamais de moments ennuyants. La pratique de l'art d'être une femme est tout à fait agréable et est remplie de grandes récompenses, de nombreuses surprises et de bonheur intense.

Ce que ce livre peut vous apporter

Il vous enseignera :

1. Ce qu'est la femme idéale, du point de vue d'un homme.

2. Ce que les hommes trouvent fascinant chez les femmes.

3. Comment comprendre les hommes, leurs besoins, leurs caractéristiques et leurs particularités.

4. Comment s'occuper d'un homme quand il est déprimé, de façon à ce qu'il reprenne confiance en lui et qu'il recouvre son respect de lui-même.

5. Comment réveiller ses sentiments les plus profonds d'amour et de tendresse.

6. Comment amener un homme à vous protéger et à vous offrir son dévouement sincère.

7. Comment obtenir les choses de la vie qui sont tellement significatives pour vous les choses que vous êtes en droit d'avoir et pour lesquelles vous dépendez de votre mari et comment ajouter charme et amour à votre mariage en agissant de la sorte.

8. Comment obtenir le meilleur de votre mari sans avoir à le pousser ni à l'en persuader.

9. Comment comprendre le rôle de la femme et le bonheur qui résulte de l'accomplissement de ce rôle.

10. Comment comprendre le rôle de l'homme, le respect dû à cette vocation divine et l'importance de ce respect dans le bonheur du couple et de celui de chaque partenaire.

11. Comment réagir quand un homme est irréfléchi, injuste ou négligent.

12. Comment être attirante et même adorable, même quand vous êtes en colère.

13. Comment garder une communication ouverte dans le mariage pour qu'il y ait toujours une atmosphère agréable.

14. Comment arriver au véritable bonheur en mariage, tout en ayant comme premier objectif le bonheur de votre mari.

CHAPITRE I

L'AMOUR CÉLESTE

Dans la ville d'Agra, dans le nord de l'Inde, s'élève le Taj Mahàl. Même s'il fut construit au XVIIe siècle, il demeure toujours une des plus merveilleuses constructions au monde et le tombeau le plus somptueux qui existe. Il fut construit par un souverain de l'Inde, le chàh Jahàn, à la mémoire de son épouse favorite, Mumtaz-i-Mahàl, qui signifie *Fierté du Palais*. Le chàh eut d'autres femmes, mais seulement Mumtaz fut honorée d'un Taj Mahàl.

Dans ce chapitre, nous parlerons de l'amour authentique qu'un homme porte à une femme, comme cet amour que le chah Jahàn nourrissait pour Mumtaz. En essayant de trouver un mot unique pour qualifier ce type d'amour, j'ai découvert qu'un tel mot n'existait pas. Car si le mot amour en soi a une vaste signification, l'expression amour chrétien évoque cette charité de l'esprit que chacun de nous doit à tous les êtres humains. Par contre, l'amour entre un homme et une femme n'est pas ce sentiment si vaste, pas plus qu'il n'est le fruit d'un devoir ; il naît spontanément des profondeurs des émotions.

J'ai donc décidé d'appeler cet amour l'amour céleste, un terme pour désigner le type suprême d'amour tendre qu'un homme peut ressentir pour une femme et qu'une femme éprouve pour un homme. C'est un sentiment qui élève l'amour au-dessus du médiocre et qui le place au niveau des cieux, là où l'amour se situe. C'est la fleur, et non la mauvaise herbe, et c'est le banquet plutôt que les miettes.

Croyez-vous qu'on retrouve ce type d'amour lorsque l'homme dit souvent à sa femme qu'il l'aime, qu'il se rappelle son anniversaire, qu'il l'amène souvent au restaurant ou qu'il est généreux et aimable ? Pas nécessairement. Ces attentions sont certainement admirables, mais elles ne sont pas les attributs du véritable amour. Un mari plein d'égard peut dire ou faire ces choses sans éprouver quelque vrai sentiment pour sa femme.

L'amour céleste est plus intense, plus spontané et plus dynamique que tous ces gestes passifs. Lorsqu'un homme aime avec son cœur, il ressent et fait l'expérience, en son for intérieur, d'une sensation profonde, une sensation qu'on décrit comme ressemblant presque à une douleur. L'homme peut alors facilement se sentir envoûté, enchanté et fasciné. En plus, il ressent un tendre désir de protéger la femme qu'il aime contre tout danger, toute difficulté et tout malheur. C'est alors qu'apparaît ce sentiment davantage profond et spirituel, presque une sorte d'adoration. Mais ces mots ne suffisent peut-être pas à décrire adéquatement ce *sentiment merveilleux et complexe* qu'on appelle l'amour ; c'est pourquoi nous relatons les récits suivants, qui sont des exemples vivants de l'amour authentique d'un homme pour une femme :

John Alden et Priscilla

On retrouve une illustration de l'amour céleste dans le récit que Longfellow fait de John Alden et de Priscilla Mullens, notamment dans ce passage où John parle tendrement de Priscilla :

Aucune terre n'est aussi sacrée et inviolable que le sol qu'elle foule de ses pieds et aucun air n'est plus pur et salubre que l'air qu'elle respire. Ici, par amour pour elle, je resterai, et comme une présence invisible, je veillerai sur elle pour toujours, la protégeant et soutenant sa fragilité.

L'amour de Victor Hugo

Victor Hugo nous donne un exemple de ces sentiments de tendresse et de protection qui animaient son amour pour la femme qu'il chérissait dans la réalité, Adèle Foucher :

Est-ce que j'existe seulement pour mon propre bonheur ? Non ; toute mon existence lui est vouée, même à son insu. Et par quel droit oserais-je aspirer à son amour ? Qu'importe, tant que son bonheur n'en est pas souillé. Mon devoir est de me tenir près d'elle, d'envelopper sa vie de la mienne, de lui servir d'écran contre tous les dangers ; de lui offrir ma tête en guise de marchepied, d'être sans cesse entre elle et les afflictions, sans réclamer ni attendre de récompenses... Hélas ! Si seulement elle me permettait de donner ma vie pour aller au-devant de chacun de ses désirs et de tous ses caprices ; si elle ne me permettait que d'embrasser respectueusement l'empreinte adorée de ses pas ; si elle ne consentait seulement qu'à s'appuyer sur moi, à l'occasion, au milieu des difficultés de la vie.

Woodrow Wilson

On retrouve probablement un des exemples les plus raffinés d'amour véritable et durable dans les lettres d'amour que le président Woodrow Wilson écrivit à sa femme Ellen. Après dix-sept ans de mariage, il écrivit :

Tout ce que je suis, tout ce que j'ai obtenu dans la vie, je vous le dois... Je n'aurais jamais été ce que je suis si je n'avais pas retiré bonheur et sérénité de notre union. Vous êtes source de satisfaction ; et aussi longtemps que vous serez près de moi et que vous serez heureuse aussi, rien ne peut m'arriver d'autre que bonté et courage. Ah, mon incomparable petite femme, que Dieu vous bénisse et vous protège.

Après vingt-huit ans de mariage, il écrivit, de la Maison-Blanche : « *Je vous adore ! Aucun autre président que moi n'a eu une femme comme vous. Je suis certainement l'homme le plus chanceux encore en vie.* » Et dans une autre lettre : « *Je ne peux penser à rien d'autre qu'à vous quand je vous écris. Mes jours ne sont pas remplis d'autant d'anxiété et de grande responsabilité qu'ils ne le sont de vous, ma chérie, si loin de moi, vous qui jouez le premier rôle dans ma vie, à chaque minute du jour.* » Les lignes précédentes ont été tirées de *The Priceless Gift* (le cadeau sans prix), une série de lettres écrites par le président Wilson à sa femme Ellen. Chaque lettre en est une d'amour, chaude et intime.

Certaines d'entre vous peuvent croire que leurs maris sont incapables de pareils sentiments ou tout au moins incapables de les exprimer. On peut en douter. Les lettres chaleureuses et tendres du président Wilson ont surpris beaucoup de ceux qui connaissaient sa personnalité on le considérait comme un érudit peu émotif. Chaque homme a la capacité d'être tendre, romantique et aimant, à la condition que ses passions soient éveillées par une femme.

L'amour du chah Jahàn pour Mumtaz

J'aimerais maintenant parler plus longuement de l'amour que le chàh Jahàn éprouvait pour Mumtaz, dame du Taj Mahàl. Leur amour est une des plus exquises et sereines histoires d'amour, une pure passion amoureuse et un excellent exemple de l'amour céleste dont je veux parler. En décrivant leur amour, je citerai des passages du livre *Three Wise Men of the East* (les rois mages) d'Élisabeth Bisland :

Le jeune souverain indien découvrit dans la jeune fille persane la réalisation de tous ses rêves les plus grands et de tous ses espoirs. Si étroitement liées furent leurs vies, si absolument apparaît-elle avoir été son inspiration, qu'il est nécessaire d'imaginer leurs deux profils pour comprendre leur relation. Et, selon les mots du poète, les sentiments du chàh sont exprimés comme suit :

> Il préférait tout au fond de lui
> À la gloire du trône de ses aïeux
> La plus petite boucle de ses cheveux
> Tombant le long de son cou exquis.

Dans la culture de l'époque de Mumtaz, il n'existait pratiquement aucune entrave, ni dans la loi, ni dans l'opinion publique, quant aux désirs que nourrissait l'empereur Moghol pour les femmes... celui-ci était tout à fait libre de choisir ses femmes d'où qu'elles viennent et de faire ce qu'il voulait d'elles ; il n'a toutefois encore jamais été établi que la femme du chàh Jahàn avait une rivale. Le chàh avait bien d'autres épouses, mais c'était là des mariages politiques et non pas des unions d'amour.

Au cours de sa vie, le chàh Jahàn construisit à sa femme un magnifique palais de marbre blanc, probablement le lieu de résidence le plus remarquable qu'un homme n'ait jamais érigé à cette époque. Il était exquis, fait de délicates sculptures de marbre qui ressemblaient presque à de la dentelle où passait la lumière et il était orné de superbes mosaïques d'oiseaux et de fleurs en pierres précieuses. En réalisant cette maison pour sa bien-aimée, l'empereur créa inévitablement une œuvre d'art. Au-dessus des riches colonnes supportant le plafond, on peut lire cette célèbre inscription en or pur et rédigée dans cette merveilleuse écriture persane : S'il y a un paradis sur terre, il est ici, c'est cette maison, c'est ce palais.

Mumtaz mourut à la naissance de son quatorzième enfant. Le récit qui suit est tiré d'un vieux manuscrit persan :

> Quand il sut que Mumtaz allait mourir, l'empereur pleura à chaudes larmes, car il lui portait un grand amour ; à ce moment, quelqu'un aurait même dit que les étoiles tombèrent du ciel et que la pluie s'abattit sur la terre. Une lamentation si grande s'éleva dans le palais qu'on aurait pu dire que le jour du jugement dernier avait sonné. Pleurant et se frappant la poitrine, l'empereur répétait les mots du poète Saadi : « Dieu ne se reposera pas entre les mains d'un prodigue, ni la patience ne demeurera dans le cœur d'un amoureux, pas plus que l'eau ne reste dans un tamis. » Mais le chagrin éveilla le génie du chàh jusqu'à son ultime accomplissement et il décida résolument que sur la tombe de sa bien-aimée serait déposée la couronne parfaite, témoignage de son amour.

> Les grands édifices dans le monde ont toujours été des monuments témoignant du faste et de l'orgueil des rois, ou des temples dédiés à des dieux, ou un quelconque monument rappelant la richesse des villes. Mais pour la première fois et par l'intermédiaire du marbre blanc, le chàh Jahàn exprima l'amour d'un homme pour une femme ; non pas le désir physique, mais bel et bien l'harmonie de l'esprit avec l'esprit. Aucune peine ne fut épargnée pour porter à la perfection la dernière demeure de sa reine bien-aimée. Vingt mille personnes y travaillèrent durement pendant dix-sept ans.

Retenons cette réflexion : Mumtaz appartenait à une culture où les femmes étaient soumises, dépendantes, et où elles s'acquittaient de leur rôle de femmes. Ce n'était pas une culture où les femmes dominaient, ni exigeaient et essayaient d'être égales aux hommes ; pourtant, son mari lui offrit le plus grand témoignage d'amour qu'un homme n'ait jamais fait à une femme, le Taj Mahal. Nous pouvons nous demander : « Sommes-nous dignes d'un Taj Mahal ? Avons-nous mérité autant d'amour et de dévouement de la part de notre mari ? »

Est-ce égoïste ?

Ne croyez pas qu'il soit égoïste de demander d'être aimée avec grande tendresse. Le sentiment d'amour tendre qu'un homme ressent pour sa femme lui est une source d'incommensurable joie et, grâce à cela, l'homme est beaucoup plus viril. En effet, ce sentiment l'incite fortement à réussir dans la vie, en lui donnant quelque chose, une raison pour laquelle il travaillera, vivra et, si nécessaire, mourra. La femme qui éveille l'amour de son mari l'aide à trouver une satisfaction et un bonheur plus grands. La femme qui ne le fait pas lui dérobe une de ses joies les plus grandes.

La femme aussi profite de cette attitude. Car l'amour de son mari est le centre de son bonheur dans le mariage. Un mariage sans cet amour est comme un coquillage vide ; toute femme qui a souffert de ce vide l'admettra immédiatement. Lorsqu'elle est aimée et heureuse, une femme peut beaucoup mieux se dévouer et assumer les responsabilités de la vie familiale.

L'amour est l'élément le plus important du succès du mariage et un mariage heureux est le fondement de la réussite d'un foyer. Il n'y a qu'un seul moyen qu'un homme et une femme peuvent utiliser pour créer un foyer vraiment réussi et c'est de construire un mariage heureux, basé sur un amour véritable, durable et réciproque. L'amour devient alors non seulement l'accomplissement d'un désir, mais aussi une responsabilité. Quand on a un mariage heureux, on a des enfants heureux qui peuvent se développer normalement et être bien préparés pour la vie qui les attend. Un foyer heureux devient une contribution valable au bien-être de la société, apportant la paix dans le monde plutôt que la discorde qui naît d'un manque d'amour.

Pour que l'amour céleste existe vraiment, l'homme et la femme devraient s'aimer tendrement l'un l'autre. Puisque nous n'étudions que les principes qui éveilleront l'amour d'un homme pour sa femme, comment, alors, son amour pour lui s'approfondira-t-il ? La réponse habituelle est qu'il doit faire quelque chose en ce sens, en devenant meilleur. Même s'il est indéniablement vrai que l'initiative d'un homme pour s'améliorer accroîtra l'amour que sa femme lui porte, laissez-vous guider par les prodiges que vous enseigne *L'univers fascinant de la femme* :

1. Quand l'épouse met en application les enseignements de ce livre, elle parvient à davantage comprendre et apprécier son mari, elle apprend à voir ses meilleurs côtés et, conséquemment, à l'aimer encore plus pleinement.

2. En vivant les principes de *L'univers fascinant de la femme*, elle devient une meilleure femme et elle apporte un nouveau souffle de vie et de romantisme dans sa relation avec son mari.

Par cette attitude de la femme, l'homme reçoit une incitation nouvelle à faire des efforts, à s'améliorer et à accomplir des choses plus valables dans sa vie. Il devient ainsi un meilleur homme, un homme qu'elle peut aimer pleinement.

L'amour céleste est ce dont la femme rêve depuis que le monde est monde. Même dans leur enfance, les petites filles rêvent tendrement de romanesque, où elles se voient belles princesses recherchées par le beau prince charmant. Blanche-Neige et Cendrillon sont les contes favoris des petites filles. Durant toute son adolescence, ce qu'une jeune fille veut le plus au monde, en son cœur, c'est de trouver un homme qui l'aimera et qui la chérira. Ce tendre amour a longtemps été le thème de grands opéras, de romans et de chansons. L'amour romantique, une des plus grandes forces motrices de la vie, mérite à juste titre qu'on s'y arrête et qu'on l'examine.

En conclusion de ce chapitre, vous pouvez vous demander :

« Que puis-je faire pour inspirer l'amour céleste dans le cœur de mon mari ? » Pour le savoir, nous devons apprendre les principes qui éveillent l'amour d'un homme. Nous devons nous pencher attentivement sur le type de femme qu'un homme désire, ce genre de femme qui suscite en l'homme des sentiments d'adoration, de dévouement et d'amour.

CHAPITRE II

« LA FEMME IDÉALE » DU POINT DE VUE D'UN HOMME

Pour comprendre le point de vue des hommes, nous devons apprendre à voir la femme idéale à travers les yeux d'un homme et nous devons réaliser que ses idées sur la perfection féminine sont différentes des nôtres. Ce que nous, femmes, admirons chez une autre femme attire rarement les hommes. Par contre, les caractéristiques que toute femme moyenne ignore ou condamne chez ses congénères sont parfois justement celles qui fascinent les hommes. Les femmes ferment souvent les yeux devant leurs propres charmes et c'est la raison pour laquelle il leur est souvent difficile de prendre conscience de ce qu'un homme veut.

N'avez-vous jamais été intriguée, à l'occasion, par ce qu'un homme voit de particulier chez une certaine femme ? Pour vous, elle ne présente aucun attrait ; pourtant, il en est éperdument amoureux. La fascination qu'éprouvent les hommes pour certaines femmes semble être une éternelle énigme pour tous les autres membres du sexe féminin. Même quand il se fait demander « pourquoi… », l'homme lui-même est en peine d'expliquer par quel charme il a été envoûté. Par contre, n'avez-vous jamais connu des femmes qui semblent avoir toutes les qualités qui devraient plaire à un homme, alors qu'elles sont pourtant inappréciées, négligées et sans amour ? Ainsi, dans notre étude de la femme idéale, n'oublions pas qu'un *homme juge avec un ensemble de valeurs différent*.

Les femmes tendent à apprécier l'aplomb, le talent, les qualités intellectuelles et l'ingéniosité dans la personnalité, tandis que l'homme admire un caractère de petite fille, la tendresse, la douceur, la vivacité et la capacité d'une femme à comprendre les hommes. Une autre différence très marquée a trait à l'apparence. Les femmes sont portées à s'attarder à la beauté classique, comme la ligne du visage et du nez, et les vêtements artistiques. Les hommes ont cependant une interprétation différente de « ce qui fait qu'une femme est belle ». Ils s'attardent bien plus à l'éclat des yeux, au sourire, à la fraîcheur, à la mine radieuse et aux manières féminines.

Le côté angélique et le côté humain

Du point de vue de l'homme, la femme idéale présente deux côtés distincts : le premier concerne ses qualités spirituelles ; nous l'appellerons le côté angélique. Le second a trait aux caractéristiques humaines, que nous appellerons le côté humain.

Le côté angélique d'une femme fait appel à son caractère fondamentalement bon, à son habileté à comprendre les hommes, leurs sentiments, leurs sensations, leurs besoins et leur sensibilité. Il a également trait à son habileté domestique et à sa capacité de réussir dans son rôle de femme au foyer. Il suppose aussi un bonheur intérieur, une sérénité de l'esprit qui est une caractéristique inhérente à la beauté féminine.

Dans le côté humain de la femme, on retrouve l'apparence,

les manières, les actions et gestes, en plus des charmes propres à la féminité, le rayonnement et un caractère de dépendance face aux hommes pour jouir de leurs soins, de leur protection et de leur gouverne. On y inclut également une bonne santé et de la grandeur d'âme, du cran. Les qualités angéliques et les qualités humaines réunies font la femme parfaite du point de vue de l'homme. Les deux types de qualités sont nécessaires pour mériter l'amour véritable d'un homme.

Ces deux côtés distincts de la femme éveillent des sentiments différents chez un homme. Les qualités angéliques suscitent un sentiment de quasi-adoration et apportent à l'homme une sensation de paix et de bonheur. Quant aux qualités humaines, elles le fascinent et provoquent un sentiment de tendresse, un désir de protéger la femme contre les peines et les dangers. Quand une femme possède ces deux types de qualités, elle devient pour l'homme la femme idéale, une femme qu'il peut chérir.

Pour illustrer les côtés angélique et humain de la femme, j'ai choisi des exemples tirés de la littérature classique. Même si ces femmes appartiennent au domaine de la littérature de fiction, il ne faudrait surtout pas oublier que les habiles auteurs ont peint les caractères de ces personnages à partir d'exemples vivants, à partir des gens qu'ils ont connus ou observés dans la réalité. Ainsi, les femmes dont je parlerai ici existaient réellement du vivant des écrivains.

En outre, si je fais appel à une littérature qui date de plus de cent ans, c'est pour la simple raison que ces œuvres littéraires illustrent à la perfection ce que je veux démontrer par mes enseignements. Par ailleurs, il ne faut pas croire que ces personnages ne se retrouvent pas de nos jours simplement parce qu'ils sont sortis du passé. Bien au contraire, puisque la nature humaine ne change pas, pas plus que les besoins des êtres humains. La famille a toujours été la même, à peu de choses près, surtout en ce qui concerne les relations qui la composent. C'est d'ailleurs la raison pour laquelle les personnages de la Bible ont un caractère éternel. Tournons-nous donc maintenant vers ces exemples du passé, pour avoir une vision du caractère angélique et du caractère humain des femmes.

David Copperfield

Les côtés angélique et humain de la femme sont parfaitement illustrés dans l'histoire de David Copperfield, œuvre de Charles Dickens. Notre type idéal, toutefois, n'est pas représenté par une femme mais bien par deux : Agnès et Dora.

Agnès

Agnès incarne le côté angélique de notre modèle idéal, celui qui inspire de l'adoration. David Copperfield connaissait Agnès depuis l'enfance et s'était mis à l'adorer dès le moment où il l'aperçut pour la première fois. Voici une description de leur première rencontre :

> Monsieur Wickfield (le père d'Agnès) frappa doucement à une porte située au coin d'un mur lambrissé de panneaux et une jeune fille d'à peu près mon âge apparut rapidement et vint l'embrasser. Je vis immédiatement sur son visage l'expression paisible et douce de la dame dont j'avais remarqué la photographie au bas de l'escalier (sa mère). Dans mon imagination, c'était comme si le portrait était celui d'une femme faite et que l'original était resté une enfant. Même si le visage était serein, brillant et joyeux, une quiétude s'y dégageait et émanait de toute sa personne cette belle sérénité de l'âme que je n'ai jamais oubliée et que je n'oublierai jamais. « C'est ma chère petite ménagère, ma fille Agnès », dit monsieur Wickfield. Quand j'entendis sur quel ton il dit cela et que je vis de quelle façon il lui tenait la main, je compris alors ce qu'était sa première raison de vivre. Elle portait un petit panier d'enfant dans lequel il y avait des clés et elle semblait être la ménagère la plus sérieuse et la plus discrète qu'une vieille maison puisse avoir à son service. Elle écoutait, avec une mine charmante, son père qui lui parlait de moi ; et quand il eut terminé, il proposa à ma tante de monter à l'étage où se trouvait ma chambre. Nous montâmes tous ensemble ; Agnès nous précédait. C'était une merveilleuse vieille chambre, ornée de nombreuses solives de chêne et de fenêtres en forme de losange, parcourues d'un large appui.

> Je ne peux pas me souvenir où et quand, dans mon enfance, j'avais vu un vitrail dans une église. Je ne me souvenais pas non plus de son motif. Mais je sais que lorsque je la vis se retourner

dans la lumière tamisée du vieil escalier et m'attendre à son sommet, je me suis souvenu de cette fenêtre ; et j'associai, à partir de ce jour, quelque chose de cette reposante clarté avec Agnès Wickfield.

David et Agnès devinrent des amis des plus intimes. Elle lui donna du réconfort, de la compréhension, une sincère sympathie et une fidèle camaraderie.

Comme si, écrit-il, dans l'amour, la joie, le chagrin, l'espoir ou la déception, dans toutes les émotions, mon cœur se tournait naturellement vers elle et y trouvait un refuge et une amitié sincère.

Agnès a toujours exercé sur David une influence sacrée et paisible. À un moment de sa vie où il avait été sous le poids d'une forte tension, il dit :

Chaque fois que j'écrivais à Agnès, par un doux soir près de ma fenêtre ouverte, le souvenir de ses yeux calmes et éclatants et de son doux visage me revenait discrètement et répandait un baume si paisible sur mon agitation... que j'en venais à verser des larmes d'apaisement.

Mais bien qu'il connaissait Agnès depuis l'enfance, qu'il avait éprouvé de l'adoration pour elle dès le premier instant de leur rencontre et qu'il avait senti qu'elle seule avait toutes les qualités nécessaires pour lui offrir une sympathie et une amitié véritables, il devint follement épris, non pas d'Agnès, mais de Dora.

Dora

Dora incarne le côté humain de notre type idéal, ce côté qui fascine, captive et inspire une tendresse irrésistible dans le cœur d'un homme et un fort désir de protection. David décrit Dora dans les mots suivants :

Elle était une fée et une sylphe. Elle était plus qu'humaine à mes yeux. Je ne sais pas ce qu'elle était tout ce que personne n'a jamais vu et tout ce que chacun a toujours voulu. Elle avait la plus charmante petite voix, un petit rire des plus gais, les manières les plus agréables et les plus fascinantes qui puissent jamais avoir conduit un jeune homme jusqu'à l'esclavage. Elle était plutôt menue, somme toute... mais tellement ahurissante.

De la voir porter des fleurs à la fossette de son menton faisait perdre toute présence d'esprit et toute capacité de parole, et faisait sombrer dans une extase fébrile.

Ses manières infantiles, ses charmants petits caprices, cette confiance de petite fille qu'elle avait en lui et sa dépendance absolue face à tous étaient, pour le cœur chevaleresque et noble de David, d'une attirance irrésistible. Elle le fascinait et c'est pourquoi il écrit :

> Je ne pouvais que m'installer près du feu, mordant dans la clé de mon sac de voyage et ne penser qu'à cette adorable Dora, captivante, aux airs de petite fille, aux yeux brillants. Quelle apparence, quel visage elle avait, et quelle allure gracieuse, changeante, enchanteresse !

Marié à Dora, David se tourne vers Agnès

Même si, à ce moment, les sentiments de David envers Dora étaient à leur plus haut niveau, il lui manquait tout de même la compréhension, l'appréciation, le réconfort et les influences bienfaitrices d'Agnès.

> Avec Dora, explique-t-il à Agnès, il est plutôt difficile de... je ne dirais pour rien au monde difficile de pouvoir compter sur elle, car elle a une âme pure et véridique mais il est plutôt difficile de... Je ne trouve pas les mots pour exprimer ce que je ressens. Chaque fois que vous n'étiez pas près de moi, Agnès, pour me conseiller et m'approuver dès les premiers instants, il me semble que j'étais perdu et que je sombrais dans toutes sortes de difficultés. Quand finalement je venais vers vous, comme je l'ai toujours fait, je retrouvais paix et bonheur.

Dora, maîtresse de maison

Dans son mariage, Dora a aussi manqué à son devoir de maîtresse de maison. Leur foyer était dans un désordre constant :

> Je ne pouvais souhaiter avoir une plus jolie petite femme, quand je la voyais assise à l'autre bout de la table, mais j'aurais certainement désiré avoir un peu plus de place quand je m'assoyais. Je ne sais pas comment, même si nous n'étions que deux, nous étions toujours gênés dans nos mouvements ;

pourtant, nous trouvions toujours suffisamment de place pour égarer toutes sortes de choses. Je suppose que cela arrivait parce que rien n'était à sa place.

Dora était incapable de gérer les finances du ménage ou les affaires domestiques, même si elle essayait. En outre, elle ne pouvait pas cuisiner, bien que David lui eût acheté un dispendieux livre de recettes. Elle utilisait le livre pour que son petit chien s'installât dessus.

Le vide dans la vie de David

David continua d'aimer Dora. Elle le fascinait l'amusait et il se sentait tendrement attiré vers elle. Mais ce n'était pas un amour complet et il ne lui apportait pas non plus un bonheur authentique, puisqu'il dit :

J'aimais tendrement ma femme et j'étais heureux ; mais le bonheur que j'avais autrefois vaguement espéré n'était pas celui dont je jouissais et quelque chose me manquait. Une triste sensation s'infiltrait dans ma vie, comme un air de musique mélancolique montant faiblement dans la nuit. J'ai dû parfois ressentir, pour un court instant, que j'aurais aimé que ma femme fût ma conseillère, qu'elle eût davantage de caractère et d'incitation pour me soutenir et m'amener à m'améliorer et qu'elle fût dotée du pouvoir de remplir ce vide qui, en certaines circonstances, semblait m'accabler.

À un moment de cette histoire de David Copperfield, Dora meurt et il retourne vers Agnès. Ils se marièrent et David ressentit la vraie paix et le vrai bonheur car Agnès remplit le vide de sa vie. Elle fut une merveilleuse ménagère et elle lui procura une compréhension totale. Ils eurent des enfants et une vie familiale merveilleuse. Son amour pour Agnès était sacré, mais... il n'était pas complet. Durant son mariage avec Agnès, il eut encore de doux souvenirs de Dora, qui avait éveillé en lui des émotions. En pensant à elle, il écrit :

Cet attrait que j'éprouvais pour Dora fit sur moi une telle impression... Je retourne dans le temps ; j'implore ce charmant visage, que j'ai tant aimé, de sortir des ténèbres du passé et de tourner vers moi sa douce tête, encore une fois.

Le sentiment que David avait pour chacune d'elles

Le sentiment de David envers Agnès ressemblait beaucoup à de l'adoration. Elle avait sur lui une influence divine. Elle lui apportait paix et bonheur et sans elle, il semblait « se perdre et sombrer dans les difficultés ». De penser à elle lui faisait « verser des larmes d'apaisement ». Il la sentait comme si elle était une partie de lui, « comme si elle était un des éléments de ma nature même ».

Le sentiment qu'il nourrissait pour Dora était différent. Elle le fascinait et l'amusait : « elle était plus qu'humaine à mes yeux », « elle était une fée et une sylphe » ; « je ne sais pas ce qu'elle était tout ce que personne n'a jamais vu, et tout ce que chacun a toujours voulu ». Tout de ses délicates et brillantes manières suscitait irrésistiblement son désir de la protéger.

Je voudrais souligner que David Copperfield ressentait pour ces deux femmes deux types d'amour très distincts. Depuis le début avec Agnès, il expérimenta un type d'amour mais celui-ci n'était pas suffisamment fort pour le conduire au mariage. Et même si ce type d'amour apporte aux hommes la plus grande paix et le bonheur le plus véritable et le plus durable, il n'est pas le plus inspirant.

Le genre d'amour que David ressentait pour Dora était énergique, brûlant de passion et si intense « qu'il avait envie de mordre dans la clé de son sac de voyage » ; il se sentait dans « un pays de fées ». Il était « captif et esclave ». Mais ce genre d'amour était incomplet et ne lui apportait pas le vrai bonheur, car il dit :

J'aimais tendrement ma femme et j'étais heureux ; mais le bonheur que j'avais autrefois vaguement espéré n'était pas celui dont je jouissais et quelque chose me manquait. Une triste sensation s'infiltrait dans ma vie, comme un air de musique mélancolique, montant faiblement dans la nuit.

Au cours de sa vie maritale avec Agnès, il vécut l'expérience de la paix et du bonheur. Il aimait Agnès tendrement mais il avait toujours de tendres souvenirs de Dora qui éveillait en lui des émotions. David Copperfield n'eut jamais la satisfaction d'aimer entièrement parce que ses sentiments furent inspirés par deux femmes distinctes. Aucune des deux ne représentait le type complet de notre femme idéale, et aucune des deux ne put faire naître l'amour complet dans le cœur de David.

Il y a plusieurs femmes du type d'Agnès dans la vie ce genre de femmes qui inspirent. Elles sont des mères et des ménagères merveilleuses et aussi de bonnes citoyennes. Elles sont grandement appréciées ; mais s'il leur manque de ces adorables qualités humaines qui fascinent tous les hommes, elles ne réussiront certes pas à gagner l'amour authentique de leur mari. Un homme veut plus qu'un ange. Par ailleurs, il existe des femmes qui ressemblent à Dora, qui sont tendres et enfantines, qui sont de charmantes petites créatures ; mais si elles n'ont pas cette profondeur de caractère, si elles sont trop égocentriques pour chercher à devenir de bonnes mères et de bonnes ménagères et s'il leur manque cette habileté à comprendre les hommes, elles ne recevront pas non plus l'amour total de leur mari.

Il n'y a aucune raison pour qu'une femme ne soit pas à la fois Agnès et Dora, puisque les qualités angéliques et les qualités humaines n'entrent pas en conflit. Ces deux types de qualités sont partie intégrante de la féminité et sont essentiels au véritable charme féminin. Ils sont aussi indispensables pour gagner l'amour des hommes et pour leur assurer du bonheur après le mariage et de cette façon, entretenir leur amour et leur dévotion. Votre bonheur total dans le mariage dépendra du succès que vous obtiendrez à cultiver les deux côtés de notre type idéal : le côté humain et le côté angélique.

Comparons Agnès et Dora

Si Agnès avait eu ce caractère de petite fille et ces adorables manières enfantines et humaines qui caractérisaient Dora, si elle avait été complètement dépendante de la protection et de la gouverne de l'homme, David n'aurait pas fait l'erreur d'épouser une autre femme. Son adoration pour Agnès se serait changée en amour authentique, en ce fort désir de la protéger. D'autre part, si Dora avait développé une sympathique compréhension pour David, si elle avait su apprécier les plus grands idéaux de David, si elle avait su garder ordre et paix dans son foyer, le fol engouement qu'éprouvait David pour elle aurait évolué vers un amour véritable, vers une éternelle vénération. Ni l'une ni l'autre, malheureusement, n'incarnent à la fois les côtés angélique et humain. Chacune d'elles a fait des erreurs et chacune d'elles a gagné et perdu David : toutefois, chacune d'elles mérite d'être imitée à certains égards.

Analysons Agnès

Les caractéristiques qu'elle possédait :

Agnès présentait quatre grandes qualités qui plaisent aux hommes et qui toutes caractérisent le côté angélique de notre type idéal :

1. *Elle avait un caractère aimable et pur*, car David l'associait toujours au vitrail d'une église et disait qu'elle avait sur lui une influence sacrée et divine. La plus belle preuve de ce caractère aimable et pur est probablement lorsque Agnès fut mise à très dure épreuve quand David épousa Dora. Car même si Agnès aimait David, elle ne devint pas amère ni pleine de ressentiment envers l'un ou l'autre ; au contraire, elle continua d'honorer David d'une amitié désintéressée et devint même l'amie de Dora. Elle eut le courage de garder secret son amour et de mener une vie utile en dépit de son désappointement. La bonté de son caractère est aussi nettement évidente dans la dévotion qu'elle avait pour son père et dans le fait qu'elle sacrifiait plusieurs joies personnelles par égard pour lui.

2. *Agnès comprenait les hommes*. Elle apportait à David une compréhension totale et véritable. Elle savait se réjouir avec lui de ses succès et sympathiser avec lui dans ses difficultés. Elle lui donnait réconfort, paix et amitié.

3. *Elle était une habile ménagère*. Pendant son enfance, Agnès avait été une discrète petite ménagère. Elle préparait les repas, prenait soin de la maison et de son père avec une efficacité de femme mûre.

4. *La sérénité intérieure*. Comme conséquence de la pureté de son caractère, Agnès offrait de la sérénité et une âme calme et bonne, ce qui reflète la paix intérieure, le bonheur.

Ce qui faisait défaut à Agnès :

1. *Elle était trop indépendante*. Elle hésitait trop à se reposer sur David ou à se fier à lui. Elle était trop généreuse et trop désintéressée d'elle-même, car David disait d'elle : « Agnès,

sans cesse mon guide et mon soutien si vous aviez pensé davantage à vous et moins à moi, lorsque nous avons grandi ensemble, je pense que mon insouciante fantaisie se serait changée en une attitude sérieuse envers vous. » Parce qu'elle hésitait trop à se reposer sur lui pour toutes sortes de choses, cela la faisait paraître trop indépendante. Elle ne semblait pas avoir besoin de la protection et des soins qu'un homme aime offrir à une femme.

2. *Elle manquait de ces caractéristiques de petite fille, de femme-enfant et de cette confiance en un homme.*

3. *Elle n'avait pas ces charmantes manières douces, tendres et fascinantes qui bouleversent le cœur d'un homme.*

Analysons Dora

Les caractéristiques qu'elle possédait :

1. *Elle avait un caractère enchanteur.*

2. *Elle était une femme-enfant et avait des manières de petite fille.* Parfois, il parlait d'elle comme de son épouse-enfant. Parfois, elle pouvait jouer avec ses boucles de cheveux, comme font les petites filles. Elle avait une attitude d'enfant confiante.

3. *Elle avait des manières mignonnes et tendres.* La façon dont elle approchait les fleurs à son visage, ou la façon dont elle caressait les chevaux ou tapait son petit chien fascinait David.

4. *Elle était gaie.* Elle avait un petit rire joyeux, une voix délicieuse et des manières des plus agréables.

5. *Elle avait des yeux pétillants.*

6. *Elle était dépendante.* Elle avait désespérément besoin de la protection et de la gouverne d'un homme. Elle avait cette confiance d'enfant envers David.

Ce qui faisait défaut à Dora :

1. *Elle était une bien piètre maîtresse de maison.* Elle ne pouvait ni entretenir la maison, ni cuisiner, ni gérer les dépenses du foyer.

2. *Elle manquait de caractère.* Dora était bonne, pure et aimable mais elle était égocentrique. David dit : « Je désirais que ma femme eût davantage de caractère et d'incitation pour me

soutenir. » Elle était trop absorbée par ses petits problèmes personnels, soins et fantaisies pour être une bonne épouse.

3. *Elle ne comprenait pas les hommes.* C'était là sa plus grande faiblesse. Elle ne savait pas comment offrir de la sympathie, de la compréhension, de l'appréciation ou une présence intellectuelle. À ce sujet, David écrit : « J'aurais pu être meilleur si ma femme avait été capable de m'aider davantage et de partager mes nombreuses pensées qui n'étaient partagées avec personne. »

Déruchette

Déruchette, héroïne du roman *Les travailleurs de la mer* de Victor Hugo, est un exemple d'une femme qui avait à la fois les qualités angéliques et humaines :

Sa présence illumine la maison ; à son approche, on ressent une chaleur réconfortante ; elle ne fait que passer et nous sommes ravis ; elle reste quelques instants et nous sommes comblés. N'a-t-elle pas quelque chose de divin pour avoir ce sourire qui, personne ne sait comment, a le pouvoir d'alléger le poids de cette énorme chaîne que la vie de tout être traîne avec elle ? Déruchette avait ce sourire ; nous pouvons même dire que ce sourire était Déruchette même.

Déruchette affichait par moment une langueur ensorcelante et une certaine malice dans les yeux, ce qui était tout à fait involontaire. La douceur et la bonté imprégnaient toute sa personne ; sa préoccupation était de vivre au jour le jour ; ses talents étaient d'apprendre quelques chansons ; ses dons intellectuels se résumaient en une pure candeur ; elle avait cette grâce reposante de la femme de l'Inde occidentale, mêlée à l'occasion de frivolité et de vivacité et accompagnée de l'enjouement taquin propre à un enfant, cependant parsemée d'un soupçon de mélancolie. Ajoutés à tout ceci, une arcade sourcilière dégagée, un cou souple et gracieux, des cheveux châtains, une peau claire, légèrement rousselée par le soleil, une bouche assez généreuse mais nettement dessinée, et visitée de temps en temps par un dangereux sourire. Telle était Déruchette.

Il n'y a au monde aucune qualité plus importante que celle d'avoir du charme de répandre de la joie autour de soi, de jeter de la lumière sur les jours sombres, d'être le fil d'or de la destinée et la seule véritable âme de grâce et d'harmonie. N'est-ce pas cela rendre service ?

Dans un autre passage, Hugo compare Déruchette à un petit oiseau qui va de branche en branche, quand elle se déplace d'une pièce à l'autre dans la maison, allant et venant, s'arrêtant pour se peigner les cheveux, comme un oiseau se lisse les plumes, et « faisant toutes sortes de petits bruits et de murmures d'une douceur et d'un délice inexprimables. Elle est en quelque sorte un fil d'or tissé dans nos sombres pensées. Elle est fraîche et joyeuse, comme l'alouette » et « Elle, qui un jour deviendra mère, restera longtemps une enfant. »

Vous pouvez penser, à cette étape-ci, que Déruchette est quelque peu ennuyante. Souvenez-vous cependant que Victor Hugo était un homme, un homme fruste qui écrivait d'incroyables histoires de marins et qui utilisait donc beaucoup plus le langage des hommes que celui des femmes. Mais il nous permet de jeter un regard, selon son point de vue d'homme, sur la vraie féminité.

Quand, dans l'histoire, le jeune pasteur demande la main de Déruchette, il fait nettement ressortir les qualités angéliques de celle-ci, quand il dit :

Pour moi, il n'existe qu'une seule femme sur cette terre. C'est vous. Je pense à vous comme à une prière vous êtes une splendeur à mes yeux. Pour moi, vous êtes la sainte innocence. Vous seule êtes suprême. Vous êtes la manifestation vivante de la bénédiction.

Analysons Déruchette

Ses qualités angéliques :

1. Son caractère : « Douceur et bonté imprégnaient toute sa personne. » Elle était attentive aux besoins des autres, car elle « jetait de la lumière sur les jours sombres » et elle avait un sourire « qui avait le pouvoir d'alléger le poids de l'énorme chaîne de la vie ». Une autre preuve évidente de son caractère est l'affirmation de son amoureux qui dit qu'elle est « la sainte innocence », qu'elle est « comme une prière », qu'elle est « la manifestation vivante de la bénédiction ».

2. Ses qualités domestiques : elle était capable de remplir ses tâches domestiques, car « sa préoccupation est de vivre au jour le jour » et « sa présence illumine la maison ».

3. Sa sérénité intérieure : tout comme Agnès, Déruchette possédait une sérénité, un bonheur intérieur, sinon elle n'aurait certainement pas été capable de le transmettre aux autres.

Ses qualités humaines :

1. Ses qualités enfantines : comme Dora, Déruchette avait des manières enfantines. « Elle, qui un jour deviendra mère, restera longtemps une enfant. » Elle avait « une certaine malice dans les yeux », et parfois « de la frivolité et de la vivacité, et de l'enjouement taquin propre à un enfant ».

2. Sa versatilité : Déruchette n'était pas toujours la même.

Par moments, elle était radieusement heureuse et pleine de frivolité et de vivacité ; à d'autres moments, elle était « d'une langueur ensorcelante ». Même si elle était douce et bonne, elle avait à l'occasion « une certaine malice dans les yeux ». Parfois, elle affichait un enjouement taquin et à d'autres moments, « un soupçon de mélancolie ». La versatilité est aussi une qualité qui caractérise les enfants.

3. Son apparence fraîche : « Elle est fraîche et joyeuse comme l'alouette. »

4. Sa douceur : sa douceur est décrite dans le ton de sa voix :

« Elle fait toutes sortes de petits bruits et de murmures d'une douceur et d'un délice inexprimables. »

5. Elle rayonne de bonheur : sa qualité la plus remarquable était sa capacité de rayonner et de transmettre le bonheur. Cela faisait partie de son caractère, de ses manières et de ses gestes :

a. Elle était fraîche et joyeuse comme l'alouette.

b. Elle répandait de la foie autour d'elle.

c. Elle jetait de la lumière sur les jours sombres.

d. Sa présence illumine la maison.

e. A son approche, on ressent une chaleur réconfortante.

f. Elle ne fait que passer et nous sommes ravis.

g. Elle reste quelques instants et nous sommes comblés.

h. Elle a un sourire qui a le pouvoir d'alléger le poids de cette énorme chaîne que la vie de tout être traîne avec elle ce dangereux sourire qui était Déruchette même.

i. parfois, elle témoignait de la frivolité et de la vivacité.

6. Sa grâce : non encore mentionnée, la grâce, toutefois, s'apparente à la gentillesse et à la tendresse. Déruchette était une véritable âme de grâce et d'harmonie et elle avait « cette grâce reposante de la femme de l'Inde occidentale ». Son cou était souple et gracieux.

Amélie

Amélie, un personnage du roman *Vanity Fair* (la foire aux vanités) de Thackeray, est un autre exemple, tiré de la littérature, d'une femme qui présente les côtés angélique et humain. Thackeray dit d'Amélie qu'elle est « aimable, fraîche, souriante, candide, une déesse de la tendresse et des arts domestiques, une femme pour laquelle les hommes sont enclins à la vénération ». Quelques pages plus loin, il l'appelle son « pauvre petit cœur tendre ». Dans un autre passage, il lui attribue « un cœur aimable, gai, tendre et généreux, qui n'est propre qu'à elle ». Il admet toutefois que d'autres peuvent ne pas reconnaître sa beauté :

> En fait, je crains que son nez ne fut plutôt court et que ses joues ne fussent beaucoup trop rondes pour qu'elle fût une héroïne ; mais son visage resplendissait de santé, ses lèvres s'animaient du plus frais des sourires et elle avait des yeux qui scintillaient de tous les feux et qui étincelaient d'honnêteté et de bonne humeur sauf, évidemment, quand ils se remplissaient de larmes, ce qui arrivait trop souvent ; elle pleurait pour des choses aussi simples que la mort d'un canari ou pour une malheureuse souris qui se faisait prendre par un chat, ou sur l'issue d'un roman, si stupide fût-il.

Amélie avait une « petite voix douce et charmante ». Elle était sujette à de « petites préoccupations, à des craintes, aux larmes, à de timides hésitations ». Elle tremblait devant l'indélicatesse ou la dureté de quiconque. Somme toute, elle était « trop modeste, trop tendre, trop confiante, trop frêle, beaucoup trop femme », pour que tout homme qui ne connaît pas cette sensation ne se sente pas obligé de la chérir et de la protéger.

Analysons Amélie

Amélie avait plusieurs qualités dignes de notre attention.

Ses qualités angéliques :

1. *Son caractère* : Elle avait un cœur généreux et elle était aimable et, puisque les « hommes sont enclins à la vénérer », son caractère est donc inestimable.

2. *Ses qualités domestiques* : Thackeray l'appelle « sa petite déesse des arts domestiques ».

Ses qualités humaines :

1. *Sa fraîcheur* : elle avait un sourire des plus frais et son visage rayonnait de santé. Elle avait des yeux resplendissants. Sa petite voix était douce et fraîche.

2. *Elle vivait des émotions d'enfant* : ses yeux se remplissaient souvent de larmes. Elle pouvait pleurer la mort d'un canari, le sort d'une souris ou l'issue d'un roman. Elle était sujette à de petites préoccupations, aux larmes, à des craintes et à de tendres hésitations. Elle tremblait chaque fois que quelqu'un manquait de délicatesse.

3. *Sa tendresse* : elle était « une déesse de la tendresse et des arts domestiques ». Elle était « trop tendre, trop frêle, beaucoup trop femme ».

4. *Sa confiance* : « Elle était trop confiante. »

La beauté est-elle nécessaire ?

À mesure que nous approchons de la fin de notre examen de ces quatre femmes, nous pouvons constater qu'elles possèdent plusieurs qualités que les hommes admirent chez une femme. Il est cependant intéressant de noter qu'aucun de ces auteurs n'a accordé d'importance à la beauté naturelle. Amélie, par exemple, était joufflue et grassette et avait un nez fort imparfait

« son nez était plutôt court et ses joues étaient beaucoup trop rondes pour qu'elle fût une héroïne ». Le teint de Déruchette était assombri par des taches de rousseur et sa bouche était trop grande pour être parfaite. Même si jusqu'ici, les auteurs ont loué la beauté de leurs charmants personnages, ils n'ont fait aucune tentative pour décrire leur apparence physique, si ce n'est que pour souligner au passage quelques imperfections. Agnès et Dora étaient toutes deux de belles femmes, aussi David a-t-il arrêté son choix en se basant sur des qualités autres que la beauté. En réalisant, de cette façon, comment les hommes voient la beauté, nous pouvons donc voir que nous devrons nous fier à leur opinion pour découvrir ce qu'ils aiment en nous, les femmes. Les quatre femmes que nous avons étudiées jusqu'à maintenant sont des exemples classiques de la littérature. Elles ont toujours été et elles sont encore, bien sûr, des exemples vivants de l'Histoire. L'une d'entre elles est digne que nous nous y attardions de nouveau. C'est Mumtaz, la dame du Tàj Mahal. Je citerai encore l'œuvre d'Elisabeth Bisland, *Three Wise Men of the East*.

Mumtaz

Mumtaz est décrite comme étant d'une « exquise beauté ».

Ses cheveux noirs et brillants étaient coiffés en nattes qui tombaient sur ses épaules. Ses grands yeux avaient une forme parfaite et étaient d'un noir profond et doux ; ses sourcils, d'un arc délicat, ressemblaient à une aile d'hirondelle et de longs cils soyeux ajoutaient à leur beauté. Sa peau veloutée était blanche comme un lis.

Mais, malgré toutes ces caractéristiques physiques peu communes et même si le chah était un homme comme les autres, ce furent les qualités intérieures de Mumtaz qui firent d'elle une femme supérieure aux autres.

Elle avait une âme pure, simple et généreuse. Elle avait une nature aimable (un tempérament doux, un cœur bon, etc.). Elle était affable (de conversation facile, courtoise). Elle était d'une patience inébranlable, qui ne faisait jamais défaut, même dans les circonstances les plus rudes. Par exemple, à un moment de leur vie, avant que son mari n'accède au trône, il y eut une tentative pour l'en déloger. Chassé par l'armée impériale, il dut aller de village en village pour trouver un abri. Mumtaz accompagna son mari partout, depuis les forêts du Télingana jusqu'aux plaines du Bengale, souffrant avec une résignation à toute épreuve, toutes les misères et les souffrances propres à la vie de fugitifs. Plusieurs amis et conseillers du prince l'abandonnèrent au cours de ces événements mais Mumtaz se tint à tout moment auprès de lui, avec la plus sincère dévotion.

Mumtaz était une femme sage, prudente et sagace et l'empereur avait en elle une confiance aveugle, aussi bien dans sa vie privée que pour les affaires de l'État. Il avait l'habitude de la consulter sur plusieurs affaires importantes de l'empire et elle s'acquittait admirablement bien de cette fonction de conseillère.

Elle était charitable et bonne.

Plusieurs solliciteurs avaient l'habitude de venir vers elle et elle ne refusait jamais d'écouter quiconque était digne d'attention. Son intercession sauva plus d'une victime condamnée à l'échafaud et fit réintégrer plusieurs personnes qui s'étaient attiré la disgrâce royale. Les orphelins, les veuves et les indigents gagnèrent son aide et son appui.

Mumtaz avait aussi un haut sens du devoir conjugal et elle prouva qu'elle était une épouse idéale. Elle fascinait son mari. Avec toute sa beauté, sa sagesse et sa grâce, elle était la fleur parfaite au sein d'une saine famille. Si elle se servit de tous ses puissants charmes pour amener son mari à fléchir sous sa volonté, elle le fit avec si grand art que personne au monde n'en eut connaissance. À partir de l'histoire de leur vie, il est cependant évident que cette femme exerça un fort ascendant dans la vie de son mari.

Peut-être que la longue période de paix vécue sous le règne du chàh est due à l'influence féminine de Mumtaz. Pendant ce long règne de quarante ans, il n'y eut que trois guerres et celles-ci n'eurent lieu que pour réprimer des révoltes et contenir des attaques. Les affaires publiques se déroulaient tellement bien que les chroniqueurs ne trouvèrent aucun épisode sanglant ni aucune violence à enregistrer. Le chàh eut aussi un succès extrême dans sa politique étrangère ; celle-ci, tout comme sa politique interne, fut une preuve de la réussite de son règne.

Les dossiers historiques nous suggèrent, seulement par inférence, que Mumtaz contribua à régler la vie du chah Jahàn mais ils nous forcent à croire qu'elle affecta profondément la vie de son mari. En fait, le chàh ne nous a laissé aucun témoignage à ce sujet et personne n'a entendu parler d'aucune action publique de la part de Mumtaz. Nous n'avons jeté qu'un regard furtif sur un personnage ravissant qui s'harmonisa merveilleusement dans un décor de splendeur.

Analysons Mumtaz

Ses qualités angéliques :

1. *Son caractère* : elle était pure, simple et généreuse. Elle avait un caractère doux, bon, affable et courtois. Elle avait une patience inébranlable, dans les circonstances les plus dures. Elle était très compatissante envers les indigents et les aidait dans des situations désespérées. Elle était intelligente et faisait preuve de grande sagesse et de prudence.

2. *Ses qualités domestiques* : elle avait un haut sens du devoir envers son mari et prouva qu'elle était une femme idéale. Elle lui donna quatorze enfants. (Cependant, huit seulement vécurent, quatre garçons et quatre filles.)

Ses qualités humaines :

1. *Elle était féminine* : elle exerçait une profonde influence sur la vie de son mari mais elle le faisait avec cet art subtil qui est propre aux femmes. Elle jouait admirablement bien son rôle de femme soumise.

2. *Son rayonnement* : il y avait en elle gaieté et sérénité, en dépit des dures circonstances.

3. *Son pouvoir de fascination* : elle fascinait le cœur et l'esprit de son mari.

L'Histoire nous offre d'autres exemples de femmes qui possèdent les qualités angéliques et humaines. Le charme de Cléopâtre changea le cours de l'Histoire. Hélène de Troie fut tellement adulée qu'elle fut la cause d'une grande guerre. Ellen Wilson, femme du président des États-Unis, serait également digne d'une étude approfondie. Quant aux exemples modernes, il y en a sans aucun doute plusieurs. Cependant, on trouve difficilement des descriptions poussées de leurs charmes car il semble que la tradition veuille que la personne soit décédée avant que ne soient révélées ses qualités. Récemment, cependant, on a publié les lettres d'amour de Woodrow Wilson.

Mais nous savons pertinemment qu'il y a plusieurs femmes ravissantes dans le monde, des femmes fascinantes comme la princesse Grace de Monaco, la reine de Thaïlande, les actrices Helen Hayes et Ann Blyth, Maria Von Trapp, Lady Bird Johnson et plusieurs autres, toutes des femmes qui possèdent une bonté de caractère, des qualités domestiques et un charme fascinant. Une étude de leur vie révélerait les qualités angéliques et humaines, comme les exemples que nous avons trouvés dans ce chapitre. Il y a bien sûr bon nombre de femmes fascinantes qui sont inconnues du public mais qui sont tout aussi dignes d'admiration.

Comme nous achevons notre étude des côtés angélique et humain, je fondrai ces deux appellations en une seule : la femme totale. Après les quelques paragraphes qui suivent, vous retrouverez un diagramme de la femme idéale, donnant les qualités fondamentales que les hommes trouvent attrayantes. Même si nous avons divisé le diagramme en deux, nous devrions toujours nous rappeler que la femme n'est qu'un tout qui combine les qualités angéliques et les qualités humaines. Ensemble, elles forment l'apothéose du charme féminin.

Il est possible que vous vous demandiez si les enseignements de ce livre sont véridiques, si les qualités évoquées sont vraiment celles qui fascinent les hommes et si elles éveilleront à coup sûr leurs tendres sentiments d'amour authentique. Des expériences faites avec des milliers de femmes ont prouvé sans contredit que les enseignements de ce livre conduisent aux résultats escomptés. En outre, plusieurs milliers de femmes ont lu ce livre et ont aussi suivi des cours sur le sujet. Les résultats ont été stupéfiants. Les femmes qui, auparavant, pensaient être heureuses ont insufflé à leur mariage une nouvelle forme d'amour romantique. Celles qui se sentaient négligées et sans amour ont vu leur mariage s'épanouir dans l'amour et la tendresse ; et les femmes qui étaient tout à fait désespérées de leur situation ont trouvé les mêmes heureux résultats. Le temps et l'expérience ont prouvé que ces enseignements sont véridiques et réels et que, chaque fois que ces principes sont mis en application, les femmes peuvent être aimées, honorées et adorées, les mariages deviennent florissants et les foyers beaucoup plus heureux.

Toutefois, la façon la plus convaincante de prouver la véracité de ces enseignements est de les appliquer dans votre vie. Acquérez quelques-unes de ces qualités et voyez par vous-même la réponse amoureuse que vous fera votre mari. Étudiez les chapitres suivants, faites les exercices à la fin des leçons et observez l'évidence et l'éloquence des résultats. Pendant ce temps, il est préférable que vous n'informiez pas votre mari de votre démarche car, si vous appliquez ces principes sans qu'il en soit avisé, vous serez plus en mesure de voir clairement sa réponse spontanée à *L'univers fascinant de la femme*. Ce sera une preuve supplémentaire de la véracité de ce livre.

La femme angélico-humaine

La femme idéale du point de vue de l'homme

Qualités angéliques

1. Compréhension de : Hommes
2. Profond bonheur Intérieur
3. Caractère digne
4. Déesse des arts domestiques

Le côté angélique d'une femme éveille en l'homme un sentiment qui s'approche de la vénération. Ces qualités apportent à l'homme paix et bonheur.

Qualités humaines

1. Féminité
2. Irradie le bonheur
3. Fraîcheur, santé radieuse
4. Attitude de femme enfant

Le côté humain d'une femme fascine, amuse, captive et enchante l'homme. Il suscite en lui un désir de protection de la femme.

Ensemble, ces deux types de qualités suscitent l'amour tendre de l'homme. Les deux sont essentiels pour éveiller son amour céleste.

Exercice

1. Mettez sur papier ce qui suit :

A. Les qualités angéliques que vous avez.

B. Les qualités angéliques qu'il vous manque. C. Les qualités humaines que vous avez.

D. Les qualités humaines qu'il vous manque.

2. Faites un tableau de la femme angélico-humaine. Inscrivez-y les huit principales qualités en laissant de grands espaces entre chacune. Écrivez dans ces espaces les qualités que vous avez, en vous inspirant de la liste que vous avez faite.

Lorsque vous aurez terminé la lecture de ce livre, vous pourrez probablement ajouter d'autres qualités et, lorsque vous aurez mis ces enseignements en pratique pendant un an, vous pourrez sans aucun doute y inscrire encore beaucoup d'autres qualités.

PARTIE I

LES QUALITÉS ANGÉLIQUES

1. Elle comprend les hommes
2. Elle a un profond bonheur intérieur
3. Elle a un caractère inestimable et digne
4. Elle est une déesse des arts domestiques

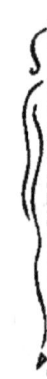

Le côté angélique suscite chez l'homme un sentiment près de l'adoration et il lui apporte paix et bonheur.

Pour devenir la *femme idéale* selon le point de vue d'un homme, une femme doit avoir les qualités angéliques, ou qualités de caractère. Aucun homme n'aime pleinement une femme si elle n'a pas quelque chose d'un ange. Une femme qui n'a pas tellement de caractéristiques angéliques peut le fasciner mais il ne ressentira pas pour elle un amour total. Nous avons séparé ici les quatre qualités mais, en fait, elles ne font qu'une car elles sont toutes d'ordre spirituel. La partie I de ce livre est consacrée à une étude des qualités angéliques et à la façon de les acquérir.

La compréhension des hommes

Nous commencerons donc notre étude du côté angélique en apprenant à comprendre les hommes. La première chose que nous devons savoir est que les hommes sont différents des femmes, si différents dans leur nature et leur tempérament qu'on pourrait presque croire qu'ils viennent d'une autre planète. Les hommes ne pensent pas comme les femmes, n'abordent pas un problème de la même façon, pas plus qu'ils n'ont les mêmes besoins ni le même sens des valeurs que nous. Même si ces besoins peuvent être semblables chez un homme et chez une femme, ils diffèrent largement quant à leur valeur fondamentale. Par exemple, l'amour est essentiel aux deux. Être admiré est essentiel au deux. Mais, être aimée est plus important pour une femme et être admiré est plus important pour un homme. Parce que nous ne comprenons pas ces différences, nous apportons souvent aux hommes des choses dont nous, femmes, avons besoin plutôt que les choses dont eux, les hommes, ont besoin, et nous nous retrouvons déconcertées quand ils ne répondent pas à ce à quoi nous nous attendions.

Dans les chapitres suivants, nous étudierons les besoins des hommes, leurs caractéristiques et leurs particularités. Ces éléments de connaissance devraient être à la base de l'éducation de chaque femme. Sans une compréhension approfondie de la nature masculine, comment pouvons-nous espérer établir une bonne relation avec nos maris et nos fils ? Voici les six caractéristiques masculines que nous allons étudier dans notre apprentissage pour comprendre les hommes :

Six caractéristiques masculines

1. Son besoin d'être accepté tel qu'il est.

2. Son besoin d'être admiré.

3. Son amour-propre.

4. Son besoin de compréhension sympathique.

5. Son besoin d'être le premier en importance pour sa femme.

6. Son besoin d'être le guide, le protecteur et le pourvoyeur de sa femme et de ses enfants.

CHAPITRE III

ACCEPTER UN HOMME TEL QU'IL EST

Caractéristique No 1

Il y a quelques années, le docteur Norman Vincent Peale, l'auteur de The Power of Positive Thinking (le pouvoir de la pensée positive), faisait une conférence dans notre communauté. Après la conférence, le docteur Peale, selon son habitude, accorda une période de questions. Une des questions était à peu près formulée comme suit : « J'ai essayé de bâtir un bon foyer, d'être une bonne mère et une épouse dévouée, mais les choses n'ont pas marché vraiment bien. Le problème est que mon mari n'a pas fait autant d'efforts que moi pour faire de notre mariage un succès. » Elle fit ensuite une énumération des défauts de son mari, dont les suivants :

« Il néglige ses enfants, dépense follement l'argent, boit, est maussade et difficile à vivre. » Sa question au docteur Peale fut : « Après vingt-cinq ans de mariage, y a-t-il un espoir qu'il changera ? »

Le docteur Peale regarda l'auditoire et dit avec une ferme conviction : « Ne savez-vous pas que vous devez toujours être prêtes à accepter un homme tel qu'il est et ne jamais essayer de le changer ? » Le merveilleux conseil du docteur Peale est un des secrets d'un mariage heureux et est le fondement de *L'univers fascinant de la femme*. Un des besoins des plus fondamentaux d'un homme en mariage est que sa femme l'accepte tel qu'il est, sans essayer de le changer.

Que signifie le mot accepter ?

L'acceptation signifie que nous considérons l'homme pour ce qu'il est. Nous acceptons ses manières, ses désirs, ses rêves ou son absence de rêves. Nous acceptons ses idées, ses intérêts et ses faiblesses. Nous acceptons les petites bizarreries de sa personnalité, ses vues religieuses et ses vues politiques et tous les traits qu'il peut avoir, pour le meilleur et pour le pire. En fait, nous faisons plus que l'accepter, nous acceptons son droit d'être lui-même. Il est possible que nous ne soyons pas d'accord avec ses idées mais nous respectons son droit à son point de vue personnel. Nous pouvons remarquer ses faiblesses mais nous acceptons cela comme étant normal chez un être humain. Nous l'acceptons tel qu'il est et nous considérons son meilleur côté.

L'acceptation veut dire que nous le reconnaissons comme un être humain qui, comme nous, a des qualités et des défauts. En adoptant un point de vue aussi honnête, on voit ses défauts mais on voit aussi ses qualités. Nous acceptons l'homme intégralement, avec sa bonté potentielle et avec toute sa fragilité humaine. Cela ne veut pas dire que l'homme ne devrait pas prendre sérieusement en considération ses défauts, non plus qu'il ne devrait pas essayer fortement de les corriger. Mais c'est là sa responsabilité.

L'acceptation n'est pas synonyme de tolérance, pas plus que de malhonnêteté ; elle ne signifie pas que nous devons nous convaincre qu'il est parfait alors qu'il ne l'est pas. Cela ne signifie pas non plus la résignation. L'acceptation est un bienheureux état d'esprit lorsque nous réalisons que notre responsabilité n'est pas de changer ou de refaire l'homme, mais bien de l'apprécier pour ce qu'il est.

Il vous sera plus facile de comprendre ce qu'est l'acceptation si vous vous faites une représentation mentale d'un homme peint en deux couleurs, l'une vive et l'autre terne. Peignez un côté de l'homme avec la couleur vive pour représenter ses qualités, et l'autre côté avec la couleur terne pour représenter ses défauts. Ensuite, éloignez de vos yeux le côté terne de façon à ne voir que ses qualités. Vous savez que le côté terne est là, mais vous ne le regardez pas. Vous ne voyez que le côté de couleur vive. L'acceptation, donc, signifie que vous considérez l'homme en tant qu'être humain, avec ses défauts et ses qualités, que vous cessez de vous en faire pour ses défauts et que vous regardez son meilleur côté.

Voici des défauts qu'ont les hommes et que les femmes essaient de changer

Les défauts les plus communs aux hommes s'insèrent dans les catégories suivantes :

1. Les habitudes personnelles : cette catégorie inclut des habitudes alimentaires pauvres, une faible tenue à table, une apparence négligée, une faible connaissance en grammaire et en orthographe, un mauvais caractère, des humeurs dépressives, une conduite automobile insouciante, un manque d'ordre (ils laissent les choses à la traîne partout dans la maison, ils n'accrochent pas objets et vêtements, ils ne remettent pas les choses à leur place), un manque de courtoisie, l'usage des jurons, du tabac, de l'alcool et beaucoup d'autres.

2. La façon dont ils occupent leur temps : ils passent beaucoup de temps devant la télévision, dans la salle de bain ou à sommeiller sur le sofa. Ils passent aussi beaucoup trop de temps en dehors de la maison avec leurs amis pour assister à des événements sportifs, ou pour assumer leur responsabilité paroissiale, ou pour toute autre activité extérieure. Ils s'impliquent trop dans toutes sortes de choses et sont toujours pressés. Ils n'arrivent pas à la maison à temps ou ils oublient d'appeler s'ils sont en retard.

3. Leurs devoirs : ils négligent leurs tâches à la maison, comme des réparations de la maison, l'entretien du parterre, les travaux de peinture et de rénovation. Ils oublient de payer les factures, négligent leur responsabilité paroissiale et ils manquent de suivi dans leurs responsabilités. Ils sont peu dignes de confiance dans leur travail et par conséquent, ils échouent. Ils sont paresseux, peu débrouillards et irresponsables face à leurs devoirs.

4. Le comportement social : ils sont fanfarons et vantards en public, ils parlent beaucoup trop ou pas assez ; dans leur conversation, ils sont légers, ou trop directs, ou trop bruyants. Ils manquent de courtoisie et de manières sociales. Ils ne choisissent pas des amis que leurs femmes peuvent accepter et ils n'acceptent pas les amies de leurs femmes.

5. Leurs désirs et leurs rêves : ils n'ont pas d'ambition ou d'enthousiasme face à la vie ; ils n'ont pas le désir de s'améliorer ; ils se sous-estiment et manquent de confiance en eux ; ils n'arrivent pas à se faire une idée de ce qu'ils veulent de la vie ; ils vont d'un rêve à un autre. Ils laissent s'enfuir de bonnes occasions et n'ont pas d'imagination pour aller de l'avant. Certains hommes nourrissent des rêves qui sont impossibles à réaliser ou qui exigent de trop grands risques.

6. Les qualités masculines : ils ne sont pas assez virils, sont indécis, hésitants. Ils manquent à leur tâche de guider fermement la famille. Ils sont trop mous avec les enfants et s'en font beaucoup trop au sujet des erreurs du passé. Ils sont trop craintifs à se lancer dans quelque chose de nouveau. Ils n'ont pas de bonnes idées.

7. L'argent : ils gèrent mal leur argent, ils le dépensent follement ou ils sont mesquins ; ils dilapident de grosses sommes sans consulter leurs femmes.

8. Leur négligence envers les enfants : ils ne se soucient pas de l'heure à laquelle les enfants entrent à la maison, ne jouent pas avec eux ou ne les emmènent nulle part, ne les aident pas à faire leurs travaux scolaires, ou ils ne participent pas à leur éducation ou négligent de prendre soin d'eux. Ils se plaignent du bruit normal que font les petits enfants et des disputes normales qu'ils ont entre eux.

9. La religion : ils ne fréquentent pas l'église, n'écoutent pas les idées sur la religion et ne sont pas intéressés à la religion. Ils amènent les enfants à des voyages de pêche ou à des parcs d'attractions plutôt que de les conduire à l'église.

Pourquoi les femmes essaient-elles de changer les hommes ?

1. Pour le propre bien de la femme : dans la plupart des cas, une femme essayera de changer un homme parce que les défauts de celui-ci causeront des problèmes et apporteront de la privation dans sa vie à elle, lui dérobant certaines choses qu'elle veut vraiment. Elle peut penser que si elle pouvait changer son mari, sa vie à elle serait meilleure et plus heureuse. Si vous revoyez la liste que nous venons de faire des défauts des hommes, vous verrez jusqu'à quel point ce que la femme peut penser est vrai, et vous verrez comment son désir d'avoir du confort, de l'argent, des biens matériels, du prestige, du plaisir et d'autres avantages, peut faire d'elle une femme fortement désireuse de changer son mari.

2. Pour le bien de l'homme : le bien de son mari est une autre raison qu'a une femme de vouloir changer celui-ci. Beaucoup de femmes bien intentionnées vous diront : « Si vous aimez vraiment quelqu'un et que vous voulez en prendre soin, il est important de veiller à ce que cette personne tire le meilleur de la vie. Par conséquent, il est de mon devoir de changer mon mari pour son bien » Ces femmes pensent que c'est là leur responsabilité. Une femme de mes connaissances entreprit son mariage en faisant une longue liste des défauts de son mari qu'elle essaya ensuite de changer. Elle pensait que c'était son devoir de l'améliorer.

Mais est-ce notre devoir ? Sommes-nous responsables de faire de nos maris les hommes qu'ils se doivent d'être ? La réponse ? Si un homme ne voit pas ses défauts et que son aveuglement l'entraîne dans les difficultés ou l'empêche de parvenir au succès, il est alors important que sa femme le réveille, comme je l'expliquerai plus loin dans ce chapitre. Mais une fois qu'il aura découvert ses erreurs et ses défauts, s'il choisit de rester tel qu'il est, la femme ne devrait pas persister en ce sens ; elle devrait plutôt l'accepter tel qu'il est. Il n'est pas de son devoir de pousser son mari vers le succès. « Mais, pourrait dire sa femme, les défauts de mon mari lui dérobent une partie fondamentale de bonheur ; je dois donc le changer pour qu'il puisse être heureux. » Cela semble être un dessein fort admirable et fort digne. Quelle bonne raison quelqu'un pourrait-il avancer contre cette louable attitude ? Il y a, en fait, quatre raisons pour lesquelles les femmes ne devraient pas essayer de changer les hommes :

1. Cela crée des problèmes dans le mariage.
2. Cela peut détruire l'amour.
3. Ce peut être la cause de la rébellion d'un homme.
4. C'est inutile.

1. Cela crée des problèmes dans le mariage :

Même si une femme met tout en œuvre pour changer son mari, avec les meilleures intentions du monde, ça peut apporter des problèmes lourds de conséquences dans leur mariage. Tout d'abord, cela peut créer une tension énorme dans le ménage.

La femme peut être victime de cette tension en raison de la très grande attention qu'elle portera aux défauts de son mari. Elle peut s'inquiéter sur les conséquences du comportement de ce dernier. De plus, quand elle se met à le changer, elle lui impose une tension supplémentaire qui fait qu'il résiste davantage au changement. Les enfants souffriront également quand ils réaliseront la tension qui existe entre les parents.

Quand une femme essaie de changer un homme, elle montre, en fait, qu'elle n'est pas satisfaite de lui tel qu'il est. Lorsqu'un homme sent que sa femme ne l'approuve pas, il est alors en état de nourrir du ressentiment envers elle, ce qui affectera ses sentiments pour elle et apportera de la discorde dans leur relation. Son ressentiment et son irritation peuvent alors faire qu'il s'éloigne de sa femme, ce qui est le début d'une coupure dans leur communication. Il peut contourner la situation en passant beaucoup de temps en dehors du foyer, avec des amis ou à la poursuite d'autres intérêts.

Un autre problème qui peut surgir concerne son ego. De réaliser que sa femme n'est pas satisfaite de lui pèse lourd sur son ego. *Un homme est fier en son for intérieur* et il est défavorablement affecté quand son esprit est blessé. Il connaît ses faiblesses, mais il aimerait que sa femme apprécie son meilleur côté. De savoir que sa femme ne le trouve pas complètement acceptable menace sa sécurité, de la même façon qu'une femme se sentirait en danger si elle ne se sentait pas aimée.

La tension, le ressentiment, le manque de communication et une attitude distante pourraient amener la femme à se demander si ses objectifs en valent la peine. Est-ce que ce qu'elle veut accomplir pour améliorer son mari compense vraiment pour la discorde créée au foyer et pour le dommage fait à leur mariage ? Laquelle des deux situations est la plus importante pour les enfants, pour elle-même et pour son mari ? L'amour et l'harmonie dans le mariage ne sont-ils pas de plus grande valeur ?

2. Cela peut détruire l'amour :

Non seulement l'amour peut-il être moins fort mais, dans

certains cas, il peut même être complètement détruit. Lorsqu'une femme harcèle et irrite constamment son mari, il peut en résulter la destruction d'un mariage heureux. Un des cas les plus tragiques de l'Histoire est celui du romancier russe, le comte Léon Tolstoï, et de sa femme.

Au début de leur mariage, Tolstoï et sa femme jouissaient d'un bonheur si merveilleux et si grand que, ensemble agenouillés, ils priaient Dieu de toujours protéger cette merveilleuse extase qui était la leur. Tolstoï est un des plus fameux romanciers de l'Histoire. Deux de ses chefs-d'œuvre, *Guerre et Paix* et *Anna Karenine*, sont considérés comme des trésors littéraires. Il était tellement admiré de son peuple qu'on le suivait jour et nuit et sténographiait chaque mot qu'il disait.

Même s'il était un homme d'une grande richesse et d'une grande renommée, après avoir étudié les enseignements de Jésus et d'autres moralistes, il abandonna sa propriété, il travailla dans les champs, à couper du bois et à faire les foins ; il fit lui-même ses chaussures, mangea dans une écuelle de bois et essaya d'aimer ses ennemis. Il abandonna ses droits d'auteur sur ses livres et eut le courage de ses convictions qui étaient de vivre une vie en laquelle il croyait.

Mais sa femme n'accepta jamais sa trop simple philosophie de la vie. Elle aimait le luxe, il le méprisait. Elle désirait ardemment la renommée et chérissait l'estime de la société, mais ces choses ne signifiaient rien pour lui. Elle avait grande envie d'argent et de richesses, mais lui pensait que ces choses étaient péchés. Pendant des années, elle fit tous les efforts pour changer son mari et sa vision de la vie. Au moment où il lui résista et qu'il décida de suivre sa propre voie, elle se mit à hurler, elle sombra dans des crises d'hystérie et menaça de se suicider ou de se précipiter au fond du puits.

Après quarante-huit ans, cet homme, qui avait adoré sa femme en l'épousant, pouvait difficilement supporter sa vue. Et une des scènes les plus tragiques de cette histoire est lorsque la comtesse Tolstoï, le cœur brisé, vieille et privée d'affection, se jeta aux pieds de son mari et l'implora de lui lire à haute voix les merveilleux passages d'amour qu'il lui avait écrits dans son journal intime cinquante ans plus tôt. Et comme il lui lisait des passages de ces merveilleux jours heureux qui s'étaient maintenant enfuis à jamais, tous les deux fondirent en larmes. Son ultime requête fut que sa femme ne fusse pas autorisée à se présenter devant lui. Il y a eu, bien sûr, de nombreux mariages qui ont commencé avec romantisme et tendresse, mais qui ont sombré à cause de la maladresse de la femme à ne pas accepter son mari tel qu'il est ou à ne pas lui permettre d'être ce qu'il est. Telles sont les vraies tragédies de l'Histoire.

3. Ce peut être la cause de la rébellion d'un homme :

Harceler un homme pour qu'il change peut susciter en lui une pointe de rébellion, et cela est dû à sa lutte pour préserver sa liberté d'être lui-même. Par exemple, j'ai un jeune fils qui me dit parfois : « Maman, ne me dis pas de le faire sinon je ne voudrai pas le faire. » Ceci indique comment les hommes se sentent par rapport à leur précieuse liberté et comment ils peuvent parfois se retourner contre les vraies choses qu'ils veulent, justement pour protéger cette liberté. Pour illustrer ceci, voici une expérience vécue :

Une fuite par la fenêtre de la salle de bains

Une femme se convertit à une certaine religion dans laquelle elle s'impliqua beaucoup. Par conséquent, elle essaya d'y intéresser son mari mais elle n'obtint aucune réponse. Elle le talonna jour et nuit mais chaque effort fut vain. Un soir, elle s'arrangea secrètement pour que des missionnaires de sa religion arrivent à l'improviste à l'heure du souper, pensant que son mari se sentirait obligé de les inviter et de fraterniser. Elle s'arrangea aussi pour qu'ils apportent des livres, des enregistrements, un film et d'autre matériel dont ils se serviraient pour tenter de convertir son mari après le repas.

Tout se passa exactement comme prévu. Juste comme la famille venait de se mettre à table, les missionnaires sonnèrent à la porte. Après un agréable repas, l'épouse dit : « Ne serait-ce pas intéressant si ces deux messieurs nous donnaient quelques explications sur leur religion ? » Mû par la courtoisie et un certain respect moral, le mari accepta. Comme les missionnaires préparaient leur matériel, le tableau feutre, les livres et les images, le pauvre mari se sentit pris au piège. Il s'excusa pour se rendre à la salle de bains, s'échappa par la fenêtre et disparut. Il ne revint pas avant trois jours.

Après trois jours de recherche, la femme, désespérée, alla à l'église pour demander de l'aide. Plusieurs leaders de l'église vinrent à sa rescousse et commencèrent à chercher le mari. Après une recherche intensive, ils le trouvèrent enfin. En le questionnant, ils découvrirent qu'il n'avait nullement l'intention de retourner à la maison. Cependant, grâce à l'aimable persuasion de celui qui avait trouvé le mari et devant la promesse de l'épouse de ne jamais plus reparler de religion, il retourna au foyer. Sa femme tint sa promesse et il put se détendre en paix.

La partie impressionnante de cette histoire est l'expérience suivante. Le mari et l'homme qui l'avait retrouvé firent plus ample connaissance. Durant leur conversation, le mari avoua :

« J'avais commencé à vouloir en connaître davantage sur sa religion, mais je ne voulais pas que ça vienne de ma femme. » À l'insu de sa femme, il se renseigna sur cette religion, se convertit et en devint secrètement membre. Puis, un matin à l'église, le ministre apparut et annonça qu'il y avait maintenant un nouveau membre dans la congrégation, révéla son nom et lui demanda de venir à la tribune. Lorsqu'elle vit son mari, la femme ressentit une joie si intense qu'elle fondit en larmes.

Un autre cas est celui d'une femme qui fit naître la rébellion en son mari en agissant comme suit : dès son mariage, elle lui fit toutes sortes de suggestions banales. Elle essaya de changer ses habitudes alimentaires, l'encouragea à se laver plus souvent et à soigner davantage son apparence. Elle cuisina des mets nutritifs. Son mari était issu d'une famille qui ne pensait pas que la nutrition était importante et il était donc particulièrement irrité d'être privé des aliments qu'il avait l'habitude de manger. Cette violation de sa liberté le porta à manger des aliments particulièrement malsains lorsqu'il était hors de la maison. Il commença aussi à boire. Les suggestions de sa femme visaient la santé, aussi la rébellion de son mari allait-elle dans le sens contraire de la santé. Il ruina presque sa bonne santé par ses mauvaises habitudes alimentaires. Dans un sens, son attitude se résumait comme suit : Donne-moi ma liberté ou laisse-moi mourir.

4. C'est inutile

La dernière raison pour la quelle les femmes ne devraient jamais essayer de changer les hommes est que ça ne fonctionne pas. Les pressions qu'exercent les femmes et les suggestions qu'elles emploient rie changent pas les hommes. La comtesse Tolstoï a-t-elle réussi à changer son mari ? La femme qui a fait appel à des missionnaires pour convertir son mari a-t-elle réussi dans son entreprise ? La femme qui cuisina des mets nutritifs a-t-elle réussi à changer les habitudes alimentaires de son mari ? Non, ce n'est pas la façon de voir les hommes changer.

Or, dans certains cas, des femmes réclament le crédit de voir leurs maris s'améliorer, prétendant que leur changement est le résultat de leurs efforts de femme. Ne vous laissez pas induire en erreur. Si vous pouviez connaître tous les détails de ce revirement, vous vous apercevriez que l'homme a changé non pas grâce à la persuasion de sa femme, mais bien parce qu'il a trouvé une autre motivation pour changer, une raison que la femme ne saisit pas. Ou il était assez intelligent et sage pour se rendre compte de la sottise de ses agissements sans l'aide de sa femme. Sans le harcèlement de cette dernière, l'homme aurait sans aucun doute changé bien avant.

Comme vous pouvez le voir, à partir des quatre cas ci-haut illustrés, les efforts des femmes pour changer les hommes sont infructueux ; ils causent des problèmes dans le mariage, menacent de détruire l'amour, suscitent de la rébellion chez l'homme et n'apportent aucun changement en lui.

Comment amener un homme à changer ou à s'améliorer

Si vous acceptez un homme tel qu'il est, y a-t-il quelque espoir qu'il changera ? Qui peut le dire ? Vous devez accepter le fait qu'il peut ne pas changer. Mais par un effet qui tient du miracle, les hommes sont portés à s'améliorer lorsqu'ils se sentent complètement acceptés. Le seul espoir que vous puissiez avoir qu'un homme changera est de ne pas essayer de le changer. D'autres personnes peuvent essayer de le changer, de l'éduquer, de lui faire des suggestions, mais la femme qu'il aime doit l'accepter tel qu'il est. Toutefois, il y a trois choses qu'une femme peut faire qui encourageront l'homme à devenir meilleur :

1. Laissez-lui sa liberté. Vous pouvez aider un homme à s'améliorer en lui laissant sa liberté d'être lui-même, en le laissant vénérer Dieu selon la voix de sa conscience, suivre ses intérêts et ses objectifs personnels, faire les choses qu'il veut faire, s'habiller comme il le désire et manger ce qu'il veut. Quand on lui laisse sa liberté, son esprit peut alors fonctionner sans obstacle et son cœur sera disponible. Il sera encouragé à vivre à son meilleur.

2. Considérez son meilleur côté. Vous pouvez davantage encourager son évolution en considérant son meilleur côté. Exprimez votre appréciation de ses meilleurs aspects et cela l'incitera à devenir un homme meilleur et à travailler avec plus de soin à combattre ses faiblesses. Nous pouvons aider un enfant, un homme ou tout individu à développer un plus grand potentiel seulement en tenant compte de son meilleur côté.

3. Vivez pleinement tous les aspects de L'univers fascinant de la femme. Un des prodiges de *L'univers fascinant de la femme* est que, lorsque vous mettez en application tous ses principes, les défauts de l'homme tendent à disparaître et il devient plus raffiné et meilleur. J'ai vu cela se produire maintes fois. Des femmes m'ont raconté que leurs maris sont devenus tellement exécrables qu'elles, ou n'importe qui d'autre, n'étaient plus capables de les supporter ; mais du moment qu'elles ont vécu les principes de *L'univers fascinant de la femme*, de façon quasi magique, leurs maris ont perdu leurs manières exécrables et sont devenus des hommes tout à fait nouveaux. Il n'existe bien sûr aucune garantie, mais un effort sincère pour vivre les principes de ce livre peut engendrer chez l'homme un changement pour le meilleur. Mais n'oubliez pas qu'il y a trois façons d'inciter un homme à s'améliorer. J'aimerais maintenant élaborer sur la première de ces façons en expliquant l'intense besoin de liberté chez l'homme.

L'intense besoin de liberté chez l'homme

Le libre arbitre est une des lois les plus fondamentales de la vie. Le genre humain ne peut pas se développer ni faire l'expérience du bonheur sans libre arbitre. Dieu était pleinement conscient de ce principe éternel lorsqu'il créa l'homme et qu'il le mit sur la terre. Il permit que les forces du mal existent, même s'Il savait dès le début que plusieurs de ses précieuses créatures succomberaient au péché et qu'elles récolteraient de l'amertume en désobéissant. Mais Il savait aussi que sans la liberté, le genre humain ne pourrait pas évoluer. L'homme a besoin d'être placé devant des choix et de faire un choix par lui-même. Si Dieu a pu mettre en jeu le bonheur futur et le bien-être de l'homme afin de porter plus loin sa précieuse liberté, pourquoi alors les femmes ne peuvent-elles pas accorder ce même privilège aux hommes ? Pourquoi ne pas laisser un homme faire les choses qu'il veut faire et être le genre d'homme qu'il veut être sans intervenir ?

Un homme a particulièrement besoin d'une liberté religieuse, comme tous les hommes de l'univers l'ont toujours eu. Notre nation fut fondée sur ce principe ; les pèlerins quittèrent l'Europe à cause de cela et c'est encore tout aussi important pour chacun de nous aujourd'hui. Chaque individu a droit à ses propres vues religieuses ; c'est un droit donné par Dieu. Et l'homme a certainement droit à ses sentiments personnels sur la religion. Quand une femme respecte la liberté religieuse de son mari, des récompenses s'ensuivent, car son esprit fonctionne alors sans obstacles et il est davantage disposé à prendre en considération d'autres points de vue. Permettez-moi d'illustrer ce fait par l'expérience suivante :

Il s'agit d'une fille qui s'était engagée à épouser un homme d'une croyance différente de la sienne. Sa religion était très importante pour elle et elle espérait qu'en l'épousant, il joindrait éventuellement sa croyance. Elle prit conseil auprès d'un homme sage qui lui dit : « Si vous épousez cet homme, ne soulignez pas sa différence religieuse ouvertement. N'essayez pas de changer ses vues, mais reconnaissez plutôt sa liberté religieuse. S'il veut aller à son église, suivez-le. Accordez-lui une liberté totale mais maintenez vos propres idéaux et soyez l'exemple vivant de ce que votre religion vous enseigne. »

Elle épousa l'homme et elle suivit le sage conseil reçu. Son mari lui demanda de fréquenter son église avec lui, ce qu'elle fit de plein gré. En retour, il fut disposé à participer à la religion de sa femme. En comparant les deux confessions, il devint vite convaincu que la religion de sa femme était supérieure à la sienne et il en devint membre.

Les hommes sont tellement susceptibles par rapport à leur liberté religieuse qu'ils refusent même une allusion, si délicate soit-elle. Par exemple, une jeune femme me disait que chaque dimanche matin, elle demandait tout simplement à son mari s'il avait l'intention d'assister à la messe ce matin. Mais il était tellement irrité de cette allusion faite à demi-mot qu'il restait à la maison juste pour sauvegarder sa liberté. Il n'avait aucun préjugé défavorable face à l'église mais s'il y allait, il voulait que ce soit son idée à lui. Dès que sa femme arrêta de faire quelque allusion, il se mit à y aller plus régulièrement. Lorsque nous essayons d'entraîner les hommes à l'église, nous ne faisons souvent que les en éloigner. Les quelques femmes qui prétendent avoir supposément pousser leurs maris à l'église s'illusionnent en fait sur le crédit qu'elles en prennent. Ces hommes ont eu une raison toute différente d'assister à la messe que ce que leurs femmes ont supposé et ils l'auraient fait beaucoup plus tôt s'ils avaient joui de leur liberté et si leurs femmes s'étaient contentées d'être de brillants exemples de dévotion.

En plus de sa liberté religieuse, un homme a besoin d'autres libertés : celles de suivre ses goûts personnels, de consacrer son temps, son argent et son énergie à ce qu'il croit convenable et, généralement, d'être le genre d'homme qu'il veut être. Il est plutôt sensible sur sa liberté de se vêtir, de se coiffer et sur toute autre chose concernant son apparence. Il se réserve le droit de manger ce qui lui plaît et tel qu'il le choisit. Si ce droit est transgressé, il peut, comme je l'ai souligné précédemment, se rebeller ; par contre, si sa liberté lui est laissée, l'homme change parfois pour le meilleur, comme dans les exemples suivants :

Une fille de mes connaissances était fanatique des aliments nutritifs. Mais elle épousa un homme qui ne portait nullement attention à la nutrition et qui était habitué à manger des tartes, des gâteaux, des confitures, des friandises et du pain blanc. Très tôt après son mariage, elle lui dit tendrement : « Trésor, je sais que tu es habitué à te nourrir différemment de moi, mais est-ce que cela t'ennuierait si, en préparant pour moi des mets, je préparais la même chose pour toi ? » Il consentit et elle fit ainsi pendant plusieurs mois. Et après un certain temps, il adopta les habitudes alimentaires de sa femme et il en prêcha la valeur nutritive à sa propre famille. Les hommes sont habituellement assez intelligents pour savoir ce qui est correct et meilleur pour eux, mais ils veulent plus que tout garder leur précieuse liberté.

Quoiqu'un homme vénère la liberté d'être lui-même et de faire les choses qu'il aime, il sacrifiera parfois cette liberté au nom d'une seule chose : la paix dans le ménage. Par exemple, un jeune couple que j'avais invité avait planifié de passer une journée à la plage. Au moment de partir, la femme demanda à son mari s'il allait porter ses verres fumés. Il lui répondit qu'il ne les portait pas parce qu'il ne voulait pas en être embarrassé. Elle insista pour qu'il les mît, mais il tint sa position. Après qu'ils furent montés dans l'auto, j'entendis une porte se réouvrir, et l'homme revint pour chercher ses verres. Tout ce qu'il dit fut : « Tout pour garder la paix. » Bien sûr, elle ne voulait pour son mari que son propre bien. Dans nos efforts pour dorloter et servir nos maris, nous enfreignons souvent la chose réellement la plus importante pour eux, leur liberté.

Il y a d'autres situations où les hommes sacrifient leur liberté au nom de la paix. Ils peuvent aller à des endroits où ils ne veulent pas aller, abandonner des intérêts, dépenser de l'argent de la façon qu'ils ne jugent pas la meilleure, céder devant les enfants et faire beaucoup d'autres choses auxquelles ils ne croient pas ou qu'ils ne veulent pas faire et tout cela, juste pour garder la paix au foyer. Mais les femmes paient cher tout cela : elles perdent amour et tendresse.

Les façons dont se servent les femmes pour essayer de changer les hommes

Parfois, les femmes essaient de changer les hommes par la force, en utilisant des ordres, des ultimatums ou des menaces, mais plus fréquemment, en utilisant la critique, les querelles ou le harcèlement. Il arrive même très souvent que les femmes utilisent les méthodes plus subtiles comme la pression morale, la désapprobation, des suggestions soigneusement formulées ou de délicates insinuations, et une façon encore plus subtile est de citer d'autres hommes en exemple. La femme peut, par exemple, exprimer son admiration pour son père, son frère, quelque autre homme de la communauté ou même un homme célèbre de l'Histoire. Si elle agit de la sorte avec l'intention d'impressionner son mari avec les qualités supérieures des autres hommes, en espérant qu'il essayera de devenir comme les autres hommes, elle risque que son mari pense qu'elle n'est pas satisfaite de lui tel qu'il est. Énumérons donc ici les façons dont les femmes essaient de changer leurs maris :

1. Ordres
2. Ultimatums ou menaces
3. Critiques
4. Querelles
5. Harcèlement
6. Pression morale
7. Désapprobation
8. Suggestions
9. Insinuations
10. Citer d'autres hommes en exemples.

Pousser un homme à la vertu

Certaines femmes chrétiennes ont appris que si c'est nécessaire, elles doivent « pousser » leurs maris à la vertu, mais elles ont interprété cette phrase en pensant que cela voulait dire « harceler ou presser » un homme à acquérir une façon de vivre plus vertueuse. Leur erreur tient à une fausse définition du mot « pousser ». À l'époque de l'enseignement religieux, le mot « pousser » était employé dans le sens de « inciter ou inspirer », et non dans le sens plus moderne de « harceler ou presser ». Donc, la façon correcte d'interpréter le terme « pousser » selon l'enseignement religieux reçu est « inciter un homme à la vertu ou lui inspirer la vertu », et la femme pourrait y arriver en étant elle-même un exemple vivant de vertu.

Un grave défaut chez les femmes

Lorsque les femmes essaient de changer les hommes, elles font preuve d'un grave défaut, celui d'être pharisaïque. Une femme pharisaïque aura l'impression d'être meilleure que son mari. Elle peut quand même l'aimer et le respecter mais dans l'ensemble, elle se considérera comme étant un peu plus fine, plus éveillée, plus active, plus appliquée et plus soigneuse que lui. Elle peut ressentir qu'elle est plus pieuse, plus assidue à l'église, plus fidèle à faire ce qui est bien et donc, plus vertueuse que lui. C'est cette même attitude qu'on observait chez les Saducéens et les Pharisiens de l'époque biblique. Ils étaient fiers de leur assiduité à l'église, fiers de payer la dîme, de prier, de lire les saintes Écritures, de jeûner, d'observer le jour du sabbat et d'assister à de nombreux rituels mais le Sauveur les condamna, non pas pour leur assiduité, mais pour leur satisfaction personnelle face à leur assiduité.

La femme qui condamne les défauts d'un homme se place dans une position de juge. Elle devrait se demander si elle est qualifiée pour juger la valeur d'un homme, ou même sa propre valeur. Est-elle vraiment meilleure que lui ? Un jour, une femme se plaignit à moi des nombreux défauts de son mari, dont certains étaient graves. Je lui dis alors : « Pensez-vous réellement que vous êtes meilleure que lui ? » Elle me regarda avec indignation puis, après avoir médité en silence, elle baissa la tête et dit humblement : « Non, je ne pense pas être meilleure que mon mari. Je sais qu'il est un homme de cœur. »

Une chose qui rend difficile de passer par-dessus le défaut d'un homme, c'est que vous n'avez pas ce défaut particulier : vos défauts sont vraisemblablement différents des siens. Par exemple, il peut être désorganisé et désordonné, tandis que vous êtes soignée et ordonnée. Il peut être négligent, tandis que vous êtes vigilante. Par ailleurs, vous pouvez avoir l'esprit critique, alors que lui est plus porté à l'indulgence. Il peut être expéditif alors que vous êtes lente. Parce que vos défauts sont différents, vous pouvez être portée à vous attarder sur les siens et à oublier les vôtres et vous vous créez ainsi une attitude pharisaïque. La prochaine fois qu'un défaut de votre mari vous dérangera, dites-vous qu'il a ce défaut mais que sur d'autres aspects, il est meilleur que vous.

Si nous avons quelque devoir envers Dieu, ce n'est pas celui d'améliorer notre mari, mais de regarder nos propres défaillances. L'esprit de la doctrine chrétienne, et celui d'autres religions et philosophies sérieuses, est : « *Il faut se changer toi-même.* » ou « Vois la poutre dans ton œil avant de voir la paille dans celui du voisin. » Ce n'est qu'avec cette humilité de l'âme qu'on peut bâtir une relation fructueuse avec quelqu'un.

Rappelez-vous ce passage de la Bible, au sujet de l'homme

qui levait orgueilleusement la tête vers le ciel, disant qu'il était heureux de ne pas être pécheur comme les autres hommes ; pourtant, Jésus approuva l'humble qui se frappait la poitrine en disant : « Seigneur, aie pitié de moi, pauvre pécheur. »

L'homme a les qualités de ses défauts

En découvrant le meilleur côté de l'homme, on comprend qu'il a des qualités qui se cachent derrière ses défauts. Un homme exécrable, par exemple, cache souvent un homme de grande envergure, mais qui n'a pas été accepté, ni apprécié, ou à qui on n'a pas laissé sa liberté, ou qui, d'une certaine façon, a été maltraité par sa femme. Un homme de mauvaise humeur et découragé est souvent un homme qui a des aspirations extrêmement élevées qu'on n'a pas encore découvertes. Un homme qui est irréfléchi et négligent a souvent une grande capacité mentale qu'il utilise pour des choses plus élevées que ce qui vous apparaît être des détails importants. Un homme qui semble être paresseux et négligent à la maison peut être un homme qui met toutes ses énergies en dehors du foyer afin de réussir et d'être un bon pourvoyeur. Regardez au-delà de ces défauts et vous y trouverez un homme meilleur et davantage admirable.

Y a-t-il un moment précis où je devrais essayer de changer un homme ?

La réponse est « Non », il n'y a pas de temps précis où vous devriez essayer de changer un homme, mais il y a des moments où vous devriez être sensible à ses défauts ou vous en préoccuper d'une certaine façon et cela, dans les situations suivantes :

1. *Lorsqu'un homme ne voit pas ses erreurs* : parfois, l'homme ne voit pas ses erreurs et un tel aveuglement peut le précipiter dans des difficultés et même l'empêcher d'atteindre le succès. Prenons comme exemple le vendeur dont l'approche est maladroite et médiocre, le surveillant d'un département dont l'attitude est trop dictatoriale, ou le médecin qui perd des clients parce qu'il a une attitude peu amicale. Dans chacun de ces cas, l'épouse devrait le réveiller. Elle peut être la seule personne qui

se préoccupe suffisamment de son mari pour lui venir en aide. Souvent, d'autres personnes sont en mesure d'observer ses erreurs mais ne sont pas assez intéressées pour l'aider ou peuvent penser que ce n'est pas à elles de le faire.

En vous chargeant de faire la lumière sur l'aveuglement de votre mari, n'oubliez pas que vous devez accepter celui-ci. Dites-lui que ce sont les autres qui ne l'acceptent pas ; faites-lui voir que ce sont les autres qui sont offensés et non pas vous. Dites-lui que vous avez une vague idée de ce qui pourrait l'aider. Faites-lui comprendre que vous n'êtes pas aussi près de la situation que lui et que vous pouvez vous tromper, mais suggérez : « Est-ce que ceci ou cela ne pourrait pas être la cause de ton problème ? » Assurez-le de votre admiration et dites-lui qu'il est regrettable que les autres ne l'estiment pas à sa juste valeur. Une fois que vous lui aurez ouvert les yeux, n'insistez plus. Évitez complètement le sujet. Si, pleinement conscient de ses défauts, votre mari continue de commettre les mêmes erreurs, vous devrez lui en accorder la liberté.

Assurez-vous d'abord qu'il n'a vraiment pas conscience de ses erreurs et que ses défauts lui causent réellement des problèmes. Une femme me demandait si elle devait corriger la faiblesse grammaticale de son mari. En m'informant sur son mari, je constatai qu'il avait beaucoup de succès et qu'il était très apprécié de ses amis. Je lui répondis que je ne trouvais pas nécessaire de faire quoi que ce soit à ce sujet. Lorsque vous donnez votre opinion à votre mari ou lui apportez quelques éléments de correction, soyez féminine. Ne laissez pas voir que vous en savez plus que lui sur ses affaires ; ne soyez pas maternelle ou ne lui parlez pas d'homme à homme. (voir le chapitre 8 Comment donner des conseils de femme.)

2. *Lorsqu'il vous maltraite* : devriez-vous essayer de changer le comportement d'un homme lorsqu'il vous maltraite ?

J'entends par maltraiter, les moments où il est irréfléchi, injuste, insultant, même dur, bourru, critique. Laissez-moi vous répondre ceci : un homme a droit à plusieurs libertés, mais il n'a pas le droit de vous maltraiter. Vous n'êtes pas un vulgaire paillasson. Vous êtes un être humain digne du plus grand respect et de la plus haute considération, et il est important pour chacun de vous et pour votre relation de maintenir chacun votre dignité personnelle. Il est en fait difficile pour un homme de se sentir aimable envers une femme qu'il maltraite. Mais le moyen de surmonter ces situations difficiles n'est pas de refaire l'homme, mais de préserver la dignité et de calmer la tension. C'est là un des arts enchanteurs de *L'univers fascinant de la femme*, qui vous sera enseigné au chapitre 20.

3. *Lorsqu'un homme fait quelque chose de mal* : il faut également être sensible aux défauts d'un homme lorsque celui-ci est malhonnête, malveillant, faible, pécheur, chaque fois en fait qu'il fait preuve d'un manque de caractère. Si vous fermez les yeux sur cette faiblesse, vous démontrez vous-même un manque de caractère. La façon de répondre à sa conduite indue est celle-ci : d'abord, laissez voir que vous avez peine à croire qu'il agisse de la sorte. Dites-lui que vous pensiez qu'il était impossible qu'un homme comme lui fasse pareille chose. Si vous êtes forcée d'y croire, laissez-lui voir que vous savez que c'est contraire à sa vraie nature et que ce ne fut qu'un moment d'inattention ou d'irréflexion. Vous devez être intensément déçue de son moment de faiblesse, mais votre confiance en lui et en ses bons côtés ne doit pas être ébranlée.

Et ne faites pas l'erreur d'abaisser vos standards au niveau des siens. Lorsqu'un homme fait une erreur, la femme est généralement tentée de descendre à son niveau pour qu'il se sente plus accepté. C'est une grave erreur. Un homme considère toujours qu'une femme est meilleure que lui et il serait déçu de la voir tomber à son niveau. Il s'attend d'elle qu'elle maintienne ses idéaux et ses normes, même dans les circonstances les plus rudes.

Quelques problèmes spéciaux

1. *Le mari alcoolique* : plusieurs femmes se demandent si elles doivent accepter l'alcoolisme chez leurs maris. L'alcoolisme est un des défauts les plus difficiles à accepter pour une femme, en raison des problèmes qui y sont associés : gaspillage de l'argent, turpitude, malhonnêteté, instabilité et manque de fiabilité, infidélité conjugale et détérioration du foyer. Les femmes se désespèrent presque devant ce problème. Plusieurs me demandent : « Comment puis-je accepter ce qu'il a fait de notre vie ? » La réponse est que « vous devez accepter cette réalité », mais permettez-moi de souligner quelques points qui vous permettront de l'accepter.

D'abord, prenez conscience que l'alcoolisme est une des faiblesses les plus difficiles à surmonter. Vous devrez acquérir une compréhension de la profondeur du problème et une sympathie pour ce que l'homme a à envisager. Je sais que je vous l'ai dit antérieurement, mais c'est ainsi que vous pouvez faire preuve d'une réelle sympathie. Donc, une fois par mois, jeûnez pendant trois jours, ne mangez et ne buvez rien, ne prenez que de l'eau ; ou arrêtez de fumer, de boire du café, de manger des friandises, ou cessez toute habitude ancrée. Vous comprendrez vite ce que vous attendez d'un homme quand vous lui demandez d'abandonner son habitude asservissante.

Ensuite, faites un effort d'humilité de l'âme : observez votre réaction à son problème. Même si vous avez connu une meilleure vie, vous avez probablement poussé des cris, nourri des querelles, injurié et dénigré votre mari pour le gâchis qu'il a fait de vos vies. Vous avez probablement eu une mauvaise attitude, perdu patience et explosé. Vous avez peut-être essayé de mettre en application les principes de *L'univers fascinant de la femme* mais chaque fois, vous avez failli.

Si vous pouvez admettre cette faiblesse qui est vôtre, votre incapacité à vous maîtriser vous-même et votre échec à faire ce que vous savez devoir faire, alors comment pouvez-vous condamner votre mari pour sa faiblesse toute humaine, l'une des plus difficiles à surmonter ? Votre faiblesse est relativement facile à vaincre. La sienne est quasi impossible. Si vous « voyez d'abord la poutre qui est dans votre œil », vous pourrez voir le terrible esclavage à l'alcoolisme auquel est asservi votre mari.

2. *Cruauté envers les enfants* : si l'homme est dangereusement cruel envers les enfants à un point où il pourrait blesser leur corps et leur âme, l'épouse a une obligation morale et sacrée de protéger ses enfants en les soustrayant à la présence de leur père, ou en les faisant sortir du foyer et en les tenant éloignés jusqu'à ce que le danger soit passé. Cette étape peut être faite en douceur mais fermement, non pas pour condamner le mari, mais bien pour protéger les enfants. Vous devrez accepter même la cruauté comme étant une faiblesse humaine et ne pas juger l'homme, et vous devrez essayer de comprendre les causes de sa cruauté. Votre bonté d'âme, mais aussi votre fermeté, peuvent être des moyens de ramener votre mari à la réalité.

3. Infidélité conjugale : il y a deux choses qu'une femme est en droit d'attendre en mariage et c'est la fidélité et le support financier. Si le mari s'engage avec une autre femme, je suggère que l'épouse traite le problème comme suit :

D'abord, faites face à votre part du problème en vous demandant ce que vous avez fait pour que votre mari s'éloigne. Après une étude de *L'univers fascinant de la femme*, vous serez en mesure de mieux voir vos erreurs. Les corriger peut être le moyen de reconquérir votre mari ; dans plusieurs cas, ce fut fait rapidement, même dans des circonstances difficiles.

Une fois que vous aurez corrigé vos erreurs et que vous serez devenue une femme merveilleuse, mais que votre mari continue ses actes immoraux, il sera temps de mettre les cartes sur table. Affirmez clairement mais fermement qu'il est temps pour lui de faire un choix et que, s'il n'abandonne pas sa maîtresse, c'est vous qui devrez le quitter. Et soyez prête à garder votre parole.

Il est moralement mauvais pour une femme de continuer à vivre avec un homme immoral. Cela peut aussi retarder son repentir car, s'il a les deux femmes, il n'a alors pas la motivation nécessaire pour abandonner sa maîtresse. Il faudrait aborder cette étape avec compréhension et humilité, en acceptant le péché comme étant une grande faiblesse humaine très difficile à vaincre. Cela peut être fait sans condamner ni juger l'homme. Une femme ne peut pas, en toute conscience, tourner le dos à l'infidélité de son mari. Elle a le devoir moral de faire ce qu'il faut pour qu'il revienne car, aussi longtemps qu'il vit dans le péché, il est sur la voie de la destruction. En reconquérant votre mari, vous ne sauvez pas seulement un mariage, mais une âme !

4. L'absence de support : la deuxième chose qu'une femme peut attendre du mariage est le support financier. Cela veut dire un revenu suffisant pour assurer les nécessités et un foyer : une maison, un appartement ou un lieu de résidence respectable, loin de toute autre famille. Si l'homme ne fournit pas ces choses, une action est alors justifiée.

Parce que les femmes sont portées à ne pas laisser les enfants souffrir de faim ou manquer de quoi que ce soit, plusieurs résolvent le problème en allant travailler à l'extérieur de la maison. Cette attitude, cependant, affaiblira la motivation de l'homme et aggravera le problème. Si la femme apporte un revenu, l'homme est déchargé du poids de ses responsabilités. Si la femme refuse de travailler, un homme qui est indolent peut alors abandonner sa responsabilité et laisser sa femme se débrouiller seule. Dans ce cas, la femme n'a pas d'autres choix que d'assurer le soutien de la famille, mais elle devrait refuser le retour de son mari tant qu'il n'aura pas fait quelque chose pour assurer le support financier. Je ne suppose pas ici qu'il n'y ait pas certaines circonstances et certaines urgences où la femme doive travailler, mais cette responsabilité revient à l'homme, comme nous le verrons dans un chapitre subséquent.

L'acceptation n'est pas facile

Je me rends compte que lorsque j'enseigne à la femme à accepter son mari tel qu'il est, je ne lui demande pas quelque chose de facile. Certaines femmes ont trouvé la chose si difficile qu'elles ont cessé d'essayer. J'ai appris que deux femmes en discutaient justement un jour, appuyées à la clôture. Elles étaient d'accord pour dire qu'accepter les défauts de leurs maris était si difficile que c'était beaucoup trop leur demander ; elles décidèrent donc de ne tenir aucun compte de ce principe.

Mais essayez de comprendre que tout progrès vers un mieux-être, vers une vie plus heureuse, n'est pas chose facile. Par exemple, vivre la religion chrétienne n'est pas facile : aimer ses ennemis, faire le bien à ceux qui vous haïssent, essayer de devenir « parfait ». Mais un fervent chrétien ne laisse pas tomber ces objectifs seulement parce qu'ils sont difficiles à atteindre. Les femmes qui parlaient derrière la clôture auraient pu tout aussi bien abandonner la vie chrétienne parce que c'est difficile, tout comme elles ont abandonné l'idée d'accepter un homme tel qu'il est pour la même raison. L'acceptation est le principe premier enseigné dans *L'univers fascinant de la femme* ; par conséquent, votre succès dépendra de votre volonté d'intégrer ce principe dans votre vie.

Récompenses

Je peux vous promettre d'incroyables récompenses si vous acceptez votre mari tel qu'il est. La réponse de votre mari changera vraisemblablement. Pendant des années, il peut avoir été tourmenté par l'idée que vous n'étiez pas satisfaite de lui tel qu'il est. Recevoir votre assurance que vous l'acceptez tel qu'il est enlèvera un terrible doute dans son esprit et sera pour lui un soulagement. Son appréciation pour vous et son attitude tendre pourront presque faire trembler la terre, comme le prouvent ces expériences vécues :

Les années qu'a dévorées la sauterelle

« Pour moi, à vingt ans, le mariage était un arrangement où je pourrais commencer à changer mon nouveau mari afin qu'il devienne l'homme que je voulais qu'il fût et pour obtenir de lui tout ce qu'il me serait possible d'avoir. On m'avait dit que le mariage était une affaire moitié-moitié et que je devais faire tout ce que je pouvais pour m'assurer de retirer ma part de cette entente.

« Après sept sombres années de vie conjugale, je commençai à voir le gâchis que j'avais fait : un mari belliqueux et vraiment malheureux qui s'était retranché en lui-même et des enfants qui traduisaient aussi l'état du foyer. Je commençai à interroger le Seigneur sur ce qui n'allait pas et, lentement mais sûrement, en faisant des recherches dans les saintes Écritures, je commençai à réaliser le rôle merveilleux pour lequel Dieu avait créé la femme, celui d'être la "compagne" de son mari, et le rôle de leadership du mari au foyer. J'accordai mon assentiment mental à ces révélations ; quant à la façon de les mettre en pratique, elle m'échappait encore. Quelque amélioration survint au foyer, mais mon mari resta quand même retranché derrière son mur ; après une longue période de temps, je me décourageai et commençai à douter de la véracité des révélations dont j'avais récemment pris connaissance.

« À ce moment, j'entendis parler des cours sur *L'univers fascinant de la femme*, en pensant que c'était peut-être un moyen d'obtenir les réponses que je voulais si ardemment. En six semaines de cours, j'essayai de mettre en pratique ce qu'on m'avait enseigné et je vis mon mari commencer à m'accorder un peu plus d'attention, si bien qu'à la fin de la sixième semaine, notre vie conjugale était plus douce et plus riche qu'elle ne l'avait été à notre lune de miel. Tandis qu'avant, j'étais préoccupée par ses défauts, ces mêmes défauts étaient maintenant des points que je pouvais admirer en lui, car je me retrouvais maintenant dans la fraîcheur de mon nouvel amour pour lui. Pour la première fois en tant d'années, il commença à me dire son amour. Depuis ce temps, notre vie continue de s'améliorer et de grandir dans l'amour et l'amitié. Pour la première fois, je me sens une femme satisfaite et accomplie, une femme pleine de reconnaissance envers Dieu pour ce merveilleux don d'être femme dont il nous a pourvues, moi et toutes les femmes.

« Il est écrit dans le livre de Joël :... *Je vous revaudrai les années qu'a dévorées la sauterelle... Vous mangerez tout votre soûl, à satiété, et vous louerez le nom de Yahvé votre Dieu, qui aura accompli pour vous des merveilles...* (Joël 2 ; 25-26). Je peux dire en toute sincérité que cette promesse a été accomplie dans ma vie et que, par la grâce du Christ, je continue à mettre en pratique les principes des saintes Écritures, qui ont été repris et amplifiés dans *L'univers fascinant de la femme.* »

Son petit ange

« Mon mari et moi sommes mariés depuis vingt et un ans. J'ai toujours pensé que notre union était magnifique, c'est-àdire pour la première moitié. Ensuite, des choses commencèrent à se produire. Nous avons sept enfants que nous aimons vraiment beaucoup, mais ce ne fut pas suffisant pour maintenir notre mariage. Une amie, et une sœur en même temps, essaya de m'intéresser à *L'univers fascinant de la femme*. J'étais tellement désespérée que je pensais que je pourrais essayer. J'empruntai donc un livre que je commençai à lire. Pour moi, ce fut révélation après révélation.

« À cette époque, mon mari songeait à me quitter. Je lui dis que je pensais qu'il devait le faire étant donné que nous n'avions plus rien en commun. Il se trouvait à 322 kilomètres de la maison pour trouver un travail qui l'éloignerait de chez nous. Il me fallait donc faire vite. Le soir où il revint à la maison, je mis en application le premier enseignement, celui d'accepter mon mari et de le lui dire, et j'ajoutai que j'aimerais beaucoup avoir une chance de lui prouver que je pouvais m'améliorer. Il ne dit pas un mot. Le soir suivant, je lui ai demandé s'il avait réfléchi à ce que je lui avais dit. Il répondit "Oui", mais il n'était pas convaincu que cela fonctionnerait. Il était tellement découragé, désillusionné et malheureux qu'il pensait que la seule chose à faire était de partir vivre seul. J'essayai de le convaincre du contraire, mais rien ne put le faire changer d'idée. Et, pensant que ma vie était finie, je pleurai toute la nuit.

« Le lendemain matin, il me demanda si je pensais réellement ce que j'avais dit et je répondis "Oui". Il m'avoua qu'il m'avait toujours aimée, qu'il ne voulait pas vraiment partir et que son patron lui offrait une promotion s'il voulait rester. Il me prit dans ses bras, comme s'il ne voulait jamais plus me laisser. Je me suis alors souvenu de la première année de notre mariage, quand il m'embrassait les pieds et m'appelait "son petit ange", et je me demandai comment j'avais pu être si stupide pour l'avoir laissé tomber de la sorte. Je me sens vraiment gratifiée d'avoir eu une autre chance, et en appliquant les principes de *L'univers fascinant de la femme*, je prie afin d'être toujours capable de susciter en mon mari de si beaux sentiments. »

Une poussée vers l'abnégation

« Avant de prendre connaissance de *L'univers fascinant de la femme*, j'avais presque renoncé à mon mariage. En fait, deux jours avant mon premier cours, j'étais allée consulter mon avocat pour entreprendre des procédures de divorce avec mon insupportable mari. Il buvait beaucoup, ne portant pas d'intérêt à sa famille et partait chaque fin de semaine pour une ville mirifique où il dépensait toute sa paye. Quand il apprit que j'avais vu un avocat, il me supplia, les larmes aux yeux, de ne pas le quitter. "Je changerai. Je ferai n'importe quoi", invoqua-t-il. Finalement, je fus satisfaite parce qu'il avait promis de changer.

« Puis, j'eus ma première leçon de *L'univers fascinant de la femme* sur l'acceptation. Ce fut une poussée vers l'abnégation. Je dus admettre que, moi aussi, je faisais erreur. Se pouvait-il que ce fût tout ce temps de ma faute, parce que je n'avais pas accepté mon mari ? Je rentrai à la maison et lui dis que je l'acceptais tel qu'il était. J'avouai que j'avais fait beaucoup d'erreurs dans notre mariage et que je voulais sincèrement essayer d'être meilleure. Son visage s'illumina d'une expression merveilleuse et, étonné, il me dit : "Tu veux dire que je peux sortir et dépenser tout l'argent que je veux et que cela ne te fait rien ?" Je dis avec un sourire : "Si tu le veux toujours, vas-y !" Il n'a pas quitté le foyer une seule fois depuis que je mets en pratique cette philosophie. J'ai encore beaucoup de travail à faire, mais notre mariage s'améliore chaque semaine. »

Sorti de la cave

« J'ai un mari merveilleux, mais il a quelques habitudes que je n'approuve pas, plus particulièrement celle de fumer. Je lui ai toujours demandé d'aller fumer à la cave même si, une fois mariée, j'avais accepté cette habitude en lui. Après avoir compris le principe de l'acceptation de *L'univers fascinant de la femme*, j'ai réalisé jusqu'à quel point j'étais terrible d'agir ainsi. À mon retour à la maison ce soir-là, je lui avouai mes sentiments, lui demandai pardon pour la terrible façon dont je le traitais et lui dis que je l'acceptais tel qu'il était. Mon mari en fut si tendrement ému qu'il pleura. Plus tard dans la soirée, il me dit pour la première fois en deux ans qu'il m'aimait, et il dormit toute la nuit avec son bras autour de moi. »

Comment ramener un homme à la maison

« Mon mari est tout un bonhomme. Il aime sortir avec des copains presque chaque soir, jusqu'aux petites heures du matin. Chaque fois, je me montre extrêmement agacée de cela. Toutefois, après avoir compris le principe de l'acceptation, j'essayai d'adopter une attitude différente. Un soir, je me mis à table et l'appelai pour venir manger, lorsqu'un de ses amis sonna à la porte et lui demanda de l'accompagner pour quelques moments. Mon mari prit son manteau et me dit de ne pas rester debout toute la nuit pour l'attendre. Ma première impulsion fut de faire une colère bleue, mais je me suis resaisie à temps pour lui dire : "Oh, je pense que c'est une bonne idée. Tu as vraiment besoin de sortir un peu. Amuse-toi bien et je t'aurai préparé quelque chose à manger quand tu reviendras." Sa réaction en fut une de grande surprise. Il partit tout de même, mais au bout d'environ 45 minutes, il était de retour, dispos et de très bonne humeur. Il m'avait apporté une boîte de friandises et passa le reste de la soirée juste à me parler et à m'aider. »

Les règles de l'acceptation

1. Débarrassez-vous de votre attitude pharisaïque.
2. Acceptez l'homme avec ses qualités et ses défauts.
3. Laissez-lui sa liberté d'être lui-même.
4. N'essayez pas de le changer.
5. Ne citez pas d'autres hommes en exemple.
6. Considérez son meilleur côté.
7. Exprimez-lui votre acceptation avec des mots.

Exercices

1. Dites-lui quelque chose comme ceci (pour rompre la glace) : « Je suis contente que tu sois le genre d'homme que tu es. Je me rends compte que je ne t'ai pas compris par le passé et que j'ai fait beaucoup d'erreurs. Mais je suis contente que tu ne m'aies pas laissée prendre le dessus sur toi. Tu ne t'es pas laissé manipuler mais tu as eu le courage de tes opinions. Me pardonneras-tu de ne pas t'avoir compris et me laisseras-tu une chance de te prouver que je suis heureuse que tu sois l'homme que tu es ? » Au début, il se peut que vous ayez l'impression de manquer de sincérité en lui disant ces choses, mais c'est seulement parce que vous ne vous serez pas encore débarrassée de votre attitude critique. Mais ne le lui dites pas et considérez son meilleur côté, et votre acceptation continuera de croître.

2. Considérez son meilleur côté : consacrez du temps à réfléchir à son meilleur côté. Faites une liste de toutes ses qualités et vous pourrez ainsi y penser. Exprimez-lui votre sincère appréciation de ses qualités.

3. Faites ou achetez un petit livre d'amour pour y inscrire les choses amoureuses que votre mari vous dira ou fera pour vous, une fois que vous aurez commencé à appliquer les principes de *L'univers fascinant de la femme*. Écrivez toute réponse favorable qui suivra les exercices précédents.

CHAPITRE IV

L'ADMIRATION

Le centre du bonheur d'une femme en mariage est d'être aimée mais celui d'un homme est d'être admiré.

Caractéristique no 2

Chaque homme, profondément en son cœur, désire ardemment l'admiration admiration de ses capacités, de ses idées et de ses rêves. Cette admiration lui est une source de grand bonheur et l'absence d'admiration est une de ses misères les plus affligeantes. Même si c'est de toute première importance pour lui, c'est quelque chose qu'il ne peut pas obtenir par lui-même. L'admiration doit lui être donnée par ceux qui le respectent et qui l'aiment. Il aime recevoir l'admiration de toute personne et de toute source, mais le plus essentiel pour lui est de le recevoir de la femme qu'il aime.

Souvent, un homme dira ou fera expressément des choses en présence de sa femme, dans l'espoir de sentir chez elle de l'admiration pour lui ; mais cela passe souvent inaperçu. Une femme est habituellement trop occupée, et de corps et d'esprit, dans son petit monde et ses problèmes personnels pour noter quoi que ce soit d'admirable. Nous ne remarquons pas souvent ou ne nous préoccupons pas de trouver ce qu'il y a dans le cœur d'un homme, ce à quoi il pense ou rêve. La femme qui peut offrir à un homme une admiration parfaite est celle qui sait gagner sa plus profonde affection.

Le jeune garçon

Ce besoin est manifeste chez le jeune garçon et il est

essentiel pour développer sa confiance et sa croissance dans l'univers masculin. Il lui aide aussi à aimer ses parents. Malheureusement, il y a beaucoup trop de jeunes garçons qui sont privés de l'admiration de leurs parents. Certains jeunes hommes supportent une vie faite de corrections, sans recevoir d'éloges, mais leur désir d'admiration est toujours présent. Lorsque ces jeunes garçons arrivent à maturité, ils ont plus que jamais besoin d'admiration, car rien dans leur jeunesse ne leur a permis d'acquérir de la confiance. Si les femmes qu'ils épousent peuvent leur offrir l'admiration dont ils ont besoin, leurs problèmes s'évanouissent alors. Mais si ce n'est pas le cas, ils deviennent souvent des créatures solitaires.

Le jeune homme

Le besoin d'admiration est particulièrement apparent chez le jeune homme qui est au tout début de sa carrière. Il s'attend à obtenir du succès en tout. Aucun projet ne lui est trop insensé, aucun rêve trop fantastique. Il est plein de plans, de projets, d'assurance et d'enthousiasme. Ce qu'il ne s'attend pas à faire, après y avoir réfléchi préalablement, bien sûr, ne vaut simplement pas la peine d'être fait. Il est capable de trouver une centaine d'imperfections dans la façon dont les anciens administrateurs gèrent actuellement les choses mais il attend sa chance pour tout révolutionner. Entre-temps, la vie ne vaut pas la peine d'être vécue s'il ne peut trouver quelqu'un à qui tout raconter, à qui dire comment les choses devraient être et comment elles seront lorsqu'il aura eu sa chance. La plupart de ses jeunes associés sont beaucoup trop préoccupés par leurs propres aspirations pour l'écouter. Les gens plus âgés ne feront que rire de lui. Où peut-il trouver un ou une confidente, quelqu'un qui l'écoutera sans apporter de critiques ? Le cri de son âme appelle l'admiration. La femme qui lui donne cela n'est rien de moins qu'un ange.

L'homme plus âgé

L'homme qui avance en âge et qui n'a pas été admiré de toute sa vie apprend souvent à vivre sans admiration. Il devient, semblerait-il, endurci, incrédule et moins sensible à l'absence d'admiration. Plus un homme vieillit, toutefois, plus amèrement il ressent cette apparente indifférence face à des aspects plus grands et plus nobles de son caractère. Il réprime son ardent désir d'admiration parce qu'il ne croit plus qu'il en recevra, mais ce désir l'habite aussi fortement et avec autant de persistance que quand il était jeune homme.

Ce qu'un homme veut que vous admiriez en lui

Ce qu'un homme veut que vous admiriez plus que tout au monde en lui, ce sont ses qualités masculines. Si vous admirez seulement les traits qui sont communs à l'homme et à la femme, il sera déçu. Par exemple, si vous l'admirez parce qu'il est aimable, réfléchi et attentionné, parce qu'il vous aide à faire la vaisselle, parce qu'il est agréable et soigné, il peut apprécier vos louanges, mais cela ne suffit pas à éveiller ses sentiments pour vous. *C'est sa masculinité qu'il veut qu'on remarque et qu'on admire.*

Quelles sont ses qualités masculines ? Sur le plan physique, ce sont sa carrure, ses muscles puissants, sa voix grave et forte, sa forte mâchoire, sa barbe, sa moustache, sa démarche lourde, ses larges mains, et tout ce qui le distingue comme étant du sexe masculin. Sa fonction sexuelle est virile. Nous observons sa force mâle et son endurance dans les sports, le lever du poids, la natation, sa capacité à lever des objets lourds et à manier de l'équipement difficile à porter, à débiter le bois, à domestiquer les chevaux, et même dans des choses aussi courantes que tondre la pelouse, peinturer, ouvrir des couvercles de bocaux, entrer des vis, manier le marteau. Les vêtements de l'homme traduisent aussi l'aspect physique : ils sont plus lourds, plus rudimentaires et mieux taillés que ceux de la femme et par conséquent plus masculins.

Sur le plan *psychologique*, son caractère viril a trait à ses réalisations, ses habiletés et ses capacités, soit l'habileté du menuisier, du mécanicien, du vendeur, la compétence du médecin, de l'avocat ou du professeur, et tous les domaines de travail dans lequel l'homme s'engage. On voit les capacités d'un homme quand il sort victorieux d'un débat, qu'il reçoit les honneurs pour d'éminents services, ou qu'il atteint un objectif difficile. L'homme qui se rend fidèlement au travail jour après jour pour pourvoir aux besoins de sa famille, remplissant avec dévouement son rôle de guide, de protecteur et de soutien de famille, fait preuve de virilité. Ses traits masculins se manifestent dans sa *fiabilité* au travail, dans son *assurance* à prendre des décisions, dans son *profond jugement*, dans sa ténacité à poursuivre ses objectifs, dans sa *détermination*, sa *conviction* et sa *constance* à faire les choses qu'il a entreprises.

Sur le plan *spirituel*, la masculinité de l'homme transparaît dans son sens de l'honneur et du devoir dont il fait preuve dans ses affaires, dans le courage et le dévouement qu'il met à soutenir une cause, son sens de la loyauté et de l'équité, dans la noblesse de ses actes, ses normes élevées et ses grandes aspirations, ou tout autre grand idéal ayant trait à la vie de l'homme. Peu d'hommes possèdent tous ces traits masculins, mais tous en ont quelques-uns. Ces qualités, et beaucoup d'autres, sont des traits masculins que les hommes veulent qu'on remarque et qu'on admire chez eux.

Pourquoi l'admiration pour sa masculinité est-elle si importante pour l'homme ? Parce qu'elle *lui permet de se sentir homme*, et que l'accomplissement de sa virilité est une des plus grandes joies dont il peut faire l'expérience. Lorsqu'une femme lui offre cette admiration tellement nécessaire, elle devient indispensable à son bonheur, et il retournera toujours vers elle pour la douceur que sa compagnie lui apporte : le sentiment de virilité qu'il éprouve en sa présence. Admirer la masculinité d'un homme est, en fait, une des clés qui permet de gagner son amour et sa dévotion.

Comment découvrir les points à admirer

1. *Pensez à lui* : passez moins de temps à penser à vos affaires et un peu plus de temps à penser à lui. Les femmes sont portées à concentrer leurs pensées sur les enfants, l'entretien ménager, les problèmes et les projets. Si vous pensiez à lui, aux choses qu'il a dites ou faites dans votre vie et aux choses qu'il veut faire, vous trouveriez des points à admirer.

2. *Observez-le* : garder les yeux bien ouverts et surveillez ce qu'il fait, et vous trouverez des choses à admirer. Chaque homme a quelque chose dans la tête, le corps et le cœur ; aussi, observez-le sur ces trois points.

3. *Écoutez-le parler* : vous aurez une chance inouïe de l'admirer si vous l'écoutez parler, spécialement quand il parle de lui, des sujets qui l'intéressent et de sa vie en dehors de la maison. C'est dans son travail qu'il est le plus en mesure de démontrer des capacités et des talents particuliers, ou de faire preuve de courage (ou d'autres qualités mâles) en envisageant les problèmes et les difficultés de son travail. S'il n'a pas la chance d'exprimer ses qualités viriles dans une conversation, vous n'apprendrez vraisemblablement rien à leur sujet.

Aussi, encouragez-le à parler de lui et de sa vie en dehors du foyer, ce qui ne veut pas dire d'être indiscrète et questionneuse. Mais posez-lui quelques questions qui orienteront la conversation. Quoi qu'il dise, montrez-vous intéressée. Quand il sera assuré que vous appréciez pleinement sa masculinité, il sera porté à vous confier beaucoup de choses sur sa vie au travail. Et si vous orientez les conversations en ce sens, vous trouverez beaucoup de points à admirer.

Comment écouter un homme

Suivez cette règle et vous apprendrez à être une bonne auditrice : *N'écoutez pas seulement ce qu'il dit, mais écoutez l'homme qui parle.* Remarquez combien il est absorbé par le sujet, comment il maîtrise les menus détails, quelle habileté et quelle connaissance il a acquises, comment il élabore et développe ses idées personnelles et combien il leur est fidèle, quel pouvoir moral et mental il peut exercer, quel homme vrai il est lorsque vous vous y arrêtez et l'appréciez.

S'il vous parle de politique, de religion ou d'actualités mondiales, ne portez pas une attention soutenue au contenu de la conversation, sinon vous oublierez d'écouter l'homme qui parle. Et évitez de vous sentir froissée si vous n'êtes pas d'accord avec ce qu'il dit, parce que cela vous amènerait à formuler des opinions vives qui tourneraient à l'argument. Suivez la conversation, bien sûr, mais surtout l'homme. Il peut faire étalage d'une connaissance particulière sur le sujet, ou d'une connaissance déductive ou venant de l'expérience ou d'une étude approfondie. Si son attitude dénote de l'impatience face aux choses actuelles, cela indique qu'il a ses propres idées sur le sujet et qu'il a besoin de les exprimer et de les faire apprécier. À mesure qu'il exposera ses idées, cherchez à voir l'idéalisme et la dévotion qu'il met dans les choses auxquelles il croit.

S'il y a des choses que vous ne pouvez saisir dans ce qu'il dit, ne vous laissez pas sombrer dans l'ennui et l'inattention. Cherchez les traits de son caractère que vous pouvez admirer. En réalité, si vous ne faites que suivre le sujet de conversation et n'appréciez que ce qu'il dit et non pas l'homme qui s'exprime, vous le décevrez. Vous pouvez être assurée qu'il ne parle pas uniquement pour être apprécié sur ce qu'il dit. Il veut que l'admiration lui soit accordée à lui en tant qu'homme. Soyez assurée que s'il parle en laissant délibérément voir qu'il a un avantage sur vous, il le fait uniquement pour susciter votre admiration.

Il n'est pas nécessaire qu'une femme soit très instruite ni hautement intelligente pour suivre le discours d'un homme brillant. Dans sa joie de se savoir admiré, l'homme remarque parfois que ses propos ne sont pas compris. Même s'il se rend compte de cela, il y trouve quand même du plaisir, comme l'exprime Maeterlinck : « Quelle raison de m'en faire même si elle ne semble pas comprendre. Pensez-vous que je sois assoiffé d'une parole sublime alors que je sens qu'une âme contemple mon âme ? »

Si vous apprenez à écouter correctement un homme, il importe peu que le sujet soit intéressant ou non. Vous pouvez converser sur le monde des affaires ou sur les détails compliqués de sa carrière, et vous serez capable de maintenir un intérêt. Vous accepterez avec plaisir le plus fastidieux des monologues, puisque au lieu de discuter, vous aurez la chance d'observer le caractère de l'homme et de rechercher ses admirables qualités. L'histoire suivante est un exemple de la bonne façon d'écouter :

Alice et Jim

Alice est une parfaite auditrice, qui sait porter un intérêt attentif à son mari Jim. Jim est un homme qui a un vif désir d'admiration, car il n'en reçoit pas beaucoup de l'extérieur. Il a terriblement de succès dans le monde des affaires, il est hautement intellectuel et a des idées franches, mais personne ne se préoccupe de découvrir ses qualités. En fait, certains ont même supposé que son succès ne dépendait que du hasard. Mais à la maison, c'est une tout autre histoire.

Aussitôt qu'ils ont quelques minutes ensemble, Alice oriente la conversation sur le travail de son mari. Elle stimule la conversation de temps en temps jusqu'à ce qu'il soit complètement plongé dans le sujet : ensuite, elle écoute. Si vous observez attentivement Alice, vous verrez qu'elle n'écoute que partiellement ce que dit son mari mais qu'elle trouve toutefois énormément de choses à admirer. Qu'est-ce que ce peut bien être ? Ce n'est pas son apparence, parce qu'il a l'allure d'un homme moyen ; ni son langage, car il n'est pas meilleur que celui de sa femme ; ni ses idées, car elles sont plutôt ordinaires.

Elle voit chez lui de la loyauté, du courage et de l'idéalisme. C'est un homme dont le cœur réagit sincèrement à ses idéaux et à ce qu'il croit juste et honnête. Qu'Alice soit d'accord ou non avec lui n'importe pas. Elle s'assoit donc et n'admire ni ses mots, ni ses idées mais elle admire sa masculinité. Son fervent enthousiasme, qui peut irriter d'autres personnes en désaccord avec lui, ne dérange pas Alice qui considère cette qualité comme étant l'expression de l'inébranlable champion qu'il est. Aussi longtemps qu'elle pourra observer l'enthousiasme se peindre sur le visage de son mari et qu'elle verra se déployer son admirable Caractère, elle ne demandera rien d'autre. Même la mauvaise humeur de son mari suscite en elle de l'admiration. En fait, n'est-il pas déprimé que parce qu'il voit lui-même la futilité de plusieurs de ses propres idées ?

Que faire si vous ne pouvez trouver aucune qualité masculine à admirer

Dans des cas extrêmes, un homme peut être déchu au point où on a l'impression qu'il n'est plus un homme, en apparence. Sa femme peut se sentir en peine de trouver quelque chose de viril à admirer chez son mari et elle ne se sentirait vraiment pas sincère de louer des qualités qu'il n'a pas. Dans un tel cas, voici deux choses qu'une femme peut faire :

1. *Ayez confiance que ces qualités viriles existent réellement, car elles existent vraiment dans le cœur et dans l'âme de tous les hommes.* En adoptant cette attitude, vous donnez à l'homme un idéal pour se relever ou pour utiliser la puissance de la pensée positive. L'écrivain allemand Goethe disait : « Si vous traitez un homme tel qu'il est, il restera tel qu'il est, mais si vous le traitez comme s'il était ce qu'il devrait et pourrait être, il deviendra un homme meilleur et plus grand. »

La femme qui croit inexorablement au meilleur côté de l'homme l'aide à s'élever jusqu'à une confiance, tout aussi inébranlable, en ses capacités. Elle lui offre la possibilité de voir que peut-être, il n'a pas su s'apprécier à sa juste valeur et que le courage, la ténacité et la noblesse sont réellement des traits fondamentaux de son caractère. Plus d'une femme a changé un homme apparemment stupide, faible, paresseux, injuste ou lâche en un homme déterminé, énergique, honnête et noble.

Un homme est souvent vaillant au fond de lui, mais il a besoin de quelqu'un pour lui suggérer que sa vie ne rend pas justice à son véritable caractère. Une fois persuadé qu'au fond de lui, il est noble, et que vous vous en êtes aperçue, il lui est alors impératif de se prouver à lui-même et de vous prouver qu'il n'y a pas d'erreur à ce sujet. Le tournant critique dans la vie d'un homme arrive quand ses plus hautes capacités lui sont révélées. N'oubliez pas, *ce n'est pas par harcèlement ni par persuasion qu'une femme peut faire ressortir le meilleur dans un homme et qu'elle peut l'amener à une vie réussie et vertueuse, mais c'est par une confiance inébranlable en son meilleur côté.*

2. *Retournez dans le passé* : si vous ne pouvez rien trouver d'appréciable chez votre mari, revenez à des expériences passées. Rappelez-lui ce qui vous a attirée en premier lieu chez lui ; rappelez-lui des expériences du début de votre mariage qui ont suscité en vous de l'admiration ; rappelez-lui des situations difficiles qu'il a affrontées avec courage et persévérance. Exprimez-lui votre admiration pour tous les soins qu'il a déployés à s'instruire et à se tailler une place dans le travail. Consacrez un peu de temps à réfléchir au passé, pour trouver des exemples précis où il a déployé des capacités vraiment viriles, un caractère réellement masculin.

J'enseignais ce principe à une de mes étudiantes, et elle me disait qu'elle se souvenait du temps de la Crise, de ces années difficiles où son mari perdit son emploi et où il était difficile de trouver un travail régulier. Elle se rappelait que son mari usait ses chaussures jusqu'à la semelle pour trouver du travail pour soutenir sa famille. Ce fut seulement grâce à la persévérance de cet homme que sa famille continua à jouir du confort de la vie.

Depuis ce temps, son mari s'est laissé aller sur plusieurs points de vue. Il est devenu un homme difficile à vivre et leur mariage s'est détérioré. Mais lorsqu'elle lui exprima son admiration pour sa virilité de ces années passées, il se sentit profondément ému. C'était « le pain de vie » dont il avait besoin pour faire un nouvel effort. Dès ce moment, on put observer un changement en lui et il commença à adopter une nouvelle attitude : il eut une nouvelle raison de vivre et de lutter. En outre, ses sentiments pour sa femme se. sont mis à renaître et leur mariage à refleurir.

Comment exprimer votre admiration

1. *Soyez sincère* : jamais la sincérité n'est plus importante que lorsque vous rapportez à votre mari des faits de ce qui est le plus sensible en lui : la fierté de sa virilité. *C'est une chose avec laquelle on ne badine pas par des flatteries ou des superficialités.* Vous devrez cultiver une sincère admiration avant de pouvoir exprimer efficacement celle-ci. Si vous ne ressentez aucune admiration sincère pour votre mari, même après avoir suivi les suggestions données dans ce chapitre, il est de loin préférable que vous renonciez à cette partie du sujet, car votre mari détectera toute parole non sincère que vous direz et, au lieu d'apprécier vos louanges, il peut en éprouver du ressentiment, considérant votre attitude comme de la manipulation pour essayer de tirer de lui quelque avantage pour vous-même.

2. *Soyez spécifique* : n'employez pas de généralités pour exprimer votre admiration. Par exemple, une de mes élèves disait à son mari : « Tu es vraiment un homme ! » Il se tourna vers elle et lui demanda : « Oh oui ! Dans quel sens exactement veux-tu dire cela ? » Elle ne pouvait dire quoi que ce soit et elle était très embarrassée.

Soyez donc spécifique et exprimez votre admiration sur des qualités masculines particulières ou des faits précis, quand son caractère viril est évident. C'est pourquoi il est si important que vous l'écoutiez et que vous l'observiez ; c'est une façon de voir les traits spécifiquement mâles que vous pourrez admirer. Si vous pouvez « indiquer exactement » des faits où transparaissent ses traits typiquement masculins, c'est que ces derniers existent sans contredit, même à ses yeux.

Vous devez accepter l'homme

Même si l'admiration est de toute première importance pour un homme, il ne l'appréciera pas si celle-ci n'est pas accompagnée d'acceptation. Si vous admirez un homme sur certains aspects et que vous le critiquez sur d'autres, c'est comme si vous lui présentiez une tarte moisie en essayant de la déguiser avec de la crème fouettée. Vous devez avoir accepté l'homme dans sa totalité avant que votre admiration ne porte fruit.

Récompenses

Si la femme porte une sincère admiration à la masculinité de son mari, d'importantes récompenses peuvent échoir aux deux. Pour l'homme, cela comble un besoin primordial, et ça peut aussi lui être une formidable motivation à devenir toujours plus viril, à accroître son succès dans la vie et, par conséquent, à trouver son accomplissement. Les récompenses pour la femme sont tout aussi importantes. Son besoin le plus grand est de recevoir l'amour de son mari et, quand elle lui donne l'admiration, il lui donne de l'amour en retour. L'évidence de cette vérité est illustrée dans ces expériences vécues :

L'expression dans ses yeux

« Essayer de dire à mon mari que je l'accepte et que je l'admire parce qu'il se tient debout et qu'il défend fermement ses opinions fut très difficile pour moi. D'abord, parce que je ne suis pas le genre de personne à dire ces choses et deuxièmement, parce que je pensais que je me mettrais à rire nerveusement. J'ai essayé par trois ou quatre fois de faire mon petit discours mais j'ai toujours fini par tourner en rond et finalement par sortir de la pièce. Puis je fus enfin prête à le faire, peu importe le gâchis qui en résulterait. J'entrai donc dans la pièce et commençai. Une fois que j'eus dit les premiers mots, je me rendis compte que ce que je disais était vraiment ce que je ressentais. C'était justement une des principales raisons pour lesquelles j'étais devenue amoureuse de mon mari. En effet, il a toujours défendu ce en quoi il croit et ne m'a jamais laissé gagner sur tous les points.

« Eh bien, l'expression qu'il eut dans les yeux fut tout simplement incroyable. Je ne me souviens pas avoir jamais vu un tel regard auparavant. Il y avait tellement de fierté dans ses yeux ; et ce n'était pas pour lui, mais pour moi. Environ une semaine plus tard, il m'emmena souper et me fit deux commentaires. L'un choquait, l'autre ennoblissait. Il me dit qu'il ressentait pour la première fois que je me souciais vraiment de lui ; il n'avait jamais pensé que je me préoccupais de ce qui lui arrivait. Ensuite, il me dit qu'il ne m'avait jamais aimée autant que maintenant. Qu'est-ce qu'une femme peut vouloir de plus ? N'est-ce pas ce que toutes, nous voulons vraiment et ne vaut-il pas la peine d'agir ainsi ? »

Notre dévotion est inébranlable

« C'est d'abord ma sœur qui me fit connaître *L'univers fascinant de la femme*, il y a environ quatre ans. Au début, j'étais sceptique mais finalement, je pus écarter mon envahissante fierté pour demander au Seigneur de m'aider dans une dernière tentative désespérée pour sauver un mariage en perdition. J'ai dû lire les quatre premiers chapitres du livre une douzaine de fois, me demandant si je pouvais être réellement responsable de tant de mauvaises attitudes. Après avoir rassemblé ce que j'avais de courage, je mis en marche ma propre "campagne d'amour". Ce ne fut pas facile au début ; la fierté féminine reprenait toujours le dessus ; mais deux semaines plus tard, je me suis mise à mettre en pratique les enseignements du livre. J'étais tellement effrayée ! Tout ce que j'arrivais à faire, c'était de prier pour avoir le courage qui semblait me manquer.

« Il arrive de la maison avec environ trois heures de retard, mais je ne l'ai pas questionné, ni ne me suis plainte. J'ai simplement dit : *Je sais que tu as dû passer une dure journée, chéri. Tu mérites bien de passer un peu de temps loin de tout. J'ai gardé le souper au chaud et je te l'apporte tout de suite.* Soudain, une expression de plaisir confus illumina son visage fatigué. Après le souper, je me pelotonnai à ses pieds, sur le plancher et je commençai : *Chéri, je veux que tu saches que je t'apprécie vraiment comme étant l'homme fort que tu es. Et je réalise que ton devoir est de me dire "Non" une fois de temps en temps, pour notre bien à tous les deux, et je te respecte réellement pour cela.* (J'avais auparavant imploré, supplié, boudé, pleuré et crié pour avoir de nouveaux vêtements, mais en vain.) *Je ne pourrais pas me sentir en sécurité avec quelqu'un qui me laisserait faire tout ce que je veux. Je veux seulement que tu saches que je t'aime tel que tu es et que je ne voudrais rien changer en toi.*

« Eh bien, je ne peux même pas décrire l'expression de son visage. Je sais seulement que c'était une profonde expression de chaleur et d'amour pour moi. Il m'attira vers lui et me tint un long moment dans ses bras. Il a pleuré et j'ai pleuré ce moment de bonheur avec lui en même temps que cette véritable promesse d'avenir. Le lendemain, il entra à la maison avec un drôle d'air et une grosse boîte, en m'expliquant qu'il serait rentré plus tôt mais qu'il avait eu des problèmes d'emballage. Et savez-vous ce qu'il avait fait ? Il était allé magasiner pour acheter un ensemble complet pour moi et les deux enfants. Tout y était, des souliers jusqu'aux chapeaux. Je ne pouvais tout simplement pas y croire. C'était maintenant moi qui pleurais. Je compris alors que j'étais sur la voie d'être la femme fascinante de *L'univers fascinant de la femme*.

« Cela se passait il y a quatre ans et de temps en temps, il me fait encore des surprises en m'apportant des fleurs ou quelques petits témoignages de son amour. Et je verse toujours quelques larmes. Il dit qu'il se sent grandi de savoir qu'il peut me rendre heureuse. En quatre ans, mes succès sont devenus trop nombreux pour que je puisse me souvenir de tous mais je sais que chacun, petit ou grand, est une pierre de plus qui solidifie notre amour et qui fait que notre dévotion mutuelle est inébranlable et notre mariage indestructible. Je dois cependant admettre que sans *L'univers fascinant de la femme*, nous n'aurions jamais pu en arriver là. Je dois à *L'univers fascinant de la femme* le salut total et l'entier succès de notre mariage. Toute la théorie de ce livre est absolument merveilleuse et n'arrête jamais de faire des merveilles jour après jour. »

Un recommencement

« Mon mari et moi étions mariés depuis treize ans, et la plupart de ces années furent malheureuses. Nous nous étions séparés trois fois et la dernière fois, j'étais décidée à le quitter. J'avais abandonné. Environ au même moment, une de mes amies me parla de *L'univers fascinant de la femme* et essaya de m'inciter à suivre les cours. Je lui dis qu'il n'y avait rien à faire avec ce mari entêté et que je pouvais donc abandonner mais elle me supplia de suivre les cours. Entre-temps, nous nous étions séparés.

« Je ne sais pas si vous savez comment une personne se sent quand elle est sur le point de se séparer mais c'est plus que malheureux. Une torpeur s'empara de moi. J'aurais préféré mourir. J'ai prié Dieu comme je ne l'avais jamais fait auparavant pour qu'Il m'aide à passer chaque minute, chaque heure. Je me remettais entièrement entre Ses mains pour qu'Il me conduise jusqu'au bout car je ne savais pas comment cela finirait. Je priai pour que mon mari veuille m'écouter et me parler. Il le fit.

« Au début, ce fut accusations et amertume puis nous en arrivâmes à parler calmement et à nous comprendre. Je décidai de le reprendre mais j'étais effrayée ; comment saurais-je si cela allait marcher ? Je lui demandai si cela lui ferait quelque chose si je prenais un cours intitulé "*L'univers fascinant de la femme*". Il me demanda ce que c'était. Je lui répondis que je savais seulement que c'était sensé rendre les mariages heureux et faire de moi une meilleure épouse. Il me dit d'y aller et il en fut très enthousiaste.

« Au premier cours, le professeur nous a dit de complimenter nos maris sur "leur masculinité, leur musculature, etc.". Je ne pensais pas que je pourrais me décider à dire ces choses. Cependant, je devais faire quelque chose avant le prochain cours car je savais que le professeur nous questionnerait à ce sujet. Donc, j'attendis que mon mari et moi soyons au lit et que les lumières soient éteintes. Je pensais que j'allais m'évanouir. Finalement, je lui dis qu'il avait des muscles magnifiques. Après que je lui eus dit cela, il me prit dans ses bras et m'embrassa plusieurs fois. C'est ainsi que notre mariage recommença. On m'avait dit ne pas m'attendre à des récompenses matérielles mais à un heureux mariage. Je reçus les deux. Voici certaines choses que mon mari m'a offertes sans que je les lui demande : une magnifique chemise de nuit, une machine à écrire, un voyage à Hawaï, une cuisinière, une table et des chaises, le recouvrement des meubles du salon, un tapis de chambre à coucher, du parfum, des fleurs et encore bien d'autres choses dont je ne peux me souvenir. »

Je me sens de nouveau une nouvelle mariée

« Mon histoire n'est pas tellement spectaculaire. J'ai toujours eu un bon mariage. J'ai suivi les cours parce qu'il me semblait que je manquais de confiance en moi, mais j'ai réalisé que j'avais plus de problèmes que je ne le pensais. J'ai toujours accepté et admiré mon mari mais je ne le lui ai jamais dit, principalement parce que je l'admirais tellement que je pensais qu'il devait le savoir. Il m'était tellement difficile de commencer à lui dire ces choses que je commençai par écrire des notes. Quand il commentait ces notes, je pouvais dire : "Eh bien, c'est vrai." ou "Je voulais que tu sois sûr de ce que je ressens." Puis, je me suis progressivement mise à lui faire des compliments. Sa réponse fut si grande que je réalisai qu'il avait besoin d'entendre ces choses. Il commença à me dire quelles choses il aimait en moi et cela me donna la confiance en moi dont j'avais toujours manqué. La tendresse qu'il m'accorde est fantastique. Je me sens de nouveau comme une nouvelle mariée. La chose la plus formidable est lorsqu'il me dit, les larmes aux yeux : *Je réalise que tu es la plus douce, la plus féminine des femmes du monde, et je t'aime tellement que je ne peux pas te dire jusqu'à quel point. Tu es toute ma vie.* »

Sa femme bien-aimée

« C'était la dernière semaine d'examens à l'université avant la collation de mon mari. Il lui fallut sept ans pour compléter ses études, car il dut les interrompre à maintes reprises pour travailler à temps plein afin de subvenir aux besoins d'une famille grandissante. A un certain moment aussi, il travaillait en même temps qu'il étudiait et il remplissait ses fonctions à l'église tout en assumant ses responsabilités au foyer. Il a eu plusieurs moments de tristesse et de découragement. Il ne voyait pas tous ces accomplissements. La seule chose qu'il voyait, c'était le temps qu'il passait à faire ses études. Je ne l'ai pas beaucoup aidé. Les seules fois où je le louangeais, c'était pour le remonter quand il avait des problèmes ; et encore, je ne le faisais pas de la bonne façon. J'avais une attitude très pharisaïque. Je m'occupais des finances et j'essayais de le pousser à une plus grande participation à l'église ; je le harcelais pour des choses telles que m'ouvrir la portière de l'auto. Je pensais que je l'aidais en soulignant ses erreurs.

« C'est alors que ma belle-sœur me parla avec enthousiasme de *L'univers fascinant de la femme*. Je commençai à lire le livre. Je fus émerveillée parce qu'on nous enseignait comment faire les choses et quoi dire, plutôt que de donner une série de prescriptions et de prohibitions. Je l'ai lu et relu, et quand mon mari revint à la maison, j'étais tellement emballée que j'en tremblais de nervosité. Je lui dis que j'étais heureuse qu'il soit l'homme qu'il est et que je me rendais compte que je ne l'avais pas compris par le passé, admettant que j'avais fait des erreurs et que j'étais contente qu'il ne se soit pas laissé manipuler par moi mais qu'il ait, au contraire, eu le courage de ses opinions. Je lui demandai pardon et lui dit que je voulais lui prouver que je l'aimais tel qu'il était.

« Ce fut presque magique. Son expression changea et il sembla être touché dans toute sa personne. Il commença à rayonner de bonheur plutôt que d'afficher de la misère. Le lendemain, je mis en application le principe de l'admiration en lui disant que j'étais fière de son courage à compléter ses études et à ne pas avoir abandonné, comme beaucoup l'auraient fait devant les mêmes difficultés. J'ajoutai aussi que j'appréciais tous les efforts qu'il faisait pour procurer toutes les nécessités de la vie à sa famille. Je lui expliquai aussi que j'avais réalisé que je l'avais empêché de progresser en essayant de tout mener, que je l'aimais vraiment tel qu'il est et que je n'essayerais plus de le changer.

« Il me semblait que son attitude était encore plus expressive que le jour précédent. Il me traitait comme une reine. Il commença même à m'ouvrir la portière de l'auto. Il se mit à diriger la famille avec tendresse, amour et force, ce que je n'avais jamais vu en lui auparavant. Il tint régulièrement des conseils de famille et j'avais l'impression de jouir d'un mariage céleste. Plus encore, il m'emmena l'autre jour à la maison de nos rêves et me fit part des merveilleux projets qu'il avait pour moi et notre adorable famille (cinq enfants). Il suit présentement des cours d'été et il pense qu'il ne pourra être à la maison que durant deux soirs, mais il nous consacrera toutes ses fins de semaine. Il me chanta "Ma femme bien-aimée" et me dit que j'étais la femme la plus adorable au monde. »

Les règles de l'admiration

1. Acceptez l'homme tel qu'il est.
2. Pensez à sa masculinité.
3. Observez toutes ses caractéristiques viriles.
4. Écoutez-le parler.
5. Admirez son langage masculin.
6. Soyez sincère.
7. Soyez spécifique.

Exercice

1. Pratiquez votre admiration pour lui :

    A. Écrivez 10 choses que vous admirez chez votre mari. Au moins la moitié devrait être des choses masculines. Les autres peuvent être des choses que vous appréciez mais qui ne sont pas nécessairement masculines.

    B. Durant la soirée, demandez à votre mari s'il veut bien se prêter à un jeu. Demandez-lui d'écrire 10 choses qu'il admire ou apprécie en vous et faites de même pour lui. Faites-le de mémoire en essayant de vous rappeler ce que vous aviez écrit sur votre liste. Quand vous aurez tous les deux terminé, lisez-vous chacun votre liste, en prenant le temps d'expliquer pourquoi vous admirez les traits que vous aurez notés.

Assurez-vous que vous discuterez de ce que vous aurez écrit. Ce ne sera nullement avantageux si vous ne faites que vous remettre vos listes. Comme résultat de cet exercice, vous aurez obtenu quelque chose de nouveau à ajouter à votre charte angélico-humaine vue à la leçon précédente et il aura reçu de l'admiration pour sa masculinité en même temps que de l'appréciation.

C. Observez sa réaction. Écrivez dans votre « petit livre d'amour » tout geste ou toute parole d'amour.

2. Au cours de la semaine qui vient, observez votre mari. Si vous voyez ressortir en lui un trait masculin, exprimez votre admiration sur le moment même. Notez les résultats.

3. Pratiquez-vous à l'écouter parler.

CHAPITRE V

SON AMOUR-PROPRE

Caractéristique no 3

De quoi l'homme est-il fier ? Il est fier de ses *qualités masculines*, comme nous l'avons vu dans le chapitre précédent. L'homme a une fierté innée de sa forte musculature, de ses habiletés, de ses capacités typiquement mâles et de ses exploits particuliers. Il aimerait que son côté strictement viril soit remarqué et admiré, spécialement par sa femme. Et si quelques-uns de ses traits masculins sont faibles ou absents, sa fierté le poussera à cacher au monde cette lacune, autant que possible.

L'enseignement le plus important à tirer de ce chapitre est que *la fierté masculine est extrêmement précieuse et sensible*. Un homme ne peut pas supporter de voir sa masculinité amoindrie, ridiculisée ou traitée avec indifférence. Etre l'objet d'un pareil traitement est une des expériences les plus douloureuses qu'un homme puisse subir. Négliger de se pencher sur le sujet cause des malentendus inouïs entre les hommes et les femmes. Combien de fois avez-vous fait de banales remarques à un homme pour le voir alors se retrancher avec une réplique bourrue ou devenir distant ? Inconsciente de votre erreur, vous pouvez vous être demandé « Bon, qu'est-ce que j'ai encore dit de travers ? » L'éducation de chaque femme devrait emporter la compréhension de ce genre d'erreurs et la compréhension des principes à suivre pour les éviter.

Que supporte un homme lorsque son amour-propre est blessé ? Il souffre *les douleurs de l'humiliation* qu'il ressent de façon cinglante, aiguë ou dégradante. Par exemple, si un homme révèle un objectif élevé qu'il a secrètement caressé en lui et que sa femme doute de sa capacité à l'atteindre, *c'est comme si on lui enfonçait un couteau dans le corps*. Elle a touché la partie la plus sensible de sa nature. Ou s'il lui arrive de lui parler de quelque chose dont il est particulièrement fier et qu'elle fait une remarque banale et change de sujet, il se sentira alors *vidé de toute contenance*. Ou si, de quelque façon, elle lui laisse voir qu'il n'est pas à la hauteur de ce qu'il devrait être comme homme, il se sentira *avili* et en quelque sorte *moins qu'un homme*. Ce sont quelques-unes des douleurs qu'un homme vit quand il est blessé dans son amour-propre. Regardons maintenant de plus près les erreurs que les femmes font et qui causent cette souffrance :

Les erreurs que les femmes font

N'allez pas croire que les femmes sont assez cruelles pour délibérément blesser l'amour-propre d'un homme. La plupart du temps, elles agissent innocemment et c'est ce qui explique pourquoi elles se demandent ce qu'elles ont fait de mal et pourquoi elles continuent de faire et refaire les mêmes erreurs. Voici quelques expériences vécues où les femmes, sans le faire exprès, blessent l'amour-propre des hommes :

1. Un homme *amoindri* : c'est ici le cas d'un jeune homme et d'une jeune femme qui, à plusieurs reprises, s'étaient promis en mariage, mais chaque fois que celui-ci était sur le point de se réaliser, le jeune homme se désistait. Finalement, il brisa leurs fiançailles et épousa quelqu'un d'autre. Pendant des années, cette rupture resta mystérieuse pour ceux qui les connaissaient. Il semblait l'aimer affectueusement et elle semblait avoir les qualités qui plaisent à un homme. Ils semblaient tout avoir en commun et ils auraient pu se révéler le couple idéal.

Plusieurs années plus tard, la vérité fit surface. En fait, elle perdit son fiancé parce *qu'elle le diminuait, l'amoindrissait*. Elle riait de ses grandes idées (et il en avait plusieurs) ; elle se moquait de sa tenue sur le terrain de basket-ball et elle faisait des farces sur ses performances dans les jeux. Et Dieu sait combien d'autres choses encore elle diminuait. Le malheur de tout cela est que la jeune fille admirait réellement cet homme et qu'elle faisait toutes ces erreurs en pure innocence. Ses remarques, qu'elle faisait en pure plaisanterie, grugeaient l'amour-propre de son ami de façon tellement continue que c'était plus qu'il n'en pouvait supporter. En dépit de sa folle affection pour elle, il ne pouvait accepter une relation permanente.

2. Un homme *ridiculisé* : un homme présenta à sa femme une idée d'investissement en affaires qui exigerait considérablement d'argent. Même s'il y avait un risque, les profits pourraient être très élevés. L'homme réfléchit à fond à ce projet et, suivant son meilleur jugement, il décida de se lancer dans l'affaire. Il se tourna vers sa femme pour connaître son opinion. Elle écouta son projet en détail et dit ensuite : « Eh bien, si tu veux perdre tout ton argent, vas-y ! » Devant la réaction explosive de son mari, elle resta ébahie : « J'ai peut-être été brusque, dit-elle après réflexion, mais en quoi pourrais-je avoir dit quelque chose de mal ? » On ne demande pas aux femmes d'être malhonnêtes et d'appuyer une idée qu'elles n'approuvent pas mais elles peuvent exprimer leur opposition *sans blesser la fierté masculine*. Elle aurait pu dire : « J'y réfléchirai. » et ensuite présenter son point de vue d'une manière féminine, que j'expliquerai dans un chapitre subséquent.

3. Un homme *amoindri* : certaines femmes utilisent une technique de « refroidissement » quand elles ont affaire aux hommes. Dans un tel cas, la femme ne montre pas ouvertement son désaccord et elle verse doucement un peu « d'eau froide » sur les idées de son mari, surtout sur son enthousiasme. Un exemple qui me vient à l'esprit est celui d'un homme qui avait une idée nouvelle et intéressante sur l'équipement sportif. Lorsqu'un soir, il expliqua le système à sa femme, elle le regarda avec la sagesse du vieux loup de mer et lui dit : « Pourquoi ne considérerions-nous pas le pour et le contre de cela ? » Parmi d'autres expressions qui donnent l'impression « d'une douche froide », il y a « Soyons pratiques ! » ou « Soyons sensés ! » Répétons que vous n'êtes pas obligée d'appuyer une idée en laquelle vous n'avez pas confiance ; mais n'oubliez pas, si vous refroidissez l'enthousiasme masculin, vous amoindrissez du même coup la fierté masculine.

4. Un homme *amoindri* : une femme m'écrivit l'expérience suivante : « Mon mari donne des cours le dimanche, et il le fait fort bien. Un jour, je lui suggérai de demander à notre fils de donner une partie du cours sous la forme d'apports visuels. Mon

mari me regarda et dit d'une voix grave : *Qu'est-ce qui ne va pas ? N'aimes-tu pas la façon dont je donne mes cours ?* Je lui répondis : *Bien, tu pourrais faire mieux*. Il entra dans une violente colère, éleva la voix et dit que je ne l'avais jamais apprécié, que je l'avais diminué aux yeux des enfants et qu'il en avait assez. Il sortit brusquement de la maison, claqua la porte et ne revint pas avant plusieurs heures. » Il est particulièrement humiliant pour un homme d'avoir à compter sur son fils pour améliorer sa performance.

5. Un homme *traité avec indifférence* : une femme s'activait au fourneau à préparer le repas. À son arrivée, le mari entra dans la cuisine et commença à lui parler, lui racontant un petit incident qui avait cours à son travail. Son patron, qui est plutôt avare de compliments, l'avait loué pour sa performance au travail. L'épouse répondit : « Bien, mais c'est merveilleux ! Jimmy, va donc dehors pour couper l'eau », puis elle accorda toute son attention aux menus détails du repas. Il essaya encore une fois d'attirer son attention, mais elle dit : « Va dire aux filles de se laver avant le souper. » N'oubliez pas, mesdames, que la façon d'atteindre le cœur de l'homme n'est pas en passant par son estomac, mais en lui accordant votre intérêt et votre appréciation, *tel qu'un homme en a besoin*.

6. Un homme *amoindri* : c'est ici le cas d'un homme qui se sentait vraiment découragé devant les problèmes de ses affaires. Avec une affection toute tendre, son épouse tenta de l'encourager. À mesure qu'il lui faisait part de ses problèmes, elle se rendait nettement compte que son mari faisait face à une faillite possible. Désireuse de jouer son rôle d'épouse parfaite, elle dit courageusement : « Chéri, ne t'en fais pas. Si tu échoues en affaires, je ne t'en voudrai pas. Je serai satisfaite si tu gères seulement une petite épicerie. » Mais son sacrifice ne fut pas apprécié. Son mari répliqua acerbement : « Parfois, tu dis exactement les mauvaises choses. »

Qu'avait-elle dit de mal ? Ceci : elle voyait déjà son mari en faillite, faillite qu'elle voyait comme étant *permanente*. Il avait toujours nourri de grands espoirs mais, selon sa femme, il devrait se contenter de moins. Même si un homme sait qu'une femme est prête à accepter l'échec et à s'ajuster volontiers à une humble situation, *il aimerait sentir la confiance de sa femme en son ultime succès*.

Qu'aurait-elle dû dire ? Elle aurait dû l'assurer qu'en supposant qu'il fasse faillite, ce ne serait que temporaire. Elle aurait pu dire : « Ce sont des jours difficiles pour toi, mais il y en a dans la vie de tous les hommes qui réussissent. » Une femme ne devrait pas dire toutefois : « Tu ne feras pas faillite », car ce serait irréaliste et ce serait trop attendre d'un homme ; ce serait bien sûr encore la mauvaise chose à dire. Une femme devrait parler d'*ultime succès* et non pas de faillite *permanente*.

Certaines femmes savent d'instinct la bonne chose à dire. Par exemple, j'ai connu, il y a plusieurs années, une femme dont le mari devait envisager un échec possible dans un collège professionnel. Au moment où il était terriblement découragé et qu'elle pouvait voir la probabilité de son échec, elle lui dit : « Tu sais, Georges, si tu échoues, tu en sortiras meilleur et, plus grand que si tu ne passais pas par cette expérience. » Ces paroles furent d'un grand soulagement pour l'homme et contribuèrent probablement à diminuer sa tension, ce qui fit qu'en dépit de grandes difficultés, il put s'en remettre. Ce fut le cas d'une autre femme dont le mari vécut une expérience similaire. Il fut remercié par sa compagnie où il était administrateur. Elle lui dit : « Henri, c'est peut-être ta chance de t'ouvrir d'autres portes, un tremplin vers un succès plus grand. » L'homme en fut tellement soulagé qu'il pleura presque. Et ce fut en fait la porte du succès car il réussit dix fois mieux que lorsqu'il était administrateur pour la petite compagnie. Le point fondamental est le suivant : dans le premier cas, la femme avait déjà placé son mari devant la faillite et l'avait ainsi amoindri. Dans le deuxième et le troisième cas, les femmes voyaient leurs maris meilleurs et grandis de ces expériences malheureuses. Et j'aimerais ajouter ceci : lorsqu'un homme est découragé, quelque parole que la femme dise doit être empreinte de véritable sympathie pour sa souffrance. Cet art vous sera enseigné dans le chapitre suivant.

7. Un homme *traité avec indifférence* : un professeur d'art dramatique d'un collège commença la production d'une pièce. Il demandait rarement l'aide de sa femme mais cette fois, il lui demanda d'être en charge de la confection des costumes. Avec fierté, elle consacra plusieurs heures à son travail et les costumes furent magnifiques. Elle espérait que son mari fût fier d'elle, mais elle nota au contraire un antagonisme croissant. Un

soir, il lui dit : « Tu ne t'intéresses pas à moi. Tu ne t'intéresses qu'à ces costumes. » Elle fut surprise et blessée et ne comprit pas son manque d'appréciation.

Son erreur fut de mettre tout son intérêt dans les costumes plutôt qu'en son mari. En étant impliquée dans la production de la pièce, elle avait une occasion merveilleuse de voir les talents de son mari, ses talents de directeur, d'organisateur et de professeur, qualités qu'elle ne pouvait apprécier quand elle était dans l'assistance. Il voulait qu'elle l'appréciât pour luimême et pour les traits de son caractère qui étaient responsables de son succès. Cependant, elle pensait qu'il avait seulement besoin d'elle pour faire les costumes et c'est pourquoi elle s'enferma dans cette responsabilité. Elle pensait aussi qu'une grande partie du succès de la pièce reposait sur ses épaules, que son mari n'aurait pas pu obtenir ce succès sans elle. Ce sont souvent des malentendus de ce genre qui naissent entre les hommes et les femmes.

Le monde du travail

Difficile à croire, mais il y a aussi d'autres hommes qui blessent l'amour-propre masculin. Le monde du travail rabaisse souvent brutalement la fierté d'un homme. Dans certaines compagnies, la médisance est chose courante. Quelques employeurs sadiques attaquent délibérément des employés. Dans la lutte pour le pouvoir, les hommes se discréditent souvent entre eux. Souvent, un créancier ou un client fait des réponses mordantes. Des employés sont tournés en dérision par leurs supérieurs. Dans les écoles professionnelles, la politique est souvent d'attaquer la fierté de leurs membres et de miner leur confiance, pour mettre à jour les faibles. La même politique s'applique dans certains programmes d'entraînement des forces armées. Si un homme est assez chanceux pour trouver à la maison une femme qui pansera ses blessures, il pourra échapper à un dommage permanent ; mais s'il trouve encore de l'humiliation à la maison, c'est toute sa personnalité qui en souffrira.

Dans son acquis

L'attaque à la fierté commence dès le jeune âge. Par exemple, l'apparition de la première barbe chez un jeune homme peut avoir été tournée en ridicule par les frères et sœurs. Même sa mère peut avoir vu la chose avec indifférence. Les idées et les réalisations d'un jeune sont souvent passées sous silence. L'amoindrissement est très grave en milieu scolaire où les jeunes gens ressentent ardemment le besoin de s'élever en abaissant les autres. Les professeurs aussi sont parfois coupables de remarques dégradantes. Aujourd'hui s'ajoutent aux douleurs de l'humiliation trois autres problèmes dont souffrent les hommes en relation avec leur amour-propre. Ce sont la réserve, l'effet d'insensibilité et la malhonnêteté, que j'explique maintenant.

La réserve

Par réserve, nous n'entendons pas ici modestie ou timidité, ces deux derniers traits caractérisant très peu d'hommes. La réserve, par contre, se retrouve en tous. La réserve est un mur que l'homme essaie de construire autour de lui parce qu'il a peur de l'humiliation. Même s'il éprouve un ardent désir de confier et de révéler ses rêves et ses espoirs secrets afin de recevoir de l'admiration, il hésite quand même beaucoup à le faire. Il n'ose pas exposer ses idées de peur de recevoir indifférence ou opposition. Rien n'est plus terrifiant pour un homme que l'horreur de faire un fou de lui. Il maîtrise par conséquent son impulsion à chercher l'admiration des gens. Rien d'autre que son absolue certitude de recevoir de l'appréciation plutôt que de l'indifférence ou du mépris le poussera à rejeter son armure de réserve et à révéler aux autres les choses qui sont les plus importantes à ses yeux. Et s'il le fait, le plus petit signe d'incompréhension ou d'irrespect brisera son illusion et le repoussera derrière son mur de réserve.

Pour comprendre la nature de cette réserve, prenons l'exemple de cette jeune fille qui gagne la confiance d'un jeune homme à un tel point qu'il lui confie ses espoirs et ses rêves cachés. Comme il lui révèle les traits les plus fins de son caractère, elle a une chance extraordinaire de connaître ses qualités masculines. Mais elle laisse voir par un bâillement ou un coup d'œil à la fenêtre qu'elle n'est pas du tout intéressée, et le pauvre homme *réagit comme s'il avait reçu un coup de fouet*. C'est peut-être la première fois de sa vie qu'il ose exprimer ses sentiments. Si la fille réagit indifféremment à une étape aussi critique de la vie d'un jeune homme et qu'elle refuse d'en reconnaître l'importance, l'homme pour sa part, dira d'elle qu'elle a *un cœur de pierre*. Par conséquent, qu'importe où et quand il la reverra dans l'avenir, il ne reprendra pas le risque d'essuyer une semblable rebuffade. Il se tiendra derrière son mur de protection (de réserve).

C'est le cas pour tous les hommes. Leur ardent désir de compréhension, si grand soit-il, ne suffit pas à leur faire enlever leur armure de réserve, sauf de rares exceptions. Et même à cela, ils réintégreront cette armure, à moins qu'ils ne se sentent en totale compréhension et en toute confiance. La première caractéristique semble toutefois diamétralement opposée à la seconde. Les deux constituent un problème assez sérieux pour mettre à l'épreuve la compréhension de toute femme.

Le principal aspect de la réserve des hommes que je veux souligner est le suivant : quand un homme a été fréquemment blessé dans son orgueil, il a tendance à échafauder un mur *étanche* de réserve autour de lui, ce qui cause un réel problème dans le mariage. Quand cela se produit, l'homme semble distant. Il peut parler, mais il le fait avec circonspection. Vous ne pouvez connaître ses sentiments les plus profonds, puisqu'il ne les révèle pas, même si vous sentez qu'il a un désir profond d'en parler. Il parle très peu de ses réalisations en dehors du foyer, de ses problèmes ou de ses rêves. À travers tout cela, vous pouvez détecter un sentiment de tristesse.

À l'occasion, il se taira et ne parlera plus. C'est ce qu'on appelle « s'enfermer dans sa coquille ». Il agit comme s'il s'était enfermé en lui-même, comme s'il avait verrouillé sa porte et tiré les rideaux, ce qui fait qu'il est impossible de s'approcher de lui. Cette tendance de l'homme à s'enfermer dans sa coquille est courante. Plus le calibre d'un homme est élevé, plus il a tendance à se tirer en lui-même lorsque son amour-propre est atteint.

Ce mur ne devrait pas exister dans le mariage idéal. Un

homme devrait toujours pouvoir s'exprimer librement et entièrement, sans crainte de l'humiliation. En fait, il devrait avoir l'assurance absolue que ses propos rencontreront toujours le plus sincère respect et qu'il recevra la plus totale admiration. Aussi, si vous percevez cette réserve chez votre mari, faites ce qu'il faut pour l'éliminer. Si vous ne le faites pas, il sera porté à chercher la compagnie d'une autre femme, une femme qui pourra remplir cet important besoin dans sa vie.

Comment abattre ce mur de réserve

Lorsqu'un homme s'est retranché derrière son mur de réserve, vous ne pouvez l'en faire sortir en insistant pour qu'il parle. Vous ne pouvez non plus le forcer en le faisant se sentir honteux de son comportement, ni en disant des choses comme : « Pourquoi es-tu si silencieux ? » ou « Pourquoi ne me parles-tu jamais de rien ? » Vous ne pouvez non plus l'inviter à se confier en disant : « Est-ce que j'ai fait quelque chose de mal ? » Peut-être avez-vous fait quelque chose d'incorrect, mais que ce soit vous ou quelqu'un d'autre qui l'ayez plongé dans cet état, il aura trop de fierté pour dire : « Écoute, mon ego a besoin d'être louangé mais je n'essuie que des rebuffades.), L'admiration est tout ce qu'un homme demande de vous. La seule chose que vous puissiez faire quand un homme est retranché dans sa réserve est de l'aimer, de le rassurer et d'essayer de briser son mur en faisant comme suit :

1. *Acceptez-le tel qu'il est*. Encore une fois, ceci est le premier pas. Si vous passez par-dessus ses défauts et considérez son meilleur côté, il sera plus en confiance et pourra plus facilement vous confier ses sentiments les plus profonds.

2. *Ne l'amoindrissez pas*. Soyez sûre de ne pas commettre d'erreurs qui renforceraient la réserve dans laquelle il est déjà. Vous devez éliminer complètement toute remarque désobligeante ou toute forme d'indifférence, sinon sa réserve sera un problème permanent.

3. *Admirez-le*. Votre admiration prodigue et sincère agira mieux que tout autre moyen pour gagner sa confiance et abattre son mur de réserve.

4. *Abstenez-vous de critiquer les autres*. Si vous critiquez continuellement et avez toujours l'œil ouvert pour trouver des

défauts chez tous ceux qui vous entourent, votre mari craindra d'exposer à votre critique et à votre mépris ses sentiments intimes. Vous ne devez pas lui faire part de votre piètre opinion d'une personne ou d'une autre, ni montrer des sentiments d'envie, de jalousie ou de mépris. Ne mettez personne en lumière. Même si vous ne pouvez approuver ce que quelqu'un dit, vous devez montrer de l'appréciation pour ses intentions ou son caractère fondamental. Plus vous vous montrerez critique, moins votre mari sera porté à s'exposer à vos critiques. Il doit être assuré que ses confidences seront reçues avec admiration et non par des critiques désagréables.

5. *Appréciez ce qu'il y a de bon dans les autres.* Si vous appréciez ce qu'il y a de bon dans les autres, l'homme sera ainsi rassuré sur le fait que vous verrez en lui aussi son meilleur côté. Il ne craindra pas de se sentir ridicule ou d'être traité avec indifférence quand il vous confiera ses idéaux et ses ambitions. Recherchez ce qu'il y a de bon dans chaque personne que vous rencontrez et exprimez-en votre appréciation. C'est la façon la plus facile de développer une attitude qui inspire confiance et qui encouragera un homme à abandonner sa réserve.

6. *Gardez jalousement les confidences.* Ne répétez jamais à personne des choses qui vous auront été dites sous le sceau de la confiance et du secret. Si vous divulguez les secrets des autres, l'homme tiendra pour acquis que vous révélerez aussi les siens, l'assujettissant ainsi à l'incompréhension, au ridicule et à l'indifférence qu'il souhaite éviter. À moins d'être assuré de votre entière fiabilité, il ne vous confiera pas ses ambitions et ses rêves les plus profonds, aussi sûr soit-il de votre admiration pour lui, car même si vous l'admirez, il n'est pas assuré de la même admiration de la part des autres. D'autres peuvent ridiculiser les choses que vous admirez et il ne peut pas prendre le risque d'être méprisé de personne.

Lorsque sa réserve semble s'atténuer et qu'il commence à vous révéler des choses que vous pouvez admirer, n'allez pas vous imaginer que sa réserve a complètement disparu. Vous devrez travailler à l'éliminer davantage en suivant scrupuleusement les six étapes mentionnées plus haut. Et pendant ce temps, faites en sorte que chaque chose qu'il vous confiera reçoive votre compréhension. Autrement, sa première confidence sera sa dernière. Si votre attitude est toujours élogieuse et qu'elle lui est toujours favorable, il ira sans cesse de confidence en confidence ; si vous ne le décevez jamais, il dévoilera chacun des sentiments, espoirs et idéaux qui l'animent. L'admiration est trop importante pour lui pour qu'il en fasse abnégation une fois qu'elle lui a été pleinement acquise.

N'oubliez cependant pas qu'à côté de son désir d'admiration, sa réserve est toujours en veilleuse et prête à surgir au premier signe d'indifférence ou de critique, même si l'attitude critique chez la femme ne s'adresse qu'aux autres personnes. Vous pouvez dès lors comprendre qu'il est difficile pour une femme faible, dénigreuse et indifférente de garder la réserve en arrière-plan assez longtemps pour que l'homme puisse s'exprimer.

Si une femme a sérieusement malmené l'amour-propre de son mari, il lui faudra être extrêmement patiente pour éliminer la réserve de ce dernier. Tant qu'elle n'aura pas démontré logiquement son entier respect de la masculinité de son mari pendant suffisamment de temps pour l'assurer de sa fiabilité, il sera extrêmement prudent à dévoiler ses sentiments les plus profonds. Il craindra de voir se répéter ses douloureuses expériences du passé.

L'effet d'insensibilité

Quand un homme a été blessé dans son amour-propre pendant longtemps, il apprend à se protéger en s'endurcissant face à la douleur. Il apprend à ne pas se faire de souci. Ses gens deviennent lourds et s'engourdissent. Dans son livre *The Ego in Love and Sexuality* (l'ego en amour et en sexualité), le docteur Edrita Fried parle de cet effet d'insensibilité. Et elle souligne que le grand danger est : *Lorsque nous devenons insensibles à la douleur, nous le devenons tout autant au plaisir.* « Nous payons chèrement notre auto-incitation à l'insensibilité, car en même temps qu'elle réduit la douleur, elle réduit aussi notre capacité à expérimenter des émotions plaisantes et à répondre à une stimulation agréable. L'insensibilité, telle une faux indifférente, coupe les fleurs en même temps que la mauvaise herbe. »

L'homme qui s'est endurci à la douleur répétée de l'humiliation a aussi mis une barrière entre le plaisir et lui. Il ne ressent plus les blessures, mais il ne voit pas non plus la beauté d'une journée d'été, ni n'entend le rire de ses enfants, ni ne répond à l'amour que lui offre sa femme. Son appétit sexuel peut s'affaiblir et l'homme peut même devenir impuissant.

La malhonnêteté

Un homme dont l'amour-propre est très sensible peut, dans certaines circonstances, avoir recours à la malhonnêteté dans un effort pour protéger sa fierté. Par exemple, quand un homme est placé devant la faillite ou la défaite, il peut, par crainte de l'humiliation, tenter de cacher ses erreurs. C'est un des moments de sa vie où il peut cacher à sa femme des faits importants et où il peut être tenté de faire des déclarations malhonnêtes. Cette attitude peut conduire à de sérieux problèmes, puisque l'absence de faits peut jeter de la confusion, particulièrement chez l'épouse.

J'ai entendu parler d'une situation de ce genre où un homme était confronté à une faillite en affaires. À cause de sa fierté masculine, il craignait de dire toute la vérité à sa femme parce qu'il craignait également la piètre opinion qu'elle pourrait avoir de lui. Parce qu'il lui cachait des faits importants, elle croyait à tort que son mari était innocent et elle tenait tous les autres responsables de la faillite. Elle prit l'initiative de demander des dommages-intérêts aux autres parties et mit son mari dans une fâcheuse position. Dans ce cas, l'homme ne craignait pas tant de révéler sa faillite à sa femme que ce qu'elle aurait pu penser de lui. Et, quoique tous les êtres humains essayent de cacher leurs échecs, le problème est beaucoup plus accru quand l'amour-propre masculin est en jeu.

D'autre part, quand un homme est incapable de cacher la vérité, il a tendance à justifier ses erreurs. Il peut blâmer les circonstances ou d'autres individus, ou invoquer le destin. Il pourra même parfois blâmer sa femme de la tournure des événements. Quelquefois, l'homme avancera un vague argument pour préserver son image aux yeux de sa femme. Mais plus il essayera de dissimuler la vérité, plus il jettera de confusion dans l'esprit de sa femme, parce que tout ce qu'il dira pourra entrer en contradiction avec ce qui semblera être les faits réels.

Une femme peut venir en aide à cet homme si elle essaie de comprendre l'effort désespéré qu'il faut pour protéger son amour-propre. Même si la malhonnêteté n'est jamais justifiée, la femme ne devrait pas condamner son mari pour autant. Si elle garde à l'esprit que *ce qu'elle pense de lui* est le plus important pour lui, elle pourra l'assurer qu'elle l'appuyera et l'admirera toujours, même dans les situations les plus difficiles. Rassuré sur l'entière confiance de sa femme en sa virilité, il sera moins effrayé de lui exposer la cruelle vérité.

Parfois, l'homme peut *se diminuer lui-même*, ce qui complique beaucoup la tâche de la femme. Dans pareil cas, il a instamment besoin d'une admiration soutenue de la part de sa femme, mais il est trop fier pour le demander. Le seul moyen qu'il connaît pour maintenir et même relever son ego, c'est de se diminuer lui-même en espérant que sa femme réagira vivement en lui offrant des louanges à la place. Si tel est le problème que vit une femme, elle peut atténuer ce comportement de son mari en cherchant d'elle-même les occasions de l'admirer, au moment où il ne s'y attend pas. Il est préférable de ne pas prodiguer de l'admiration quand un homme se diminue lui-même, car ce serait l'encourager à prendre l'habitude de s'amoindrir pour obtenir de l'admiration.

La responsabilité de la femme

La femme a une double responsabilité vis-à-vis d'un homme en ce qui a trait à son amour-propre : d'abord, ne pas blesser la fierté de l'homme et deuxièmement, panser les blessures que d'autres lui auraient infligées. Si elle peut être son refuge en période d'agitation et de défaite, il se tournera vers elle en toute confiance pour retrouver son sentiment de masculinité. La femme devient alors indispensable au bonheur de l'homme et elle contribue largement à sa réussite dans la vie.

Par contre, si la femme échoue dans ces deux responsabilités et que l'homme retourne à nouveau seul sur le champ de bataille de la vie plutôt que de recevoir compréhension et assurance, et qu'il est sujet à davantage de mépris et d'indifférence, cela peut avoir de graves conséquences sur sa personnalité et tout autant sur la réussite totale de sa vie. Et même ses sentiments envers sa femme seront sérieusement altérés parce qu'elle l'aura abandonné. La femme se trouve donc dans une situation précaire, *puisqu'elle est en mesure de construire ou de détruire l'homme*, selon la façon dont elle traitera l'amour-propre masculin.

Une fois que nous comprenons la sensibilité de la nature masculine, nous sommes en mesure de réaliser jusqu'à quel point une femme doit être attentive et précautionneuse dans sa relation avec un homme. Elle ne peut pas se permettre d'avoir *la langue bien pendue*, de dire tout ce qui lui plaît. Elle ne peut pas, avec l'homme, *se vider le cœur* comme elle le ferait avec *une bonne vieille amie*. En raison de cela, la femme se doit de retenir bon nombre de ses sentiments, puisque ses épanchements peuvent blesser l'amour-propre de l'homme. Toutefois, cela ne signifie pas qu'un homme ne peut pas être l'ami d'une femme. Une fois que la femme est pleinement consciente de la nature sensible de l'homme, elle peut entretenir des conversations intimes avec lui et se tourner vers lui en période de difficultés. Et si elle sait être une femme merveilleuse en se donnant entièrement et de façon désintéressée, elle vivra une intimité telle avec son mari qu'elle aura l'impression d'être *la chair de sa chair et le sang de son sang*. Mais l'amitié d'un homme pour une femme n'est jamais la même chose que l'amitié entre deux femmes, ni d'un parent envers un autre, et cela en raison de la relation unique qui existe entre l'homme et la femme.

Et maintenant, j'aimerais vous raconter une expérience vécue sur la façon dont l'homme érige un mur de réserve quand il a le sentiment de ne pas être accepté et quand son amour-propre est blessé :

Le grand mur de réserve

« Je me sentais vraiment déprimée et découragée de la vie. Il me semblait que je n'avais pas de but ni de récompenses et je me sentais comme une chose tout à fait sans importance.

« J'essayais de me sortir de cette impasse en me disant que j'étais la mère de deux enfants et que j'avais au moins le devoir de les élever en bons citoyens. Les choses qui m'avaient toujours plu ne m'apportaient plus aucune joie. Je m'assoyais pour coudre ou tricoter en étant sûre que j'en retirerais une petite once de plaisir. Mais rien ; j'étais vidée.

« Si je retourne maintenant en arrière, je peux voir comment mes problèmes ont commencé mais à cette époque, j'étais complètement perdue. Mon mari et moi avons été mariés dix ans avant d'avoir notre premier enfant. Pendant ces dix ans, notre mariage fut moyen. J'ai presque toujours travaillé et j'étais contente. Puis, j'eus deux enfants et en plein milieu de la construction de notre maison de rêve, je commençai à être malade. Je vivais avec une sensation terrifiante et angoissante qui me tourmenta pendant dix-huit mois. Je passai devant une succession interminable de médecins que j'essayai de convaincre que *quelque chose n'allait pas en moi*, mais ils ne pouvaient rien trouver.

« Finalement, désespérée et convaincue que ma santé mentale déclinait, j'allai en traitement psychiatrique pendant trois mois. J'appris que je souffrais de confusion émotive. Pendant le traitement, le médecin s'évertua à me convaincre que j'étais mariée à un homme immature, à un tyran orgueilleux (ce qui n'était pas du tout le cas). Il parvint à me convaincre que j'avais raison et que mon mari avait tort. Eh bien, je croyais avoir des problèmes, mais c'est alors que je me mis en tête de changer mon mari. Je me mis à la tâche sur-le-champ. D'homme très compréhensif, tendre et amoureux qu'il était, je le changeai en homme violent, renfermé, en un tyran qui faisait des choses tellement contraires à sa nature fondamentale qu'il ne pouvait même pas les comprendre lui-même. Morsure après morsure, mépris par-dessus mépris, accusation sur accusation, je construisis le plus gros et le plus insurmontable mur de réserve que personne n'ait jamais vu. Comparée à ce mur, la Grande Muraille de Chine semblait un jouet d'enfant.

« Une fois le mur érigé, j'essayai de le franchir en tâchant d'abaisser mon mari plutôt que de jeter le mur par terre. En retour, je reçus des menaces d'abandon, de violentes explosions d'humeur et je vis mon mari, jadis heureux, se retrancher dans un marasme si profond que je craignais par moments qu'il ne s'enlève la vie. Évidemment, moi, j'étais libre de tout blâme. Je lui ai même dit que c'était lui qui passait par une dure période et que je souhaitais qu'il en sortît rapidement. Je lui ai aussi demandé pourquoi il ne m'appréciait pas. J'étais tout ce qu'une femme devait être. Ah ! bien sûr, j'entretenais la maison, prenais soin des enfants. Je me justifiais d'être parfois maussade et déprimée et de ne pas toujours me sentir bien, car quiconque travaille fort dans son mariage comme je le fais, quiconque, comme moi, consacre beaucoup d'énergie juste à essayer de gagner l'appui de son mari, a bien le droit de se sentir comme je me sens.

« Un jour que je faisais le récit de mes malheurs et de mes misères à une amie, elle me donna le livre *L'univers fascinant de la femme* et me dit : *S'il te plaît, lis-le et accorde une attention particulière aux chapitres sur le bonheur intérieur et la dignité de caractère.* Je le lus et il me sembla que c'était trop profond pour moi. Je pensais que je ne serais jamais capable d'être comme cela. J'essayerais, mais je pensais tout simplement que je ne pourrais pas. Et je peux dire maintenant que je n'y serais pas parvenue sans l'aide de mon professeur de *L'univers fascinant de la femme* : elle m'inspira magnifiquement. Je commençai à vivre les principes de *L'univers fascinant de la femme* et je vis très tôt s'effondrer le mur de réserve. *L'univers fascinant de la femme* a sauvé mon mariage et a fait de mon mari un homme de nouveau heureux. Je suis maintenant comblée et chaque jour, j'essaie très fort d'appliquer dans ma vie les principes de cette merveilleuse philosophie. »

Les problèmes dont souffrent les hommes à cause de leur amour-propre masculin

1. Les douleurs de l'humiliation.
2. Le mur de réserve.
3. L'effet d'insensibilité.
4. La malhonnêteté.

Comment abattre le mur de réserve chez l'homme

1. Acceptez-le tel qu'il est.
2. Admirez sa virilité.
3. Ne l'amoindrissez pas et ne montrez pas d'indifférence à

l'égard de sa masculinité.

4. Ne critiquez pas les gens qui vous entourent.

5. Appréciez ce qu'il y a de bon dans les gens qui vous entourent.

6. Sachez garder le secret de ses confidences.

Exercice

1. N'amoindrissez pas l'homme et ne montrez pas d'indifférence à l'égard de sa masculinité.

2. Si votre mari s'est créé un mur de réserve, faites ce qui est nécessaire pour abattre ce mur.

CHAPITRE VI

LE BESOIN DE COMPRÉHENSION D'UN HOMME

Caractéristique no 4

Un homme a besoin de compréhension pour 1) sa pressante et constante responsabilité à gagner la vie de sa famille ; 2) son désir inné pour un statut, une situation ou la gloire. Nous allons maintenant étudier ces aspects et montrer comment une femme peut réussir à donner à l'homme la sympathie dont il a extrêmement besoin :

1. Sa responsabilité à gagner la vie de la famille

Une femme doit comprendre avec toute sa sympathie et toute sa bienveillance ce qu'un homme doit affronter pour gagner la vie. Le docteur Marie Robinson donne, dans son livre intitulé *The Power of Sexual Surrender* (la force de l'abandon sexuel), une excellente description de cette partie du rôle de l'homme. Voici quelques extraits du livre :

> La plupart des hommes, lorsqu'ils atteignent leur majorité et qu'ils se marient, prennent sur leurs épaules un énorme fardeau dont ils ne peuvent se départir sans prendre conscience de la gravité d'un tel geste. Posément et sans coup de théâtre, ils mettent de côté, au nom de l'amour, la plus grande partie de leur glorieuse liberté et ils s'engagent à assumer la responsabilité sociale et économique de leurs femmes et de leurs enfants.
>
> En tant que femme, réfléchissez un moment à comment vous vous sentiriez si votre enfant devait être privé des bonnes choses de la vie (logement adéquat, habillement, éducation). Pensez à comment vous vous sentiriez s'il devait être toujours affamé. Peut-être ces idées vous sont-elles venues à l'esprit et vous ont-elles dérangée pour un bref moment. Mais ce sont là

des pensées passagères : une femme n'y ajoute pas foi, car elles ne sont pas de sa responsabilité première ; ces pensées n'inquiéteront certainement pas la femme pour longtemps.

Mais ces pensées, qu'elles soient conscientes ou inconscientes, sont le lot quotidien de son mari. L'homme connaît cette pensée, qui le ronge et qu'il traîne avec lui chaque matin (et tous les matins) où il se rend au travail et chaque nuit quand il se met au lit, que le bonheur, la santé, bref toute la vie de sa femme et de ses enfants reposent sur son succès ou son échec. Dans l'absolu, il se sent seul à assumer entièrement cette responsabilité pour eux.

Je ne pense pas qu'on puisse exagérer le sérieux que les hommes mettent à remplir cette responsabilité, ni l'inquiétude qui en découle pour eux. Les femmes, à moins d'être très près de leurs maris, savent rarement jusqu'à quel point ce fardeau pèse lourd par moments, car les hommes en parlent vraiment peu. Ils ne veulent pas inquiéter leurs bien-aimées.

Depuis l'aube des temps, l'homme a porté sur ses épaules la responsabilité de la cellule familiale. Par ailleurs, je pense souvent, quand je vois l'agitation et les tensions qui caractérisent nos temps modernes, que l'homme civilisé a à affronter des choses beaucoup plus dures, psychologiquement parlant, que ses ancêtres primitifs.

En premier lieu, la compétition crée une terrible tension sur l'individu mâle. Cette compétition n'existe pas seulement dans le domaine de la promotion ou de l'avancement, mais elle existe souvent au niveau du travail fondamental à la survie. Tout homme sait qu'il peut être et sera facilement remplacé s'il se relâche dans une conduite qui doit être soutenue.

Aucun niveau d'emploi n'est réellement à l'abri de cette incessante tension. L'administrateur doit égaler ou dépasser ses réalisations de l'année dernière ou celles de ses compétiteurs. Ses subalternes savent qu'il se doit de le faire et qu'il surveillera donc plus sévèrement et avec plus de constance leurs performances.

Les professionnels (médecins, avocats, professeurs) ne sont pas, pour la majorité, à l'abri de cette tension. Si l'avocat travaille à son compte, il doit constamment trouver de nouveaux clients ; s'il travaille dans une organisation, il doit sans cesse s'efforcer pour éviter d'être supplanté par des pairs ambitieux ou par un jeune fraîchement émoulu de l'école de droit et rempli de cette fougue et de cette énergie propres à la jeunesse. Une série de malencontreux événements peut ruiner ou menacer sérieusement l'exercice d'un médecin jusqu'à aller, et ce n'est pas peu dire, à la rupture de sa capacité de pratiquer. Un professeur doit, en plus de sa lourde tâche d'enseignement, travailler à des projets de publication s'il veut avoir de l'avancement ou, à tout le moins, préserver ce qu'il a d'acquis.

Un homme ne peut accéder à la sécurité économique sans déployer une large dose d'efforts ; la compétition, cette nécessité de maintenir sa performance sans relâche, d'année en année, est le lot de sa vie. Au-dessus de tout ceci, il sait aussi qu'il doit affronter une autre situation sur laquelle il n'a que le plus mince contrôle et c'est le spectre du chômage causé par les dépressions et récessions cycliques qui caractérisent notre économie.

L'homme a un sens *inné* de sa responsabilité de soutien de famille. Il sait d'instinct qu'il ne peut pas se détourner en toute conscience de cette responsabilité financière. Sa femme peut travailler, mais elle peut abandonner son travail en tout temps sans en ressentir un sentiment de culpabilité : des problèmes économiques peuvent surgir, mais elle n'aura pas une faible opinion d'elle-même, ni ne sera disgraciée aux yeux du public. L'homme, au contraire, ne peut pas arrêter de travailler sans que sa dignité n'en soit atteinte et sans que son image aux yeux des gens n'en soit ternie. Lui-même, ainsi que tout autre individu, considérera qu'il a échoué s'il néglige cette importante fonction.

Comment une femme peut apporter son aide

Cette description de la vie de l'homme peut éveiller notre profonde sympathie à son égard, en nous incitant à vouloir faire quelque chose pour le soulager de cette tension et pour lui rendre la vie plus facile. Certaines femmes s'efforcent de se chercher du travail, ou même secondent leurs maris dans leur travail, mais c'est là une solution trop chargée de problèmes pour être la bonne solution. Il y a toutefois des choses qu'une femme peut faire pour apporter une aide considérable à son mari, et ce sont les suivantes :

1. Réduire les dépenses : une des choses les plus importantes qu'une femme puisse faire, c'est de minimiser son désir de biens matériels, de couper les dépenses et de vivre en fonction du niveau de revenu de son mari. Ce n'est cependant pas chose aisée à faire pour une femme. L'Amérique moderne véhicule un matérialisme excessif. Une publicité bien étudiée cultive en chacune de nous l'envie d'avoir les derniers modèles d'appareils ménagers, de nouveaux tapis, de nouvelles draperies, un nouvel ameublement, même une maison plus grande et plus confortable. Cette envie de confort matériel est de plus renforcée par l'affirmation que « les autres foyers possèdent ces biens matériels ». Tout cela fait que nous devons refaire notre philosophie de la vie si nous voulons réellement apporter un changement dans notre système de valeurs. Mais ce changement ne peut être fait que si nous parvenons à acquérir une réelle sympathie des responsabilités de l'homme.

2. Exiger moins de son temps : la femme peut aider davantage si elle comprend les objectifs que son mari poursuit dans son travail et si, par conséquent, elle lui demande de lui consacrer du temps en tenant compte de tout le temps qu'il doit passer au travail. Il peut être nécessaire à l'homme de travailler de longues heures, ou de se donner pleinement à son travail.

Lorsqu'il revient à la maison, il peut avoir grand besoin de temps pour relaxer et pour récupérer de sa journée de travail. Il se peut alors que la femme doive renoncer à aller aux endroits où elle voulait aller, ou renoncer à faire des choses qu'elle avait planifiées ; elle doit donc ajuster sa vie à celle de son mari.

3. Vivre son rôle de femme : une femme peut être d'une grande aide si, au lieu de porter avec son mari la charge de ce dernier, elle vit entièrement son rôle de femme et si elle est tout ce qu'une femme doit être. Cela veut dire garder la maison impeccable, être féminine et agréable et faire tout ce qu'elle peut pour créer un climat approprié au foyer.

4. Être compréhensive face au mauvais comportement de l'homme : l'homme qui est sous tension à son travail peut avoir de la difficulté à être à son meilleur à la maison. La femme peut aider son mari en comprenant son monde de responsabilités et en se montrant indulgente quand il a un comportement négatif, que j'expliquerai maintenant :

Pourquoi les hommes se laissent aller à la maison

Leur lutte pour gagner leur vie explique pourquoi les hommes se dévouent moins à la maison, pourquoi ils deviennent maussades, impatients et négligents envers leurs femmes et leurs enfants. Cela explique aussi pourquoi ils négligent de réparer le toit ou de tondre le gazon. Pour eux, ces tâches semblent peu importantes comparativement aux exigences de leur travail. Ou cela peut expliquer pourquoi un homme ira jusqu'à ignorer ses enfants, ou qu'il est tout simplement irritable et difficile à vivre. Les femmes disent souvent : « Mon mari ne traite même pas sa famille aussi bien qu'il traite de purs étrangers. » La vérité, madame, c'est que votre mari, à son retour à la maison, est souvent fatigué d'être toujours à son meilleur avec les étrangers, et qu'il aime relaxer et se laisser aller en espérant que sa famille passera par-dessus son moins bon côté. Florida Scott Maxwell, dans son livre *Women and Sometimes Men* (femmes et parfois hommes), explique cette propension de l'homme à laisser voir son côté inférieur.

Un des paradoxes les plus vifs dans la vie d'une femme est que lorsque son mari vient vers elle, c'est souvent pour recouvrer simplement sa nature humaine et pour se reposer d'être toujours à son meilleur. Ainsi, une femme doit fréquemment renoncer à jouir du meilleur côté de son mari, en n'y accordant foi que par ouï-dire, et elle doit accepter son moins bon côté qu'elle connaît par expérience... Alors qu'elle désire admirer son mari, elle n'a souvent pas les connaissances ni les lumières nécessaires pour comprendre ce côté de lui qui se mérite louanges et acclamations. Elle le voit s'effondrer à la maison, elle accepte ce besoin d'affaissement, elle doit même l'accueillir avec toutes ces antennes d'écoute et elle doit renoncer, avec regret, à sentir la supériorité de son mari. Elle désire ardemment voir sa grandeur, mais elle ne reçoit que les images de sa petitesse.

Les erreurs que font les femmes

Voici quelques façons par lesquelles les femmes laissent percer un manque de sympathie envers leurs maris :

   1. En retard pour le souper : les femmes se plaignent

couramment que leurs maris sont en retard pour le souper et que, souvent, ils ne téléphonent même pas pour les en prévenir. La femme attend impatiemment et quand il arrive enfin, le souper est froid et... la femme aussi ! Par cette attitude d'impatience, la femme fait preuve d'un manque de compréhension à l'égard de la vie de son mari hors du foyer. La femme ne voit que la situation désagréable dans laquelle elle se trouve et oublie de considérer les exigences, les pressions et les circonstances imprévues qui ont pu causer le retard de son mari.

2. La négligence de l'homme : la femme se plaint aussi de la négligence de son mari envers elle et les enfants. L'homme ne sort jamais son épouse et, quand il est à la maison, il laisse sa femme enfermée dans sa tanière et il ignore les enfants. Ici encore, la femme peut manquer de compréhension à l'égard du travail de son mari et peut oublier que s'il veut réussir, il doit placer son travail en priorité sur elle et les enfants. Les tensions de son travail peuvent l'avoir tellement vidé qu'il ne peut penser qu'à se reposer après sa journée de travail, pour récupérer.

3. La négligence de ses tâches à la maison : la femme peut se plaindre que son mari ne tonde pas le gazon, qu'il ne fasse pas les réparations ni la peinture ou toute autre tâche. Que cette négligence soit justifiée ou non, l'attitude de la femme montre indéniablement un manque de compréhension pour les pressions courantes dans la vie de son mari.

4. À son retour à la maison : la femme qui manque de compréhension accueille son mari sur le pas de la porte avec toutes sortes de problèmes et laisse même les enfants déverser leur part de récriminations. Plutôt que d'être accueilli avec chaleur et réconfort, les seules choses dont il ait vraiment besoin pour se soulager des tensions de la journée, il est confronté à un surplus de choses désagréables qui ajoutent à son fardeau.

5. Les investissements : les femmes qui ne comprennent pas la lutte d'un homme pour subvenir aux besoins de sa famille s'opposent aux projets d'investissement et d'expansion des affaires de leurs maris, ou à un changement d'emploi. Elles disent souvent : « Oh ! Nous avons actuellement tout ce dont nous avons besoin. Notre maison est presque payée, nous avons une jolie voiture, un bon salaire et de l'argent en banque. Pourquoi n'es-tu pas satisfait ? Pourquoi en veux-tu plus ? » Ces femmes oublient de prévoir l'avenir, la venue d'autres enfants, les études, des vêtements plus dispendieux à mesure que les enfants grandissent, et même une baisse dans la productivité de leurs maris. Mais le mari perçoit l'avenir et sait qu'il doit faire quelque chose maintenant s'il veut avoir plus tard de l'argent pour faire face à ces dépenses.

J'ai connu une femme qui se plaignait que son mari passait la plupart de son temps en dehors du foyer. Ils avaient plusieurs enfants et elle avait l'impression de les élever seule. Les enfants ne voyaient pas souvent leur père. En m'informant davantage de la situation, j'ai découvert que le mari passait la plupart de son temps en dehors du foyer pour travailler. Lui et sa femme voulaient avoir beaucoup d'autres enfants et planifiaient pour eux des études dispendieuses et des objectifs élevés. Il sentait qu'il lui était nécessaire de gagner un salaire élevé en travaillant de longues heures et en profitant de toutes les opportunités d'avancement. Mais elle, elle montrait un grave manque d'appréciation et de sympathie pour les motifs de son mari.

Une autre femme se plaignit à moi que son mari occupait deux emplois. Il était, aussi, presque toujours absent du foyer. Elle lui dit un jour : « Tu n'es pour moi rien d'autre qu'un chèque de paie. » L'homme en fut écrasé. Elle n'avait pas réalisé qu'il occupait deux emplois pour affronter les difficultés financières. Même si elle s'en doutait bien, elle n'avait pas suffisamment de sympathie pour le comprendre complètement.

Une autre femme m'écrivit la lettre suivante : « Nous vivons dans une zone géographique où la plupart des hommes travaillent pour le gouvernement dans des emplois hautement professionnels, en majorité pour la recherche. Le défi psychologique est extrêmement aigu, la compétition très forte et la satisfaction personnelle terriblement grande. Mais à cause de cela, les enfants n'ont pas de père et les femmes, pas d'époux. Le peu de temps que mon mari passe à la maison nous rend heureux, mais son travail nous dérobe son cœur et son âme. » Ma remarque est celle-ci : les hommes qui se donnent corps et âme à leur travail doivent, jusqu'à un certain point, négliger leurs femmes et leurs enfants, parce que ce sont ces hommes qui apportent les plus grandes contributions à la société. L'univers ne serait pas ce qu'il est maintenant s'il n'y avait pas eu de tels hommes. Et ceux qui ont été assez chanceux pour avoir des épouses qui les comprenaient et leur accordaient un loyal appui, ont été bénis et ont pu atteindre plus facilement leurs objectifs. Il serait bon que les femmes réalisent *qu'il est mieux d'avoir dix pour cent d'un homme complet à cent pour cent que cent pour cent d'un homme incomplet à quatre-vingt-dix pour cent.*

La femme compréhensive

Permettez-moi de faire le portrait de l'épouse qui comprend vraiment le monde du travail de son mari. Lorsqu'il est maussade ou irritable, elle s'infiltre dans son monde et elle essaie de comprendre ce que sa journée de travail lui a fait endurer. Sa sympathie lui permet d'être indulgente devant le comportement désagréable de son mari. S'il est en retard pour le souper, elle pèse les inconvénients qu'elle a subis et ceux que son mari a rencontrés dans sa journée, et elle voit bien que les siens n'ont pas d'importance comparativement à ceux de son mari. Celui-ci, plutôt que de trouver d'autres problèmes à son retour à la maison, découvre un havre de repos et de réconfort.

Quand il rentre au foyer chaque jour, il est toujours accueilli par un chaud sourire, jamais par des problèmes. Sa femme ne laisse jamais les enfants se précipiter sur lui, ni l'accaparer de leurs doléances. Après que les enfants ont accueilli leur père, l'épouse conduit son mari à la chambre à coucher où il peut trouver du confort ; elle arrange les oreillers, lui enlève ses chaussures et l'incite à la relaxation. Elle lui accorde ce temps de paix avant qu'il ne soit entouré de toute la famille. Il travaille pour la protéger et lui offrir le gîte et c'est sa façon à elle de lui apporter des soins.

Si son mari ne fait pas le tour de la maison pour voir s'il ne faudrait pas réparer la clôture ou repeindre la cuisine, elle essaie de comprendre que bien que ces travaux soient importants pour elle, ils le sont relativement peu pour son mari en comparaison de sa lourde responsabilité au travail. Elle comprend aussi que lorsqu'il revient au foyer, son mari a besoin de se refaire en prévision de sa journée de travail du lendemain. Ces travaux mineurs de réparation semblent vraiment secondaires à la régénération de son corps et de son esprit. En adoptant une attitude compréhensive, la femme se munit de patience devant la négligence de son mari par rapport aux travaux domestiques.

Elle comprendra aussi qu'il ne l'emmène pas prendre un repas au restaurant ou pour toute autre sortie sociale. Bien sûr, elle est à la maison toute la journée et elle a besoin de se distraire. Mais lui, par contre, a un besoin beaucoup plus grand et important que celui de sa femme, et c'est de récupérer de sa vie remplie d'efforts. Sortir sa femme serait ajouter à son fardeau, ou lui donnerait cette impression. En comparant ces deux types de besoins, elle renoncera au sien en faveur de celui de son mari.

La femme peut désirer compléter son ameublement de maison, ce qui pourrait éventuellement égayer la vie au foyer. Mais elle demande seulement les choses qu'ils peuvent se payer. Quelle que soit l'importance que ces choses ont pour elle, la santé de son mari est beaucoup plus importante.

La femme compréhensive ne sursaute pas quand son mari veut placer leur argent, précisément pour en avoir plus. Elle a une véritable sympathie pour les motifs de l'homme, pour son désir de mettre des choses de l'avant et de planifier les années à venir où il pourra avoir un fardeau financier accru à supporter et où sa capacité de gagner la vie pourra être moindre. Et si elle offre quelque opposition à ses plans, elle peut grandement l'adoucir par sa sensibilité face aux raisons qui le motivent.

La femme a un grand défi à relever lorsque l'homme passe beaucoup de temps hors du foyer et qu'il travaille durement pour atteindre le succès. Il peut alors négliger sa femme et ses enfants de façon telle que l'éducation et le soin de la famille sont laissés à l'épouse. La femme et les enfants peuvent interpréter cette attitude du père comme un manque d'intérêt pour leur bien-être, et même comme un manque d'amour. Le foyer et la vie familiale, qui sont le centre de leur existence, ne semblent que secondaires au père. Mais l'épouse compréhensive ne voit pas cela du même œil. Elle comprend que l'attitude de son mari n'est pas due à un manque d'intérêt mais qu'elle est plutôt une preuve d'amour et d'intérêt véritables pour eux, car il se préoccupe de leurs besoins actuels et futurs et veut leur offrir toutes les chances de bien-être.

La femme qui adopte cette attitude ne se sentira pas négligée, ni n'aura l'impression que ses enfants le sont. Par conséquent, les enfants eux-mêmes ne se sentiront pas négligés. Les enfants sont portés à prendre l'attitude de leur mère et elle leur est ainsi d'un grand recours en faisant preuve de compréhension pour les objectifs et les problèmes de son mari. Dans une telle atmosphère familiale, le mari est grandement poussé vers le succès. Il a le réconfort et l'assurance dont il a besoin pour fonctionner à pleine capacité. Et s'il reçoit toujours réconfort et compréhension, vous pouvez être assurée qu'il sera à la maison aussi souvent qu'il lui sera possible de l'être. C'est la façon d'avoir votre mari à vos côtés, au foyer, et non pas par la force d'une obligation malsaine.

Parfois, l'homme passe beaucoup de temps hors du foyer pour une tout autre raison. Plutôt que de travailler pour le bien-être de sa famille, il passe son temps en plaisirs, événements sportifs, sorties avec les copains et autres activités. Dans ce cas, la négligence de l'homme semble injustifiable. Mais la femme sympathique ne le condamnera pas. Elle devra examiner et se demander si elle n'a pas eu par le passé une attitude qui aurait pu inciter son mari à s'éloigner du foyer. Si elle est résolue à toujours lui donner la compréhension dont il a besoin, son mari perdra probablement ses intérêts hors du foyer et commencera à réaliser que sa plus grande joie est sa famille. Ici encore, la femme ne le ramènera pas au foyer de force, mais plutôt en bâtissant une vie familiale qu'il recherchera de sa propre volonté.

2. Son désir de prestige

Parallèlement à la lutte de l'homme pour sa survie, il y a sa *lutte pour le prestige*. Ce désir moteur est remarquable chez tous les mâles du règne animal. Dans son livre African Genesis, Robert Ardrey affirme que dans le monde animal, l'instinct du prestige, de l'acquisition et de la défense du territoire est plus fort et plus contraignant chez le mâle que l'instinct sexuel. L'ordre dans lequel picoreront les oiseaux de basse-cour, la formation de vol d'un troupeau d'oies sauvages, la hiérarchie dans une colonie de babouins et la hiérarchie dans un troupeau d'éléphants sont pour le mâle une force motrice beaucoup plus grande que la fonction sexuelle.

La motivation pour le prestige est évidente chez le mâle humain et cela explique pourquoi les hommes travaillent avec tant de diligence pour de l'avancement ou un rang plus élevé dans leur travail. N'allez pas croire que leur unique motivation soit l'argent. Même s'il faut reconnaître que l'argent est un mobile très fort à des efforts continus, le désir de prestige en est aussi un grand facteur. Ce fait est évident chez les nombreux hommes qui n'ont pas besoin de plus d'argent mais qui, malgré tout, recherchent un statut supérieur.

Ce désir de surpasser les autres hommes est remarquable, ne serait-ce que lorsqu'un homme essaie de gagner à un jeu ou de jouer une meilleure partie de basketball que les autres. Parfois, aussi, cette incitation vers un statut supérieur l'appelle à réaliser des performances supérieures : la course au championnat, la médaille d'or ou la présidence de sa compagnie, et toute la gloire et l'accréditation qui accompagnent un statut honorable. J'aimerais souligner que c'est là un trait masculin. Il est évident que les femmes féminines n'éprouvent pas cette incitation au prestige. Elles peuvent désirer recevoir quelques acclamations pour leurs talents ou leurs réalisations, mais elles sont rarement portées à jouer de supériorité sur les autres. L'homme, par contre, désire briller de tous ses feux, et *il est à la recherche d'une situation honorable dans le monde des hommes*.

Toutefois, il faut reconnaître que les hommes et les femmes peuvent être motivés par autre chose que le prestige à travailler avec acharnement pour *exceller dans leur travail*. Ils sont motivés par le sentiment de satisfaction et de dignité qu'apporte un travail bien fait. C'est cette joie qu'éprouvent l'artiste, le menuisier et le nageur, qui trouvent des récompenses dans leurs propres réalisations. C'est aussi le désir des hommes et des femmes d'être appréciés pour un excellent travail. Mais un homme veut aussi l'accréditation, la gloire et l'honneur, parce que cela comporte un sentiment de prestige. Le désir de gloire est beaucoup plus fort chez les hommes que chez les femmes.

Le désir d'un statut est, jusqu'à un certain point, un trait négatif. Ce serait beaucoup mieux si les hommes étaient mus par l'amour ou par le désir de servir l'humanité. Mais nous devons admettre que les hommes sont humains et que ce trait n'est pas sans mérite. Le désir d'un statut, quand il n'est pas mêlé d'avidité ou de soif de pouvoir, peut inciter les hommes à travailler avec ardeur pour se préparer à une vie qui en vaut la peine et pour se sortir de l'ombre ; ils pourront alors influencer correctement et servir adéquatement le genre humain.

Que devrait faire une femme si elle reconnaît en son mari ce désir intense de prestige ? Elle devrait d'abord être compréhensive et accorder à son mari sa liberté de décrocher la lune si c'est ce qu'il désire. Ensuite, elle doit réaliser qu'en parvenant au prestige recherché, son mari n'aura pas une vie facile. Il devra probablement travailler de longues heures et se donner entièrement à son travail. Il aura des *montagnes à surmonter, des rivières à traverser et des batailles à gagner*. Elle devra donc être tolérante face à la négligence et au mauvais comportement de son mari et elle devra être la femme compréhensive que je viens de décrire.

L'épouse face au prestige de l'homme

Quand un homme est parvenu à une situation honorable, il peut lui faire chaud au cœur d'être acclamé de par le monde, mais plus grande sera sa satisfaction s'il reçoit *les acclamations de sa femme*. Bien qu'il aimerait être un héros aux yeux de ses amis et collègues, sa plus grande joie est d'être un héros pour la femme qu'il aime. C'est ce qu'il y a de plus important pour lui à un point tel que, s'il ne bénéficie pas des louanges de sa femme, il peut être douloureusement déçu.

Et cependant, combien de héros ont été honorés partout, sauf à la maison ? Un homme peut travailler des années à atteindre un niveau d'éducation pour ne recueillir aucune louange de sa femme, ou simplement pour s'entendre dire : « Il est à peu près temps. » Ou, en apprenant que son mari a été récompensé pour d'éminents services, sa femme réagit comme si n'importe quel autre homme avait fait aussi bien. Ou imaginez la douleur de l'homme quand sa femme considère un autre homme comme héros, que ce soit son frère, son père ou un autre homme de la communauté. Même si de modestes commentaires sur d'autres hommes sont de mise, la femme ferait une erreur de s'enthousiasmer excessivement des réalisations d'un autre homme que son mari.

Il existe d'autres femmes qui apprécient réellement les réalisations de leurs maris, mais qui retiennent leurs louanges parce qu'elles craignent que trop de louanges ne rendent leurs maris arrogants et mal préparés à un échec éventuel. Elles croient donc qu'il est de leur devoir *de leur garder les deux pieds sur terre* en restant plutôt froides devant leurs réalisations. Pareille situation me fut décrite un jour dans les mots suivants :

Toucher une étoile

« J'assistais à un cours sur *L'univers fascinant de la femme* et j'écoutais une femme raconter comment par le passé elle faisait toujours ressortir les imperfections de son mari pour empêcher que son ego ne se gonfle d'orgueil. Jusqu'à ce que je connaisse *"L'univers fascinant de la femme"*, dit-elle, je croyais vraiment que c'était là mon devoir. Très profondément en moi, ces paroles sonnèrent une alarme. Pourquoi donc ces mots m'étaient-ils si familiers ? Soudain, je compris. Ils étaient l'écho de ce que je n'avais probablement jamais dit à haute voix, mais que j'avais certainement pensé des centaines de fois et pire, je les croyais vrais. *Je croyais vraiment que c'était là mon devoir...*

« Mon mari, Bob, est un célèbre et prospère écrivain de chansons et scénarios de films. Il est, comme tous les hommes à l'esprit créateur, un rêveur errant dans le firmament étoilé. Il s'attend à ce que chacun de ses projets soit un merveilleux et grand succès. Moi, par contre, je suis réaliste. Rien n'est parfait... chaque chose ne peut pas être grande... il y a des degrés au succès. Je me faisais un devoir de souligner qu'il y a toujours un autre film qui obtient un meilleur succès d'autres chansons qui tournent plus souvent et d'autres écrivains qui ont une plus grande renommée, etc.

« Je vous prie de comprendre que je n'ai jamais voulu manquer de gentillesse. Au contraire, n'était-ce pas affable de montrer la réalité à Bob ? Si le ballon ne s'élève pas assez haut, ne retombera-t-il pas aussitôt ? N'étais-je pas son ancre ? J'aidais certainement mon amour à voir les pièges de ce monde en lui ramenant les deux pieds sur terre. Jusqu'à maintenant, je croyais que... mais aujourd'hui, cette alarme sonne dans ma tête. Je sais maintenant quelle chose terrible j'ai faite à l'homme que j'aime et qui m'aime. Une ancre ? Une ancre est un corps inerte qui retient un bateau. Je ne veux plus être cela ! Il y a un tas de gens qui aident Bob à garder les deux pieds bien sur terre : les critiques, qui sont payés pour juger ses talents de création ; les producteurs, qui savent si son produit est bon ou mauvais ; et, bien sûr, le public qui, en dernière instance, applaudit ou non. Il n'y a aucune raison à ce qu'il soit critiqué par moi, la seule personne dont il attende appui et admiration.

« Cette semaine-là, nous avons assisté à la représentation de son nouveau film. Tout au long du film, il surveilla mes réactions. Avant la fin du film, je lui dis que je le trouvais vraiment bon et combien j'étais fière de lui. Il rougit de fierté. Plus tard, à notre retour à la maison, les enfants demandèrent comment ça s'était passé. Il regarda au-dessus de leur tête et me fixa dans les yeux en disant : *Ce doit être un chef-d'œuvre, votre mère l'aime.*

« Que les autres fassent leurs critiques : mon mari nourrit toujours des rêves parfaits. La seule différence est qu'il a maintenant une femme qui comprend qu'un homme à l'esprit créatif ne peut pas devenir une étoile si son esprit n'a pas préalablement erré dans le firmament étoilé, sans se soucier des pièges de ce monde. »

– Beverly Hills, Californie

Une autre chose qu'une femme doit se garder de faire, c'est de compétionner avec son mari. Une femme ne devrait jamais surpasser son mari dans un domaine où il essaie d'obtenir gloire et honneurs, car cela assombrirait son succès. Si c'est vous qui obtenez honneurs et acclamations, cela pourrait menacer sa situation à lui. Ce problème est évident chez beaucoup de femmes célèbres, spécialement chez les actrices de cinéma et de scène. Si elles épousent un homme qui peut les surpasser, le problème n'existe pas ; mais si elles épousent un homme qui ne peut pas faire face à la compétition, la lutte de l'homme pour le prestige peut en être écrasée. Comment peut-il impressionner sa femme, ou quiconque d'autre, si celle-ci a déjà ravi tous les honneurs ?

Compréhension et sympathie pour l'homme découragé

Un homme a particulièrement besoin de compréhension et

de sympathie lorsqu'il est découragé. Cette propension à être déprimé est courante chez les hommes. Riches ou pauvres, instruits ou non, peu d'hommes échappent à cet état désagréable. En fait, ce sont les hommes qui foncent, ceux qui sont les plus instruits et les plus talentueux qui souffrent le plus de découragement. Abraham Lincoln avait des périodes de dépression où il ne faisait que rester assis, à broyer du noir ou à lire les journaux. À un moment donné, il écrivit : « Je suis actuellement l'homme le plus malheureux au monde. » La plupart des hommes de grande responsabilité ont des périodes de réel découragement. Toutefois, tous les hommes, jeunes ou vieux, vivent des moments où ils sont déprimés, des moments où ils ont besoin d'être compris.

Si on analyse la situation des hommes dans notre monde actuel, on comprend facilement pourquoi ils deviennent découragés. C'est un monde plein d'exigences et qui offre vraiment peu de sécurité. L'homme a plusieurs sujets d'inquiétude : l'argent, le succès, ses enfants et l'avenir. Dans sa lutte pour le prestige, il peut aussi bien perdre sa situation plutôt que de gagner celle qu'il recherchait. Par conséquent, son amour-propre est toujours en jeu, sujet aux insultes et au ridicule et en compétition serrée avec des associés. Mais l'homme peut se sentir déprimé parce qu'on attend beaucoup trop de lui, parce qu'il est placé devant des exigences qu'il ne peut pas satisfaire ou des problèmes auxquels il ne peut pas trouver de solutions. Ou ce peut tout simplement être une mauvaise journée pour lui.

Une femme a le pouvoir de faire disparaître ce spectre de mélancolie et de rendre son mari de bonne humeur. Mais c'est une tâche délicate qu'elle doit entreprendre en sachant bien ce qu'il faut faire et surtout *ce qu'il ne faut pas faire*. Si elle réussit, la femme peut être utile à son mari de la façon la plus importante. N'oubliez pas qu'une des fonctions de la femme est de « répandre la joie autour d'elle et de jeter de la lumière sur les jours sombres... n'est-ce pas cela rendre service ? »

Comment offrir une véritable compréhension

Plusieurs femmes ne connaissent pas l'art d'offrir une véritable compréhension. Ce n'est pas parce qu'elles n'essaient pas mais parce qu'elles ne savent pas comment. Elles font toutes sortes d'erreurs, disent les choses qu'il ne faut justement pas dire et ne disent rien de ce qu'il faut dire. Je commencerai donc par énumérer les choses qu'il faut éviter de dire et de faire :

1. *N'essayez pas d'aider votre mari à résoudre ses problèmes* : ceci veut dire de ne pas lui faire trop de suggestions ni lui offrir votre aide de quelque façon que ce soit. Ça pourrait être apprécié, mais ce n'est pas de la sympathie, ni ce qu'un homme attend vraiment d'une femme. Ce dont il a besoin, c'est de la sensibilité à ses sentiments et une réaffirmation de votre foi en lui.

2. *Ne minimisez pas ses problèmes* : ne dites pas, par exemple : « Tu t'inquiètes beaucoup trop. » ou « Tes problèmes sont seulement le fruit de ton imagination. » ou « La vie n'est pas aussi dure que tu le penses. » Ces attitudes laissent voir un manque de compréhension et amoindrissent la fierté masculine. Si vous, timide femme, pouvez être si intrépide devant les difficultés, comment pensez-vous qu'il se sente en tant qu'homme ?

3. *Ne lui conseillez pas de compter toutes ses bénédictions* : s'il y pense de lui-même, cela peut aider ; mais si vous lui rappelez qu'il a toutes les raisons d'être heureux, il se sentira honteux de laisser la vie lui passer à côté, et *ses inquiétudes lui sembleront inexcusables*. Non seulement sentira-t-il un manque de compréhension de votre part, mais il se sentira aussi humilié. Lui rappeler qu'il a « des compensations et des avantages » peut même aggraver son découragement.

Il est intéressant de noter qu'une femme, quand elle se sent découragée, est différente de l'homme. Elle cherche, bien sûr, de la compréhension pour ses sentiments, mais elle veut plus que cela de la part de l'homme. En période de difficultés, elle cherche aide et gouverne auprès de lui. Elle lui demande ses suggestions et son appui pour résoudre ses problèmes. L'homme est son protecteur et son guide et, parce qu'elle est une femme, elle s'appuie sur lui pour qu'il lui donne de précieux conseils. Ne vous attendez pas, cependant, à ce que les hommes soient comme nous. Ils ont un amour-propre masculin. Qu'une femme résolve leurs problèmes leur donne l'impression d'être des hommes faibles et incomplets. Cela ne veut pas dire qu'une femme ne puisse pas présenter des suggestions à un homme quand celui-ci le lui demande mais lorsqu'elle le fait, ça doit être d'une manière féminine, comme je l'expliquerai dans un autre chapitre. Cependant, la principale chose qu'un homme recherche quand il est découragé, ce n'est pas le conseil d'une femme, si important soit-il et même si l'homme en aurait grand besoin, mais c'est la sympathie et le réconfort d'une femme et la réaffirmation de sa confiance en lui.

4. *Partagez sa souffrance* : ressentez les mêmes choses que lui. Essayez de comprendre par quoi il passe. Ayez de l'empathie par laquelle vous pourrez partager ses sentiments et sa souffrance. Il n'est pas nécessaire de comprendre la cause de ses problèmes, mais il est important de comprendre sa douleur et d'exprimer votre sympathie pour cette douleur.

5. *Certaines choses que vous pouvez dire* : « La vie est tellement dure que je ne vois pas comment vous, les hommes, pouvez l'endurer. » « Mon pauvre chéri, je sais combien tu souffres. » « Tu as toutes les raisons d'être découragé. » « Tu réagis bien, considérant les problèmes que tu as à affronter. » « C'est un mauvais moment qui passera. »

6. *Ne laissez pas sa mélancolie déteindre sur vous* : dans votre sympathie, ne vous laissez toutefois pas déprimer avec lui. Gardez une attitude réconfortante et gaie et, surtout, demeurez optimiste. Ne faites cependant pas l'erreur d'être superexubérante, ni d'avoir le cœur léger quand il est découragé, car il aurait l'impression que vous ne lui êtes pas sympathique. Il veut que vous vous sentiez comme lui.

7. *Manifestez votre confiance en lui* : faites-lui savoir que vous croyez toujours en lui et en ses capacités, quelle que soit la situation.

8. *Faites qu'il retrouve sa confiance en lui* : faites-le en soulignant son meilleur côté, et particulièrement ses qualités masculines.

9. *Accordez-lui du temps pour se relever* : souvent, il faut du temps à un homme pour s'en sortir. S'il a besoin d'un temps plus long, accordez-le-lui. Entre-temps, continuez à lui offrir votre sympathie quand il semblera en avoir besoin.

10. Ayez confiance que votre sympathie aide vraiment : quand un homme ne se relève pas immédiatement, la femme a souvent l'impression qu'elle ne lui a pas fait grand bien. Même s'il ne semble pas répondre immédiatement, soyez assurée que votre sympathie a été appréciée et a été très utile.

La sympathie est rare chez les femmes, et pour cette raison, l'homme apprend souvent à s'en passer ; il apprend à supporter seul les coups durs de la vie et des circonstances. Son amour-propre l'empêche de demander sympathie et compréhension, et celles-ci sont tout simplement inestimables quand elles sont un don du cœur et qu'elles arrivent au bon moment. Il n'en reste pas moins que l'homme a un pressant besoin de sympathie et de compréhension et sa joie est grande quand sa femme peut combler ce besoin. Une femme, qui avait travaillé avec diligence sur les trois points développés dans ce chapitre, disait qu'une nuit, son mari lui avait souri et lui avait dit : « Chéri, pour la première fois en presque sept ans, j'ai eu des papillons dans la poitrine à l'idée de rentrer à la maison ce soir, auprès de toi. »

Quand un homme échoue

Comme nous approchons de la fin de ce chapitre, j'aimerais parler d'un moment précis où un homme a besoin de compréhension et de sympathie : c'est quand il doit affronter l'échec. C'est un moment d'agonie pour l'homme, pas tant en raison de l'échec même, mais parce qu'il a peur de ce que sa femme pensera de lui. Si nous comprenons ce que sont l'amour-propre d'un homme et son désir de prestige et combien il est important pour lui de faire bonne figure auprès de sa femme, nous pouvons comprendre la douleur de l'humiliation qu'il ressent.

S'il s'agit d'un échec financier et qu'il doit baisser son niveau de vie, il peut souffrir encore plus vivement car alors, il projette ses sentiments sur sa famille en réalisant que, dans son désir de la faire vivre convenablement, il doit maintenant la priver de confort et la faire passer par toutes sortes d'inconvénients. La femme qui peut comprendre ces durs moments et qui a la finesse de caractère pour adapter sa vie aux circonstances, comble un besoin qui n'a rien d'égal dans la vie de l'homme. Peut-être n'a-t-il jamais pleinement apprécié sa femme qu'en ce moment éprouvant pour elle. L'échec est réellement une occasion en or pour une femme de montrer sa vraie valeur. Mais si une femme laisse tomber un homme en ces moments, il aura de la difficulté à recouvrer ses sentiments pour elle. On retrouve une illustration de l'agonie d'un homme devant l'échec et la façon dont il fut appuyé par la femme parfaite, dans le roman de Washington Irving : *The Wife* (la femme), dont voici des extraits :

La femme

> Leslie, mon ami intime, épousa une femme merveilleuse et parfaite, qui fut élevée au cœur d'une vie mondaine et élégante. Elle n'avait, il est vrai, aucune fortune ; mais celle de mon ami était considérable ; il se réjouissait déjà à l'idée de gâter sa femme par toutes sortes d'élégantes mondanités et de combler sa vie de délicates attentions et de fantaisies qui exhalent une sorte d'ensorcellement, de fascination par rapport au sexe. « Sa vie, dit-il, sera comme un conte de fées. »
>
> La grande différence de leur caractère produisit une association harmonieuse : il était de la trempe des hommes romantiques et quelque peu sérieux ; elle était toute vie et tout allégresse. J'ai souvent remarqué l'extase muette où il se trouvait quand il la contemplait, cette femme aux pouvoirs sémillants qui faisaient son ravissement ; et comment, au milieu des applaudissements, elle tournait toujours les yeux vers lui, comme si c'était de lui seul qu'elle attendait faveur et approbation.
>
> Quand elle était dans ses bras, sa mince silhouette contrastait finement sur son grand corps d'homme. L'air naïf, affectueux et confiant avec lequel elle le regardait faisait naître en lui une fierté triomphante et une incommensurable tendresse, comme s'il aimait à la folie son précieux faix pour sa légèreté. Jamais couple ne s'avança sur le sentier fleuri d'un mariage si bien assorti et si véritablement prometteur de félicité.
>
> Mais mon ami eut l'infortune de livrer ses biens à de vastes spéculations. Il était marié depuis à peine quelques mois quand une succession de désastres subits s'abattit sur lui. Il perdit sa fortune et fut presque réduit à l'indigence. Pendant un certain temps, il garda pour lui la situation dans laquelle il se trouvait, mais il allait et venait, le visage hagard et le cœur brisé. Sa vie n'était qu'une longue agonie ; et ce qui rendait son agonie plus

insupportable encore, c'était qu'il devait garder le sourire en présence de sa femme, car il ne voulait pas l'accabler avec cette mauvaise nouvelle.

Elle s'aperçut toutefois, avec ses yeux vifs et remplis d'affection, que quelque chose n'allait pas chez lui. Elle remarqua son regard fuyant et ses soupirs réprimés et elle ne pouvait pas se tromper sur ses faibles et insipides tentatives pour paraître de bonne humeur. Elle déploya tous ses sémillants pouvoirs et toutes ses tendres câlineries pour tenter de lui redonner du bonheur ; mais elle n'enfonçait que plus profondément la flèche dans son cœur. Plus il voyait de raisons de l'aimer, plus la pensée qu'il était sur le point de la rendre malheureuse le torturait.

Encore un peu de temps, pensait-il, et le sourire quittera sa bouche, le chant s'évanouira sur ses lèvres, l'éclat de ses yeux se ternira de tristesse ; et ce cœur joyeux qui bat légèrement dans son sein sera appesanti, comme le mien, par les soucis et les misères du monde. À la fin, il vint vers moi, un jour, et me raconta toute sa situation, d'une voix remplie de désespoir.

Après l'avoir écouté jusqu'au bout, je lui demandai : « Est-ce que ta femme sait tout cela ? » À cette question, il fondit en larmes de désespoir. « Pour l'amour de Dieu ! Cria-t-il, si tu as pitié de moi, n'en dis rien à ma femme ; de penser à la peine que je vais lui faire me rend presque fou. » « Et pourquoi ne pas lui dire, dis-je. Tôt ou tard, elle doit le savoir. Tu ne peux pas lui cacher cela pendant longtemps et elle peut l'apprendre d'une manière beaucoup plus foudroyante que si c'est toi qui le lui dis ; car la voix de ceux qu'on aime peut adoucir les nouvelles les plus dures.

De plus, tu te prives toi-même du réconfort de sa sympathie ; et pas seulement cela mais tu mets aussi en danger le seul lien qui unit les cœurs, le partage sans réserve de la pensée et des sentiments. Elle s'apercevra rapidement que quelque chose te ronge secrètement l'esprit ; et l'amour vrai ne souffre pas la retenue ; l'amour est sous-estimé et outragé quand on lui cache même les peines dont on est affligé. »

« Mais mon ami ! Tu ne penses pas au grand coup que je vais donner à tous ses projets d'avenir et comment je vais rabattre au sol son âme pure en lui disant que son mari est devenu un mendiant ! Qu'elle devra renoncer à toute l'élégance de la vie, à tous les plaisirs de la société, pour sombrer avec moi dans l'indigence et l'obscurité ! Lui dire que je l'ai entraînée hors du cercle où elle aurait pu continuer de briller et d'être admirée de tous ! Comment pourra-t-elle supporter la pauvreté ? Elle a été élevée dans tous les raffinements de l'opulence. Comment pourra-t-elle supporter d'être négligée ? Elle a été l'idole de la société. Oh ! cela brisera son cœur, cela brisera son cœur ! »

Avec un peu de patience, l'ami finit par persuader Leslie de rentrer à la maison et de soulager son cœur triste en parlant à sa femme. Le lendemain matin, l'ami était anxieux de connaître les résultats. En s'enquérant auprès de Leslie, il découvrit que celui-ci avait fait la fameuse révélation à sa femme.

« Et comment a-t-elle pris cela ? » « Comme un ange ! Elle semblait même plutôt soulagée, car elle jeta ses bras autour de mon cou et me demanda si c'était cela qui m'avait dernièrement rendu malheureux. Mais pauvre petite fille, ajouta-t-il, elle ne peut pas réaliser le changement que nous devrons subir. Elle n'a aucune idée de la pauvreté ; elle n'en connaît que ce qu'elle a lu en poésie où la pauvreté est alliée à l'amour.

Elle ne connaît pas encore la privation ; elle ne souffre pas encore du manque d'élégance et de confort auxquels elle est habituée. Lorsque nous serons rendus à vivre réellement les sordides soucis de la pauvreté, ses misérables exigences et ses mesquines humiliations, alors ce sera la véritable épreuve. »

Quelques jours plus tard, il m'appela dans la soirée. Il avait disposé de sa résidence et avait pris une petite maison à la campagne, à quelques kilomètres de la ville. Il avait été occupé toute la journée à liquider l'ameublement. Sa nouvelle habitation requérait peu d'articles et il fallait qu'ils fussent le plus simple possible.

Ce jour-là, il fut absent de la maison où sa femme passa la journée à veiller à la disposition de cette nouvelle demeure. J'étais devenu fortement intéressé à la progression de leur histoire, et comme c'était le soir, j'offris à Leslie de l'accompagner. Il était accablé des fatigues de la journée et, en marchant, il sombra dans de tristes pensées.

« Pauvre Marie ! » dit-il à la fin, avec un lourd soupir au bord du cœur. « Que se passe-t-il, demandai-je, lui est-il arrivé quelque chose ? » « Quoi, dit-il, en me jetant un regard impatient, n'est-ce pas rien que d'être réduite à une situation de pauvreté, d'être enfermée dans une misérable maison de campagne, d'être obligée de peiner, presque comme une domestique, dans sa lamentable habitation ? »

« S'est-elle plainte de ce changement ? » « Plainte ! Elle n'est que tendresse et bonne humeur. Et même, elle semble de meilleure humeur que jamais je ne l'y avais vue auparavant ; elle est tout amour, toute tendresse et tout réconfort ! » « Admirable femme, m'exclamai-je. Tu te dis pauvre, mon ami, mais tu n'as jamais été aussi riche, tu n'as jamais pris conscience des trésors infinis d'excellence qui se trouvent en ta femme. »

« Oh ! mon ami, si seulement notre première soirée à la maison était passée, je pense que je pourrais alors être rassuré. Mais c'est sa première journée sous ce régime ; elle vient d'entrer dans une humble demeure ; elle s'est employée toute la journée à disposer notre misérable ameublement ; elle a connu pour la première fois les fatigues des travaux domestiques ; elle a pour la première fois regardé une maison qui, tout autour d'elle, est dénudée d'élégance, de presque toutes les commodités ; et maintenant, elle doit être assise, exténuée, abattue, songeant tristement à la pauvreté qui nous attend. »

Il y avait un certain degré de probabilité dans ce tableau que venait de brosser Leslie, et je ne pouvais pas le contredire ; nous avons donc marché en silence. Après avoir quitté la rue principale et remonté une allée étroite, et tellement ombragée par une forêt d'arbres qu'on aurait dit qu'elle exhalait une véritable atmosphère de réclusion, nous étions en vue de la petite maison de campagne. Elle était d'apparence assez humble pour abriter un poète pastoral ; et pourtant, elle avait un aspect rural agréable. Une vigne sauvage, débordante de feuillage, courait à une de ses extrémités ; quelques arbres jetaient gracieusement leurs branches au-dessus de la maison ; et je remarquai plusieurs pots de fleurs disposés avec goût à l'entrée de la maison et sur le carré de pelouse juste en face.

Une petite porte à guichet s'ouvrait sur un sentier qui serpentait à travers un bosquet, jusqu'à la porte. Comme nous approchions, nous entendîmes le son d'une musique. Leslie saisit mon bras, nous nous immobilisâmes et écoutâmes. C'était la voix de Marie ; elle chantait avec une touchante simplicité un petit air que son mari affectionnait particulièrement. Je sentais la main de Leslie trembler sur mon bras. Il fit un pas en avant pour entendre plus distinctement. Son pas fit un bruit sur le gravier du sentier.

Un beau et brillant visage apparut à la fenêtre, puis disparut ;

un pas léger se fit entendre, et Marie trottina allégrement jusqu'à notre rencontre. Elle revêtait une jolie petite robe blanche de campagne et elle avait tressé quelques fleurs sauvages dans ses fins cheveux ; ses joues resplendissaient de fraîcheur ; tout son visage rayonnait de sourires. Je ne lui avais jamais vu un regard si ravissant.

« Mon cher Leslie, cria-t-elle, je suis tellement contente que tu sois arrivé ! Je t'ai surveillé et surveillé, j'ai descendu l'allée en courant et je t'ai cherché. J'ai installé une table sous un arbre magnifique derrière la maison ; et j'ai cueilli quelques-unes des meilleures fraises, car je sais que tu en raffoles, et nous avons de la délicieuse crème, et tout est si doux et frais, et sur place, ici même !

Oh ! dit-elle, ayant mis son bras sous le sien et le regardant intensément, oh, nous serons si heureux. »

Pauvre Leslie, il était vaincu. Il la serra sur sa poitrine, l'entoura de ses bras, l'embrassa encore et encore ; il ne pouvait parler, mais les larmes lui montèrent aux yeux ; et il m'assura souvent que même s'il avait déjà été prospère et même si la vie l'avait rendu heureux, jamais il n'avait vécu un moment de plus exquise félicité.

Ce récit d'Irving est un exemple parfait de l'expérience d'un homme confronté à l'échec et de la façon dont une femme peut affronter cette épreuve. L'attitude de Marie est l'incarnation de notre modèle angélico-humain. En prenant cette histoire comme modèle, n'oubliez cependant pas qu'une femme peut avoir à s'adapter à des circonstances moins attrayantes que celles d'une petite maison dans le bois. Ce pourrait être une maison moins attrayante, sise dans une ville surpeuplée, ou une modeste maison dans une région déserte et sauvage. Mais de vous adapter allégrement à ces tristes circonstances est pour vous l'occasion de montrer votre vraie valeur et, par conséquent, d'amener l'homme à approfondir son appréciation de vous.

Exercice

1. Dites quelque chose comme : « Je commence à comprendre la lourde responsabilité qui t'incombe à gagner notre vie et celle des enfants. Je veux que tu saches combien

je t'apprécie, et je suis désolée de ne pas te l'avoir dit suffisamment par le passé. »

2. Si votre mari est découragé ou déprimé, suivez les suggestions que je vous ai données dans Comment offrir une véritable compréhension.

CHAPITRE VII

FAITES DE LUI LE NUMÉRO UN DANS VOTRE VIE

Caractéristique no 5

Un homme veut une femme qui le place en tête de sa liste de priorités : il ne veut pas être le second, mais le premier. Il veut être le pivot autour duquel tourneront toutes les activités de sa femme. Il ne veut pas être la musique de fond de ses rêves et de ses intérêts. Ce désir d'être le premier n'est pas nécessairement conscient, mais il est un besoin intérieur qui fait violemment surface quand il n'est pas satisfait, par exemple quand la femme donne priorité aux enfants, à la maison ou à une carrière. Placé à un rang inférieur, l'homme peut être porté à nourrir du ressentiment envers sa femme et même envers ses enfants.

Un homme ne s'attend pas à ce que sa femme néglige d'importants devoirs en sa faveur à lui. Il est conscient des exigences de la vie de la femme et il s'attend à ce qu'elle accorde à chacune de ses responsabilités l'attention nécessaire. Il ne voudrait certainement pas que ses enfants soient négligés et il sait qu'elle a droit à d'autres intérêts et à des divertissements. Mais il ne veut pas être moins important. Et il ne veut pas être considéré comme une commodité, un chèque de paye, une escorte, une valeur sociale, une assurance-sécurité, ni seulement un partenaire sexuel. Il voudrait sentir qu'elle l'a épousé pour lui et non pas comme moyen de combler ses besoins ou d'atteindre ses objectifs.

La femme a tendance à placer des choses en priorité sur son mari. Cette tendance commence dans notre tendre enfance et est très évidente dans notre univers de rêves. Quand nous étions petites filles, et si nous étions comme toutes les autres, nous rêvions d'un charmant petit cottage couvert de vignes et fleuri de roses devant la porte. Des enfants jouaient sur le sol ; il y avait une batterie de cuisine dans l'armoire et des rideaux plissés et retenus de chaque côté. Tout était typique de la scène parfaite de maison, sauf qu'il n'y avait aucun mari. (Nous faisions ce rêve juste avant de rêver au beau prince qui nous enlevait et nous emmenait avec lui.) Voici un poème, tiré de la première édition de Childcraft Books, qui décrit à merveille une scène d'enfant où le mari n'apparaît pas :

LA PETITE MAISON MIROITANTE

J'aimerais, comme j'aimerais avoir une petite maison,

Avec un tapis rond pour le chat et une cage d'oiseau
Et une horloge grand-père qui fait « tic tac » dans le coin du salon
Et une bouilloire et une armoire et un grand balai en bouleau.

À l'école, dans la matinée, courraient mes chers enfants, Un baiser, un sou et un petit pain au lait, je leur aurais donnés ;
Dès que j'aurais claqué dans mes mains, seraient de suite partis les enfants,
Et avec un linge, je me mettrais à nettoyer et à nettoyer. Chaque fourchette, chaque cuillère, chaque couvercle et chaque pot,
Jusqu'à ce que, comme un sou neuf, tout brille.

Le soir, près du feu, quand les enfants au lit seraient, Je m'assolerais et tricoterais, revêtue d'une jaquette,
Et les marmites et les casseroles brilleraient,
Dans ma charmante, chaleureuse et gentille maisonnette.

(A paru originalement dans *The Land of Poetry*, livre 2, 1930) Nancy M. Hayes

Comme vous pouvez le voir, il n'est fait aucune mention d'un mari dans ce rêve de petite fille sur la perfection domestique. Son intérêt premier portait sur les enfants et sur les joies de l'art domestique. Les petites filles rêvent aussi de la splendeur d'une noce, la blanche robe de satin et de dentelle, le gâteau de mariage à étages, les chandelles, les rubans et les cloches, tout, sauf le gentilhomme. À ce point, il n'apparaît tout simplement pas dans le tableau. Plus tard cependant, quand la petite fille atteindra sa puberté, le beau prince charmant entrera finalement en scène.

Le grand malheur, c'est qu'une fois que la fille a gagné un mari, elle retourne souvent à ses premiers rêves d'enfant. Elle a finalement sa petite maison, des enfants, toutes les joies et commodités domestiques, tout ce à quoi elle s'attendait. Son mari n'a été qu'un moyen d'obtenir ce qu'elle voulait. Alors qu'elle se donne tout entière à la scène familiale, son mari tombe à l'arrière-plan. Ensuite la vie, au fur et à mesure qu'elle progresse, ajoute à la femme de nouvelles responsabilités de vie familiale, puis de nouvelles exigences et pressions. La femme peut aussi développer d'autres intérêts pour donner plus de sens à la vie. Si le temps le lui permet, elle peut même se tourner vers une carrière. Toutes ces choses tendent à pousser l'homme encore plus à l'arrière-plan. Regardons maintenant plus attentivement ce que la femme a tendance à faire passer avant son mari :

1. Les enfants

La femme sent qu'elle a une responsabilité sacrée dans son rôle de mère, une obligation à nourrir le corps et l'esprit de sa progéniture, à donner à chacun de ses enfants toutes les chances de se développer à son plus haut potentiel. Ce noble sentiment de dévotion maternelle, lorsque mû par un fort sentiment d'amour maternel, peut inciter une femme à se concentrer sur les soins et l'éducation des enfants auxquels elle accorde inévitablement la première place dans sa vie.

Une femme que j'appellerai Clara, et que j'ai connue il y a plusieurs années, est un exemple de ce type de femme maternelle. Clara était la mère parfaite, toute bonté, toute patience et tout amour. Elle avait presque toujours un sourire aimable et une voix douce quand elle parlait à ses enfants, ce qui ne l'empêchait pas d'être ferme aussi. Elle avait lu les livres sur l'éducation des enfants, aussi ne manquait-elle pas de la force nécessaire pour être une bonne mère. Clara était un modèle de dévouement inconditionnel. Je me souviens l'avoir vue assise au côté de ses enfants, les aidant à pratiquer le piano ou à faire leurs devoirs scolaires. Elle tenait pour chacun d'eux de grands albums de découpures et de dessins et elle leur donnait les plus somptueuses fêtes d'anniversaire du voisinage et tout ce qui fait plaisir aux petits enfants. Ses enfants étaient le centre de sa vie. Je n'ai jamais vu un exemple aussi parfait d'amour et d'abnégation maternels, ni une si grande visée de perfection du devoir. J'admirais Clara et pendant longtemps, j'ai voulu être comme elle, jusqu'au moment où j'ai réalisé les problèmes que son dévouement avait causés.

Son mari était l'infortuné second violon de cette situation, un simple accessoire de cette scène familiale. Il était le père et le soutien de famille mais il n'était pas le roi. Je pense que Clara aimait vraiment son mari et qu'elle le traitait assez bien mais, de toute évidence, il occupait la seconde place après ses enfants. Et que fut le résultat ? L'homme éprouva un amer ressentiment de ce dévouement excessif pour les enfants, ainsi que de la position inférieure où ce dévouement l'avait placé. Il avait été auparavant un type aimable et bon, mais cette nouvelle situation avait fait naître en lui une sorte de laideur qu'on ne lui connaissait pas, une sorte de médiocrité de caractère qui surprenait quelques-uns de ceux qui l'avaient connu. Non seulement nourrissait-il du ressentiment envers sa femme, mais aussi pour ses enfants, avec ce résultat qu'il éprouvait de la difficulté à être un bon père pour eux. Il s'absentait souvent de la maison pendant de longues heures pour s'éloigner de toute cette situation, mais il n'était que plus difficile à vivre quand il revenait.

Cet état d'infériorité peut amener un homme à refuser d'avoir d'autres enfants. Il peut ne le réaliser que subconsciemment mais il sait que plus d'enfants signifie plus d'exigences maternelles, ce qui ne fera qu'intensifier son sentiment d'être négligé. Ou, si un nouvel enfant naît, l'homme peut le négliger ou même l'ignorer. Le père peut lutter contre un sentiment de culpabilité pour son manque d'amour envers son propre enfant, sans réaliser que cela est dû à son propre sentiment d'être négligé.

Faire de son mari le numéro un dans sa vie ne diminue pas la responsabilité sacrée de la femme envers ses enfants et n'est pas non plus le signe d'un moins grand amour pour eux. Une femme peut à la fois servir son mari et ses enfants sans conflit. En réalité, un homme ne veut pas que sa femme néglige les enfants. Il est aussi intéressé qu'elle à leur bienêtre et à leur éducation, mais il aimerait être assuré que l'amour et le dévouement d'une mère pour ses enfants ne prennent pas la place de son devoir envers lui. Les enfants ne manquent de rien quand le père passe en premier. Ils se sentent même plus heureux et plus en sécurité, car lorsque la femme fait de son mari le numéro un dans sa vie, elle construit avec lui une relation qui est plus heureuse et ce mariage heureux devient le centre d'un foyer heureux dont bénéficient tous les membres de la famille.

La tendance de placer les enfants en priorité sur les maris est courante et il est difficile de s'en préserver. D'abord, si nous voulons réussir dans notre rôle de mère, il nous faut faire un effort sincère. Il est par conséquent difficile de tracer la ligne de démarcation entre une attention adéquate et un dévouement excessif pour les enfants. Mais si nous voulons arriver au bonheur en mariage, nous devons équilibrer la balance de notre dévouement pour les enfants et de notre dévouement pour notre mari, et cela signifie souvent qu'il nous faut faire des choix. Revoyons quelques situations qui comportent des choix et où les femmes sont tentées de faire passer les enfants en priorité :

1. Un lieu de résidence : un homme trouve parfois important de déménager son bureau d'affaires dans une nouvelle communauté, où le nouveau travail est susceptible d'apporter plus d'argent et de fournir une plus grande chance de succès pour l'avenir ou d'autres avantages. Si sa femme a une attitude de sur-protection pour les enfants, elle peut avoir l'impression qu'ils subiront des désavantages et elle peut donc refuser obstinément de déménager. En faisant de la sorte, elle ne tient pas compte du bien-être de son mari ; elle donne la préférence à ses enfants.

Si un homme ferme les yeux sur de graves désavantages qu'un déménagement pourrait entraîner pour les enfants, la femme devrait alors faire appel au bon sens de son mari afin qu'il considère plus sérieusement leur bien-être. Mais habituellement, les enfants n'en souffrent pas tant. Une bonne famille peut être heureuse partout et elle sort généralement plus forte de l'adversité. Cela est particulièrement vrai si la femme est dévouée à son mari et si elle est près de ses enfants.

Si les raisons qu'a un homme de déménager sont égoïstes ou injustifiées, la femme devrait lui demander de réfléchir aux valeurs les plus importantes. Dans un tel cas, l'homme ne se sentira pas au second plan, puisque sa femme n'aura pas rejeté son bien-être à lui au profit de celui des enfants.

Il arrive parfois, à l'achat d'une maison, que la femme considère les avantages que cette maison apportera aux enfants et qu'elle ignore les besoins et les désirs de son mari. Elle peut presser son mari à acheter une maison qui est au-dessus de ses moyens, parce qu'elle pense que ce sera plus profitable pour les enfants. Ou elle peut ne pas tenir compte qu'une caractéristique particulière de la maison plaît à son mari pour ne penser qu'aux caprices de ses enfants. Il peut avoir toujours voulu bénéficier d'un panorama, d'un quai, d'une piscine ou d'un bureau de travail privé. Il peut volontiers abandonner ses préférences pour répondre aux désirs de sa femme, mais il n'est pas enclin à penser qu'il doive faire passer les désirs de ses enfants avant les siens.

2. Temps et attention : un homme peut parfois avoir à compétitionner avec ses enfants pour obtenir du temps et de l'attention de sa femme. Celle-ci peut être tellement prise à s'occuper des enfants qu'elle trouve rarement un moment pour accorder toute son attention à son mari. Ou s'il lui demande quelques minutes de son temps, elle se sent mal à l'aise de le faire à cause de son sentiment de devoir envers les enfants. Il y a bien sûr des moments où les exigences familiales ne peuvent pas attendre mais c'est souvent un dévouement excessif. L'homme peut percevoir cette attitude et il conclura que les enfants passent avant lui.

Il y a des femmes qui disent avoir de la chance d'avoir un mari vendeur ou engagé dans une profession qui le retient de longues heures hors du foyer. Elles considèrent que c'est un avantage puisqu'elles peuvent se consacrer davantage à élever les enfants. Ces femmes ne tiennent absolument pas compte des besoins de leur mari pour du temps et de l'attention.

3. Argent et dépenses : les femmes ont tendance à dorloter leurs enfants en leur offrant tout ce que leurs petits cœurs désirent. On pourrait écrire un chapitre entier sur le tort fait aux enfants par une mère trop complaisante mais il ne s'agit pas ici de cela mais bien du tort fait au père. Si l'homme a les moyens de payer toutes sortes de choses, il n'est alors pas personnellement touché ; mais si la femme gâte ses enfants aux dépens de son mari en achetant des choses qu'il ne peut pas se permettre, elle ajoute une tension supplémentaire dans sa vie. Ses extravagances sont un sérieux signe de sa préférence pour ses enfants au détriment du bien-être de son mari. Elle place les désirs de ses enfants en priorité sur les besoins fondamentaux de son mari.

4. *Intérêt et pensée* : parfois, une femme est tout simplement plus intéressée par ses enfants que par son mari. Ses enfants sont toujours les plus importants dans son esprit et par conséquent, elle concentre toutes ses pensées sur eux. Elle pense rarement à son mari, aux problèmes qu'il peut avoir, à la façon dont elle pourrait le servir, le réconforter. Elle néglige de se rappeler ses petites sollicitations, ce qu'il aime manger, comment il aimerait passer la soirée, tout ce qui est important pour lui. Cependant, elle est excessivement attentive aux sollicitations de ses enfants parce que toutes ses pensées sont toujours pour eux. Et ce ne sont là que quelques façons par lesquelles la femme est portée à donner à ses enfants la priorité sur son mari.

2. L'entretien ménager

La plupart des hommes apprécient vraiment une maison propre, à l'ordre, bien entretenue, que le doigté d'une femme a rendue confortable et « intime ». Ils trouveraient malheureux qu'une femme faillisse à cette importante fonction. Toutefois, un homme ne veut pas que l'entretien ménager devienne plus important que lui. Une maison est faite pour servir la famille, et non la famille pour servir la maison. Il aimerait que les efforts de sa femme soient en majorité pour son bénéfice à lui et non pas pour quelque fierté personnelle qu'elle trouverait dans la perfection de son rôle de ménagère.

Les femmes qui sont d'excellentes ménagères ont tendance à aller « trop loin » dans leurs visées de perfection. Leur motif, cependant, n'est pas tant de plaire à leurs maris et à leurs familles que de se faire plaisir à elles-mêmes ou d'impressionner les autres. On trouve un excellent exemple de ce type de femme dans le vieux film : *Craig's Wife*. La femme de Craig surveillait toujours minutieusement les domestiques pour s'assurer qu'ils n'eussent rien oublié, pour que l'entretien de la maison fût fait à la perfection. Elle ne voulait pas laisser son mari s'asseoir sur son lit pour ne pas froisser le magnifique couvre-lit. Elle ne voulait pas de fleurs naturelles dans la maison parce que quand les pétales tombent, ils encombrent les tables. Son mari se rendit vite compte qu'elle aimait plus la maison que lui ; il décida donc de partir. Quand la compagnie de transport vint chercher ses effets, les déménageurs en déplaçant une lourde caisse dans le corridor, écorchèrent le parquet hautement luisant, y laissant une profonde marque. La femme de Craig s'assit sur le plancher et pleura, non pas parce que son mari la quittait mais parce qu'il y avait une égratignure sur son plancher. À la fin, elle finit par souffrir d'un terrible sentiment d'inutilité pour avoir été aussi folle d'avoir vénéré une maison au point d'en perdre son mari.

Les principaux points à retenir sont les suivants : même si un bon entretien ménager dénote une vertu des plus admirables, il peut aussi être du zèle. Et, bien que nous devions avoir pour principe d'entretenir la maison, si nous le faisons pour plaire à quelqu'un, que ce soit pour notre mari et notre famille et non pour nous-mêmes ou quiconque d'autre. Notre but devrait être de faire de la maison un *foyer* et non pas *un monument touristique*. Et quoiqu'un homme apprécie nos efforts pour bien entretenir la maison pour lui, il ne veut surtout pas que l'entretien ménager devienne prioritaire à lui ou aux choses qui sont plus importantes pour lui. *Le château n'est pas plus important que le roi qui l'habite.*

3. L'apparence

Tous les êtres humains devraient avoir une certaine fierté de leur apparence, ce qui suggère d'avoir pour principe d'être soigné et bien habillé. Même si nous devions nous retrouver loin de la civilisation, nous devrions nous efforcer d'avoir une apparence soignée pour notre sentiment personnel d'amour-propre et de respect de soi. Il y aurait toutefois lieu de se questionner sur ce qui nous pousserait à accorder, par exemple, beaucoup trop d'attention à l'apparence. Si c'est pour plaire à notre mari, il peut grandement l'apprécier. Si, par contre, nous passons un nombre incroyable d'heures à magasiner, à coudre, à nous coiffer et, ce faisant, nous *négligeons* notre mari, il peut avoir l'impression que ce sont *d'autres personnes* que nous essayons d'impressionner. Il peut penser que nous nous vêtissons pour les autres d'abord et pour lui ensuite. C'est une autre façon de négliger de faire de l'homme le numéro un dans notre vie.

4. Les parents de l'épouse

Certaines femmes ressentent un fort sentiment d'amour et d'attachement pour leurs parents, et cela dépasse même les sentiments qu'elles ont pour leur mari. Elles sont transportées de joie à l'idée de retourner voir leurs parents, cherchent des excuses pour être souvent avec eux ou passent beaucoup trop de temps avec eux. Bien que l'amour entre parents et enfants soit une chose respectable, si la femme ne transfère pas à son mari la plus grande partie de cet attachement, il se sentira au second rang après les parents de sa femme. Cela peut amener le mari à éprouver du ressentiment pour les parents de sa femme puisqu'ils entrent en compétition avec lui.

5. L'argent et le succès

Il arrive parfois que le succès de l'homme et son argent deviennent plus importants que *l'homme lui-même*. Je peux vous expliquer cela par l'exemple suivant : une femme de mes connaissances avait épousé un homme qui avait un statut économique plutôt bas. L'homme était satisfait de sa situation sociale, mais sa femme voulait plus d'argent et jouir d'un plus grand prestige. Elle lui suggéra de retourner aux études pour devenir chirurgien. Il ne réagit d'abord pas à l'idée, mais commença par la suite à faire des plans en ce sens. Cependant, rien ne fut mené à bien, étant donné le manque d'intérêt et d'initiative de la part de l'homme. Vous pouvez vous imaginer que l'attitude de sa femme le blessa passablement. Il était satisfait de sa vie et il sentait que sa femme accordait beaucoup plus d'importance au succès qu'elle ne lui en accordait à lui-même et à ses sentiments.

Voici le cas presque totalement opposé d'une autre femme dont le mari *voulait* aller de l'avant en exploitant davantage ses affaires. Ce projet l'obligeait à vendre sa maison et à loger temporairement sa famille dans un appartement. Sa femme « prit une position ferme » et refusa de déménager. « Je ne me soucie pas des inconvénients, me dit-elle, car j'ai déjà vécu dans des situations difficiles, mais j'ai peur que nous perdions notre argent. » Dans ce cas, la femme ne se souciait pas de la façon dont son mari voulait poursuivre ses plans parce que la sécurité était plus significative pour elle. Ici, donc, argent et sécurité étaient plus importants que l'homme. Nous pouvons voir, à partir de ces deux exemples, que lorsque nous faisons de l'homme le numéro un dans notre vie, nous devons également placer ses intérêts, ses désirs et ses responsabilités en priorité.

6. Carrières, talents et activités

Ce qui menace le plus gravement la position prioritaire de l'homme dans la vie de sa femme est lorsque cette dernière poursuit sérieusement une carrière. La motivation et la persévérance dont elle a besoin pour réussir tendent à repousser son mari à l'arrière-plan. Et lorsqu'elle est finalement au pinacle du succès, elle éclipse son mari et le fait se sentir sans grande importance. C'est un sérieux problème que vivent les femmes célèbres. Plus leur succès est grand et moins l'homme, à son idée à lui, se sent important. Il est inévitablement placé au second rang. C'est un problème de taille pour la femme mais qui n'est pas sans solution. Quand elle réalise l'importance de faire de son mari le numéro un dans sa vie, elle peut s'efforcer de conserver ses droits et de faire savoir à son mari qu'il est toujours prioritaire dans sa vie. Toutefois, même si une femme ne poursuit pas une carrière, si elle ne fait que travailler et si, pour conserver son emploi, elle doit répondre à certaines exigences dans son travail, son mari peut quand même, à cause de cela, se sentir moins important.

Une autre menace à la situation prioritaire de l'homme est lorsqu'une femme poursuit d'autres intérêts, comme développer ses talents. Généralement, les hommes aimeraient accorder à leurs femmes la liberté de développer des talents et de poursuivre des intérêts, et ils les encouragent souvent à le faire pour leur développement personnel. Si la femme travaille sérieusement à développer son talent, ce peut être une très bonne chose qui peut lui apporter plus de satisfaction dans la vie. Mais si elle s'y donne totalement et qu'elle y met un enthousiasme tel qu'elle éclipse son mari, celui-ci peut avoir l'impression d'être « le second violon » et de passer après les autres intérêts de sa femme. C'est la raison pour laquelle un homme peut refuser à sa femme son désir de se distraire des devoirs domestiques. Cependant, quand une femme fait toujours attention pour garder son mari en première position et qu'elle le lui fait savoir, elle est habituellement en mesure de gagner sa coopération pour qu'il lui permette de consacrer un nombre raisonnable d'heures à des activités extérieures.

Un homme devrait-il faire de sa femme le numéro un ?

Même si un homme aime passionnément sa femme, il n'est pas toujours possible et même pas toujours correct pour lui de faire de sa femme le numéro un de sa vie et cela, en raison de la nature même de sa vie. La responsabilité première d'un homme est de gagner la vie de sa famille. Son travail et sa vie hors du foyer sont souvent si exigeants qu'il doit les placer en priorité s'il veut réussir. Cela signifie souvent qu'il doit négliger sa famille au profit de sa responsabilité de soutien de famille. *En réalité*, donc, sa femme et sa famille sont le numéro un, mais les femmes oublient souvent de l'interpréter comme tel.

En plus d'être le soutien de famille, l'homme a toujours eu la responsabilité d'améliorer l'univers. Il est en grande partie un bâtisseur de la société, il résout les problèmes que connaît l'univers et élabore des idées nouvelles pour le bénéfice de tous les êtres humains. Le défi de son rôle de serviteur de l'humanité n'est pas facile à relever et exige aussi de l'homme qu'il détourne son attention de sa famille.

Si vous examinez la vie de ces nobles serviteurs de l'humanité, vous y trouverez habituellement des épouses qui ont accepté de mettre leur mari et le travail de celui-ci en priorité dans leur vie et qui sont contentes d'occuper la seconde place. Le président Dwight D. Eisenhower et sa femme en sont un bon exemple. Madame Eisenhower nous raconte que dès les deux premières semaines de leur longue union de cinquante-trois ans, son mari la prit à l'écart et lui dit : « Ma mie, il faut que je vous dise quelque chose... Mon pays passe en premier et vous en deuxième. » Madame Eisenhower l'accepta, et ce fut la façon dont ils vécurent. Ainsi, lorsque vous faites d'un homme votre priorité, vous le faites aussi de son travail et de sa responsabilité envers l'univers. Et lorsque la femme occupe la seconde place dans la vie de son mari et de son monde à lui, elle ne perd toutefois rien. Le tendre amour qu'il lui donne en retour de sa coopération est plus que compensateur.

L'homme dont la femme néglige de combler son besoin d'être le numéro un, l'homme dont la femme place en priorité ses enfants, sa maison, sa carrière ou d'autres intérêts, peut souffrir d'un terrible manque dans sa vie, et c'est souvent la véritable raison pour laquelle un homme va vers une autre femme. Il est reconnu que ce sont souvent les passions sexuelles qui attirent un homme vers une maîtresse. En fait, c'est habituellement l'habileté de cette dernière à combler un besoin émotif chez l'homme et à le faire se sentir apprécié et important dans la vie qui fait qu'un homme va vers une maîtresse. L'expérience suivante montre que ce n'est pas principalement une question de sexe qui éloigna un homme de son foyer, mais que c'était surtout par besoin affectif. Je citerai des passages d'une lettre que j'ai reçue :

Ce n'était pas le sexe qui poussait mon mari vers d'autres femmes

« Notre vie sexuelle était bonne, peut-être la seule bonne partie de notre mariage. Je le disais à mon mari et je le complimentais d'être un amant si merveilleux ; mais le malheur était que c'était la seule chose pour laquelle je le complimentais et l'admirais. Je ne trouvais rien d'autre à louer en lui ; je ne devais certainement pas l'accepter et je ne le traitais jamais comme le numéro un dans ma vie. En d'autres mots, je ne le considérais bon en rien, sauf en tant que partenaire sexuel.

« À cause de cela, il se tourna vers d'autres femmes qui le faisaient se sentir le premier et qui admiraient ses attributs masculins. Il se tourna vers des femmes qui écoutaient ce qu'il racontait et qui lui donnaient le temps et l'attention dont chaque homme a besoin. Évidemment, je le haïssais d'avoir d'autres femmes dans sa vie. Je ne pouvais comprendre pourquoi il n'était pas satisfait de la sexualité que je lui offrais. Cependant, après avoir pris connaissance de *L'univers fascinant de la femme*, j'ai découvert qu'il ne recherchait pas le sexe chez ces femmes, mais l'acceptation, l'admiration et la priorité. En le privant de ces choses, je l'avais poussé à l'infidélité. Aujourd'hui, je n'ai toutefois plus de crainte qu'il fasse d'autres escapades, parce que je sais quel genre de femme veut un homme. »

Et maintenant, j'aimerais ajouter les expériences qui suivent, car elles sont typiques des récompenses qu'on peut tirer en faisant d'un homme le numéro un de notre vie :

J'avais mis mes enfants en priorité

« J'ai longtemps admiré le mariage d'un couple que je connais. En 65 ans de vie conjugale, ils ont toujours été amoureux et dévoués ; ils s'adorent. Je pensais souvent à eux et je désirais et souhaitais que mon mariage fût comme le leur, et je priais pour qu'il le fût. En 19 ans de vie conjugale heureuse, nous étions devenus parents de huit charmants enfants. Je travaillais dur pour être une bonne mère, mes enfants étaient la priorité de ma vie. Je fus vraiment secouée quand j'appris par *L'univers fascinant de la femme* que c'est le mari qui doit être le numéro un. Je pris un certain temps à en accepter l'idée. Comme j'apprenais à mettre en pratique ce principe, j'apprenais en même temps à réussir dans le genre de mariage que je désirais avoir. J'apprenais à donner à mon mari l'attention dont il avait besoin et qu'il méritait. En retour, il devint plus attentif à moi, notre foyer devint plus harmonieux et notre vie plus agréable. »

Mon mari était un locataire de second ordre chez lui

« Nos trois enfants étaient nés brillants et en santé et ils étaient merveilleux. J'étais obsédée par leur bien-être et je justifiais le monde dans lequel nous les avions élevés. Je pensais à tort que je devais, en me consacrant entièrement à eux, compenser pour les inévitables privations qu'ils auraient à connaître dans la vie. Pendant cinq ans, je les ai fait passer avant toute chose et toute personne. Je ne ménageais aucune dépense pour leur offrir des peintures enfantines, des jouets, des vêtements, etc. Je pensais que personne ne pouvait prendre soin des enfants aussi bien que moi et je faisais appel à une gardienne d'enfants seulement quand ils étaient endormis. Je me sentais personnellement responsable de leur bonheur et je portais misérablement ce lourd fardeau sur mes épaules. Mon mari, naturellement, était un locataire de second ordre chez lui. Il devait compétitionner pour recevoir temps et attention. Je le faisais même taire quand les enfants voulaient parler en même temps que lui.

« Puis, mon mari eut un grave accident, et à un certain moment, nous avons même pensé qu'il en mourrait. Alors que j'étais assise dans la salle d'attente de l'unité des soins intensifs, je fus remplie d'une culpabilité si grande que j'en fus physiquement malade. Je pensais au statut que mon mari occupait au sein de notre foyer. Je pensais à quel point mon mari voulait une piscine et combien je l'en avais privé pour qu'un jour nous puissions nous acheter une maison plus grande. À l'idée que je pouvais le perdre pour toujours, je réalisais combien il comptait pour moi. Je réalisais aussi qu'un jour les enfants partiraient de la maison et que mon mari était mon partenaire de vie. Nos amis et nos familles faisaient leur vie de leur côté. J'étais la seule à avoir le plus à perdre. Je priais et priais pour avoir une autre chance.

« Et Dieu nous donna une autre chance. Nous nous sommes procuré cette fameuse piscine aussitôt que mon mari eut son congé de l'hôpital. Mon mari finit par devenir le numéro un dans la maison. Les enfants ont répondu par leur coopération et devinrent moins égocentriques. Je leur ai laissé la responsabilité de trouver leur propre bonheur, ce qui me laissa plus de temps libre. Parce qu'ils n'ont plus senti que "le soleil se lève et se couche" pour eux, je pense qu'ils sont ainsi mieux préparés à affronter la vie adulte. Si nous n'avions pas eu ce grand avertissement et cette grande peur, je pense qu'aujourd'hui, mon mari et moi ne vivrions plus ensemble. Je vivrais encore par et pour mes enfants, pleine de ressentiment, enchaînée et envieuse de la liberté de mon mari. Je sens maintenant que nous sommes libres tous les deux, libres de nous aimer l'un l'autre et libres d'aimer nos enfants. »

Exercice

Dites à votre mari qu'il est l'être le plus important et prouvez-le-lui par vos actes.

CHAPITRE VIII

LE RÔLE DE L'HOMME DANS LA VIE

Caractéristique no 6 : Le besoin de l'homme de fonctionner dans son rôle d'homme, de se sentir nécessaire dans ce rôle et de surpasser la femme dans cette responsabilité d'homme.

Quel est le rôle de l'homme ? C'est d'être le *guide et le protecteur* de sa femme et de ses enfants et d'être *celui qui subvient à leurs besoins*. Ce rôle n'est pas seulement le fait de mœurs ou de la tradition, mais il est d'origine divine. C'est Dieu qui plaça l'homme à la tête de la famille et qui lui ordonna de gagner le pain. Il donna à la femme une tâche différente : celle d'*épouse*, de *mère* et de *maîtresse de maison*. Les rôles masculin et féminin sont complémentaires. Le mariage est une association mais il n'est pas une association *à parts égales*. Les rôles masculin et féminin sont égaux en importance, mais non sur le plan de la *responsabilité*.

Henry A. Bowman, dans son livre intitulé *Marriage for Moderrls*, compare l'association en mariage comme une serrure et une clé qui se joignent pour former une unité fonctionnelle.

« Ensemble, ils peuvent accomplir quelque chose qu'aucun des deux ne peut accomplir seul. Quelque chose qui ne peut pas être accompli par deux serrures ou par deux clés. Chaque rôle n'est ni identique, ni interchangeable. Aucun n'est supérieur à l'autre, car les deux sont essentiels. Ils sont d'égale importance. Chacun doit être jugé par rapport à sa fonction propre. Ils sont complémentaires. »

Il y a trois parties importantes qui composent la caractéristique numéro 6. Premièrement, *l'homme normal éprouve un grand besoin de fonctionner pleinement dans son rôle de guide, de protecteur et de soutien de famille*. Cela signifie qu'il aimerait occuper sa place à la tête de la famille, recevoir les honneurs de la famille pour cette place et qu'il aimerait que sa famille fasse ce qui est nécessaire pour lui faciliter la tâche. Il aimerait réussir à gagner sa vie, à combler les besoins essentiels de sa famille et à le faire de façon indépendante, sans l'aide des autres. Il aimerait servir de protecteur pour mettre sa famille à l'abri du danger, du malheur et de l'indigence. Il ne veut pas que sa femme partage sa charge d'homme, ni qu'elle s'immisce délibérément dans le rôle de l'homme, mais il préfère qu'elle se dévoue pleinement à la réussite de sa carrière au foyer.

Deuxièmement, *un homme veut se sentir nécessaire, il veut que sa famille dépende de sa gouverne, de ses soins et de son support financier*. Quand une femme a tous les moyens pour se suffire à elle-même et qu'elle peut tracer elle-même son chemin à travers le monde, elle perd réellement tout besoin d'un homme et cela peut causer la déchéance de son mari. Son besoin de se sentir indispensable en tant qu'homme et de servir en tant qu'homme est tellement intense que lorsqu'on n'a plus besoin de lui, il peut se questionner sur sa propre utilité ou sur sa raison de vivre. Étant privé de ce rôle, il peut en arriver à se dévaluer et à perdre ainsi de sa masculinité. Cela affectera grandement ses tendres sentiments pour sa femme, puisque l'amour romantique repose largement sur le sentiment de l'homme d'être le protecteur de sa femme et sur l'habileté de la femme à le faire se sentir homme.

Troisièmement, *puisque l'homme fonctionne en tant que guide, protecteur et soutien, il aimerait remplir cette fonction avec une efficacité et une compétence plus grandes que ne le fait ou pourrait le faire la femme*. Il aimerait être un leader plus compétent, un protecteur plus fort que la femme et mieux réussir à titre de soutien de famille que ne peut ou ne pourrait le faire la femme. Il ne désire pas être meilleur qu'elle dans ses tâches domestiques, dans son rôle de mère, ni dans un quelconque art féminin. Il veut seulement la surpasser dans tout ce qui requiert de la force, de la compétence et de l'habileté masculines. Je voudrais exprimer clairement et absolument qu'un homme ne désire pas surpasser une femme en tant qu'être humain, ni être plus respecté ou honoré qu'elle. Il veut seulement se sentir supérieur dans son rôle proprement masculin. Ce besoin est inné et constitue une partie de la fierté masculine. Il serait humilié si sa femme le battait sur son propre terrain.

En résumé, la caractéristique numéro 6 signifie qu'un homme *a besoin de fonctionner pleinement dans son rôle d'homme, de se sentir indispensable dans ce rôle et de le remplir avec une compétence et une habileté plus grandes que ne le fait ou ne pourrait le faire une femme.* Malheureusement, ce principe est constamment violé dans notre vie moderne. Les femmes ont envahi tous les domaines du monde masculin. Non seulement avons-nous une génération de mères qui travaillent en plus, elles compétitionnent avec les hommes pour réussir mieux qu'eux, pour avoir une position plus honorable ou un salaire plus élevé. À la maison, la femme essaie de tenir les rêves de la famille et de mener les choses à sa guise. C'est l'âge des femmes dominatrices qui s'infiltrent dans le domaine de l'homme. La femme confiante en l'homme, qui cherche en lui une forte gouverne, un bras solide sur lequel s'appuyer, tend à disparaître. Le bras de l'homme est toujours là, mais elle ne s'appuie plus dessus. L'indépendance de la femme rend maintenant futiles le soin et la protection de l'homme et c'est une perte pour les deux, homme et femme.

Quand une femme empiète sur la responsabilité masculine, l'homme et la femme y perdent. Quand un homme est privé d'une partie de son rôle, il se sent moins indispensable, moins viril et, donc, moins accompli. Quand une femme assume la charge d'un homme, elle a tendance à prendre des caractéristiques mâles pour avoir le physique de l'emploi et elle acquiert ainsi une certaine rudesse. Cela signifie donc une perte de féminité, une perte de douceur. La responsabilité masculine ajoute à la vie d'une femme plus de tension et d'inquiétudes et il en résulte une perte de sérénité, qualité inestimable à la réussite d'une femme au foyer. Et si elle dépense son temps et son énergie à faire le travail de l'homme, elle négligera les fonctions importantes de son propre rôle et c'est la famille tout entière qui y perdra.

L'homme, le guide ou leader

Le père est le chef, ou le président, ou le porte-parole de la famille. Cet ordre des choses est d'origine divine. Il y a des preuves évidentes que l'homme a été destiné à être le chef de famille. Le premier commandement que Dieu donna à la femme fut : *Ton désir te poussera vers ton mari et lui dominera sur toi*. L'apôtre Paul instruisit les femmes à révérer leurs maris et dit :*... et que la femme révère son mari*. L'apôtre Pierre dit : *Femmes, soyez soumises à vos maris*.

L'apôtre Paul compare le leadership de l'homme par rapport à la femme, au leadership du Christ par rapport à l'Église : *le mari est chef de la femme, comme le Christ est chef de l'Église... or, tout comme l'Église est soumise au Christ ; les femmes doivent, de la même manière, se soumettre en tout à leurs maris*. (Gen. 3;16, Ep. 5;33, Col. 3;18, 1 P. 3;1, Ep. 5;23-24.)

Il y a aussi une raison *logique* pour laquelle un homme devrait être le chef, et c'est par nécessité d'organisation. Chaque organisation désigne un leader à sa tête, que ce soit un capitaine, un gouverneur ou un président. C'est une question de loi et d'ordre. Conséquemment, la famille, qui est un groupe d'êtres intelligents, doit être organisée, sinon c'est le chaos. Qu'importe que la famille soit grande ou petite, même si elle ne comporte qu'un homme et une femme, il lui est toujours nécessaire d'avoir un chef.

Puisque l'homme est, par nature et par tempérament, un leader né, il est logique que ce soit lui le chef. Les hommes ont des caractéristiques inhérentes au leadership, ils sont portés à avoir un esprit de décision et ont le courage de leurs opinions. Les femmes, par contre, ont tendance à hésiter et n'ont pas toutes les qualités d'un bon leadership. Mais une raison encore plus profonde de laisser les hommes mener, c'est qu'ils ont le rôle de gagner la vie. Si l'homme doit braver l'univers et rapporter le pain, et que son rôle exige de lui qu'il ait la maîtrise de sa vie, il doit avoir le pouvoir de décision.

Dans nos temps modernes, il se fait un grand effort pour éliminer le « patriarcat » et le remplacer par « l'égalité » où le mari et la femme prennent les décisions en « accord mutuel ». *Cette idée est l'arrangement le plus impraticable qui existe pour le leadership familial*. Quoique certaines décisions puissent être prises en « accord mutuel », beaucoup d'autres ne peuvent pas l'être. Il y a des situations où l'homme et la femme ne s'entendront jamais. Quelqu'un doit prendre la tête, ou il n'y aura jamais de décisions qui seront prises. De plus, les « accords mutuels » prennent du temps, parfois plusieurs heures de délibération, alors qu'il y a souvent des décisions de la vie de tous les jours qui doivent être prises rapidement. Pour ces raisons, il s'ensuit donc qu'il doit y avoir un chef dans la famille, et comme je l'ai déjà souligné, c'est l'homme qui est logiquement le plus apte à mener. Mais, en fait, maintenir l'homme à la tête de la famille n'est pas principalement une question de logique. C'est d'abord et avant tout une question de suivre les enseignements de Dieu ; et comme tous les autres commandements de Dieu, c'est pour un but divin qui profitera à tout le genre humain.

Les devoirs du guide ou leader

1. *Déterminer les politiques, les règles et les lois que la famille doit suivre* : pour que la famille soit organisée, certaines règles de vie doivent être établies, comme : les règles de conduite, l'utilisation de la voiture familiale, les dépenses d'argent, le lieu de vacances familiales, la pratique religieuse à l'église, les relations sociales et plusieurs autres choses. La famille aide habituellement à structurer ces règles. Un père sage consultera les membres de sa famille sur ces questions ou tiendra des conseils de famille pour avoir les idées de chacun. Souvent, le mari déléguera une autorité considérable à sa femme pour qu'elle établisse les règles du foyer, puisque c'est elle qui supervise étroitement ce domaine. Mais le point à retenir est celui-ci : si l'homme doit être le chef de la famille, le droit de dire le dernier mot lui revient. *Une famille n'est pas une démocratie où chacun a droit au chapitre. La famille est une théocratie.* Au foyer, c'est toujours le père qui est investi de l'autorité, et dans les affaires familiales, il n'y a pas d'autre autorité suprême. Cet arrangement n'est ni sévère, ni injuste. C'est entièrement une question de loi, d'ordre et de soumission à la loi divine.

Il y a une tendance chez les femmes à réclamer un droit sur leurs enfants puisque ce sont elles qui les ont mis au monde et qui ont la charge quotidienne de prendre soin d'eux. La femme peut ressentir qu'elle a le droit de fixer la discipline, l'éducation, l'instruction, l'adhérence religieuse et plusieurs autres choses.

Quand la femme s'oppose à son mari sur ces questions, elle peut avoir l'impression d'avoir un droit inaliénable à une décision finale. Mais il n'en est pas ainsi. Même si la femme a une responsabilité sacrée dans son rôle de mère, elle n'est pas le leader des enfants. *Le mari est le berger de son troupeau et il en a le plein commandement.*

2. *Prendre les décisions* : le deuxième devoir du leader est, dans son rôle de guide, de protecteur et de soutien, de prendre toutes les décisions concernant la famille. Dans une famille ordinaire, il y a plusieurs décisions qui doivent être prises quotidiennement. Certaines sont mineures, comme :

« Jeanne se rendra-t-elle à pied à l'école, sous la pluie, avec son parapluie, ou papa l'y conduira-t-il en voiture ? » Toutefois, même si c'est là une décision mineure à prendre, elle doit être prise, et souvent rapidement. Quand l'homme et la femme ne peuvent s'entendre, il faut que l'un ou l'autre assume la décision pour que l'ordre soit maintenu et, comme nous l'avons déjà souligné, c'est le père qui est toujours investi de cette autorité.

Souvent, des décisions majeures doivent être prises. L'homme peut faire face à des décisions concernant son travail, comme agrandir ou non ses affaires, faire des investissements, changer d'emploi, ou même déménager dans une nouvelle communauté. Ces projets peuvent nécessiter des coupures dans les dépenses familiales, ou tout autre ajustement.

Un père sage consultera sa famille, et particulièrement sa femme, pour essayer de gagner sa coopération. Cependant, il peut ne pas toujours expliquer ses raisons, ni chercher à connaître l'opinion de sa femme. Il peut penser que la situation est trop complexe pour qu'elle la comprenne, ou qu'elle peut ne pas avoir les connaissances nécessaires quand il s'agit d'affaires. Peut-être que l'homme lui-même n'en connaît pas la raison, car il se laisse peut-être guider seulement par son inspiration. Mais qu'il explique ou non ses raisons, qu'il demande ou non conseil à sa femme, la décision lui revient toujours. Il doit être libre de fonctionner dans son rôle, et ceci inclut qu'il a le pouvoir de décision. Encore une fois, la famille n'est pas une démocratie où chacun a son droit de veto, mais elle est une théocratie présidée par le père. Dans le mariage, l'homme et la femme ne sont pas une équipe de chevaux qui tirent également ensemble. L'homme et la femme sont comme l'arc et la corde, comme le décrit Longfellow dans son poème *Hiawatha* :

> Comme la corde est à l'arc,
> Ainsi la femme est à l'homme ;
> Même si elle le tend, elle lui obéit ;
> Même si elle l'entraîne, elle le suit ;
> Dépourvus l'un sans l'autre.

Même si l'homme est le chef incontesté de la famille, la femme a une part importante à jouer dans le rôle de leadership de son mari. Elle a un *rôle de soumission*, un *rôle de soutien*, et parfois un *rôle actif* dans lequel elle s'exprime clairement et même fermement. Une femme n'est pas comme un petit chien en laisse qui suit son maître partout où il choisit d'aller ; elle n'est pas dépourvue de pensées. Son soutien est essentiel à l'homme et ses idées peuvent être valables si elle les donne de la bonne façon. Cependant, la majorité des choses repose sur les épaules de l'homme. Il a une famille à diriger et beaucoup de décisions à prendre, dont certaines sont hautement importantes. Lui seul est responsable des décisions, quelle qu'en soit l'issue. Il peut être très important pour lui d'avoir la compréhension, le soutien et les idées de sa femme.

Mumtaz, la dame du Taj Mahal, joua un rôle très important dans le leadership de son mari, même dans son rôle de dirigeant du pays. Elle était fille du premier ministre et elle était très intelligente, bien éduquée et d'un caractère noble. Le chah la consultait souvent pour plusieurs des décisions qu'il avait à prendre, même pour les affaires techniques du gouvernement. Il ne subsiste aucun doute sur l'influence subtile qu'elle exerça dans la vie du chah, mais elle le fit avec un art tel que jamais son mari ne sentit la moindre menace à sa situation de souverain suprême de l'Inde. Et le grand public n'eut jamais conscience de la contribution de Mumtaz. Une femme peut être d'une grande valeur dans le leadership de son mari si elle fait les choses de la bonne façon. Mais elle doit d'abord l'accepter comme étant son chef, elle doit l'appuyer et lui obéir. Alors seulement sera-t-il ouvert aux idées de sa femme.

Les erreurs que font les femmes

1. Faire la loi au foyer : dans certains cas, c'est la femme qui tient les rênes de la famille ; c'est elle qui mène, elle est le patron. Elle fait les projets, elle prend les décisions et son mari la suit. Elle consulte parfois son mari sur ce qui concerne la famille mais, d'une façon ou d'une autre, elle s'est immiscée dans la position de leader. Elle peut l'avoir fait par désistement de son mari dans ce rôle, ou elle peut avoir exigé cette position.

2. Donner des conseils : une faute courante qu'une femme peut faire est de donner beaucoup trop de conseils à son mari. Elle lui présente trop de suggestions. Elle lui dit quoi faire, quand le faire et parfois comment le faire. Elle semble rôder autour de lui, surveillant et scrutant, et elle se mêle excessivement trop de ce qui regarde son mari. Tout ceci montre un manque de confiance et indique aussi qu'elle se sent plus qualifiée que l'homme pour conduire et que celui-ci est incapable de le faire sans elle. Le mari peut avoir l'impression que sa femme se sent auto-suffisante, qu'elle n'a vraiment pas besoin de lui et qu'elle pourrait continuer sa vie aussi bien ou mieux sans lui.

3. Exercer des pressions : il y a beaucoup de femmes volontaires qui, quoiqu'elles ne veuillent pas mener, veulent quand même que les choses aillent à leur façon. Elles atteignent ce but en exerçant des pressions, en suggérant des choses à mots couverts, en critiquant, en utilisant des pressions morales et en exerçant d'autres influences. Le problème est que l'homme devient parfois las de ces pressions et il y succombe en dépit de son meilleur jugement, juste pour préserver la paix. Quoique ce soit une façon pour la femme de remporter une victoire, c'est une très mauvaise politique en mariage. Les enfants tendent aussi à copier cette mauvaise habitude de leurs mères.

4. Désobéir : certaines femmes volontaires refusent de suivre les conseils de leurs maris quand elles ne sont pas d'accord avec eux. Elles sont de « fortes têtes » et font ce qui leur plaît. Non seulement échouent-elles complètement à honorer le leadership de l'homme, mais il en résulte aussi d'autres conséquences graves, comme dans les problèmes suivants :

Lorsque la femme refuse d'obéir

Il y a de graves conséquences quand la femme refuse d'obéir à son mari. En premier lieu, elle établit un modèle de rébellion dans la famille. Les enfants sont portés à suivre ce modèle, car ils l'ont appris de leur mère. Ils commencent par apprendre que, s'ils ne le veulent pas, ils ne sont pas vraiment obligés de suivre les règles d'obéissance et qu'ils peuvent s'en passer. Quand de tels enfants font leur entrée dans le monde, ils ont de la difficulté à obéir à la loi ou à une autorité supérieure telle que le leadership sur le campus d'études ou à leur travail. On peut retracer les problèmes de rébellion de la jeunesse en remontant dans les foyers où la mère a désobéi à son mari et où elle a montré un manque de respect pour son autorité.

L'auteur satirique C. Northcote Parkinson porta un jugement sur la révolution étudiante en Amérique et jeta tout le blâme sur les femmes. Il dit à un auditoire de Los Angeles que l'insurrection dans les collèges américains provient du manque de respect de l'autorité appris au foyer. « Le mouvement général, je pense, commence avec la révolution des femmes, dit-il. Les femmes exigent le droit de vote et l'égalité et elles cessent de se soumettre à leurs maris. Dans le processus, elles commencent par perdre le contrôle de leurs propres enfants. » Monsieur Parkinson dit que dans son enfance victorienne : « La parole du père était loi, et la menace la plus implacable qu'utilisait la mère était : *Je devrai en informer votre père*. De nos jours, la mère ne peut pas s'adresser aux enfants de cette façon, parce qu'elle a elle-même renié l'autorité paternelle. »

Un autre grave problème survient quand la femme « tient fermement sa position » et qu'elle refuse de suivre son mari. Par exemple, j'ai connu, il y a quelques années, un homme qui voulait déménager sa famille dans une région métropolitaine où il pourrait trouver de meilleures chances pour ses affaires. À cette époque, ils vivaient dans une petite ville magnifique et tranquille. L'épouse pensa que ses enfants en subiraient de graves désavantages et refusa de déménager. L'homme en fut extrêmement déçu, car il sentait qu'en déménageant, il en tirerait avantage dans son emploi. Il n'obtint pas de succès dans la communauté où lui et sa famille étaient restés et il sentait que s'ils s'étaient déplacés dans une autre ville, sa vie aurait pu devenir meilleure. Il se sentit contrecarré dans ses projets. En raison de cela, il développa une attitude de ressentiment envers sa femme et commença à argumenter sur des sujets banals. L'épouse pensait qu'un déménagement serait préjudiciable pour ses enfants, mais elle commit une injustice plus grande en créant une barrière dans son mariage.

Occasionnellement, un homme accordera crédit à sa femme pour avoir refusé de suivre ses décisions, lui évitant ainsi une erreur dramatique. Cependant, ne vous laissez pas confondre. Laissez votre mari aller selon sa volonté lorsque l'issue semble être glorieuse et il vous en remerciera. La femme prend un grand risque lorsqu'elle refuse de suivre les décisions de son mari. Personne ne peut en prévoir l'issue. Et n'oubliez pas cette règle : *Il est préférable qu'un homme suive son chemin et qu'il échoue de lui-même, plutôt que ce soit vous qui soyez dans son chemin et qui lui fassiez essuyer un échec.* J'aimerais maintenant revenir sur certains problèmes qu'éprouvent les femmes à suivre un homme :

Problèmes du patriarcat

1. Quand l'homme est mauvais : il y a certains cas où un père pourrait conduire sa famille à la corruption, pourrait l'encourager à tricher, à mentir, à voler, à être immorale, ou à suivre d'autres pratiques malsaines. Dans un tel cas, la femme aurait le devoir moral d'écarter les enfants du foyer, loin de ces influences malsaines. Si elle n'a pas d'enfants, elle a la même obligation envers elle-même de s'éloigner de ces actes destructifs.

Cependant, il ne faut pas se méprendre à ce sujet. Si l'homme a de bonnes intentions mais qu'en raison d'une certaine faiblesse, il n'a pas su maintenir les mêmes hauts standards que ceux de sa femme, qu'il néglige sa religion ou que, de toute autre façon, il est devenu un individu plus faible qu'elle, alors la femme devrait se munir de patience et garder intact son mariage. Il revient à l'épouse de déterminer si son mari est réellement mauvais ou simplement faible.

2. Quand l'homme est cruel : les mêmes conditions prévalent quand un homme est cruel avec ses enfants. S'il abuse d'eux au point de mettre en danger leur santé physique et morale, la femme a le devoir moral de se mettre dans le chemin de son mari et de protéger ses enfants même au péril de sa vie si c'est nécessaire. Si l'homme persiste dans sa cruauté, elle devrait éloigner les enfants du foyer, jusqu'à ce que son mari redevienne normal si c'est possible. Elle devrait bien sûr s'accorder la même protection.

Ici aussi, il ne faut pas se méprendre. Une femme peut penser que son mari est cruel alors qu'il est tout simplement ferme dans sa discipline envers les enfants. Les femmes sont portées à être plus douces que leurs maris dans la discipline, et c'est souvent une source de nombreux conflits dans le mariage. Mais à moins que vous ne soyez convaincue que votre mari porte réellement atteinte aux enfants, il est préférable que vous lui laissiez toute autorité. Les enfants grandissent dans le respect d'un père qui est ferme, alors qu'ils manqueront de respect pour un père mou. L'épouse apportera davantage à l'enfant en appuyant la discipline de son mari et en faisant front commun avec lui, que si elle tient ses positions et jette de la confusion chez l'enfant.

3. La crainte de la femme que son mari ne fasse des erreurs : une des vraies difficultés qu'éprouve une femme à suivre un homme est sa crainte qu'il ne fasse preuve d'un faible jugement qui pourrait entraîner des erreurs et des échecs, comme un manque d'argent, des problèmes, du regret, des déceptions et du malheur. Mue par cette crainte, elle est tentée de s'opposer aux projets et aux décisions de son mari, pensant qu'elle le sauve de graves erreurs. Un auteur chrétien, Orson Pratt, écrit à ce sujet :

« La femme ne devrait jamais préférer son jugement à celui de son mari, car si son mari a la volonté de bien faire, mais qu'il fait une erreur de jugement, le Seigneur bénira la femme pour avoir cherché à suivre les conseils de son mari ; car Dieu a placé l'homme à la tête de la famille, et Il ne justifiera pas une épouse qui méconnaît les instructions et conseils de son mari, car le péché de rébellion est plus grand que les erreurs dues à un manque de jugement ; par conséquent, elle pourrait être condamnée pour avoir élevé sa volonté contre celle de son mari... soyez obéissante et Dieu verra à ce que toutes les choses aillent bien, et Il corrigera les erreurs du mari en temps voulu...

la femme perdra l'esprit de Dieu si elle refuse d'obéir aux conseils de son mari. »

4. Quand l'homme hésite et s'embourde : un des problèmes qui existent parfois dans le régime patriarcal est lorsque l'homme hésite et n'arrive pas à prendre une décision ferme. Si l'homme est extrêmement prudent de nature, la femme devrait alors accepter ce trait caractéristique et apprendre à vivre avec lui. Très souvent, cependant, l'homme est mû par la crainte, toutes sortes de craintes que la femme doit comprendre. Une des craintes les plus courantes de l'homme est que ses décisions ne causent préjudice à sa famille. Par exemple, l'homme peut avoir le désir de retourner aux études pour compléter son éducation, mais il craint que cela ne menace la sécurité de sa famille. Si tel est le cas, sa femme peut l'encourager à suivre son idée en l'assurant qu'elle accepte volontiers de faire les sacrifices nécessaires. Une autre crainte courante chez l'homme est que ses décisions n'entraînent une perte d'argent ou de prestige. L'homme peut éprouver le fort désir d'élaborer des plans, mais manque de courage pour le faire. Si la femme peut détecter que ses craintes sont sans fondement, elle peut l'aider à développer sa confiance en lui et à prendre la bonne décision.

5. Quand l'homme ne veut pas mener : parfois, une femme aimerait beaucoup que l'homme prenne la tête du foyer. Elle aimerait s'appuyer sur un bras fort, mais l'homme recule. Dans un tel cas, la femme peut devenir frustrée et doit parfois assumer le leadership de la famille, par nécessité. Comment peut-elle l'aider à prendre sa place de chef ? D'abord, elle devrait lui lire les saintes Écritures qui le désignent comme leader. Elle devrait apporter comme argument que quelqu'un doit mener et qu'il est plus qualifié qu'elle pour le faire. Elle devrait lui faire savoir qu'elle ne veut pas mener et qu'elle a besoin de lui dans cette position. Ensuite, elle devrait lui offrir son loyal appui. Enfin, elle peut l'aider en se dévouant à son rôle domestique et en faisant un franc succès de ce rôle. En faisant de la sorte, elle définit plus clairement le partage des responsabilités de l'homme et de la femme. Elle devrait alors apprendre à être une bonne adjointe en suivant les suggestions suivantes :

Comment être l'adjointe parfaite

1. Laissez-le faire : la première chose à faire est de laisser l'homme prendre les rênes de la famille. Retirez-vous de la position de leadership. Laissez-le conduire et suivez-le. Cessez de lui donner des suggestions, des conseils, arrêtez de lui dire quoi faire et comment le faire. Si vous « le laissez faire », vous serez surprise de voir comment il peut bien cheminer sans vous. Cette attitude vous donnera confiance en lui et augmentera sa confiance en lui-même.

2. Ayez en lui une confiance de petite fille : être une bonne adjointe est largement une question de confiance. Il ne s'agit pas de la même confiance que celle que vous auriez en Dieu, car Dieu ne fait pas d'erreurs alors que l'homme en fait. Il vous faudra avoir égard à ses erreurs, croire en ses motifs et croire que son jugement d'ensemble est profond. C'est de cette façon que vous aiderez un homme à grandir, car rien ne pourra le faire se sentir plus responsable que la confiance enfantine qu'une personne mettra en lui.

Il arrive parfois que les décisions d'un homme défient toute logique. Ses plans peuvent n'avoir aucun sens pour vous et son jugement peut sembler tout à fait illogique. Peut-être ne l'est-il pas mais il y a de bonnes chances qu'il le soit. L'inspiration peut guider l'homme. Nous devons réaliser que les voies de Dieu ne suivent pas toujours la logique, pas plus que les décisions inspirées ne se matérialisent toujours favorablement ni ne conduisent toujours au succès. Dieu nous guide parfois directement vers l'échec ou les problèmes, dans un but sage mais peut-être inconnu. Nous devons tous, à un certain moment, « passer par l'épreuve purificatrice du feu », et Dieu a de mystérieux moyens de provoquer ces épreuves purificatrices. Mais si nous faisons notre devoir avec dévotion, nous pouvons généralement regarder en arrière et voir la main du Tout-Puissant veiller sur nos vies, et nous pouvons être reconnaissants de la façon dont les choses tournent.

Il y a des moments angoissants où une femme aimerait avoir confiance en son mari, où elle aimerait sentir qu'il est vraiment guidé par l'inspiration, mais elle ne le peut pas. Elle sent que la vanité, la fierté et l'égoïsme sont à la base des décisions de son mari et que celui-ci se dirige vers un désastre certain. Si l'homme ne veut pas l'écouter, que peut-elle faire pour prévenir cette tragédie ? Si vous ne pouvez croire en votre mari, vous pouvez toujours croire en Dieu et vous tourner vers Lui pour qu'Il vous donne Son aide. Il a placé votre mari à la tête de la famille et vous a commandé de lui obéir. Vous avez le droit de Lui demander Son aide. Si vous obéissez à votre mari et que vous priez pour que le bien prévale, les choses tourneront bien et de façon étonnante.

3. *Soyez souple* : une bonne adjointe est toujours souple et prête à ajuster sa vie aux circonstances, à suivre son mari là où il veut aller et à s'adapter aux conditions de vie qu'il lui donne. Il est le chef et doit être libre de tracer sa vie selon ses responsabilités de chef et de soutien de famille. Suivez les règles suivantes et vous trouverez plus facile de rester souple et de vous adapter :

A. N'ayez pas un paquet d'idées préconçues de ce que vous voulez de la vie, comme l'endroit où vous voulez vivre, le genre de maison, le style de vie, le niveau économique ou les projets pour les enfants. Ces idées peuvent s'opposer aux projets de votre mari, car il sent que ce sont ses projets qu'il doit mener à bien pour réussir dans son rôle d'homme. Je me souviens que dans ma jeunesse, j'avais beaucoup d'idées préconçues. Je voulais vivre dans une maison blanche à deux étages sise sur un acre de terrain, avec de grands arbres à feuilles à l'arrière, une cave remplie de barils de pommes, et aux abords d'une ville de 20 000 habitants. Mais je me suis rendu compte, au fil des années, que ce rêve m'enchaînait et m'empêchait d'être facile d'adaptation comme j'aurais dû l'être.

B. Faites que tous vos rêves soient adaptables : une femme devrait avoir des rêves, mais ceux-ci devraient être adaptables, de façon à ce qu'elle puisse être heureuse partout et en toutes circonstances, que ce soit au sommet d'une montagne ou dans un désert brûlant, que ce soit dans la pauvreté ou la richesse.

4. *Soyez obéissante* : l'obéissance est probablement la règle la plus importante pour être une bonne adjointe. Si vous êtes d'accord avec un homme, il est facile d'obéir ; mais si vous le désapprouvez, l'obéissance devient alors extrêmement difficile. C'est la *qualité* de l'obéissance qui compte. Si la femme suit son mari à contrecœur, se traînant les pieds à chaque pas, se plaignant d'avoir une corde autour du cou ou d'être mise aux

fers de la suprématie masculine, elle n'est pas digne de s'appeler une bonne adjointe. Malgré tout, son obéissance vaut mieux que la rébellion et mérite une certaine appréciation. Mais si elle suit son mari de plein gré, avec un esprit de pure soumission, Dieu la bénira et bénira son foyer, et un esprit d'harmonie viendra habiter sa maison comme il ne peut jamais en exister dans la maison d'une insoumise. Et son mari l'appréciera et sera adouci par son esprit de soumission.

5. Appuyez ses projets et ses décisions : une femme ne peut pas se laver les mains de toute responsabilité et se dire à elle-même : « Je vais laisser toute la responsabilité à mon mari », ni ne peut dire à son mari : « Fais ce que tu veux, ça ne me regarde pas. » L'homme a souvent besoin de l'appui sincère de sa femme. Il peut ne pas vouloir être seul à prendre une décision et à être responsable de l'issue. Il a besoin de l'appui sincère de sa femme dans des situations importantes. Cela amène la femme à participer, jusqu'à un certain point, au rôle de leadership, car elle aura à jeter un œil sur les projets et les décisions de son mari avant de lui offrir un appui sincère ; c'est une partie primordiale du rôle qu'elle a à jouer.

6. Lorsque la femme n'est pas d'accord : il vous sera plus difficile d'appuyer votre mari si vous n'êtes pas d'accord avec lui mais vous pouvez le faire, et vous pouvez le faire honnêtement. Vous n'êtes pas obligée d'approuver ses idées. En fait, vous pouvez montrer ouvertement votre désapprobation si cela vous fait vous sentir mieux. Ce qui est important, c'est que vous souteniez son rôle, son autorité et son droit de décider. Vous pouvez dire quelque chose comme : « Je ne suis pas d'accord avec ta décision, mais si tu penses que c'est correct, alors suis tes propres opinions et je t'appuierai. »

7. Faites front commun devant les enfants : une femme peut causer de sérieux problèmes si elle s'oppose ouvertement à son mari devant les enfants. Si elle a quelque opposition à exprimer, elle devrait s'entretenir en privé avec son mari. Avec les enfants, il est toujours avantageux pour un père et une mère de faire front commun. Une mère prendra souvent les enfants à part, espérant gagner leur faveur. En agissant de la sorte, elle leur refuse les faveurs de leur père. Un père sera peu disposé à céder à ses enfants quand c'est leur mère qui « plaide leur cause ». Voici une expérience qui expliquera clairement ce que je veux dire. C'est le cas d'une jeune fille qui voulait aller à un collège en particulier, mais son père refusait. La mère était « du côté de sa fille », mais elles n'ont pas pu le faire changer d'idée. Je dis à la jeune fille de rentrer chez elle et de dire à sa mère de se mettre du côté de son père et d'y rester. Ensuite, je demandai à la jeune fille de dire à son père qu'elle respectait sa position et qu'elle ferait ce qu'il désire, mais qu'elle aimerait beaucoup aller à une certaine école. La jeune fille suivit mes instructions, et aussitôt que le père sentit l'appui de sa femme et de sa fille, il consentit sur-le-champ.

8. *Soutenez vos droits* : les points que nous venons de voir pour être une bonne adjointe sont toutes des qualités de soumission ; abandon, confiance, souplesse, obéissance et soutien, que vous soyez d'accord ou non. Il y a toutefois des occasions où la femme devrait *nettement s'exprimer*. Quand elle a un vif sentiment par rapport à une issue importante, elle devrait pouvoir l'exprimer. Ceci peut être fait clairement et, si nécessaire, fermement, mais ce doit être fait d'une manière féminine, comme je l'expliquerai maintenant :

La conseillère féminine

Un homme a besoin d'une femme à ses côtés, non seulement pour le supporter, mais parfois aussi pour le conseiller. Le chah Jahan s'est tourné maintes et maintes fois vers Mumtaz pour avoir ses conseils. Et David Copperfield a senti un grand vide dans sa vie parce qu'il n'avait personne vers qui se tourner. « J'ai parfois senti, dit-il, que j'aurais désiré que ma femme fût ma conseillère, qu'elle fût dotée du pouvoir de combler ce vide qui semblait m'accabler par moments. »

Les femmes ont des dons spéciaux à offrir à un homme en tant que conseillères, dons de *perspicacité et d'intuition*, qui sont uniques à leur sexe. Elles peuvent être des fontaines de sagesse. Elles ont aussi une *perspective* de la vie de l'homme que personne d'autre n'a. Une femme est proche de son mari, même si elle est quelque peu en retrait. Elle est près du centre des activités de sa vie, même si elle reste en arrière d'un pas ou deux. Elle a une vue plus large de son mari qu'il n'en a de lui-même. Elle prend soin de lui plus que quiconque et est toujours prête à faire quelques sacrifices. Quoiqu'elle puisse avoir des connaissances limitées, ses conseils sont plus dignes de confiance que ceux des autres, étant donné la perspective qu'elle a de la vie de son mari.

Il y a cependant quelques exigences générales pour être une bonne conseillère. D'abord, il est important que vous abandonniez toute habitude de donner *quotidiennement conseils et suggestions*. Gardez vos opinions pour des occasions spéciales, lorsqu'elles seront extrêmement importantes. De cette façon, vos paroles auront plus de signification et plus de poids. Si votre mari n'entend que rarement vos idées ou s'il vous les demande, il sera ainsi plus prêt à les écouter et à les apprécier.

Ensuite, vous devrez éliminer *toute pensée négative*, c'est-à-dire cette tendance à avoir des doutes ou des craintes sans fondement, ou cette tendance à être beaucoup trop prudente ou angoissée. Si vous avez cette habitude, il serait mieux que vous vous absteniez de donner tout conseil tant que vous n'aurez pas éliminé cette tendance. Vos conseils peuvent lui faire grand tort ou lui faire garder sa position. Vous pouvez vaincre cette habitude en lisant de bons livres sur le sujet, tels que *The Power of Positive Thinking* du docteur Peale, ou *Psycho-Cybernetics* du docteur Maltz. Il y en a beaucoup d'autres. Surmontez cette habitude, ou vous ne serez jamais une conseillère de valeur. Seulement la pensée positive fait d'une femme une bonne conseillère.

Enfin, une bonne conseillère doit avoir *quelque chose d'estimable et de digne à donner*. Elle doit avoir de l'intelligence, de la sagesse et doit être guidée par un bon caractère ou des qualités spirituelles. Elle doit aussi avoir quelques connaissances du monde, non pas dans le but de surpasser les connaissances de l'homme, mais pour devenir son *supplément*. C'était la qualité qui manquait à Dora. Elle était incapable de donner un conseil à un homme, parce qu'il lui manquait trop de qualités et de connaissances, en elle-même. Cependant, les qualités pour être une bonne conseillère se cultivent. Nous pouvons acquérir des connaissances, de la sagesse et un bon caractère, et nous habituer à être de bonnes conseillères. Lorsque nous donnons des conseils, nous devons suivre quelques grandes règles, telles qu'exposées ici :

Comment donner des conseils d'une manière féminine

1. *Posez des questions qui ont du poids*: une façon subtile de donner un conseil est de poser des questions prépondérantes, telles que: «N'as-tu jamais pensé de le faire de cette façon ?» ou «As-tu examiné la possibilité de...?» Le mot clé est «*tu*». De cette façon, vous lui laissez voir que les idées que vous amenez sont les siennes. L'homme pourra répliquer : « Oui, j'y avais pensé », dans quel cas, s'il met cette idée en pratique, il prétendra invariablement que cette idée est la sienne. Ou il dira : « Non, mais je vais l'examiner. » D'une façon ou d'une autre, vous aurez émis une idée qu'il mûrira dans sa tête ; et s'il l'adopte, il aura l'impression d'en avoir été grandement responsable.

2. *La perspicacité* : quand vous exprimerez votre point de vue, utilisez des mots perspicaces tels que « Je sens ». Évitez les mots « Je pense » ou « Je sais ».

3. *Ne laissez pas voir que vous en savez plus que lui* : ne soyez pas la femme tout avisée ou toute connaissante qui a réponse à tout et qui surpasse l'homme en intelligence. Si votre mari a tâtonné aveuglément sur le sentier de la vie et qu'il se tourne finalement vers vous en quête de conseils, ne lui donnez pas l'impression que « vous saviez tout ce temps ce qu'il aurait dû faire », et ne vous étonnez pas qu'il n'aie pas su mieux quoi faire. Ne tracez pas pour lui une ligne d'actions à suivre, n'analysez pas ses problèmes trop étroitement, ne lui posez pas trop de « pourquoi », ou ne lui donnez pas trop de suggestions, car ces attitudes donnent l'impression que vous pensez que vous en savez plus que lui.

4. *Ne soyez pas maternelles* : ne prenez pas cette attitude maternelle : « Tiens, mais c'est mon pauvre petit garçon qui a de la difficulté à faire son chemin, et je dois venir à sa rescousse et l'aider. »

5. *Ne parlez pas d'homme à homme* : ne « discutez » pas comme font les hommes et par conséquent, ne vous placez pas sur un pied d'égalité avec lui. Ne dites pas des choses comme : « Venons-en à certaines conclusions. » ou « Pourquoi n'examinerions-nous pas cela encore une fois ? » ou « Je pense que j'ai cerné le problème. » N'oubliez pas qu'en donnant un

conseil à un homme, vous devez le laisser en position dominante, de façon à ce qu'il se sente indispensable et compétent en tant que leader.

6. Ne vous montrez pas plus brave que lui : si vous donnez un conseil à un homme sur un sujet qui le remplit de terreur, ne faites par l'erreur de vous montrer plus brave que lui. Supposez, par exemple, qu'il veuille créer de nouvelles affaires, ou changer d'emploi, ou demander une augmentation de salaire, ou mettre à l'essai une nouvelle idée. En le conseillant, ne dites pas courageusement : « Pourquoi hésites-tu ? » ou « Il n'y a de raisons d'avoir peur. » Dites plutôt : « Oh, chéri, je sais exactement comment tu dois te sentir. Il y a tellement de difficultés qui entrent en ligne de compte. Tu as bien raison d'être hésitant. Comment peux-tu supporter une si lourde responsabilité ? » Une telle humilité et une telle douceur de votre part éveilleront probablement son courage d'homme et lui feront dire : « Ce n'est pas si lourd. Je pense que je peux affronter la situation. » Toutes les fois qu'un homme sent qu'une femme est craintive, cela contribue à éveiller son courage masculin.

7. N'ayez pas d'opinions inébranlables : si vous voulez donner des conseils d'une manière féminine, n'ayez pas d'opinions inébranlables. Ne parlez pas avec de fortes convictions, d'une façon qu'il se sentira obligé de prendre votre conseil. Vous ne feriez que menacer son droit de décider par lui-même.

8. N'insistez pas pour qu'il fasse les choses à votre façon : prenez une attitude dégagée, c'est-à-dire laissez l'homme prendre ce qu'il veut de votre conseil. N'utilisez ni pression, ni force, car ce serait menacer son droit de décider par luimême. Et n'oubliez jamais : Il est *préférable qu'un homme suive son propre chemin et qu'il fasse une erreur de lui-même, plutôt que ce soit vous qui soyez dans son chemin et qui lui fassiez essuyer un échec.*

Récompenses

Comme nous achevons de parler du rôle de l'homme en tant que guide, j'aimerais souligner quelques points importants.

D'abord, n'oubliez pas le grand principe directeur, c'est-à-dire qu'un homme a besoin de fonctionner et d'exceller dans son rôle masculin de leader. Puis, pour l'aider à se réaliser dans ce rôle, restez en dehors de son rôle d'homme et aidez-le à se sentir indispensable et compétent en tant que chef. Je voudrais souligner aussi qu'il y a de grandes récompenses à mettre le père à la tête du foyer.

D'abord, un foyer où le père préside est une maison organisée. Il y a moins d'argumentation et de discorde, et plus d'harmonie. Prendre la tête du foyer permet aussi à l'homme d'accroître sa masculinité. Il acquiert, par nécessité, les traits de fermeté, d'esprit de décision, de confiance en lui et un sentiment de responsabilité. La femme aussi en bénéficie. Comme elle est soulagée du fardeau de leadership familial, elle est dégagée d'une certaine inquiétude et d'une certaine angoisse, et elle est libre de fonctionner plus pleinement dans son rôle domestique, de mettre son esprit et son cœur à des tâches et des arts féminins, et de réussir dans sa carrière au foyer.

Les enfants qui grandissent dans un foyer où la parole du père est loi apprennent d'instinct à respecter l'autorité à l'école, à l'église ou dans la société tout entière. Dans un monde où les hommes mènent, il y a moins de crimes, moins de violence, moins d'agitation, moins de divorces, moins de problèmes sociaux et moins d'homosexualité. Il y a des mariages plus heureux, des foyers plus heureux et donc, des gens plus heureux. Si le patriarcat pouvait être étendu à tout l'univers, nous vivrions certainement dans un monde de loi et d'ordre. Les récompenses du patriarcat ressortent clairement dans les expériences suivantes :

Je conseillais toujours mon mari

« Pendant des années, j'ai essayé de mener mon mari. Il a toujours travaillé à son compte et ses affaires étaient parfois fructueuses, parfois infructueuses. J'étais toujours là à "le conseiller" d'une façon ou d'une autre, jusqu'à ce qu'un jour, je tombe malade au lit ; à ce moment, une amie me prêta *L'univers fascinant de la femme* pour que je le lise. Le lendemain, j'appelai mon mari dans la chambre à coucher et lui dis : *Chéri, je veux que tu saches que j'ai mal agi tout ce temps. Je suis navrée. Je vais essayer de ne jamais plus t'énerver. Tes décisions sont les tiennes. Je ne peux pas te dire combien je suis désolée pour ces années passées.* Il était assis sur le lit. Il se mit la tête dans les mains et pleura. *Tu ne sauras jamais ce que tes paroles peuvent signifier pour moi*, dit-il »

J'étais du type autoritaire

« Après 15 ans de vie conjugale, et après avoir eu trois magnifiques enfants, notre mariage était en sérieuses difficultés... jusqu'à ce que ma sœur me prête une copie de *L'univers fascinant de la femme*. Ma première réaction fut de dire que cela pouvait marcher pour les autres mais que ça ne réglerait pas mes problèmes. Nous avions depuis longtemps oublié de nous faire de petites courtoisies que nous nous faisions lors de nos fréquentations et au tout début de notre mariage... Depuis un certain temps, nous avions même parlé de divorce. J'étais du type autoritaire. Pas une seule fois en toutes ces années, mon mari ne me présenta aux gens en m'appelant sa femme ; il disait toujours "la petite femme", "la petite mère", ou même pire, "le patron".

« Voulant faire quelque chose pour essayer de sauver notre mariage, je commençai à mettre en application *L'univers fascinant de la femme*, que j'avais commencé à lire, et à ma grande surprise, des changements apparurent. Imaginez l'émotion que je ressentis quand, en compagnie de nouvelles connaissances, mon mari dit fièrement : J'aimerais vous présenter ma femme. C'était comme une musique dans ma tête. Maintenant, où que nous allions, il lui semble qu'il ne dit pas "ma femme" assez souvent. Notre maison est désormais un foyer heureux. Les enfants sont plus réfléchis et plus heureux ; mon mari a même commencé à m'apporter des friandises et des fleurs, et à me dire qu'il m'aime vraiment. L'amour règne en souverain absolu. Je bénis le jour où j'ai entendu parler de *L'univers fascinant de la femme* et je désire faire connaître partout où je le peux ses nombreux bénéfices. »

Le champ de bataille

« Pendant douze ans, je me suis toujours tenue sur la ligne de front du champ de bataille de notre mariage. Je luttais jour après jour pour obtenir ce que je voulais du mariage, et cela m'a pris toutes mes énergies. Je n'en retirai que fatigue du combat, psychose traumatique, tension nerveuse, amertume et ressentiment, car je ne gagnai aucune victoire, même pas la plus petite. Je perdais constamment du terrain. Il me semblait que je portais tous les ennuis, le prix et la responsabilité de cette guerre, et nos enfants, innocents de tout cela, étaient ceux qui souffraient. Après douze ans, je sentais que je ne pouvais tout simplement plus continuer comme cela pendant longtemps, et c'est alors que je fus invitée à assister à un cours de *L'univers fascinant de la femme*.

« Maintenant, j'ai abandonné ma guerre pour lutter pour la paix ; la tension et la fatigue n'existent plus ; je suis heureuse et rassurée. Je peux de nouveau assumer mes responsabilités domestiques avec la joie au cœur, car je me suis départie de responsabilités qui ne sont pas miennes. En suivant les principes de *L'univers fascinant de la femme*, j'ai gagné plus de victoires en quatre mois que je n'en avais jamais gagné en douze ans et ce, sans livrer une seule bataille. J'ai gagné des choses sans même les demander. Je me sens aimée et chérie, et c'est merveilleux. Même mon apparence a changé : mon visage resplendit d'une nouvelle lumière, un nouveau scintillement illumine mon regard et une nouvelle joie rayonne de mon for intérieur. Mes amies me complimentent en me disant combien je parais jolie.

« Auparavant, mon mari faisait des plans pour construire, non pas attenant à la maison mais attenant au garage, un appartement de célibataire où il pourrait se réfugier. Les plans incluaient un foyer, une porte-fenêtre avec un panorama magnifique, une baignoire Jacuzzi, une table de billard, un bar, un téléviseur couleurs, etc. Au lieu de cela maintenant, il dessine des plans pour réaménager notre maison ; ces plans incluent une immense pièce familiale avec foyer, une nouvelle chambre à coucher pour nous (depuis six ans, mon mari dormait sur le divan), une salle de lavage avec laveuse et sécheuse et une pièce pour coudre et repasser. »

Comment être l'adjointe parfaite

1. Laissez l'homme tenir les rênes du foyer.
2. Ayez en lui une confiance de petite fille.
3. Soyez souple.

   A. N'ayez pas d'idées préconçues.

   B. Faites que vos rêves s'adaptent partout et en toutes circonstances.
4. Soyez obéissante.
5. Appuyez ses projets et ses décisions.
6. Quand vous n'êtes pas d'accord, reconnaissez et appuyez son « droit de décider ».
7. Faites front commun avec lui en présence des enfants.
8. Soutenez vos droits.

Comment donner des conseils d'une manière féminine

1. Posez des questions qui ont du poids.
2. Employez des mots perspicaces comme « Je sens ».
3. Ne laissez pas voir que vous en savez plus que lui.
4. Ne soyez pas maternelle.
5. Ne parlez pas d'homme à homme.
6. Ne vous montrez pas plus brave que lui.
7. N'ayez pas d'opinions inébranlables.
8. N'insistez pas pour qu'il fasse les choses à votre façon.

N'oubliez pas : il est préférable qu'un homme suive son propre chemin et qu'il échoue de lui-même, plutôt que ce soit vous qui soyez dans son chemin et qui lui fassiez essuyer un échec.

Exercice

Si votre mari n'a pas été le leader qu'il devait être, lisez-lui les passages des saintes Écritures cités en début de chapitre. Dites-lui alors : « Je crois en la vérité de ces choses, et toi ? » S'il est intéressé, lisez-lui des parties de *L'univers fascinant de la femme* (le chapitre 8), et discutez avec lui de son rôle de guide, de protecteur et de soutien de famille, et spécialement de son rôle de leader. Dites-lui quelque chose comme : « Je veux t'appuyer dans ton rôle de chef et je veux être une bonne adjointe. J'appuyerai tes projets et tes décisions même si je peux ne pas être toujours d'accord. Je veux te laisser faire ce qui revient à l'homme, et je serai ainsi plus féminine. »

CHAPITRE IX

L'HOMME, LE PROTECTEUR

Caractéristique no 6 : Le besoin de l'homme de fonctionner dans son rôle d'homme (en tant que protecteur), de se sentir nécessaire dans ce rôle et de surpasser la femme dans cette responsabilité d'homme.

Quand nous examinons la nature de l'homme, nous pouvons voir qu'il a été créé pour être le protecteur de sa femme et de ses enfants. Les hommes sont plus grands, ils ont des muscles plus puissants et une endurance physique plus grande que les femmes. Les femmes, par ailleurs, sont plus délicates, plus fragiles et plus faibles que les hommes. Elles sont comme une machine de haute précision créée pour les tâches les plus délicates, fonctionnant avec douceur et efficacité lorsque utilisée dans un but précis. Les hommes sont dotés de courage pour affronter les dangers, tandis que les femmes sont enclines à avoir peur devant les dangers.

Contre quoi les femmes ont-elles besoin d'être protégées ?

De tous les temps, les femmes ont eu besoin d'être protégées contre les *dangers*, le *travail pénible* et les *difficultés de la vie.* Au tout début de l'Histoire de notre pays, les conditions difficiles dans lesquelles les gens étaient forcés de vivre rendaient nécessaire la protection masculine. Il y avait des dangers partout. Les Indiens sauvages, les bêtes féroces et les serpents créaient des situations qui exigeaient le courage et l'habileté des hommes. Les femmes avaient aussi besoin de protection quand il s'agissait de travaux pénibles qui dépassaient leur capacité, les durs travaux des champs, les manœuvres de traction et d'élévation des objets lourds et toutes choses requérant force et endurance masculines.

La protection dont elles ont besoin aujourd'hui.

1. Contre les dangers : le plus grand danger qui guette les femmes aujourd'hui est l'assaut sexuel et, en relation avec celui-ci, la menace de la vie même. La plupart d'entre nous sont conscientes du nombre tragique de cas où des femmes ont été violées et même tuées. C'est un danger réel qui menace toutes les femmes, dont nous ne pouvons nous cacher la réalité et que nous devons affronter.

Il y a aussi de *faux* dangers mais qui effraient tout de même les femmes. Aussi amusant que cela puisse paraître, les femmes ont encore peur de choses telles que les éclairs, le tonnerre, les bruits étranges, les araignées, les souris et même l'obscurité. Il est invraisemblable que ces choses puissent faire du tort à une femme. Mais que le danger soit réel ou non, *si la femme pense qu'il est réel*, elle sentira toujours le besoin de la protection masculine. Et l'homme, s'il doit être son protecteur, fera ce qu'il faut pour calmer ses craintes.

2. Le travail pénible : en raison de sa faible structure physique, la femme a besoin de la protection de l'homme pour effectuer des travaux pénibles, comme lever des objets lourds, déplacer des meubles, tondre le gazon, peinturer, réparer de l'équipement mécanique, faire de la menuiserie et pour tout autre travail ardu. Ces travaux pénibles peuvent mettre en danger la santé physique d'une femme et abaissent ses qualités féminines.

3. Les difficultés de la vie : il y a plusieurs difficultés que les femmes doivent affronter seules : échecs dans les choses faites à la maison, erreurs dans l'administration du ménage, problèmes avec l'éducation des enfants, déceptions. Une femme doit faire face à tout cela calmement, sans attendre que son mari vienne à sa rescousse. Mais il y a des difficultés d'un type différent pour lesquelles elle a besoin de l'aide de son mari. Ce sont, par exemple, les pétrins financiers, les créanciers voraces et toute chose concernant des gens qui sont menaçants, offensifs, ou qui imposent ou exigent des choses déraisonnables. On retrouve ici « la jeune fille en détresse » qui compte sur la chevalerie masculine. Les femmes sont portées à être émotives et moins objectives que les hommes quand elles ont à faire face à ce genre de dangers. C'est pour cette raison qu'elles ont besoin que les hommes interviennent et prennent la situation en main.

Les erreurs que font les femmes

Les femmes d'aujourd'hui ne comptent pas toujours sur la protection des hommes. On les voit s'aventurer seules dans les rues sombres, faire seules de longues distances en automobile et même faire de l'auto-stop. Les femmes de notre génération sont devenues indépendantes, fortes, habiles et capables « de tuer elles-mêmes le serpent qui les effraie ». On les voit faire de durs travaux, lever de lourds objets, réparer des automobiles, changer des pneus, conduire de la machinerie lourde, réparer le toit, faire la menuiserie et remplir beaucoup d'autres tâches masculines. Dans le monde du travail, les femmes réclament des emplois d'homme. Elles remorquent les billots de bois, conduisent des camions et grimpent dans les échafaudages. Nous voyons des femmes policiers, des femmes travaillant l'acier, des femmes pilotes et même des femmes ingénieurs. Elles prouvent à longueur de jour, par leur force et leur capacité, qu'elles n'ont pas besoin du soin et de la protection des hommes, qu'elles sont très capables de prendre soin d'elles-mêmes.

Les femmes affrontent aussi le monde des difficultés. J'ai connu une femme qui aidait son mari dans son épicerie. Quand un compétiteur construisit une épicerie plus grande de l'autre côté de la rue, la sienne fut presque réduite à la banqueroute. Sa femme fut l'héroïne de la situation : elle affronta les créanciers en colère et mena les batailles financières. Mais où était le mari ? En arrière-plan, bien sûr. Sa femme n'avait évidemment pas besoin de lui. Elle était capable de faire face elle-même à la situation.

Une situation semblable caractérise un couple qui avait acheté une maison qui devait être libérée à une date précise. Quand vint le temps d'entrer en possession de la maison, les anciens propriétaires refusèrent de déménager. Après que la femme leur eut livré bataille pendant quelques semaines, les occupants se fâchèrent et dirent : « Nous resterons ici jusqu'à ce que la construction de notre nouvelle maison soit finie, et vous ne pouvez rien faire, sauf de nous amener devant les tribunaux. » Dans ce cas, c'est la femme qui avait amorti les difficultés. Le mari s'était retiré à l'arrière-plan, étant donné que sa femme semblait qualifiée pour livrer cette bataille.

Il est difficile de décrire avec quelle gravité les femmes escroquent aux hommes leur masculinité, en devenant indépendantes. Une femme compétente est comme une menace à l'ego mâle, une menace à son statut et à ses capacités d'homme. Quand un homme entre en contact avec ce type de femme capable de faire son chemin sans l'aide des hommes, il ne se sent plus tellement un homme. C'est une sensation déplaisante qu'il ne tient pas à revivre.

La femme qui devient indépendante y perd elle aussi. Comme elle doit acquérir de l'autosuffisance, elle est sujette à perdre quelques-uns de ses charmes féminins. Une femme *féminine* est *dépendante* de la protection des hommes. En amoindrissant son besoin de l'homme, elle amoindrit sa féminité. En voyant cette génération de femmes indépendantes, qui sont capables d'agir d'elles-mêmes dans ce monde, il n'est pas surprenant de voir que les hommes manquent de respect envers elles et qu'ils n'ont plus de courtoisie comme ils en avaient il y a une génération.

Les hommes aiment protéger les femmes

La chose importante qu'il ne faut pas oublier est la suivante : les hommes *aiment* protéger les femmes. Par conséquent, n'allez pas croire que ce soit une corvée pour l'homme de protéger une femme féminine et dépendante. Une des sensations les plus agréables qu'un véritable homme peut expérimenter est la conscience de sa puissance à offrir une protection masculine. Dérobez-lui cette sensation supérieure de force et d'habileté, et vous lui volez sa masculinité.

Ce désir inné de protéger la femme est évident dans le sentiment que nourrissait John Alden pour Priscilla : « Ici, par amour pour elle, je resterai, et comme une présence invisible, je veillerai sur elle pour toujours, la protégeant et soutenant sa fragilité. » Et Victor Hugo fit aussi connaître son désir de protéger la femme qu'il aimait, quand il dit : « Mon devoir est de me tenir près d'elle, d'envelopper sa vie de la mienne, de lui servir d'écran contre tous les dangers ; de lui offrir ma tête en guise de marchepied, d'être sans cesse entre elle et les afflictions... si elle consentait seulement qu'à s'appuyer sur moi, à l'occasion, au milieu des difficultés de la vie. » Ce genre de courtoisie est-il mort ? Les tendres soins et la protection qu'offraient John Alden et Victor Hugo existent-ils encore aujourd'hui ? Voyons-nous encore des hommes errant autour de leurs femmes, protégeant leur faiblesse, les défendant et leur servant de barrière contre les dangers ? Si la courtoisie est morte, ce sont les femmes qui l'ont tuée. S'il en est ainsi, ce sont également les femmes qui peuvent la faire revivre. Examinons ce que nous pouvons faire à ce sujet :

Comment éveiller la courtoisie

Si vous voulez éveiller en l'homme le désir de vous protéger, la première chose que vous devez faire est d'arrêter de faire les travaux difficiles. Cessez de tondre le gazon, de réparer le toit ou la fournaise, de peinturer la clôture, etc. Cessez de faire tout ce qui exige force, performance et habileté masculines. Ensuite, laissez l'homme faire des choses pour vous. Laissez-le vous ouvrir les portes, porter les sacs d'épicerie, vous offrir son bras à une intersection de rue achalandée. Accordez-lui du temps pour le faire. Hésitez à un coin de rue. Montrez-lui de toutes sortes de façons que vous avez besoin de lui. S'il ne vous offre pas son aide pour déplacer le sofa ou pour porter la commande d'épicerie, alors demandez-le lui.

Ensuite, vous devrez éliminer toute tendance à être *indépendante* et à être *compétente* dans ce qui est spécifiquement du ressort de la compétence masculine. Vous devrez aussi arrêter de livrer les batailles de la vie sans lui et cesser de faire seule de longs voyages en automobile. Le transport aérien semble plus sûr de nos jours, si le transport à votre destination est assuré après que vous avez quitté l'avion. Le transport par automobile comporte trop de dangers de bris mécaniques, ce qui laisserait la femme sans aide et dans une situation dangereuse.

Et assurez-vous de ne pas oublier la caractéristique numéro 6 : le besoin de l'homme de fonctionner dans son rôle et de surpasser la femme dans ce rôle d'homme. Ainsi, vous aurez *besoin de lui* comme votre protecteur, vous l'aiderez à se sentir nécessaire et vous n'aurez pas à le surpasser dans ce qui requiert sa force et son habileté masculines. La *féminité* est la qualité la plus importante pour éveiller la courtoisie. La masculinité répond à la féminité, tel qu'illustré dans cette lettre qui me fut envoyée :

Charmes féminins

« J'ai été élevée sur une ferme où j'ai travaillé comme un garçon, jardinant, faisant le ménage, etc. Je n'ai jamais eu de ces fantaisies typiquement féminines et je pensais toujours que ces choses n'étaient pas nécessaires. Parfums, vernis à ongles, fards à paupières, lingerie en dentelle étaient pour ces femmes capricieuses de la ville qui ne faisaient rien d'utile et qui n'aidaient pas leurs maris.

« J'épousai mon mari avec l'idée de faire quelque chose de bien de lui. Je pensais qu'il devrait apprécier mes efforts. avait largement été dominé par son père et il prenait mes manières autoritaires sans commentaires. Entre son père et moi, il n'a jamais eu vraiment la chance d'être lui-même. Je me sentais responsable de ce qu'il faisait et de ce qu'il me laissait faire.

« Je me faisais du souci au sujet de l'argent et de l'église. Il achetait joyeusement tout ce qui lui plaisait, signait des chèques et s'endettait. Sa famille n'était pas religieuse, la mienne l'était. J'ai essayé de l'entraîner à l'église mais il me gênait en se montrant ennuyé, etc. Et il gardait quelques mauvaises habitudes qu'il m'avait promis d'abandonner avant notre mariage.

« Malgré cela, notre mariage était assez bon. Nous étions amoureux et nous pensions que nos problèmes étaient normaux. Mais nos querelles devenaient de plus en plus fréquentes et violentes. L'argent était notre principal sujet de dispute, allié à son refus de me donner les choses que je pensais qui m'étaient dues.

« Mon souci de l'argent me fit vieillir avant le temps. Mon mari refusait de se trouver un bon travail ; il avait été congédié d'un excellent emploi. J'essayais de faire un budget avec ce qui restait de "ses dépenses hebdomadaires et des chèques qu'il signait". J'éloignais courageusement les créanciers et les payais secrètement. J'ai même laissé mes trois jeunes enfants pour aller travailler.

« Mais tandis que je travaillais, lui dépensait encore plus d'argent sur la nourriture pour le chien, sur la crème glacée, le cola, les festins pour ses copains, les réparations de l'auto, l'essence, etc., à un point tel que nos chèques de loyer étaient sans provision ; à la fin, nous étions en déficit de près de $300. À l'allure où allaient les choses, la séparation était inévitable. J'avais planifié de quitter mon mari dès que les enfants iraient à l'école.

« À peu près à cette période, il commença à se dévouer pour les scouts, sur mon insistance. Très tôt, nous avons commencé à "en avoir par-dessus la tête des scouts". Mon mari passait tellement de temps avec eux que c'est à peine si on le voyait à la maison. Il ne tint pas sa promesse de venir avec moi et les enfants au parc d'amusements pour aller faire une excursion à pied avec les scouts.

« Au moment où les cours sur *L'univers fascinant de la femme* commençaient, j'avais entrepris un cours de chant une fois par semaine. J'avais décidé de ne pas suivre le cours sur *L'univers fascinant de la femme* parce que je pensais que je serais trop souvent absente de la maison le soir.

« Le soir de mon premier cours de chant, mon mari avait décidé de rester à la maison pour peinturer le plancher du porche arrière. Lorsque je revins à la maison, je réalisai qu'il avait demandé à trois scouts de faire le travail de peinture pour qu'ils puissent obtenir leur insigne de mérite "en peinture de plancher". Ils n'avaient pas seulement peinturé le plancher mais ils avaient éclaboussé les murs. C'était atroce à voir et j'étais furieuse ! Je dis à mon mari que puisqu'il était si content de ne pas m'avoir à la maison pour pouvoir être avec les scouts, je suivrais les cours de *L'univers fascinant de la femme* le prochain soir. Et c'est de cette façon que je connus *L'univers fascinant de la femme*, sans lequel je sais que nous serions maintenant séparés.

« Mon mari est maintenant un homme changé. Je n'ai jamais été si merveilleusement heureuse. Liberté, acceptation, louanges, charmes féminins et amour, tels sont mes secrets.

C'est vraiment agréable d'être une femme féminine. Jusqu'ici, je me suis presque totalement réalisée.

« Mon mari a maintenant un excellent travail qu'il aime beaucoup, et il fait plus dans une semaine qu'il n'avait coutume de faire en deux semaines. Son amour et sa considération pour moi ont doublé et cela transparaît dans tout ce qu'il fait. Il est romantique comme un enfant d'école. Il m'apporte des présents, m'aide à faire la vaisselle (à l'occasion) et notre vie amoureuse est merveilleuse. Je ne pouvais demander davantage. »

Exercice

Dites-lui : « Je suis contente d'avoir un homme fort pour me protéger. Je pense qu'il me serait difficile de passer à travers la vie sans toi. » Si vous avez besoin de lui pour soulever quelque chose, dites quelque chose comme : « Me prêterais-tu, s'il te plaît, un petit peu de ta force masculine ? »

CHAPITRE X

L'HOMME, LE SOUTIEN DE FAMILLE

Caractéristique no 6 : Le besoin de l'homme de fonctionner dans son rôle d'homme (en tant que soutien de famille), de se sentir nécessaire dans ce rôle et de surpasser la femme dans cette responsabilité d'homme.

Depuis l'aube des temps, l'homme a été reconnu comme étant le soutien de famille. Le premier commandement qui lui fut donné est : *À la sueur de ton visage, tu mangeras ton pain jusqu'à ce que tu retournes au sol.* (Gen. 4;19) Ce commandement a été donné non pas à la femme, mais bien à l'homme. La femme a été instruite de *mettre au monde les enfants*. C'est depuis ce temps que les devoirs de l'homme et ceux de la femme ont été divisés. Cet arrangement a été perpétué par la tradition, les mœurs et même par les tribunaux. Les hommes sont toujours tenus de payer une pension alimentaire dans le cas de divorces. Toutefois, il est important de suivre ce principe non pas parce que c'est la coutume ou la loi mais parce que c'est un commandement de Dieu.

Il y a une autre raison pour laquelle c'est l'homme qui devrait gagner la vie et c'est une question d'accomplissement masculin. Gagner la vie, prendre sur ses épaules ce fardeau et en être seul responsable appartiennent de façon innée à la fierté masculine. Avoir du succès dans ce domaine de la vie est pour l'homme une réalisation comme c'en est une pour la femme « d'entretenir la flamme du foyer » et de rendre celui-ci agréable pour ceux qu'elle aime. Il est très émouvant de faire le portrait de l'homme faisant son chemin dans le monde, suant, peinant et luttant contre les éléments et les obstacles de la vie pour rapporter à la maison les nécessités et les agréments de celle-ci à ceux qu'il aime. Tout cela est une partie importante de l'accomplissement d'un homme. Privez-le de cette lutte et vous lui volez sa fierté d'être un homme.

L'homme ne tire pas seulement fierté de son *gagne-pain*, mais il a aussi besoin de *se sentir nécessaire* dans cette responsabilité, de sentir que sa femme dépend de lui pour le support financier et qu'elle ne pourrait pas s'en sortir sans lui.

Il a aussi un besoin inné de *surpasser la femme* dans cette responsabilité. Cela signifie que dans le monde du travail, l'amour-propre d'un homme serait menacé si une femme devait avoir un meilleur travail que lui, ou si elle devait avoir une position plus élevée que lui, ou si elle devait rapporter à la maison un chèque de paye plus gros, ou même si elle devait être égale à lui. Il se sentirait menacé non seulement par sa propre femme, mais par toute autre femme. Gardez à l'esprit la caractéristique numéro 6 : le besoin de l'homme de fonctionner dans son rôle d'homme en tant que soutien de famille et de surpasser la femme dans ce rôle.

Qu'est-ce qu'un homme devrait apporter aux siens ?

On trouve une excellente description de ce qu'un homme devrait apporter aux siens dans le livre de mon mari : *Une main de fer dans un gant de velours*[1], qui fait le portrait de l'homme idéal. « En quelques mots, l'homme devrait apporter les nécessités. C'est-à-dire la nourriture, le vêtement et un toit, plus quelques agréments et commodités. Il est important que l'homme procure aux siens un toit individuel, c'est-à-dire séparé de toute autre famille. C'est important au nom de l'intimité et pour permettre à l'épouse de faire de sa maison un foyer comme elle l'entend. Peut-être est-ce la raison pour laquelle Dieu, immédiatement après avoir créé l'homme, donna cette instruction particulière : C'est *pourquoi l'homme quitte son père et sa mère et s'attache à sa femme, et ils deviennent une seule chair.* (Gen. 2;24) »

Quoique l'homme soit lié par l'obligation sacrée de fournir les nécessités, il n'est cependant pas lié par une telle obligation de procurer des *articles de luxe*. Les femmes et les enfants ne sont pas en droit d'exiger luxe et aise, style et élégance. Le devoir de l'homme n'est pas de fournir une maison coûteuse, ni des

---

[1] Publié aux éditions « Un Monde Différent » Ltée.

meubles et un décor dispendieux. Quant à l'éducation des enfants, il se doit de leur fournir une certaine éducation de base, mais il n'est pas contraint de leur payer des études supérieures, ni de leur faire suivre des cours de musique, de beaux-arts ou culturels. Il peut désirer le faire, et cela peut lui apporter grand plaisir, mais il n'en a pas la responsabilité.

« En procurant un haut niveau de vie, certains se font presque esclaves de l'argent, et c'est très désavantageux pour eux et leurs familles. Trop souvent, un homme est tellement dévoré par la nécessité de faire face à des exigences toujours croissantes, exigences venant non seulement de sa famille mais qu'il s'impose souvent lui-même, qu'il en arrive à ne plus reconnaître les choses de valeur plus grande. Il a peu de temps à donner à sa femme et ses enfants, pour leur enseigner les grandes valeurs de la vie, comment vivre, les normes à suivre, et peu de temps pour créer des liens familiaux forts.

En outre, un homme a aussi le droit de s'accorder du temps pour le loisir, l'étude, la méditation, etc. Et un homme a besoin d'être utile en dehors de son cercle... Il n'est pas bien pour un homme de dépenser tout son temps et toutes ses énergies pour procurer du luxe à son petit monde. » Avec ces pensées en tête : apporter les nécessités, sa responsabilité conférée par Dieu et sa fierté à l'assumer, regardons maintenant comment ces choses s'appliquent dans la société.

La femme au travail

Il y a, en Amérique, environ 44 millions de femmes mariées qui ont des enfants. Sur ce nombre, 24 millions travaillent à l'extérieur de la maison et 20 millions restent au foyer, ce qui signifie que plus de la moitié des ménagères en Amérique travaillent. Les femmes occupent des emplois de secrétaires, de commis de bureau, d'enseignantes, de techniciennes, et même de médecins et d'avocats dans presque tous les domaines où les hommes se trouvent. Beaucoup sont très instruites et très compétentes et surpassent les hommes en habileté. Certaines occupent des positions supérieures, sont devenues administrateurs de bureau ou présidentes de leur compagnie et ont des hommes sous leurs ordres. Elles peuvent tirer un salaire supérieur, excédant même celui de leur mari.

Mais pourquoi ces ménagères travaillent-elles ? Dans quelques rares cas, c'est parce que leurs maris n'ont pas réussi à fournir les nécessités ou toute autre nécessité pécuniaire. Mais dans la plupart des cas, les ménagères travaillent pour deux ou trois autres raisons : *pour se procurer du luxe, ou parce qu'elles s'ennuient au foyer, ou pour trouver un accomplissement plus grand dans le monde des hommes, ce monde excitant et plein de défis*. Cependant, il y a des circonstances où une femme est justifiée de travailler, et d'autres où elle ne l'est pas, tel que nous l'examinerons maintenant :

Quand les femmes sont-elles justifiées de travailler ?

Les femmes célibataires, les veuves et les femmes divorcées sont certainement justifiées de travailler. Les femmes dont les maris sont malades ou impotents le sont aussi. Mais qu'en est-il de la femme dont le mari travaille ? Quand est-elle justifiée de travailler ?

1. Les circonstances contraignantes : la ménagère serait justifiée de travailler quand la famille doit faire face à de grandes dépenses ou à une urgence financière et qu'il n'y a pas d'autre choix pour elle que de se chercher du travail. Mais ces circonstances sont rares. On peut résoudre la plupart des problèmes financiers en coupant sur le luxe et le confort pour s'adapter au revenu du mari. Les moments où la ménagère doit réellement travailler sont des circonstances uniques qui se présentent rarement. Et dans ces rares cas, la famille acceptera et comprendra que le travail de la femme est une nécessité, considérera que sa générosité est un noble sacrifice ; grâce à cela, peu de tort sera fait.

2. Quand le mari poursuit des études : la femme est justifiée de travailler quand le mari poursuit des études et qu'il termine sa formation. Un homme n'a souvent pas d'autre choix que de terminer des études s'il ne veut pas dépendre de sa femme pour le support financier. Et puisqu'il étudie pour se préparer à être un bon soutien de famille et que la situation n'est que temporaire, il n'est que juste que la femme l'aide à atteindre ce but. Cependant, quand une femme travaille pour aider son mari à terminer ses études, elle peut être tentée de continuer à travailler même une fois que son mari aura obtenu son diplôme.

Il peut avoir besoin de s'établir et ils peuvent avoir besoin de beaucoup de choses après en avoir été privés si longtemps. Ils peuvent trouver tous les deux qu'il n'y a pas de danger à ce qu'elle continue de travailler un peu plus longtemps. Mais très tôt, ils s'habituent au luxe et élèvent graduellement leur niveau de vie, de façon telle que le revenu de la femme reste toujours nécessaire. C'est souvent de cette façon banale que la femme commence à travailler pour de bon à l'extérieur du foyer.

3. La femme plus âgée : quand une femme a élevé sa famille et qu'elle dispose de beaucoup de temps libre, elle peut ressentir le besoin de travailler simplement pour occuper son temps. Son sens des valeurs peut lui suggérer que faire un travail utile serait mieux que de perdre son temps en hobbies ou à faire des choses qui ne sont vraiment pas importantes. Elle peut chercher un emploi où on a grandement besoin d'elle. Si elle est une femme douée et talentueuse, elle peut être très en demande et très utile. Que la femme plus âgée soit justifiée ou non de travailler dépend de sa motivation. Si elle travaille pour être plus utile, pour rendre service ou pour faire bénéficier le monde de ses talents dans des domaines où ils sont très nécessaires, elle peut être justifiée. Mais si elle travaille pour rapporter plus d'argent, elle s'élève comme une menace à l'amour-propre de son mari dans son rôle de soutien. Si elle a des enfants, et même s'ils sont mariés, ils peuvent encore avoir besoin d'elle. Une mère reste une mère toute sa vie. Si son travail la sépare de ces choses importantes, elle n'est pas justifiée de travailler.

Quand les femmes ne sont-elles pas justifiées de travailler ?

1. Quand elles travaillent pour du luxe : dans la majorité des cas, les femmes travaillent pour avoir davantage d'articles de luxe et de commodités, qu'elles se plaisent à l'admettre ou non. Elles veulent avoir les tout derniers appareils ménagers, de nouveaux meubles, de nouvelles draperies, de nouveaux tapis, ou une plus belle maison ou d'autres vêtements. C'est peut-être parce qu'elles veulent égaler le niveau de vie de leurs amies et parce qu'elles ont un esprit excessivement matérialiste. Ou c'est peut-être parce que c'est le mari qui a le goût du luxe et qui encourage sa femme à travailler. C'est peut-être lui qui est matérialiste et qui veut un bateau, une piscine et un chalet en montagne. Ou ils veulent tous les deux offrir plus à leurs enfants : des leçons de musique, de plus beaux vêtements et de meilleures chances. Mais ce luxe se paie cher par le tort que subit la famille quand la femme travaille.

2. Quand elles s'ennuient à la maison : c'est une raison courante qui fait que les femmes travaillent. La femme est lasse d'accomplir les tâches domestiques et de surveiller les enfants. Si l'homme décèle l'ennui de sa femme, il peut même lui suggérer d'aller travailler, juste pour qu'elle reste de bonne humeur. Alors, elle sentira indéniablement un soulagement à son ennui et apprendra à aimer travailler. Est-elle alors justifiée de travailler ? Non, le travail n'est pas la solution à ses problèmes. Elle a besoin d'apprendre à être heureuse dans son rôle domestique. Elle n'a probablement jamais compris que pour trouver de la joie dans tout ce qu'on fait, il faut vivre un effort sincère et être dévouée. Apprendre à être heureuse à la maison est une question de principes à suivre. Faire des efforts en ce sens bénéficiera grandement à sa famille et à elle-même, tandis qu'aller travailler n'apportera qu'un soulagement temporaire.

3. Pour trouver un plus grand accomplissement : certaines femmes trouvent peu de satisfaction dans le rôle domestique d'épouse, de mère et de ménagère. Elles se sentent prises au piège dans l'isolement du foyer et trouvent que leur rôle de ménagères les empêchent de se développer. Elles pensent que les hommes ont un travail plus intéressant, plus plein de défis, plus important que le leur, et elles ont l'impression que pour trouver un plus grand accomplissement, elles doivent faire partie du monde des hommes. Ces femmes se trompent grandement sur leurs valeurs et sur la philosophie fondamentale de la vie. Elles sous-estiment grandement l'importance du rôle de la femme au foyer, sa contribution au bien-être de la société et la satisfaction et le développement personnel qui en résultent. Et elles exagèrent l'importance du travail des hommes. Leur philosophie déformée et erronée et le tort qu'elles font à leurs familles et surtout à elles-mêmes, permettent de dire sans risque d'erreur que de chercher satisfaction et accomplissement n'est pas une justification pour travailler, mais que c'est préjudiciable à toute la société.

4. Pour soulager le fardeau de l'homme : quand une femme voit son mari travailler de longues heures et être souvent sous pression et sous tension, et quand elle le voit s'inquiéter au sujet de l'argent, des factures, des problèmes à résoudre, des dépenses à rencontrer, des exigences d'une famille croissante, elle peut penser qu'elle doit soulager le fardeau de son mari en cherchant du travail. Elle peut ne pas vouloir travailler, elle peut même penser que c'est un sacrifice pour elle, mais elle sent que c'est une chose chrétienne à faire. Nos hommes sont vraiment sous tension, et les femmes peuvent les aider ; mais travailler à l'extérieur du foyer n'est pas la solution.

D'abord, nous ne devons pas oublier que les hommes ont une grande capacité à remplir leur rôle de soutien. L'homme a été doté de force et d'endurance pour assumer les tâches difficiles. L'homme est émotivement préparé pour affronter son travail, les pressions et tensions du marché du travail, les incertitudes de la moisson et les défis financiers. Il peut endurer les tracas et a la capacité de surmonter les obstacles, de résoudre les problèmes et, donc, de réussir à son travail.

Mais malgré la capacité innée de l'homme à assumer les exigences de son travail, certains hommes sont défaillants.

Plusieurs sont victimes d'attaques cardiaques et de beaucoup d'autres défaillances de leur santé. Qu'est-ce qui peut alors créer de la tension chez nos hommes et leur causer une surcharge dans leur travail ? Plusieurs choses. Il peut ne pas avoir pris suffisamment soin de sa santé et l'avoir ainsi négligée, ou il peut avoir nourri son corps avec de mauvais aliments et l'avoir bourré de produits pharmaceutiques, d'alcool, de tabac, etc. Ou il peut souffrir de frustration dans son mariage ou de tension au foyer. Ou sa famille peut exercer trop de pression sur lui en exigeant trop de luxe.

Une femme peut aider un homme sur tous ces points. Elle peut protéger sa santé en étudiant les principes de nutrition et en lui établissant un régime alimentaire approprié. Elle peut éliminer les frustrations du mariage et la tension au foyer en mettant en pratique les principes de *L'univers fascinant de la femme*. Elle peut grandement alléger son fardeau financier en coupant les dépenses luxueuses et en appliquant le principe de l'épargne. Une femme n'apportera pas d'aide financière à un homme en joignant le rang des travailleurs, ni en suant, ni en peinant, ni en affrontant tous les problèmes complexes que les hommes affrontent à leur travail ; mais elle pourra l'aider en étant radieuse, féminine, détendue, décontractée, et en donnant au foyer une atmosphère paisible dans laquelle il peut se renouveler. C'est cela qui donnera à l'homme une motivation à son travail, une raison de lutter et de vaincre les difficultés.

Le tort que font les femmes en travaillant

1. Tort fait à l'homme : quand nous considérons le sentiment de responsabilité qu'éprouve l'homme à gagner la vie et sa fierté à le faire adéquatement, nous pouvons réaliser jusqu'à quel point une femme qui travaille peut être une menace à son sentiment d'accomplissement masculin. Quand la femme devient compétente et indépendante à gagner de l'argent et capable de faire sa vie d'elle-même, l'homme se sent moins indispensable et par conséquent, moins homme. Il se sentira aussi moins tendre envers elle, puisque la dépendance d'une femme envers un homme suscite chez lui un sentiment de tendresse.

2. Tort fait à la femme : quand une femme travaille par choix, elle tend à perdre quelque chose de sa féminité. Cela dépend bien sûr du genre de travail. Certains emplois sont plutôt féminins : secrétaires, commis de bureau, infirmières, institutrices et beaucoup d'autres. Dans ces cas, il y a moins de danger qu'elle perde ses qualités féminines. Mais toute femme qui travaille, qui apprend à se suffire à elle-même et qui est capable de le faire sans l'aide des hommes, développe de l'indépendance, ce qui signifie une perte de la qualité féminine de dépendance.

Certains emplois sont plutôt masculins : en sciences, dans l'industrie, en politique, en génie et dans les domaines techniques. Certains autres sont vraiment masculins : travailleurs métallurgiques, pilotes d'avion, chauffeurs de camion, policiers et plusieurs autres. Une femme doit développer des attitudes masculines si elle veut réussir dans ces travaux et c'est tout aussi vrai dans les emplois d'administrateurs où la femme doit cultiver des qualités de leadership, d'efficacité et de responsabilité à répondre aux exigences de son travail. Quand ces choses arrivent, la féminité diminue. Les femmes qui occupent des positions supérieures nieront certainement la véracité de ce fait puisqu'elles sont habituellement les dernières à remarquer une perte de leur féminité ; mais ce qu'on observe dans la réalité prouve indéniablement qu'il y a perte de féminité.

Il ne semble y avoir aucun moyen pour qu'une femme entre dans le monde de l'homme et qu'elle y brille sans y perdre de sa féminité. Quand elle tente de jouer un rôle qui ne lui a pas été destiné, elle sacrifie la grâce et la beauté qui lui sont propres. La lune, lorsqu'elle sort de sa nuit et qu'elle va vers le jour, perd de sa brillance, de son charme et de sa poésie. Et il en est de même de la femme quand elle tente de jouer un rôle qui n'est pas le sien ; elle perd de cette brillance, de ce charme, de cette poésie qui dit : « Elle est une vision de délices. » J'aimerais encore une fois citer l'ouvrage de mon mari : Une main de fer dans un gant de velours :

« Il y a un autre danger : quand la femme se divise entre deux mondes, il lui est difficile de réussir dans l'un et dans l'autre. Dans l'univers qui lui est propre, si elle veut réussir, elle a suffisamment de défis à relever ; être une épouse compréhensive, une mère dévouée, une parfaite ménagère, et trouver satisfaction dans un travail bien fait. Tout cela demande une bonne dose d'efforts. Mais comme elle divise son temps et ses intérêts entre deux mondes, il est peu vraisemblable qu'elle réussisse, soit dans l'un, soit dans l'autre.

« Si la femme travaille parce que c'est l'idée de son mari, un danger encore plus grand la menace. La suggestion de son mari peut jeter un doute dans son esprit quant à la capacité de celui-ci en tant qu'homme. Si l'homme se fie à elle pour assurer les nécessités de la vie, elle se questionnera sur la capacité de son mari à résoudre ses problèmes et à faire face à sa responsabilité. Cela peut provoquer chez elle un sentiment d'insécurité.

« Il y a encore un autre danger et il concerne sa relation avec son employeur, surtout si c'est un homme. La femme est habituée à respecter son mari comme étant le directeur de ses activités. Lorsqu'elle se trouve à prendre des ordres d'un autre homme, cela devient pour elle une situation qui n'est pas naturelle. Elle lui doit une certaine obéissance en tant qu'employeur et, en étant en contact étroit avec lui pendant un nombre incroyable d'heures, elle peut se sentir physiquement attirée par lui. Voyant cet homme à son meilleur et le voyant peut-être comme un leader plus dynamique et plus efficace que son mari, elle est portée à faire des comparaisons défavorables à son mari dont elle ne connaît que trop bien les défauts et les faiblesses. »

3. *Tort aux enfants* : « Quand une mère travaille en raison de circonstances urgentes et contraignantes, les enfants semblent s'adapter à la situation de façon plutôt remarquable. Ils sont capables de comprendre les circonstances et rarement se tournent-ils contre leurs parents. Ils peuvent souffrir d'un manque d'attention, ce qui peut leur faire du tort, mais ils ne souffriront pas d'un manque d'amour et d'intérêt. Cependant, si la mère travaille par choix, grand tort peut être fait à l'enfant. Quand il se rendra compte que sa mère préfère travailler plutôt que de prendre soin de lui, qu'elle tient pour plus importants ses intérêts ou le luxe, il sera porté à interpréter cela comme un manque d'amour et d'intérêt pour son bien-être.

« Les enfants des mères qui travaillent se sentent habituellement considérablement négligés. Pas dans tous les cas, mais dans la plupart. La femme qui travaille doit se donner entièrement à son travail afin de réussir et de mériter sa paye. Durant les heures de travail, son emploi est prioritaire. Par moments, son emploi est exigeant. Ses enfants le sont moins et ce sont eux qui naturellement sont négligés. »

Les femmes au travail affirment souvent que : « Ce n'est pas la quantité mais la qualité du temps que vous passez avec vos enfants qui compte. » Quand elles reviennent à la maison, elles essaient de maquiller leur absence en se consacrant précieusement à leurs enfants. La plupart du temps, ce ne sont là que de belles paroles. Une femme qui travaille est beaucoup trop occupée dans la soirée pour faire avec les enfants quoi que ce soit d'extraordinaire que les autres mères ne font pas. Toutefois, même si elle accorde à son enfant une attention supplémentaire de haute qualité, il y a autre chose qu'il faut prendre en considération :

La présence d'une mère à la maison le jour est, plus que tout, une sécurité et un bien-être que ressent l'enfant, même si la mère s'affaire aux travaux domestiques. Il n'est pas toujours possible, ni même nécessaire, pour une mère d'abandonner ses travaux ménagers pour jouer avec ses enfants. D'ailleurs, trop d'attention peut faire du tort à l'enfant et le rendre exigeant. Mais la présence de la mère à la maison est une sécurité pour lui et l'aide à se développer normalement. Quand un enfant revient de l'école, il peut ne pas accorder beaucoup d'attention à sa mère ni être extrêmement conscient qu'elle est à la maison, mais il sent sa présence et en bénéficie. Si la mère est absente du foyer pendant de longues heures, il peut ne pas se plaindre, mais cela ne veut pas dire qu'il ne sent pas un vide. Nous devons comprendre que les enfants ne savent pas comment interpréter leurs sentiments ; ceux-ci se révéleront d'eux-mêmes à l'âge adulte. Quoi qu'il en soit, ils n'en ressentent pas moins l'absence de leur mère. J'aimerais maintenant, pour expliquer le point suivant, citer de nouveau le livre de mon mari : *Une main de fer dans un gant de velours*.

4. Tort à la société : « La tendance de la mère à travailler en dehors du foyer est un modèle de vie qui se répand en Amérique depuis trente ans, depuis que la seconde guerre mondiale a entraîné des millions de femmes à travailler dans les industries. Ce fut pendant cette période que nous avons développé quelques-uns de nos plus menaçants problèmes sociaux : problèmes conjugaux, divorces, violence dans les rues et sur les campus, abus de drogues, rébellion contre les coutumes sociales et les normes de moralité. La plupart de ces problèmes peuvent remonter dans les foyers où les mères travaillent. Les enfants ne se développent pas normalement, ou se développent avec des problèmes mentaux, ou ne réussissent pas à trouver du bonheur ou un but dans la vie. Ils se détournent de la façon de vivre de leurs parents et en cherchent de nouvelles.

« Le docteur David V. Haws, président de la section psychiatrique de l'Hôpital général de Phoenix, disait : *La mère doit retourner au foyer. Le niveau de vie est une chose fictive et fausse. C'est une fonction primordiale de la femme de rester à la maison et d'élever les enfants. Elle ne devrait pas joindre les rangs de la bataille avec les hommes. Un homme, aussi, se sent moins homme lorsque sa femme travaille. Si vous ne laissez pas derrière vous une descendance de bons enfants, vous n'avez rien fait. Un foyer intact est la solution fondamentale aux problèmes des adolescents de toute génération.* »

Les erreurs que font les femmes qui restent au foyer

La femme qui reste au foyer élimine les torts, décrits ci-haut, qu'elle peut faire aux enfants et à elle-même. Elle peut cependant encore faire des erreurs qui blesseront l'amour-propre de son mari dans son rôle de soutien de famille. Par exemple, elle peut dire : « Nous ne pouvons pas nous le payer », ou « J'aimerais que nous ayons un peu plus de sécurité. » Elle peut donner des suggestions sur la façon d'accroître le revenu de son mari ou elle peut admirer un autre homme qui a réussi financièrement. Toutes ces choses font qu'un homme se sent inférieur dans son rôle de soutien plutôt que de s'y sentir bien.

Une autre façon qu'a la femme au foyer de faire que son mari se sente inférieur est de lui rappeler combien elle doit lésiner sur les dépenses pour arriver avec le salaire qu'il rapporte. Le dialogue suivant illustre une telle situation :

Marie et Tom

Tom (en examinant les factures) : « Il faut beaucoup d'argent pour élever une famille de nos jours. » (Espérant quelque louange.)

Marie : « Eh bien ! Ce n'est pas ma faute ! Je lésine sur les dépenses, j'économise, je fais moi-même tous les vêtements des enfants, je fais notre pain et je n'achète jamais rien pour moi. Les autres femmes vont au salon de coiffure et achètent un tas de vêtements chers mais moi, je n'ai rien de tout cela. » (Espérant gagner son admiration.)

Tom : « N'as-tu vraiment rien de cela ? » (Espérant qu'elle le rassure qu'il ne lui manque pas tant de choses.)

Marie : « J'essaie seulement d'apporter mon aide. J'aimerais mieux n'avoir aucune de ces choses dont j'ai besoin plutôt que de te voir soucieux. » (Espérant encore son admiration.)

Tom (quelque chose se passe en lui : un mélange de ressenti

ment envers sa femme pour le faire se sentir un raté et une misérable sensation d'en être un.) Il dit avec irritation : « Je suppose que je ne gagne pas assez bien la vie à tes yeux, n'est-ce pas ? »

(Marie lève les yeux, étonnée de le voir irrité et de voir qu'il n'apprécie pas son sacrifice.) C'est une illustration parfaite du manque de compréhension entre les sexes. La seule raison pour laquelle Tom se plaignait du coût élevé de la vie, c'était pour gagner l'admiration de Marie. Mais elle l'a pris pour une critique à son égard. Et la défense qu'elle présentait était seulement pour faire savoir à Tom qu'elle essayait de l'aider. Mais c'était pour lui un coup trop dur porté à sa fierté. Le dialogue suivant est une illustration de ce que Marie aurait dû dire.

La bonne façon

Tom : « Il faut beaucoup d'argent pour élever une famille de nos jours. »

Marie : « C'est bien vrai, ça. Comment fais-tu pour si bien te débrouiller ? N'est-ce pas une terrible responsabilité d'être un homme et d'être le soutien de toute une famille ? »

Tom (son estime de lui-même a doublé) : « Bien, vois-tu, ça ne me dérange pas du tout. Bien sûr, il y a des moments difficiles. Mais je me sens capable ! Oui, très capable ! »

Marie : « C'est merveilleux de se sentir en sécurité et de savoir que j'ai un homme qui gagnera toujours la vie pour moi ! »

Dans le premier cas, Marie avait fait sentir à Tom qu'il était un raté ; mais dans le second, qu'il était un héros !

Supposez qu'un homme ne soit vraiment pas un bon soutien de famille. Supposez qu'il soit paresseux et irresponsable et qu'en conséquence, il n'assure pas un niveau de vie convenable et que la famille manque du nécessaire. Il ne faut pas s'attendre, dans ce cas, à ce que sa femme soit malhonnête en lui accordant crédit alors qu'il ne le mérite pas. Mais elle ne doit pas non plus le déprécier. N'allez pas croire que vous inspirerez un homme à devenir meilleur en le faisant se sentir un raté. S'il est négligent dans sa responsabilité de soutien de famille, sa femme devra l'accepter avec cette faiblesse et devra considérer son meilleur côté. Cependant, je dois souligner que l'homme est lié par une obligation à procurer les nécessités de la vie : nourriture, vêtements et logis. La femme peut être en droit d'attendre ces choses. Il est toutefois mieux de laisser l'homme décider de ce qu'il veut bien donner en surplus.

Exercice

Si votre mari est un bon soutien de famille, dites-lui quelque chose comme : « J'apprécie tous les efforts que tu fais pour gagner la vie. Je ne sais pas comment tu peux prendre cette responsabilité année après année. Je suis contente de ne pas être un homme. Ce serait vraiment pénible pour moi de me soucier de gagner la vie. » De cette façon, vous l'aiderez à le faire se sentir un bon soutien de famille et un meilleur travailleur que vous ne sauriez l'être.

Comment vous pouvez l'aider à se sentir accompli dans ses rôles de guide, de protecteur et soutien de famille

(Application de la caractéristique no 6)

1. Laissez-le être le guide, le protecteur et le soutien de famille.

2. Ayez besoin de ses soins et de sa protection masculine. Soyez dépendante de lui. Faites-lui savoir que vous avez besoin de lui.

3. Ne le surpassez pas dans quoi que ce soit qui requiert force, habileté et compétence masculines.

4. Ayez en lui une confiance de petite fille mais acceptez aussi ses erreurs.

5. Exprimez-lui votre appréciation de ses capacités de guide, de protecteur et de soutien.

Résumé de la compréhension que nous devons donner aux hommes

En étudiant la partie portant sur la compréhension des hommes, il semble que nous devions faire nombre de concessions. On nous demande d'obéir à son autorité, d'avoir égard à sa faiblesse humaine et à ses erreurs de jugement, de lui donner notre admiration et notre sympathie et de faire de lui le numéro un. Il peut vous sembler que l'on vous demande de faire beaucoup de concessions sans grand espoir de récompenses, mais n'oubliez pas que lorsqu'on donne, on est récompensé au centuple.

En appliquant ces principes, vous éveillerez l'amour et la tendresse de votre mari. Une épouse m'a déjà dit : « Notre mariage fleurit comme une plante placée au soleil après un dur et long hiver. » L'amour s'éveille dès qu'un homme commence à se sentir accepté, libre, respecté en tant qu'homme et compris. Cependant, rappelez-vous que vous ne devez pas vous attendre à des récompenses matérielles comme des vêtements neufs, un nouveau lave-vaisselle ou un téléviseur couleurs, ni même des fleurs ou des vêtements de nuit en dentelle. Ces choses peuvent vous être données comme récompenses marginales, comme cela arrive souvent, mais la promesse de *L'univers fascinant de la femme* n'est pas chose matérielle ; c'est la promesse d'une relation conjugale plus forte et d'un amour tendre et romantique. Maintenant, j'aimerais décrire un problème surprenant qui peut vous arriver au moment où vous commencerez à mettre en pratique les principes de *L'univers fascinant de la femme*.

La boîte à Pandore

Lorsqu'un mariage éprouve de réels problèmes depuis longtemps et que la femme décide, en appliquant les principes de *L'univers fascinant de la femme*, de faire un effort pour l'améliorer, cette nouvelle attitude peut causer chez son mari une étrange réaction que j'appelle la boîte à Pandore. C'est le cas où l'homme, au lieu de devenir aimant et tendre, peut devenir violent et déverser ressentiment et hostilité sur sa femme.

Il est important que la femme comprenne le changement qui se passe en son mari et qui cause cette violente explosion. Je peux vous l'expliquer de la façon suivante : si un homme a été fort éprouvé dans son mariage, il peut avoir réprimé ses sentiments d'amertume envers sa femme dans le but de sauver leur union. Quand sa femme faisait des erreurs qui le blessaient ou le décevaient, au lieu d'exprimer son affliction, il peut avoir senti qu'il était nécessaire de retenir ses désagréables sentiments afin d'éviter d'autres problèmes ou même un échec dans son mariage. Nous ne voulons pas dire qu'il agissait sagement, mais seulement qu'il agissait ainsi à partir de ce qu'il pensait être nécessaire de faire. Un homme de principes, qui aime grandement ses enfants, fera de grands efforts pour maintenir son mariage avec sa femme. Lorsque sa femme, pour sa part, commence à vivre les principes de *L'univers fascinant de la femme* et qu'elle le fait pendant un certain temps, l'homme commence alors à se sentir de plus en plus en sécurité dans son mariage. Il ne ressent plus alors la nécessité de réprimer ses désagréables sentiments et il craint de moins en moins qu'en « parlant franchement », d'autres problèmes surgissent dans son mariage. C'est alors qu'un jour, finalement, il ose ouvrir la boîte à Pandore et relâche tous les sentiments amers qu'il y avait cachés.

La femme devrait comprendre cette réaction et permettre à son mari de vider la boîte à Pandore. Elle devrait, en fait, l'inciter à parler librement et à s'exprimer complètement. Et elle ne devrait pas faire l'erreur de se défendre, de se justifier, ni de s'expliquer sur les choses du passé. Elle devrait s'asseoir calmement près de lui, le laissant parler et même acquiescer à ce qu'il dit, en disant par exemple : « Je sais, je sais, tu as raison. » Une fois qu'il aura exprimé son amertume et qu'il aura vidé la boîte à Pandore, il se sentira soulagé et ressentira pour sa femme un sentiment jusqu'ici inconnu d'amour et de tendresse. Et s'il éprouve encore quelque réserve, celle-ci s'écroulera avec autant de fracas que surgit la réaction de la boîte à Pandore, comme dans l'expérience suivante qui me fut décrite dans une lettre :

Et boum ! la boîte à Pandore explose

« Depuis que je mettais en pratique les principes de *L'univers fascinant de la femme*, mon mari semblait plus heureux ; mais cela ne dura que trois ou quatre mois environ, et la tension revint (beaucoup moins forte qu'avant, cependant). Et un soir, boum ! la boîte à Pandore explosa. Il semblait que tous ses sentiments refoulés sortaient tout d'un coup et en même temps, son mur de réserve s'écroula. C'était plutôt tragique et merveilleux à la fois ! Maintenant, il me dit qu'il n'a jamais été aussi heureux de sa vie et je ressens la même chose. Même nos amis en parlent et me demandent si je suis vraiment aussi heureuse que j'en ai l'air.

« Je sens vraiment en moi l'esprit de *L'univers fascinant de la femme* et le profond bonheur qu'il apporte. Ce soir, mon mari a passé trois heures juste à me parler de lui, de son passé et de ses rêves, et j'en ai appris plus sur lui en une soirée que je n'en avais appris en dix ans de mariage. Il m'a également dit qu'à un moment, il était venu plus près de me quitter que je ne l'avais réalisé, et qu'il l'aurait fait, n'eût été les enfants. »

Il ouvrit le couvercle de la boîte à Pandore

« J'avais été extrêmement joyeuse toute la journée, mais lorsque mon mari revint à la maison, il était maussade et jeta une ombre sur ma joie. J'étais déterminée à ne pas laisser cette mauvaise humeur déteindre sur moi. J'installai confortablement mon mari et l'invitai à me parler de sa journée. Comme il ne voulait que se reposer, j'ai continué de préparer le souper.

« Quand je revins pour lui dire que le souper était prêt, je le vis la tête penchée et les joues mouillées de larmes. Je lui dis tendrement et tout doucement : *Chéri, dis-moi ce qui ne va pas*. Soudainement, il explosa en sanglots et ouvrit le couvercle de la boîte à Pandore. Il avait perdu toute confiance en la femme depuis les tragiques expériences de son précédent mariage. Il exprima violemment son ressentiment, sa haine des femmes et ses craintes de l'avenir. Il était enfin sorti de sa coquille. Depuis cette soirée, notre amour s'est mis à croître librement, et mon mari m'a même dit avec tout son cœur et en me serrant fortement contre lui que je suis tout ce qu'un homme peut vouloir en une femme. »

Mon mari devint un homme différent

« Mon mari et moi sommes mariés depuis six ans et nous avons deux enfants. Lorsque j'étais enceinte de mon deuxième enfant, mon mari devint froid et indifférent. Il disait qu'il ne m'aimait pas et que j'agissais avec lui comme une mère. Il commença à avoir une aventure avec une autre femme. Après la naissance du bébé, j'entamai des procédures de divorce. Mais mon mari ne voulait pas divorcer. Nous en sommes arrivés à une entente et nous nous sommes séparés. Nous étions allés voir un conseiller matrimonial qui nous a dit ce qui n'allait pas, mais qui ne nous disait pas quoi faire pour que les choses aillent bien. Après avoir été séparés trois mois, nous sommes revenus ensemble pour un essai de six mois. Nous étions tous les deux malheureux séparés l'un de l'autre. Nous étions tous les deux très religieux et très pratiquants à ce moment.

« Durant cette période d'essai, notre mariage allait bien, mais il avait été secoué et il n'était pas ce que je voulais qu'il soit. Je ne recevais pas la tendresse que je voulais et dont j'avais désespérément besoin. Je ne me sentais pas aimée comme je le voulais. Je sentais que notre mariage était en péril et je ne savais pas quoi faire. Je craignais sans cesse que mon mari n'ait une autre aventure avec une autre femme.

« À cette période, j'entendis parler de *L'univers fascinant de la femme*. Je lus le livre et assistai aux cours. La première fois que j'en appliquai les principes, je vis le visage de mon mari s'illuminer. Il ressentit de la tendresse pour moi, même si c'était très peu. Nous avons commencé à avoir un tout petit peu de communication ; mais dès que je me suis mise à *l'admirer et à le comprendre* (tel que décrit dans le livre), il devint un homme différent. Son armure disparut, et il me raconte maintenant tous ses problèmes et toutes ses joies avec un tendre sentiment d'amour. C'est une expérience merveilleuse, dont j'avais toujours rêvé mais que je n'avais jamais vécue. Plus je l'admire, plus je sens son amour.

« J'ai maintenant une merveilleuse paix intérieure. Je n'ai plus peur qu'il me laisse pour une autre femme, parce que je lui donne l'admiration et l'amour dont il a besoin ; en retour, il me donne l'amour que je voulais désespérément. »

Mon mari se demande quel genre de pilules je prends

« J'ai le sentiment qu'une personne a la responsabilité de faire de son mariage un succès ou non. Quant à moi, après dix ans de vie commune, je veux que le mien demeure une réussite et, pour cela, j'ai travaillé très dur à vivre les principes de *L'univers fascinant de la femme*. J'ai lu le livre l'été dernier, et je me suis mise à le mettre en application. Mon mari se demande encore quel genre de "pilules" je prends. Quoi que ce soit, dit-il, j'espère qu'il y en aura toujours. Je sais et je crois que *L'univers fascinant de la femme*, ça fonctionne. Mon mari ne m'a pas dit un seul mot de travers depuis des mois. Il revient à la maison plus tôt qu'il ne l'avait jamais fait ces dernières années. Depuis six mois, ses gains se sont accrus mensuellement. Il lui semble qu'il n'en fait jamais assez pour moi. Et je pourrais en ajouter encore et encore. Je n'ai jamais été plus heureuse et n'ai jamais eu une famille plus heureuse. Et je sais que *lorsqu'on donne, on est récompensé au centuple.* »

Six caractéristiques masculines

1. Le besoin d'un homme d'être accepté tel qu'il est.

2. Son besoin d'être admiré.

3. Son amour-propre.

4. Son besoin d'être compris.

5. Son besoin d'être le numéro un.

6. Son besoin de servir de guide, de protecteur et de soutien de famille, de se sentir nécessaire dans ces rôles et de surpasser la femme dans ces responsabilités.

CHAPITRE XI

LES FINANCES FAMILIALES

L'homme dans ses tâches de leader et de soutien de famille, et la femme dans ses tâches d'épouse et de ménagère, partagent la responsabilité des finances familiales de la façon suivante :

Responsabilité du mari	Responsabilité de l'épouse
1. Rapporte l'argent au foyer.	1. Appuie les plans financiers de son mari.
2. Administre les finances.	2. Rend paisible l'atmosphère du foyer.
3. Assume les soucis financiers.	3. Fait fructifier chaque dollar.

Si nous acceptons les saintes Écritures, il ne fait aucun doute que c'est l'homme qui a la responsabilité de gagner la vie. Et en tant que leader, il a aussi la responsabilité d'administrer les finances et d'assumer les soucis financiers. La femme n'est donc pas responsable de gagner la vie, ni d'administrer le chèque de paye, ni de s'en inquiéter. Elle pourrait avoir la responsabilité de faire un budget domestique, mais n'a pas celle de l'administration globale du revenu.

La femme a toutefois un rôle important à jouer dans la réussite des finances familiales. Si l'homme veut réussir à gagner adéquatement la vie, il devra, de temps en temps, élaborer des plans pour faire face à ce défi. Le support de la femme et sa volonté à faire des sacrifices quand c'est nécessaire et à s'adapter aux situations sont une partie vitale du succès de l'homme. Son rôle à rendre paisible l'atmosphère du foyer est également important car, dans une telle atmosphère, l'homme peut réfléchir, peut refaire son corps et son esprit, afin d'être prêt à retourner dans la société et à faire d'autres efforts. Un homme est définitivement influencé dans son travail par son milieu familial. Quand sa vie au foyer présente une stabilité uniforme, l'homme est davantage disposé à réussir dans son travail.

La femme a un rôle additionnel à jouer. Elle administre le budget familial et elle fait fructifier chaque dollar, c'est-à-dire qu'elle s'arrange pour acheter le plus possible avec un dollar. Le niveau de vie ne se mesure pas tant par le salaire que le mari gagne que par la façon dont l'argent est bien administré. La femme contribue à créer un bon niveau de vie en étant économe. Si le revenu du mari est bas, la femme peut être la figure dominante dans la réussite financière du foyer puisqu'elle est dans une position où elle peut aider son mari ou lui nuire. Il y a des familles à revenus élevés qui vivent dans beaucoup moins de confort que certaines familles à revenus beaucoup moins élevés, et c'est la façon dont l'argent est administré qui fait toute la différence. L'épouse joue donc un rôle important dans le niveau de vie familiale en apprenant à bien utiliser chaque dollar.

Les finances familiales de nos jours

Le problème dans notre société est que des hommes et des femmes ont confondu leurs rôles financiers. Plusieurs hommes pensent que leur seule tâche est de gagner la vie. L'homme rapporte son salaire à la maison, le remet à sa femme et s'attend à ce qu'elle se soucie de savoir si le salaire suffira à couvrir les dépenses. Et elle s'en soucie ! Elle se soucie de voir comment les factures seront payées et les dépenses rencontrées, et elle se tracasse pour gérer l'argent jusqu'au dernier sou. Et si, par son initiative, elle réussit à économiser sur le revenu, qu'arrive-t-il ? Le mari, parce qu'il est le chef et qu'il est aux commandes du foyer, peut aller se servir dans les économies pour de l'investissement ou du luxe. Éclaircissons ce point : si le mari administre l'argent et assume les tracas financiers, alors seulement et pas autrement, il a le droit d'utiliser les économies selon son meilleur jugement. Le rôle d'administrer l'argent et de tenir les cordons de la bourse revient indivisiblement aux deux. Si c'est la femme qui administre l'argent et assume les tracas financiers, c'est elle qui devrait avoir le pouvoir de décision sur la façon de dépenser les économies. Dans notre société aussi, on trouve partout des femmes qui travaillent et qui aident à partager la responsabilité de gagner de l'argent. Les femmes se sont ainsi immiscées dans la responsabilité financière de l'homme et dans certains cas, elles assument passablement bien cette responsabilité.

Mais dans ce cas, que se passe-t-il sur la scène familiale ? Il arrive que les femmes, parce qu'elles sont extrêmement prises par leur travail, qu'elles sont préoccupées par les soucis financiers et qu'elles aident l'homme dans sa responsabilité financière, négligent leurs responsabilités. Il y a des foyers où il règne un tel état de confusion que l'homme, à son retour à la maison, ne trouve pas la paix dont il a besoin pour se refaire. Il n'est guère étonnant qu'il ait de la difficulté à résoudre ses problèmes financiers ou à faire des progrès dans son rôle de soutien de famille. Et parce que les femmes passent tellement de temps en dehors du foyer, elles développent des habitudes extravagantes pour sauver du temps. Ainsi, plutôt que d'économiser de l'argent, elles achètent de la nourriture, des vêtements et des articles domestiques. L'art d'économiser qui leur est propre disparaît vite, alors que c'était là une sécurité pour la famille. Quelle solution peut-on apporter à ces problèmes courants de notre société ? C'est que l'homme et la femme reconnaissent leurs rôles financiers respectifs et qu'ils réussissent dans ces responsabilités.

Le budget de la femme

Une solution simple aux problèmes communs d'argent du mari et de la femme est que la femme tienne un budget domestique. Ce budget couvrira la nourriture, les vêtements, les articles ménagers, les objets personnels et divers items régulièrement nécessaires. Il n'inclura pas les dépenses occasionnelles comme l'ameublement, les réparations ou la rénovation de la maison, etc. Le budget peut être fait chaque semaine ou chaque mois. Il devrait déterminer une affectation juste de l'argent à partir du revenu du mari, mais aussi assez généreuse pour espérer en avoir de trop. Ce surplus pourrait permettre à la femme de le mettre de côté ou de le dépenser comme il lui plaît sans se faire poser de questions. Cela pourra aussi l'inciter fortement à être économe.

Le mari, pour sa part, administrera le reste de l'argent et acquittera les factures mensuelles comme l'essence, l'électricité, le téléphone, l'eau, le paiement de la maison, les assurances, l'entretien du parterre, les taxes et autres dépenses. Et s'il administre bien les finances et qu'il se retrouve avec un surplus d'argent, il devrait avoir le droit de faire ce qu'il veut avec ce surplus sans se faire poser de questions. Cela pourra l'inciter à être diligent au travail et à chercher à augmenter son revenu. Quand l'homme envisage de faire des investissements ou de dépenser des sommes considérables sur ses économies, il serait sage qu'il consulte sa femme, mais cela deviendrait une mauvaise politique s'il en faisait une obligation contraignante. Les discussions au sujet de l'argent sont source de grands problèmes dans le mariage, et plus la femme gagne le contrôle sur l'argent, plus la relation conjugale y perd en profondeur. Essayez de comprendre qu'un homme travaille fort pour gagner de l'argent, et qu'aussi longtemps que vous n'êtes pas privée de ce dont vous avez besoin, il vaut mieux que vous lui laissiez la liberté de dépenser l'excédent d'argent comme il le désire.

Lorsque la femme administre l'argent

Il arrive de graves problèmes lorsque c'est la femme qui gère l'argent. Je peux mieux vous l'expliquer en vous donnant un exemple vécu. Un couple de mes connaissances avait confondu chacun leur rôle financier. Le mari, qui gagnait un revenu modeste, apportait chaque semaine son chèque à la maison et le donnait à sa femme. Elle gérait bien les finances jusqu'à ce qu'elle ait quelques enfants de plus. Il devenait de plus en plus difficile de faire face aux dépenses, et l'épouse commença presque à s'effondrer sous le poids des ennuis financiers. Dans l'intervalle, son mari était plutôt insouciant par rapport aux affaires d'argent. Elle essaya de lui expliquer leurs problèmes financiers, mais il n'était pas habitué à réfléchir à ces choses.

Une chance leur fut donnée. On offrit à l'homme une position beaucoup plus payante à la condition qu'il déménage dans un autre état. Lorsque le mari et la femme eurent examiné la proposition, elle voulut déménager, car elle voyait là une solution à leurs problèmes financiers. Mais le mari voulut rester dans son milieu actuel où il se sentait bien. Parce qu'il n'avait pas administré l'argent, il ne sentait pas qu'ils en étaient à court. Par contre, comme il était à la tête du foyer, il était en droit de refuser la situation qui lui était offerte. La femme se sentit découragée de la décision de son mari, mais elle avait le sentiment qu'elle ne pouvait rien faire d'autre. La seule solution juste est celle-ci : si la femme doit administrer le chèque de paye en entier, elle devrait aussi se prévaloir du droit du leader de prendre les décisions concernant les finances. Quand l'homme n'assume pas sa responsabilité d'administrateur des finances, il devrait perdre son pouvoir de décision.

En outre, la femme peut subir un sérieux tort si elle assume l'entière responsabilité de gérer les finances. Les femmes n'ont pas, de nature, un tempérament fait pour supporter les grands tracas d'argent. Elles deviennent déprimées, physiquement et mentalement malades, elles perdent leur santé, deviennent désagréables et perdent leur charme féminin et leur vivacité. Cela peut même les amener à échouer dans leur responsabilité domestique. La raison pour laquelle la femme s'inquiète tant au sujet de l'argent est peut-être parce que ce n'est pas elle qui gagne le pain et qu'elle est donc sans ressource pour régler les poignants problèmes d'argent. Les femmes peuvent évidemment aller travailler, comme beaucoup le font. Les hommes aussi s'inquiètent au sujet de l'argent mais ils ont un tempérament mieux adapté aux tracas financiers et ils peuvent faire davantage pour résoudre les problèmes. S'ils n'ont pas suffisamment d'argent, ils peuvent, grâce à leur initiative, leur intelligence et un travail ardu, augmenter leurs revenus. Les hommes préfèrent travailler plutôt que de s'inquiéter, et lorsqu'ils ont à affronter un problème financier, ils travaillent ordinairement un peu plus fort.

Il y a des femmes qui choisissent ou même qui exigent de prendre en main l'administration des finances. En général, c'est qu'elles n'ont pas confiance que leurs maris puissent le faire aussi bien qu'elles. Mais même si la femme assume ce rôle par choix, elle y perd toujours quelque chose car, en étant un administrateur efficace, elle ajoute au fardeau de ses responsabilités, ce qui peut nuire à son rôle de ménagère. Et si elle devient compétente dans la gestion des finances, il peut en résulter chez elle une perte de féminité. Quant à son mari, il se fait dérober son rôle légitime.

Lorsqu'un homme fait un fiasco de la gestion des finances

Maintenant, comment une femme peut-elle envisager le problème suivant : elle est d'accord pour laisser l'administration des finances à son mari et il l'accepte volontiers. Elle se départit donc paisiblement de cette responsabilité et a confiance que tout ira bien. Mais qu'arrive-t-il ? Il retarde les paiements de la maison, ne paie pas toutes les factures, met à découvert son compte de banque, etc. L'épouse a les nerfs en boule. Elle ne veut pas reprendre la gestion financière, mais que peut-elle faire ? La seule chose à faire est ceci :

Quand une femme donne à un homme le poids de la gestion financière, elle devrait « laisser aller les choses » et s'écarter totalement de cette responsabilité. Elle devrait le faire de façon sincère et totale. Elle ne peut pas rester assise entre deux chaises à surveiller dans les livres si son mari additionne bien la colonne des chiffres, ni à toujours se demander s'il fait bien les choses. S'il fait du gâchis pendant un petit bout de temps, laissez-le en subir les conséquences, quelles qu'elles soient. C'est la seule façon par laquelle il apprendra. N'oubliez pas que si c'est vous qui avez tenu les finances pendant un certain temps, il a été privé de cette expérience et il n'apprendra son rôle qu'en le faisant.

De plus, que la femme laisse aller les choses complètement est un bon stimulant psychologique pour l'homme. Celui-ci aura le sentiment de *sa pleine responsabilité* et il commencera à se rendre compte que si personne ne se préoccupe des finances, c'est donc qu'il devra le faire. En outre, si vous tournez le dos aux questions d'argent, il verra que vous êtes soulagée et plus heureuse. Faites-lui savoir que vous l'êtes. Et s'il vous voit un peu plus épanouie, il fera un plus grand effort pour réussir afin que vous continuiez d'être heureuse. Il arrive des choses intéressantes quand une femme laisse la responsabilité des finances à son mari, telles les expériences suivantes :

Il explosa

« Le point tournant de mon mariage arriva brusquement quand j'appris dans *L'univers fascinant de la femme* que les responsabilités de l'homme et de la femme sont distinctes. Depuis six ans que nous étions mariés, mon mari me laissait tout son salaire, sauf un tout petit montant, pour que je dépense et paie les factures comme je le voulais. Après le troisième cours de *L'univers fascinant de la femme*, je revins en voiture à la maison, ayant décidé que je ne voulais plus avoir le contrôle de l'argent. J'approchai mon mari en lui disant que je ne voulais plus avoir la charge d'administrer les finances, que ces tracas me mettaient à terre, qu'il pouvait le faire mieux que moi et que je ne réussissais pas bien dans ce rôle.

« Eh bien, il explosa tout simplement, disant : Donc, tu ne veux plus te sentir tracassée ! Tracas ou non, tu vas continuer, parce que je ne veux pas avoir cette responsabilité. Si tu ne réussis pas bien, c'est ta faute et tu vas apprendre à bien faire ce travail, et tu vas continuer. Il tournait en rond en disant qu'il n'avait jamais dit un mot sur l'argent ou sur ce que j'en faisais. Je l'ai assuré que je changerais et que je le consulterais avant de faire quoi que ce soit. Il s'est seulement mis à rire comme s'il ne me croyait pas. Je criais mais il ne changeait pas d'attitude. Il était tellement en colère qu'il jeta tous les livres et toutes les factures sur son tabouret.

« Je pris alors mon livre de *L'univers fascinant de la femme* et je l'ouvris aux pages que notre professeur nous avait dit de faire lire à notre mari. Après que mon mari eut lu les premières pages portant sur le rôle de l'homme dans la vie, où il est fait mention de ses responsabilités de guide, de protecteur et de soutien de famille, sa voix s'adoucit et il me questionna au sujet du livre. Je lui ai donc parlé du livre et des cours que je suivais. Je lui ai ensuite fait lire ce qui se rapportait aux finances familiales et aux responsabilités de l'homme et de la femme dans ce domaine. Il resta silencieux un petit moment puis il eut un faible sourire au coin des lèvres et me dit enfin de lui apporter toutes les factures, les livrets de banque et les livres de comptes. Il travailla de 22h30 jusqu'à minuit.

« La semaine suivante, il me donna 15$ en me disant que c'était un surplus et que je pouvais m'acheter des choses que je voulais. Mon mari s'occupe maintenant des finances et je suis vraiment très contente. Je passais plusieurs heures par semaine à répartir l'argent ici et là. Mon mari, lui, n'y consacre que quelques minutes à toutes les deux semaines et il maîtrise toute la situation financière. Je demande désormais à mon mari ce dont j'ai besoin. Je sais qu'il me le donnera si ce que je demande n'est pas égoïste et s'il peut le payer. »

Ma jungle de chiffres

« Après avoir perdu deux maisons, une voiture neuve et passer par une banqueroute, j'étais presque en dépression nerveuse à force d'essayer d'étirer l'argent pour que nous puissions arriver. Mon livre de comptes était une vraie jungle de chiffres et l'état de compte ne balançait jamais. Mon mari était constamment après moi parce que notre compte en banque était toujours à découvert. Il faisait des chèques pour tout ce qu'il voulait et j'avais le souci de régler les factures. Je pris alors connaissance, dans *L'univers fascinant de la femme*, que je n'avais pas à me préoccuper des questions d'argent. Par conséquent, j'ai fait un réel effort pour cesser de me préoccuper de ces choses. Maintenant, je n'ouvre plus les factures et les comptes quand ils arrivent.

« Récemment, nous avons eu la visite d'amis qui étaient en vacances. Nous ne les avions pas vus depuis environ trois ans. Mon amie était dans la maison depuis peu quand elle me dit : Qu'est-ce qui t'es arrivé ? Je lui répondis : Rien, j'ai juste pris un peu de poids. Et elle rétorqua : Non, pas ça, tu n'es plus du tout nerveuse. Tu tremblais tout le temps ! Je lui ai donc parlé de *L'univers fascinant de la femme* et de ce que cela avait fait pour moi. Elle m'avoua qu'elle désirait ne plus tenir les finances et qu'elle en parlerait donc à son mari pour qu'il assume cette responsabilité. À sa grande surprise et satisfaction, il lui dit qu'il essaierait aussitôt qu'ils seraient de retour à la maison. C'est si agréable d'être libres des soucis d'argent ; nous sommes ainsi capables d'apporter un appui financier meilleur que nous ne l'avons jamais fait. Dieu merci pour *L'univers fascinant de la femme* ! »

C'était une tentative risquée

« Pendant longtemps, j'ai tenu les finances familiales, car mon mari était vraiment irresponsable pour ce qui concerne l'argent. Vous pouvez facilement vous imaginer jusqu'à quel point il était étourdi : il dépensait son argent sur les motocyclettes et autres luxes, Il négligeait toujours de payer les factures et il n'arrivait jamais à mettre un sou de côté. Après avoir étudié *L'univers fascinant de la femme*, je devins convaincue que je devais placer les finances entre les mains de mon mari, quoi qu'il arrive. C'était une tentative risquée, mais mon mari accepta volontiers. A ma grande surprise, et même à mon grand étonnement, mon mari changea complètement ; il devint responsable et économe et il développa des qualités de leadership. Il gère maintenant l'argent mieux que je ne le faisais. »

Exercice

Si vous avez la responsabilité d'administrer les finances familiales et que vous voulez vous soulager de ce fardeau, lisez à votre mari les principes de cette partie du livre et discutez-en avec lui. Demandez-lui ensuite s'il est d'accord. S'il ne l'est pas, dites alors : « Je ne pense pas que je pourrai porter cette responsabilité encore longtemps, car c'est un fardeau pour moi. Je crois que ce serait beaucoup moins difficile pour toi puisque tu es un homme. Voudrais-tu s'il te plaît me soulager de ce poids ? » Assurez-lui que vous travaillerez efficacement à faire votre part pour « étirer chaque dollar » et pour créer une atmosphère paisible au foyer. S'il accepte, appréciez-le. S'il n'accepte pas, ne passez pas immédiatement aux conclusions, mais attendez d'avoir mis en pratique tous les principes de *L'univers fascinant de la femme*.

CHAPITRE XII

LE PROFOND BONHEUR INTÉRIEUR

Le profond bonheur intérieur est un état d'esprit, une *sérénité*, une *tranquillité* et une *paix de l'âme*. Agnès avait cette qualité d'âme : « Une expression *calme et sereine*, une *tranquillité* de tout son être, et un *esprit doux, bon et paisible.* » Le bonheur intérieur peut vous aider à traverser les tourments de la vie avec une calme stabilité. Une femme qui possède le bonheur intérieur n'est pas nécessairement à l'abri des problèmes, mais elle a la force d'affronter problèmes et déceptions avec calme. Cette qualité de l'esprit semble être très importante pour un homme. Je connais au moins deux cas où les hommes n'auraient pas pensé à une réconciliation avec leurs femmes si celles-ci n'avaient pas appris à cultiver le bonheur intérieur.

Quand un homme découvre que sa femme est malheureuse, s'il est un homme bon, il se sentira très concerné et lui sera extrêmement sympathique. Et il essaiera certainement de l'aider et de lui remonter le moral. Mais cette attitude de la femme n'est *pas* une chose qu'il admire chez elle. Les hommes n'apprécient pas cette défaillance chez les femmes. Ils s'attendent à ce que les femmes irradient de bonheur. Ils savent que les femmes doivent affronter plusieurs problèmes, mais ils espèrent qu'elles le feront avec une stabilité d'esprit.

Quelle est la cause de la tristesse ? Elle provient d'une faiblesse chez l'individu, faiblesse de caractère, péché, égocentrisme, défaut à prendre ses responsabilités. Nous sommes malheureux quand nous faisons quelque chose de mal, quand nous négligeons de faire quelque chose de bien ou que, d'une façon ou d'une autre, nous enfreignons les lois de la nature et les principes éternels de vie. Les gens sont heureux quand, par voie de conséquence, ils surmontent leurs faiblesses et vivent en harmonie avec les principes éternels. Nous étudierons dans ce chapitre les voies du bonheur ; mais d'abord, définissons la différence entre le bonheur et le plaisir :

Bonheur contre plaisir

Le mot plaisir vient du verbe *plaire*. On retire du plaisir des choses qui sont une délectation pour les sens (tels le nez, les yeux, la bouche, les oreilles, bref, tout effet sensuel). Il y a des plaisirs sains et des plaisirs malsains. Les plaisirs sains nous viennent, par exemple, du soleil, de la pluie, des fleurs, des aliments nutritifs, du rire des petits enfants, de la musique, des arts, du loisir salubre et de toutes les choses pures de la vie. Nous pouvons retirer un bon plaisir des vêtements attrayants, des belles maisons, des jardins, des ameublements, du confort de l'équipement moderne comme les laveuses à vaisselle et les aspirateurs. Ces choses rehaussent la vie mais nous devons être conscients qu'elles apportent du plaisir et non pas du bonheur. Il est facile de prouver cela ; il n'y a qu'à regarder les gens qui ont tous ces plaisirs de la terre et qui sont quand même malheureux.

Les plaisirs malsains sont le fruit du péché et ils nous font plus de tort que de bien. Ce sont des choses comme une sexualité immorale, une mauvaise littérature, un divertissement malsain, une mauvaise alimentation, l'alcool, les cigarettes, les jeux d'argent, la vie de débauche et plusieurs autres vices. Toutes ces choses n'apportent rien de bon au corps ou à l'esprit et devraient être totalement évitées. Les biens matériels excessifs, les extravagances et une trop grande importance accordée à la jouissance des biens matériels sont aussi considérés comme des sources de plaisir malsain et devraient être évités.

Le bonheur est très différent du plaisir. Alors que le plaisir vient de choses qui plaisent aux sens, le bonheur, lui, peut même provenir d'expériences désagréables. Par exemple, la femme qui désire vivre les joies de la famille passera d'abord par les douleurs de l'enfantement, puis par l'exténuante tâche de prendre soin de ses enfants. Le père connaîtra le labeur, la lassitude et la douleur d'assurer le confort de ses bien-aimés. Toute personne qui se fixe un but élevé et qui est amenée à l'atteindre, connaîtra luttes et oppositions. Mais elle expérimentera aussi une joie toute nouvelle, non seulement de son accomplissement, mais de sa force jusque-là inconnue, une force découverte à travers le conflit et l'expérience. Parfois, le bonheur vient après avoir connu la misère, la douleur, la souffrance et le chagrin. Le plaisir peut provenir du péché, tandis que le bonheur est le résultat direct de la lutte pour vaincre le péché. Aucune personne qui vit une vie sans malheur ou qui est à l'abri d'expériences désagréables ne peut savoir ce qu'est le bonheur.

Quoique le bonheur puisse naître d'expériences désagréables, et même de la misère et de la douleur, le sentiment même de bonheur est tout à fait à l'opposé de la souffrance. Le bonheur est une profonde valeur de l'âme, une combinaison de paix, de joie et de sérénité. Mais même ces mots ne peuvent décrire adéquatement le bonheur. Il a toujours été difficile de décrire ce qu'est le vrai bonheur. L'apôtre Paul, en tentant d'expliquer ce que le bonheur éternel réserve au croyant, dit : *mais, comme il est écrit, nous annonçons ce que l'œil n'a pas vu, ce que l'oreille n'a pas entendu, et ce qui n'est pas monté au cœur de l'homme, tout ce que Dieu a préparé pour ceux qui l'aiment*. (1 Cor. 2;9) Et ainsi en est-il du bonheur terrestre. Nous ne pouvons en comprendre sa magnificence sans en faire l'expérience personnelle. Mais lorsqu'on l'expéri mente, on ne s'y trompe pas. Comment pouvons-nous acquérir ce profond bonheur intérieur ? Quel effort conscient devons-nous faire pour l'atteindre ?

Comment acquérir le profond bonheur intérieur

Nous entendons parfois : « Les gens sont aussi heureux qu'ils veulent bien l'être. » Bien que cette façon de voir soit positive et digne d'un certain mérite, elle n'est pas tout à fait exacte. Une personne malicieuse et mauvaise ne peut pas être heureuse seulement en étant déterminée à l'être. En fait, personne ne peut acquérir le bonheur intérieur juste en le décidant brusquement comme on déciderait tout à coup de sourire. Le bonheur intérieur est une qualité qui doit *se gagner, se mériter*. Henry Drummond a dit : « Personne ne peut avoir de la joie en le demandant simplement. C'est un des plus beaux fruits de la vie chrétienne, et comme tout autre fruit, il doit mûrir. » Et

Robert Ingersoll a dit : « Le bonheur est le bourgeon, la fleur et le fruit de bonnes et nobles actions. Il n'est pas un don de Dieu. Il doit être mérité. »

On acquiert le bonheur intérieur en suivant les lois éternelles. Il y a des lois spirituelles qui gouvernent le bonheur, comme il y a des lois qui gouvernent l'univers. Quand les gens sont heureux, c'est qu'ils respectent les lois qui sous-tendent le bonheur ; et lorsqu'ils sont malheureux, c'est parce qu'ils ont violé ces lois. Quiconque obéit aux lois du bonheur l'atteindra. Une femme peut acquérir le bonheur en se conformant aux règles suivantes :

1. *Accomplissement du rôle domestique* : la situation la plus fondamentale de la vie d'une femme où elle se doit de réussir si elle veut être heureuse, c'est au foyer, où elle remplit le rôle d'épouse compréhensive, de mère dévouée et de maîtresse de maison. Le succès au foyer est régi par des lois éternelles qui apporteront indubitablement du bonheur. Plusieurs femmes ne se rendent pas compte que leur bonheur réside entre les quatre murs de leur foyer. Elles rejettent leur rôle domestique et cherchent le bonheur dans le monde des hommes. Évidemment, il faut faire un « sincère effort » pour mériter le bonheur du rôle de ménagère, car la femme doit faire plus que le nécessaire pour arriver à en retirer quelques joies. Si vous en faites juste assez pour vous « débrouiller » vous ne pouvez pas vous attendre à de grandes récompenses de bonheur.

Si une femme devait faillir à sa tâche au foyer, elle récolterait inévitablement du malheur. Elle violerait les lois éternelles et en subirait les conséquences. Pour une femme, un échec au foyer est un échec dans la vie. Même si elle n'échoue que dans un aspect de son rôle domestique, comme l'entretien ménager, elle essuiera quand même un échec, parce que c'est là un domaine primordial où elle doit réussir. Elle doit obtenir du succès dans ses trois responsabilités ensemble si elle veut jouir d'un profond bonheur intérieur.

2. *Développement du caractère* : le bonheur est le résultat d'une vie vertueuse et du développement d'un caractère noble. Vous pouvez vous-même observer ce fait en remarquant que les gens vraiment heureux sont des gens qui sont honnêtes, bons, responsables, généreux, sans égoïsme, et qui observent

des normes morales élevées. Par contre, les gens malheureux sont indubitablement égoïstes, paresseux, irresponsables et sans autodiscipline. Ce sont là les lacunes courantes de caractère qui causent tant de malheur, même chez les gens qui se réclament d'avoir des normes élevées. Il existe d'autres gens qui sont outrageusement pécheurs, immoraux, malhonnêtes et mauvais. Un pécheur est tellement éloigné du bonheur intérieur qu'il n'a même pas le moindre sentiment de ce que peut être le bonheur. Le péché ne conduit jamais au bonheur ; bien au contraire, il mène à la dépression, à un état d'agitation et aux maladies mentales.

Il est encourageant de voir que la psychiatrie moderne se tourne vers la religion pour soigner les maladies de l'esprit. Le docteur J. A. Hadfield d'Angleterre, un des plus avancés de la psychiatrie moderne, a dit : « Je suis convaincu que la religion chrétienne est une des influences les plus puissantes qui puisse apporter cette harmonie et cette paix de l'âme et cette confiance de l'esprit nécessaires pour ramener à la santé un grand nombre de patients atteints de maladies nerveuses. » Et la Bible promet les bénédictions du Seigneur à celui qui a les mains blanches et le cœur pur, à celui qui élève son âme au-dessus de la vanité et qui n'agit pas avec supercherie.

La lutte contre la faiblesse et le péché n'est pas facile. La tendance à retourner à nos vieilles habitudes nous guette sans cesse. Mais combattre nos faiblesses est véritablement ce qui nous apportera du bonheur intérieur ; et ce bonheur n'est pas seulement le fait d'avoir combattu l'habitude même, mais aussi le fait d'avoir acquis de la force de cette lutte, une force de l'esprit qui est elle-même une nouvelle joie. Dans le prochain chapitre, nous vous parlerons des faiblesses à surmonter et des forces dont nous avons fondamentalement besoin pour développer un caractère noble.

3. Dévouement : le docteur Norman Vincent Peale a dit : « La façon d'être heureux est de s'impliquer dans quelque chose, quelque chose qui en vaut la peine. » Une femme peut grandement enrichir sa vie en rendant des services bénévoles en dehors du foyer. Notre responsabilité de femme va d'abord à notre famille, mais chacune a une certaine obligation de dépasser le rayon familial pour contribuer au mieux-être de la société. La femme qui n'accorde son dévouement qu'à son petit cercle familial et qui ne se consacre qu'à ses enfants et à ses tâches domestiques, restreint beaucoup sa vie et conséquemment, son bonheur. Le docteur Max Levine, un psychiatre de New York, a dit : « Je ne parle pas comme un homme d'église mais en tant que psychiatre. Il ne peut y avoir de santé émotive si on ne possède pas des normes morales élevées et un sens de la responsabilité sociale. » Lorsque nous partageons le poids social et que nous contribuons à façonner un monde meilleur, nous acquérons du bonheur intérieur en guise de compensation.

4. *Travaux créatifs* : saviez-vous que le travail manuel, le travail de l'esprit et la création de choses belles et nobles construisent le bonheur intérieur ? Et ne pensez surtout pas que vous n'avez pas ce pouvoir en vous. Boris Bali, doyen des beaux-arts à l'Université Temple, a dit : « Je suis convaincu que chaque être humain possède une pulsion créative, que cette pulsion peut être concrétisée et mise de l'avant grâce à un encouragement adéquat, et que la répression de cette pulsion peut conduire à une inadaptation. » Dans les hôpitaux pour malades mentaux, on utilise couramment une thérapie qui consiste à faire travailler les patients « avec leurs mains ».

Nous pouvons être créatives dans les choses que nous faisons à la maison, comme cuisiner, coudre, décorer, jardiner. Cependant, on n'est pas créatif quand on ne fait que copier les idées de quelqu'un, un modèle ou une recette, car c'est là une création de l'esprit de quelqu'un d'autre. On trouve des opportunités de créer dans le domaine des arts, de la sculpture, de la musique, de l'écriture, du dessin et autres. À peu près tout dans le monde revient à l'esprit créatif. Toutes les fois que vous avez une idée originale, ou toutes les fois que vous créez quelque chose de votre imagination, quelque chose de bon et de beau, vous êtes créative. Et lorsque vous créez quelque chose de réelle valeur et d'une suprême beauté, comme ces trésors qu'on trouve dans le monde, vous avez la chance d'éprouver dans votre âme une immense satisfaction. Quand je pense à la grande joie qu'éprouve un homme de ses modestes efforts créateurs, je me demande ce qu'a pu ressentir Dieu lorsqu'il créa le monde et dit, en contemplant son travail : « Et cela est bon. »

5. *Acceptation de soi* : si nous voulons être heureuses, il est

important que nous nous acceptions et que nous soyons tolérantes envers nos faiblesses et erreurs humaines. Même si nous travaillons à devenir des anges, nous sommes toujours des êtres humains susceptibles de faire des erreurs et de subir des échecs. Par exemple, nous sommes toujours susceptibles de brûler des aliments, de dépenser follement de l'argent, de briser un objet coûteux, de perdre quelque chose ou d'être en retard à un rendez-vous. Ces erreurs peuvent faire que nous soyons fâchées contre nous-mêmes. Même des choses banales peuvent nous déranger et nous priver de bonheur. Il n'est vraiment pas juste d'être trop dure envers soi. Si nous pouvons apprendre à pardonner aux autres, nous devons faire la même chose pour nous. De la même façon que nous apprenons à accepter notre mari, nous devons apprendre à nous accepter, nous et nos faiblesses et erreurs.

L'homme d'affaires accepte à l'avance les erreurs dans son entreprise. Nous devrions nous accorder la même marge d'erreurs dans notre vie. Répétons-nous chaque année, chaque semaine et même chaque jour qu'il y aura toujours une part d'erreurs ou de mauvaises décisions dans notre vie. Quand nous planifions une garde-robe, n'oublions pas que nous pouvons toujours faire une erreur sur le choix d'un item. On apprend par l'expérience et par nos erreurs. S'accepter soi-même, toutefois, ne veut pas dire se contenter de ce qu'on est et ne veut pas dire de ne pas faire d'effort pour s'améliorer. Cela bloquerait notre progrès.

6. *Appréciation des petits plaisirs* : si nous voulons être heureuses, il est essentiel que nous sachions apprécier les petites joies de la vie, comme la pluie, le soleil, le bruissement des feuilles, etc. Ce ne sont pas tant ces simples choses qui apportent du bonheur que notre capacité de les apprécier.

Une femme qui sait apprécier les choses aura de la joie à boire de l'eau dans une tasse en étain, tandis qu'une autre qui ne sait pas jouir des purs plaisirs de la vie voudra boire dans de la porcelaine de Chine. Une femme sera contente de se détendre au soleil, assise sur une caisse de pommes dans sa cour arrière, tandis qu'une autre aura l'impression qu'elle doit avoir un patio pour être heureuse. Une autre tirera plaisir des bruits de la forêt, du chant des oiseaux et du bruissement des feuilles, tandis qu'une autre exigera le grand opéra. Une femme qui sait apprécier aimera ses vêtements en coton, tandis qu'une autre aspire au jour où elle achètera ses vêtements chez les grands couturiers. L'une sera heureuse de promener son bébé en pousse-pousse dans le parc, l'autre ne recherchera que l'attrait des endroits publics bien en vue. L'une jouira d'un simple petit cottage, tandis qu'il faudra à l'autre une maison moderne avec panorama. Les petits enfants ont cette capacité de s'émerveiller devant les petits plaisirs. La femme qui apprend à apprécier ces simples joies a toujours une source de bonheur à portée de la main.

7. Recherche de connaissances et de sagesse : la connaissance ouvre la porte au bonheur et la sagesse est l'instrument le plus important pour l'atteindre. La connaissance vient d'abord, puis vient la sagesse qui est l'application de cette connaissance. Par conséquent, la recherche de la sagesse devrait être le plus grand et le plus important but de notre vie, et l'atteinte de ce but notre bien le plus précieux. Cette pensée nous vient des saintes Écritures : Heureux l'homme qui a trouvé la sagesse, l'homme qui acquiert l'intelligence ! Car mieux vaut la gagner que gagner de l'argent, l'acquérir qu'acquérir de l'or. Elle est précieuse plus que les perles, aucun des objets que tu désires ne l'égale. Dans sa droite : longueur des jours ! dans sa gauche : richesse et honneur ! Ses chemins sont chemins de délices, tous ses sentiers mènent au bonheur. C'est un arbre de vie pour qui la saisit, celui qui la tient devient heureux. (Prov. 3;13-18)

Si la connaissance peut apporter du bonheur, alors l'ignorance peut apporter du malheur. Le docteur Abraham Maslow, psychologue, en exprime l'idée : « La connaissance, la perspicacité, la vérité, la réalité et les faits sont les médecines qui ont le plus de puissance curative... Si la connaissance peut soigner, alors l'ignorance peut rendre malade... Nous devons prendre sérieusement en considération le fait que l'aveuglement peut causer des troubles et que la connaissance peut sauver. Le vieux dicton qui dit que ce qu'on ne sait pas ne nous fait pas de mal devient tout à fait faux. C'est justement le contraire qui est vrai ; c'est ce qu'on ne sait pas qui nous fait du tort. Notre ignorance exerce un pouvoir sur nous, alors que la connaissance nous donne le contrôle sur les choses et le pouvoir. » On retrouve un excellent exemple de cette situation dans le mariage et les relations familiales. Ceux qui ne connaissent pas le bonheur et la paix dans leur ménage manquent de connaissances et de sagesse. Et quand ils acquerront la sagesse, ils connaîtront bonheur et paix.

L'amour de notre mari nous est-il nécessaire ?

Comme nous venons de décrire sept choses que nous devons faire pour acquérir le bonheur intérieur, vous pouvez vous demander : « Est-ce nécessaire que je sois aimée de mon mari pour être heureuse ? » » Si vous êtes une femme qui ne se sent pas aimée, vous serez portée à penser que : « Si mon mari m'aimait vraiment, je serais heureuse. Même si l'amour de votre mari est essentiel à votre bonheur total, il n'est toutefois pas nécessaire pour que vous acquériez le bonheur intérieur que je viens de décrire. En fait, vous devez d'abord trouver le bonheur intérieur avant d'être réellement aimée de votre mari, puisque c'est une des qualités que les hommes désirent voir chez une femme. Des hommes, à travers tout le pays, se détournent de leur femme en partie parce que celle-ci n'est pas heureuse. Le bonheur intérieur chez une femme est essentiel à un homme pour qu'il lui offre tout son amour.

Cependant, si vous atteignez le bonheur intérieur et que vous n'obtenez pas l'amour de votre mari, vous ne pouvez pas considérer que votre bonheur est complet. Un bon exemple de cela est, encore une fois, Agnès Wickfield. Même si elle possédait cette qualité de bonheur intérieur « une tranquillité de l'âme et un esprit calme et bon » elle n'a pas vraiment connu un bonheur complet durant la plus grande partie de sa vie. David Copperfield remarquait souvent une expression de tristesse sur le visage d'Agnès, mais il ne réalisait pas que cela était dû à son sentiment d'amour non partagé. C'était le signe qu'il manquait quelque chose au bonheur d'Agnès mais cela ne diminuait en rien sa tranquillité d'esprit.

Comment les autres personnes et les circonstances peuvent-elles affecter le bonheur ?

Vous pouvez vous demander jusqu'à quel point les autres personnes et les circonstances peuvent contribuer à votre bonheur. Le fait est que les autres personnes votre mari, vos enfants, vos connaissances, vos amis peuvent contribuer grandement à votre bonheur, comme d'ailleurs certaines circonstances favorables. Je tiens cependant à souligner que ces personnes et ces circonstances ne sont pas essentielles. C'est-à-dire que si vous êtes privée de ces avantages, que certaines personnes vous ont laissé tomber et que les circonstances de la vie ne sont pas toujours favorables, vous pouvez toujours être heureuse en suivant les bons principes de vie. Et si vous réussissez sans l'aide des gens et sans l'aide des circonstances, cela vous prouvera que vous êtes une personne plus forte et plus courageuse.

Comment trouver le bonheur intérieur

1. Accomplissez votre rôle domestique.
2. Développez votre caractère, surmontez vos faiblesses.
3. Rendez service aux autres.
4. Faites des travaux créatifs.
5. Acceptez-vous vous-même.
6. Appréciez les petits plaisirs.
7. Acquérez connaissances et sagesse.

Exercice

Faites un bilan de votre vie et essayez de voir si vous avez atteint complètement le bonheur intérieur. Sinon, demandez-vous dans quelle partie de votre vie vous êtes faible et ce que vous devez faire pour améliorer cet aspect de votre vie afin d'atteindre un plus grand bonheur.

Le bonheur intérieur est une qualité de l'esprit qui se mérite en vainquant nos faiblesses et en nous rapprochant toujours plus de la perfection de notre personnalité. C'est comme remonter le courant en nageant. On y arrive dans les grands efforts que nous déployons, dans les réalisations de notre vie et dans un dévouement fidèle à nos devoirs.

CHAPITRE XIII

UN CARACTÈRE DIGNE

Un homme veut une femme qui a un bon caractère, une femme qu'il peut mettre sur un piédestal et tenir en haute estime. Non seulement s'attend-il à ce qu'elle soit bonne, mais il s'attend aussi à ce qu'elle soit meilleure que lui. Il souhaite qu'elle soit plus fine, plus patiente, plus magnanime et plus généreuse que lui et qu'elle s'accroche plus fermement que lui aux principes. Il se considère lui-même d'esprit moins raffiné que la femme. S'il devient lui-même irréfléchi, critiqueur, dur, il peut vouloir passer par-dessus ses faiblesses, mais il serait déçu de voir une femme, qu'il a toujours considérée comme étant la créature la plus angélique de la race humaine, tomber à son niveau à lui.

À l'occasion, un homme tentera d'ébranler le piédestal où il a placé la femme, en laissant voir à cette dernière qu'elle a fait quelque chose de mal. Il le fait délibérément pour vérifier si elle est aussi digne qu'elle en a l'air. Quelle déception si elle abaisse ses normes, et quelle joie si elle s'y tient solidement. Si elle se tient sur son piédestal lorsqu'elle est mise à l'épreuve, c'est la meilleure preuve qu'elle est à sa place.

Mais avant qu'un homme mette une femme sur un piédestal, celle-ci doit développer un caractère digne de cette position. Vous pouvez avoir comme première impression qu'il ne vous est pas essentiel de connaître ce sujet, puisque vous avez été entraînée toute votre vie à développer des qualités d'honnêteté, de bonté et de charité. Vous pouvez vous dire que vous avez un beau caractère. Cette attitude indique que vous ne comprenez pas tout à fait ce que signifie avoir un beau caractère. Les qualités ci-haut mentionnées sont bien sûr essentielles, mais un beau caractère implique plus, beaucoup plus. Dora était honnête, bonne et charitable, mais cela ne lui a pas suffi à avoir l'honneur d'être mise sur un piédestal. Par conséquent, nous allons nous attarder à apprendre ce qu'est un beau caractère. Il existe un grand nombre de qualités, mais les suivantes sont les plus importantes.

1. La maîtrise de soi

> « Celui qui se maîtrise lui-même et qui maîtrise ses passions, ses désirs et ses peurs, est plus qu'un roi. »
>
> MILTON

La maîtrise de soi est le fondement d'un caractère digne. Nous ne pouvons même pas appliquer les enseignements de ce livre si nous n'avons pas la volonté de le faire. La maîtrise de soi signifie que nous sommes maîtres de nos pensées, de nos sentiments, de nos désirs, de nos passions, de nos peurs et de nos actions. Cela signifie que nous décidons de ce qui est correct ou sage et que nous avons la volonté de le faire. Cela signifie que nous nous imposons un régime de vie, que nous pesons nos paroles, que nous contrôlons nos sentiments, que nous gardons les secrets et confidences que nous avons reçus. Cela signifie aussi être à temps, remplir les responsabilités qui nous ont été assignées, maintenir les normes que nous nous sommes établies et atteindre nos objectifs.

La maîtrise de soi est tellement importante dans l'accomplissement spirituel que la personne la plus grande de tous les temps la recherchait. Jésus-Christ n'a commencé Son ministère qu'après avoir passé quarante jours et quarante nuits dans le désert à jeûner. C'est pendant ce temps qu'Il a trouvé de la force spirituelle et qu'Il fut capable de lutter contre les tentations. Il a acquis la maîtrise de soi, ce qui Lui était nécessaire pour accomplir Sa mission sur terre.

Il y a plusieurs façons de cultiver la maîtrise de soi. Une des plus efficaces est l'exemple donné par le Sauveur, le jeûne. En nous privant de toute nourriture pendant un certain temps, nous obtenons une domination sur nous qui nous renforce devant les défis de la vie. Habituellement, un jeûne de 24 heures est suffisant et est souvent tout ce qu'une personne peut endurer au début. Il est aussi important d'implorer la force du Seigneur par la prière. Si nous voulons vraiment aller toujours plus loin et avoir suffisamment de force pour vaincre nos passions, nos faiblesses et nos peurs, ou pour atteindre des objectifs élevés, nous aurons besoin de l'aide de Dieu. On peut régulièrement jeûner et prier pour atteindre cette qualité de caractère qu'est la maîtrise de soi, ou le faire à des moments spécifiques, dans une situation particulière.

Une autre façon de cultiver la maîtrise de soi est de faire travailler notre volonté. On peut, par exemple :

1. *Faire chaque jour quelque chose de désagréable*, comme prendre une douche à l'eau froide, ou arrêter de fumer, de boire du café ou de manger des bonbons.

2. *Faire quelque chose de difficile*, comme se fixer un objectif élevé, assumer une responsabilité supplémentaire (si le temps le permet), ou développer un talent.

3. *Exiger de soi un nombre défini de choses à faire*, comme se lever chaque matin à 4h30, faire un nombre spécifique de choses à un moment particulier de la journée, faire de l'exercice régulièrement, ou dresser un programme défini de tâches et le suivre minutieusement.

Entraîner sa volonté développe la maîtrise de soi ; de cette façon, quand les tentations viennent, nous sommes forts devant elles. La plupart d'entre nous ont eu, par moments, le désir d'être meilleures qu'elles ne le sont, pour s'apercevoir qu'en laissant tomber une chose, une autre survient. Dans la majorité des cas, cela est dû à un manque de maîtrise de soi. En pratiquant la maîtrise de soi par le jeûne, la prière et le travail de la volonté, nous obtenons un plus grand contrôle de soi, ce qui nous aide grandement à suivre étroitement nos objectifs et à éventuellement nous rapprocher de la perfection.

2. L'altruisme

Jetons d'abord un coup d'œil à la définition que donne le dictionnaire du mot égoïsme : « Attachement excessif à soi-même qui fait que l'on recherche exclusivement son plaisir et son intérêt personnels. » Nous avons tous cette tendance en nous, dès l'enfance. Nous observons cela chez les tout-petits qui s'arrachent mutuellement les objets sans le moindre remords, qui s'accaparent les jouets d'un autre enfant comme si c'était les leurs, sans se soucier de l'autre qui crie à pleins poumons. Les enfants ont tendance à grandir en étant égoïstes, partiellement à cause de l'éducation qu'ils reçoivent de leurs parents et beaucoup plus en raison de leur expérience dans le monde. Ils réalisent vite qu'ils doivent se débarrasser de leur égoïsme s'ils veulent s'entendre avec les gens.

Le problème est que la plupart des gens ne perdent de leur égoïsme que ce qui est nécessaire pour bien vivre avec le monde. Ils apprennent à partager et à donner, parce qu'ils seront critiqués s'ils ne le font pas. Mais leur intérêt principal porte toujours sur eux-mêmes et sur leurs bénéfices et leur confort personnels. Les femmes, plus particulièrement, sont portées à êtres égoïstes et à penser en termes de « mes enfants, ma maison, mon mari, ma garde-robe et mes problèmes ». Un intérêt si étroit conduit à une vie égoïste.

L'altruisme est cette volonté d'abandonner ses avantages et son confort personnels au profit de quelqu'un d'autre. Un acte franchement altruiste doit comporter un élément de sacrifice, car cela signifie sacrifier du plaisir, du temps, du confort, de l'argent, une chose matérielle qui a de la valeur pour nous, ou même se donner du trouble, prendre des risques et subir des inconvénients et ce, pour le bénéfice de quelqu'un d'autre. Il y a des actions qu'on pense généreuses mais qui, en fait, sont égoïstes, comme donner quelque chose qu'on ne veut plus ou dont on a plus besoin, faire quelque chose qui ne cause pas de problèmes ni de dépenses, faire un petit don à l'église ou à un pauvre, etc. Ces actions peuvent être des gestes de gentillesse, mais elles ne sont pas vraiment des gestes altruistes puisqu'elles n'exigent pas de sacrifice. Au contraire, un geste altruiste serait de donner quelque chose qu'on aime ou dont on a besoin en sachant que quelqu'un en a peut-être plus besoin que nous, ou en s'occasionnant des problèmes et des inconvénients pour aider quelqu'un dans le besoin.

Quand nous apprenons à être généreux, nous ne faisons pas qu'enrichir notre caractère, nous développons aussi notre état spirituel en général. En fait, notre croissance spirituelle se fait parallèlement à notre développement de l'altruisme. Quand nous développons toujours plus notre générosité, nous développons en même temps notre esprit ; mais si nous maintenons nos tendances égoïstes, nous empêchons notre esprit de croître.

3. L'humilité

L'humilité est une victoire sur la fierté et l'arrogance. Quelqu'un qui est humble peut avoir des qualités, des talents et des avantages, mais il prend conscience de ses faiblesses, de ses erreurs et de ses limites. Une femme qui est humble ne se gonfle pas d'orgueil devant ses amies ou ses congénères en pensant qu'elle est meilleure, plus fine et plus fortunée qu'elles. Même si elle a quelque talent ou avantage sur les autres, elle réalise qu'elle a des faiblesses dans d'autres domaines. Elle sait que les autres ont des qualités qu'elle n'a pas. Elle sait aussi que même si elle a des capacités dont elle peut être honnêtement fière, elle est loin d'être la femme qu'elle devrait être, et qu'elle a encore beaucoup à faire pour être ce qu'elle doit être.

Être humble ne signifie cependant pas avoir une attitude rampante, ni s'effacer, pas plus que se déprécier délibérément sans raison. Pour citer mon mari, dans son livre *Une main de fer dans un gant de velours* : « Ce n'est pas nous considérer moins que nous sommes, ni plus que nous sommes, mais juste tels que nous sommes. L'humilité est une estimation juste de nous-mêmes, tel que Dieu nous voit. Être humble, ce n'est pas feindre la modestie, ni cacher de la vantardise, dans le but d'impressionner les autres. Ce doit être une qualité intérieure qui fait qu'une personne sent vraiment ses limites et ses faiblesses.

« Le Sauveur nous a donné un exemple parfait d'humilité. Même s'il fut choisi Fils de Dieu, qu'Il était sans péché et capable de surmonter toutes choses, Il a quand même vécu parmi les gens du peuple et dîné avec des pécheurs. Même si Ses disciples Le vénéraient, Il ne s'est pas élevé au-dessus d'eux dans une attitude de supériorité. Il fit preuve d'humilité quand Il s'inclina devant eux pour leur laver les pieds. En agissant ainsi, Il imprima aux hommes, d'une façon palpable, ce qu'ils doivent faire pour rester humbles. Comment quelqu'un peut-il s'élever au-dessus des autres quand il se rappelle cette action du Sauveur ? »

On peut mieux comprendre l'humilité si on s'attarde à son contraire, l'arrogance ou la fierté. L'arrogance est un sentiment sans fondement de supériorité et une incapacité à voir ses faiblesses ou ses limites. L'arrogance est courante dans plusieurs aspects de la vie :

1. Les biens terrestres : les gens qui possèdent de l'argent et des biens matériels éprouvent de la difficulté à ne pas être orgueilleux. La femme qui porte des vêtements dispendieux et stylisés, qui conduit une automobile du dernier modèle et qui habite dans un milieu riche, a une tendance spontanée à se sentir supérieure aux femmes qui en ont moins. Dans quelques cas, certaines femmes prennent plaisir à faire étalage de leurs biens devant celles qui ont peu de richesses matérielles, dans le but de les faire se sentir inférieures et, par conséquent, de se créer un sentiment d'importance personnelle. Cet orgueil fait que des hommes et des femmes glorifient les biens matériels et est le signe d'une faiblesse morale et spirituelle.

2. La connaissance : la connaissance, qui peut venir d'un niveau d'éducation supérieur, d'habiletés innées, de dons, de talents, de ce qu'on considère être une intelligence supérieure, est une autre source d'orgueil. La reconnaissance de ces dons spéciaux n'est pas mauvaise en soi, mais en ressentir un sentiment de supériorité démontre sûrement un manque d'humilité. Les gens qui sont très intelligents et qui ont un bon bagage de connaissances peuvent parfois en être très fiers mais habituellement, ils ont une bonne dose d'humilité. Ils sont conscients qu'en dépit de leurs talents, il y a à côté d'eux un immense champ de connaissances qu'ils n'ont pas découvert et ils sentent leurs limites à l'explorer. Ils reconnaissent la grandeur de ceux qui les ont précédés et de ceux qui, dans l'avenir, découvriront d'autres choses qui rendront périmées leurs réalisations actuelles. Ils vivent entre la conscience de leurs propres réalisations et la conscience de leurs limites personnelles. Ils réalisent aussi qu'il y a d'autres personnes dans leurs champs de compétence qui en savent beaucoup plus qu'eux sur certains sujets. Leur connaissance, si grande soit-elle, se limite à des domaines spécifiques.

3. L'humilité dans la droiture : il y a des gens qui sont portés à s'enorgueillir de la droiture de leur vie. Il est possible que nous fassions des efforts sincères pour vivre honnêtement et vertueusement, pour maintenir des normes élevées et pour surmonter nos faiblesses ; mais lorsque nous nous comparons à c'autres qui ne semblent pas faire d'efforts dans ce sens, nous sommes naturellement tentés de nous sentir supérieurs à eux. Se sentir humble dans un tel cas est extrêmement difficile, mais y arriver est un réel signe de caractère. Pour y arriver, il faut nous dire « que nous ne sommes pas juges de la valeur des autres ». Une personne peut actuellement sembler être faible et irresponsable, mais elle mène peut-être une vie plus valable que la nôtre. Cette personne peut avoir des qualités cachées qui sont sur le point de se révéler ou d'être mises à l'épreuve. Nous devons aussi prendre en considération le vécu de cette personne. Elle n'a peut-être pas reçu tous les avantages d'une éducation adéquate. Elle n'a peut-être pas appris de sa famille ou de ses parents une meilleure façon de vive. Si elle avait la même chance que nous, elle pourrait faire voir son meilleur côté.

Dieu a durement condamné l'orgueil. Nous pouvons lire aux Proverbes 6;16-19 : Il y a *six choses que hait le Seigneur et sept lui sont en abomination, des yeux hautains, une langue menteuse, des mains qui répandent le sang innocent, un cœur qui médite des projets coupables, des pieds empressés à courir au mal, un faux témoin qui profère des mensonges, le semeur de querelles entre frères.* Il est évident que l'orgueil est une abomination aux yeux de Dieu ; il apparaît au même titre que le mensonge, l'imagination perverse et même le meurtre.

Savez-vous que le manque d'humilité peut conduire à une attitude critique ? Il s'ensuit par conséquent que l'humilité peut guérir l'attitude critique. D'abord, pourquoi critiquons-nous ? Il semble que ce soit parce que cela nous permet de « bâtir » notre ego et c'est particulièrement vrai quand nous n'avons pas nous-mêmes ce défaut que nous critiquons. C'est aussi une tendance à abaisser une personne pour s'élever soi-même. Ce peut aussi être pour aider la personne qu'on critique, pour l'inciter à prendre de meilleures habitudes de vie et à atteindre un plus grand bonheur ; si c'est le cas, nous devrons prendre conscience que c'est la façon la plus médiocre d'aider quelqu'un, car la personne en question, plutôt que de s'ouvrir à la critique, risque de s'y fermer et de se rebeller.

Lorsque nous sommes tentés de critiquer quelqu'un, nous

pouvons nous en empêcher et rester humbles en nous rappelant nos propres fautes et imperfections. Il se peut que nous soyons supérieurs à la personne sur certains aspects, mais pas sur tous. En tant que personnes totales, il est peu vraisemblable que nous soyons meilleures que les autres. À tout le moins, nous ne sommes pas dans une position pour juger la valeur des autres. La vraie humilité suppose des qualités de patience, de pardon, d'acceptation et d'appréciation. Avec ces qualités, il est impossible de critiquer.

La vraie humilité est une des qualités les plus essentielles d'un caractère digne. Toutes les grandes gens de ce monde, les vraies gens, ont été humbles, quelles que fussent leur position et leurs éminentes qualités. Ces personnes ont su se voir en pleine lumière, elles ont su reconnaître leur grandeur, mais elles ont su aussi reconnaître leurs faiblesses et leurs limites. Personne n'est assez grand ni assez bon pour vivre sans humilité.

4. L'honnêteté

Il est difficile de dire laquelle des vertus est la plus importante, mais l'honnêteté est certainement l'une d'entre elles. Personne ne peut mener une vie saine et morale s'il n'est pas honnête. La plupart d'entre nous ont été élevés dans les principes de base de l'honnêteté, c'est-à-dire que nous avons appris à ne pas voler, à ne pas tricher et à ne pas mentir effrontément. Cela ne fait pas nécessairement de nous des personnes honnêtes, car nous pouvons être malhonnêtes de façon plus subtile.

Quelques-unes des façons les plus cachées d'être malhonnête sont, par exemple, mentir sur l'âge d'un enfant pour qu'il paie moins cher dans le transport public, au cinéma ou au cirque, retourner des objets au magasin en avançant de faux prétextes, acheter des objets en gros par des moyens détournés, ne pas laisser son identité quand on cause des dommages à une voiture, faire des excuses qui ne sont pas complètement sincères, exagérer la vérité, garder pour soi l'argent et les biens qui ne nous appartiennent pas ou qui nous ont été donnés par erreur, garder une paye que nous n'avons pas gagnée ou pour un travail que nous n'avons pas complété, alléguer de fausses raisons pour des erreurs que nous avons commises ou pour notre mauvais comportement, et beaucoup d'autres.

Si vous réfléchissez à ces comportements, vous verrez que ce genre de malhonnêteté est dû à la *peur* : peur de l'humiliation, de la gêne, de perdre de l'argent, du confort et des biens. Afin de surmonter ces tendances malhonnêtes, il est d'abord et avant tout important d'acquérir un certain courage moral pour surmonter nos peurs. Il faut ensuite développer un sens des valeurs et se convaincre que l'honnêteté est de loin plus valable que tous les biens matériels, le confort et notre fierté personnelle. Être honnête en dépit de l'humiliation et des inconvénients est le propre des personnes saines qui mènent une vie digne. Il existe un proverbe qui dit : *Fais ce que dois, advienne que pourra*. C'est dans cet état d'esprit qu'une personne doit vivre si elle est à tout prix déterminée à mener une vie honnête. Et quoi qu'il puisse en résulter temporairement, le résultat global d'une vie honnête sera mille fois compensateur, pas seulement pour la force de caractère acquise, mais pour l'excellence de vie qui en découlera.

5. La chasteté

La chasteté veut dire être sexuellement pur, ne pas avoir de relations sexuelles avec quelqu'un avec qui ont n'est pas légalement marié, ou ne pas s'engager dans des pratiques sexuelles immorales. L'impur commet les fautes de fornication, d'adultère et d'homosexualité. La fornication est le fait d'avoir des relations sexuelles sans être marié ; l'adultère est l'acte sexuel fait avec quelqu'un d'autre que son conjoint ; l'homosexualité est le fait d'avoir un attrait, un sentiment ou une pratique sexuels avec une personne du même sexe. L'impureté sexuelle s'appelle *immoralité sexuelle*.

L'immoralité sexuelle est un problème vieux comme le monde. Les prophètes à travers les temps ont décrié cette attitude et ont mis les gens en garde contre les dangers que cela implique. Cette pratique se poursuit dans notre société actuelle et on l'appelle parfois « la nouvelle moralité ». En réalité, c'est toujours cette « vieille immoralité ». La seule différence, c'est que ceux qui s'engagent dans cette immoralité implorent la société d'accepter leurs péchés comme étant une « bonne conduite » afin de soulager leur conscience brûlante. Les générations passées reconnaissaient leurs péchés en tant que péchés et n'essayaient pas de les faire passer pour une bonne conduite.

La nouvelle moralité prétend qu'il n'y a pas de mal à s'adonner à l'immoralité sexuelle si ces relations se pratiquent entre deux adultes consentants qui en retirent satisfaction. Ces gens blâment la société de faire peser sur eux un sentiment de culpabilité et ils exhortent cette société à accepter leurs pratiques mauvaises et néfastes afin de soulager leur conscience outragée par le poids de la culpabilité. Ils ignorent le mal qu'ils se font et qu'ils font à la société en vivant dans la promiscuité sexuelle. Les homosexuels cherchent aussi à faire accepter leurs péchés. La question universelle semble être : « Quel mal y a-t-il à l'immoralité sexuelle ? »

Le mal qu'il y a à vivre dans l'immoralité sexuelle

1. C'est un péché aux yeux de Dieu : « Tu ne commettras pas l'adultère » fut un commandement donné à Moïse et à son peuple et fut écrit sur les tables de la Loi. Cette instruction fut reprise maintes et maintes fois dans les Écritures. Dans toute l'histoire de la Bible, l'immoralité sexuelle est considérée comme un péché très grave et, à certaines périodes, toute personne qui s'en rendait coupable était passible de mort. La punition n'est maintenant plus la mort, mais aux yeux de Dieu, le péché est toujours aussi grave.

2. C'est une cause de diversion et de déviation : le péché du sexe est une déviation pour l'individu. Il détourne l'homme de son travail et la femme de sa dévotion à sa famille. Comme les intérêts et les énergies portent en grande partie sur l'immoralité, les responsabilités de la vie s'en trouvent négligées. La négligence du travail et la négligence de la famille peuvent mener à l'échec dans plusieurs aspects de la vie.

3. Cela brise les relations : la promiscuité sexuelle, surtout lorsqu'elle est vécue par la femme, peut causer du tort aux relations, briser des foyers et assujettir des familles. Oh ! combien de foyers ont été brisés à cause de l'immoralité. Dans les communautés où plusieurs couples mariés se réunissent pour faire des échanges sexuels, plusieurs foyers et familles ont été brisés. Le mal ainsi fait a été terrifiant.

4. C'est une cause de maladies émotives : nous vivons sous les lois spirituelles de Dieu. Que nous comprenions ou non ces lois, nous ne sommes pas à l'abri des effets néfastes de leur violation. Lorsque nous posons un acte immoral, nous entrons en conflit avec les lois spirituelles et il en résulte pour nous un sentiment de culpabilité, des consciences meurtries et une détresse émotive. Je citerai encore une fois les mots de Max Levine, docteur en psychiatrie, dont nous avons parlé dans le chapitre précédent : « Il ne peut pas y avoir de santé émotive si on n'a pas des normes morales élevées. »

Quand l'immoralité dure pendant un certain temps, la conscience s'insensibilise et la douleur émotive en est alors grandement réduite. Cependant, l'engourdissement de la conscience détruit les plus fins et les plus nobles éléments de l'âme et de l'esprit. Et lorsque la conscience est engourdie et soulagée, elle cesse d'être une alarme et permet à l'individu d'être indulgent pour d'autres péchés, ce qui l'incite à en commettre un autre et encore un autre.

5. On perd l'Esprit de Dieu : ceux qui commettent des actes immoraux se coupent de l'Esprit de Dieu. Les saintes Écritures nous mettent en garde contre l'immoralité en nous disant que si on commet un péché d'adultère dans notre cœur, on renie Dieu, on perd Son Esprit et on hérite de la peur. Être coupé de notre Père céleste est une grave perte, car nous avons grandement besoin de l'Esprit de Dieu pour nous guider vers une vie fructueuse, pour nous aider à prendre de sages décisions, pour nous servir de notre bon jugement, pour établir des plans sensés. Quand nous perdons l'Esprit de Dieu, nous sommes laissés seuls à avancer à l'aveuglette sur le chemin de la vie, et cela peut nous apporter des échecs dans tous les domaines de la vie.

6. La punition éternelle : nous pouvons lire dans 1 Cor. 6;9 : *Ne savez-vous donc pas que les injustes n'hériteront pas du royaume de Dieu ? Ne vous y trompez pas ! Ni impudiques, ni idolâtres, ni adultères, ni dépravés, ni gens de mœurs infâmes...* Il est aussi écrit dans Ml.3;5 : *Je m'approcherai de vous pour le*

jugement et je serai un témoin prompt contre... les adultères...
La raison pour laquelle Dieu est si sévère face au péché d'impureté peut ne pas être complètement comprise de tous ; mais dans Ses nobles objectifs, qui sont d'apporter à l'homme le bonheur et la vie éternels, Dieu suit un principe droit et rigide. Pour expliquer le point suivant, j'aimerais citer l'œuvre de mon mari, *Une main de fer dans un gant de velours* :

7. *La chute des nations* : « L'immoralité, et surtout l'immoralité sexuelle, est la plus grande menace d'une nation. Tel Samson qui ébranla les colonnes du temple de Gaza qui s'écroula, l'immoralité peut mener à l'affaiblissement et éventuellement à la destruction d'une civilisation entière. L'immoralité sexuelle fut la principale cause de la chute des empires romain, grec, persan, babylonien et des villes de Sodome et de Gomorrhe, et de beaucoup d'autres. C'est aussi la plus grande menace de l'Amérique actuellement, et cette menace dépasse tous les autres problèmes. En fait, c'est l'immoralité qui cause tous les autres problèmes. Par amour pour la nation, par amour de la vie, nous devrions éviter l'immoralité et la fuir comme étant la plus grande ennemie de l'humanité. Sinon, elle nous arrachera tout ce qui nous est cher et précieux. »

Il n'y a pas que l'adultère, la fornication et l'homosexualité qui soient des immoralités sexuelles ; il y a aussi les films pornographiques, la littérature pornographie, le théâtre pornographique et les pensées sexuelles. Ces choses troublent également l'esprit. Certains justifieront ces choses en disant qu'il faut se tenir au courant de ce qui se passe dans le monde. Mais en côtoyant ces mauvaises influences, ces gens sont sujets aux mêmes effets négatifs ; car, en transgressant les lois spirituelles, ils produisent des interférences dans le mécanisme de l'esprit où ils sèment alors de la discorde et des contradictions. Si la belle musique, le bel art, la bonne littérature et les beautés de la nature affectent favorablement le genre humain et rehaussent l'esprit, alors la mauvaise musique, la mauvaise littérature et le mauvais art peuvent faire grand tort à l'esprit.

6. La patience

Il y a quatre circonstances où nous avons besoin de patience :

1. La patience avec les gens : il n'y a pas meilleur endroit qu'au foyer pour apprendre à être patient avec les gens, surtout quand il s'agit de s'entendre dans la famille. Les jeunes enfants font des choses comme coller de la gomme dans leurs cheveux, renverser des épingles sur le tapis à longs poils, traîner de la boue à leurs souliers, ou se quereller entre eux. Quand ils sont adolescents, ils causent d'autres sortes de petits problèmes, comme laisser leurs chambres sens dessus dessous, parler trop longtemps au téléphone ou mal manger. Le mari peut être en retard pour dîner ou négliger les travaux du parterre. Faire face à ces situations avec calme est le signe d'une femme vertueuse. Il y a deux choses qu'une femme peut faire pour développer sa patience. D'abord, soyez tolérante face à ces situations, et considérez qu'elles font partie de « la vie quotidienne ». Ensuite, minimisez ces problèmes. Voici un bref exemple qui illustre les deux situations. « Une petite fille avait renversé du vernis à ongles sur son couvre-lit blanc et elle courut en larmes jusqu'à sa mère. La maman, plutôt que de se fâcher, dit calmement : Eh bien, chérie, nous avons déjà vécu des situations plus difficiles que ça, n'est-ce pas ? »

2. La patience dans les responsabilités : c'est aussi au foyer qu'on peut développer ce type de patience, à préparer trois repas par jour, à laver sans arrêt, à nettoyer la maison, ce qui est toujours à refaire. Quand une femme a patiemment rempli ces tâches pendant des années, elle est certainement une femme meilleure. Les femmes montrent un manque de patience quand elles se plaignent de leur travail ou qu'elles négligent de le faire. Le manque de patience est la raison pour laquelle les femmes rejettent leur rôle domestique et qu'elles cherchent un soulagement en dehors du foyer en poursuivant une carrière. En faisant cela, elles rejettent d'elles-mêmes la chance qu'elles ont d'enrichir leur caractère.

3. La patience dans les désirs : il faut de la patience pour atteindre certains buts et réaliser certains désirs, que ce soit pour avoir une nouvelle maison, un nouvel ameublement, ou des vacances. Plusieurs femmes veulent tout, tout de suite, et comblent leurs désirs aux dépens de leur famille. Soit qu'elles exigent tout cela de leurs maris ou qu'elles aillent travailler pour se le procurer elles-mêmes.

Ou la femme peut vouloir du temps pour développer ses talents ou combler ses désirs. Si elle élève une famille, elle peut avoir l'impression que ce moment n'arrivera jamais. Par manque de patience, elle peut essayer de tout réaliser tout de suite, se privant ainsi de la joie du moment présent. Comme c'est peu sage ! Le moment viendra où ses enfants s'en iront et elle disposera alors de tout son temps. Comme Shakespeare a dit : « Combien pauvres sont ceux qui n'ont pas la patience d'attendre. »

Et lorsque nous avons du temps, il faut encore beaucoup de patience pour développer ses talents et créer des œuvres d'art. Je me souviens avoir demandé à une femme qui faisait un tapis au crochet, combien de temps elle pensait que cela lui prendrait. Elle me répondit : « Oh, environ un an. » Mon commentaire fut que je ne commencerais jamais quelque chose que je ne pourrais pas finir en un jour ou presque. Environ un an plus tard, je conçus l'idée d'écrire un livre. J'appris à être patiente à travers les interminables heures et même les années qu'il m'a fallu pour compléter le livre. Nous pouvons apprendre à être patientes en regardant combien la nature met de temps à faire ce qu'elle réalise. Si vous visitez une grotte calcaire, vous y verrez la merveilleuse architecture faite par des gouttes d'eau tombant du plafond. Il faut des siècles pour créer cette beauté.

4. L'attente d'un jour meilleur : il faut aussi de la patience dans l'attente d'un jour meilleur. Il y a des moments dans la vie où on se sent triste, découragé ou déçu. Nous devrions avoir la patience « de laisser passer ce moment » ; nous devrions savoir que la vie a ses sombres moments mais que, si nous vivons en toute droiture, un jour meilleur viendra inévitablement.

7. Le courage moral

Le courage moral est le courage de faire ce qui est *moralement correct* ou de suivre les bons principes en dépit des conséquences. Ces conséquences se traduisent par la critique, l'humiliation, la perte d'amis, de prestige, de situation, d'argent, ou même les blessures corporelles. C'est une chose que de se fixer des normes et c'en est une autre que d'avoir le courage moral d'y rester fidèle devant les conséquences désagréables.

Un exemple outrageux du manque de courage moral est celui où une femme fut tuée, en 1967, sous les yeux d'un grand nombre de gens qui regardèrent la scène mais ne vinrent pas à son secours parce qu'ils se seraient alors mis eux-mêmes en danger. Quel contraste avec l'attitude du bon Samaritain qui, sur la route de Jéricho, sauva la vie à un homme blessé et pensa ses blessures en dépit des voleurs qui rôdaient et qui auraient pu mettre sa vie en danger.

Il est de notre devoir de défendre quelqu'un dont on abuse ou dont on dit du mal. Il est toujours plus facile de ne pas vouloir s'impliquer, de se tenir à distance des problèmes de quelqu'un, plutôt que de défendre ce qui est juste et droit. Nous devrions aussi « prendre position>, quand nous observons des comportements immoraux tels que tricher, voler ou mentir. Personne n'aime s'impliquer, mais quand on peut faire la lumière sur le mal et rendre justice, on ne devrait alors pas hésiter à poser un geste.

Il y a aussi la situation où une femme vit avec un mari qui est immoral et qui a une aventure avec une autre femme. L'épouse peut manquer de courage moral à "prendre position" et à prendre parti contre son mari pour son immoralité. Elle peut avoir peur de le perdre ou de voir son mariage aboutir à un divorce où elle sera alors laissée à elle-même avec une famille à soutenir. Bien sûr, *L'univers fascinant de la femme* enseigne à la femme à regarder d'abord ses propres erreurs qui auraient pu amener son mari à se comporter de la sorte ; mais une fois ses erreurs corrigées, et si le mari ne change pas, elle devrait alors prendre position vis-à-vis de lui. Cela exige parfois beaucoup de courage, pour les raisons ci-haut mentionnées.

Il y a parfois de graves problèmes d'ordre moral et politique qui existaient bien avant nous, tels que l'avortement, l'éducation sexuelle, l'explosion démographique, les problèmes raciaux ou l'immoralité sexuelle. Nous devrions avoir des opinions qui nous amèneraient à défendre ou à nous opposer à certains de ces problèmes. Par contre, notre façon de voir les choses peut être impopulaire dans la collectivité. Quand nous assistons à un congrès ou à une réunion spéciale où nous avons la chance de nous exprimer, combien d'entre nous ont le courage moral de parler franchement ou combien hésitent à cause de la peur d'être critiqués ou d'être taxés de radicalisme ?

Les jeunes gens sont portés à manquer de courage moral. Par exemple, une jeune personne peut être déterminée à ne plus boire ou ne plus fumer mais, devant l'insistance de ses amis, elle peut manquer de courage moral pour refuser, de peur de perdre ses amis ou de se sentir en dehors du groupe. Une jeune personne peut aussi être décidée à ne pas avoir de relations sexuelles immorales, mais peut renoncer à ses normes pour ne pas perdre son ami(e). Les gens plus âgés aussi sont susceptibles d'abaisser leurs normes par crainte d'être critiqués ou de perdre des amis.

Quand nous avons fait du mal ou commis une erreur, il faut beaucoup de courage moral pour être honnêtes et dire la vérité, surtout si en avouant nos fautes, nous risquons d'être humiliés ou de perdre de l'argent, une position ou un avantage. Je pense à tous ces gens qui défilent devant les cours de justice. Combien d'entre eux ont eu le courage de dire la vérité ? Et combien d'entre nous, qui avons commis des offenses ou des immoralités, ont le courage de dire la vérité ?

Il faut avoir du courage pour avoir une famille, non seulement pour le travail que cela implique, mais parce qu'il faut surmonter les critiques qu'on fait aujourd'hui sur les grandes familles. Il faut du courage pour dire "non" à des gens qui veulent passer du temps avec vous ; par exemple, vous pouvez avoir décidé que vous consacreriez plus de temps à vos enfants ou à l'entretien de la maison et que vous placeriez ces choses en priorité. Mais vos amies peuvent vous presser à passer du temps avec elles, à faire des choses que vous ne voulez pas faire et que vous considérez être une perte de temps. Vous pouvez manquer de courage pour refuser. Ou quelqu'un peut vous faire perdre beaucoup de temps à vous parler au téléphone, et vous pouvez ne pas avoir le courage de couper la conversation.

En résumé, nous pouvons dire qu'il faut du courage moral pour défendre ceux dont on abuse, pour prendre position devant l'immoralité et faire triompher la justice, pour exprimer nos opinions quand elles sont impopulaires, pour tenir nos idéaux et nos principes, pour admettre nos propres fautes, pour faire les choses que nous savons que nous devrions faire et pour ne pas laisser les autres nous mener.

8. Le service bénévole

Il n'y a rien de plus enrichissant dans la vie d'une femme, pour devenir une meilleure personne et une meilleure mère, que de faire du service bénévole en dehors de son cercle familial. Cette vertu est exaltée dans la Bible et elle est une qualité de la femme parfaite... Elle étend les mains vers le pauvre, elle tend les bras aux malheureux... (Prov. 31;20) La responsabilité première de la femme est au foyer, où elle doit créer un mariage et une vie familiale heureux ; mais donner au-delà de cela fait aussi partie de son devoir. Nous avons tous une part de responsabilité sociale ; et spécialement les personnes plus fortunées et plus fortes moralement, qui devraient aider les moins fortunés et les plus faibles. J'aimerais souligner trois façons d'être véritablement bénévoles :

1. Percevez les besoins des autres : vous ferez peu de bien à quelqu'un, même en lui donnant des centaines de choses, si vous n'apportez pas à cette personne ce dont elle a le plus besoin. Nous devons tous développer la sensibilité de notre conscience à déceler les vrais besoins des gens. Nous devrions être capables de déceler les besoins d'un petit enfant, ou les yeux abattus d'un(e) adolescent(e) qui a des problèmes, ou les problèmes d'une ménagère qui est surchargée de travail. Cette sensibilité naît habituellement d'un réel senti ment de compassion qui est la manifestation d'une profonde émotion ressentie devant le labeur et la souffrance de nos frères humains. Si nous aimons la vie humaine, nous serons portées à l'action en voyant des gens opprimés et découragés. Apprendre à être conscientes des vrais problèmes des gens et à connaître les façons dont nous pouvons leur rendre le plus grand service est une condition essentielle pour être vraiment bénévoles.

2. Donnez lorsque le besoin se fait sentir : il y a plusieurs besoins de la vie qui sont urgents et qui doivent être comblés sur le moment. Si nous attendons un meilleur moment, nous risquons de manquer une chance en or de rendre vraiment service. Nous devons être prêtes à chambarder notre horaire, à arrêter en plein milieu de notre travail et à changer nos plans pour répondre à un besoin urgent de quelqu'un.

3. *Les sacrifices* : nous devons toujours être consentantes et prêtes à être dérangées, à subir des inconvénients, à abandonner notre propre confort, ou à nous donner des tracas supplémentaires pour le profit de quelqu'un d'autre. Combien de fois entendons-nous : "Oh, j'espère que cela ne vous dérange pas" ou "J'espère que cela ne vous causera pas trop de problèmes." En vérité, nous devrions être prêtes à nous occasionner des problèmes supplémentaires car, si nous ne faisons pas ce sacrifice, nos services ne sont pas vraiment bénévoles.

Ici, je ne veux pas laisser entendre qu'une femme, en rendant des services bénévoles, doive négliger sa responsabilité au foyer. Elle peut toutefois, occasionnellement et temporairement, mettre une tâche de côté si c'est dans le but de donner et de partager. Et les autres membres de la famille doivent être prêts à faire des sacrifices en acceptant les inconvénients s'ils veulent vraiment accorder à leur mère une plus grande facilité de tendre la main aux nécessiteux. En se sacrifiant, leur vie même en sera enrichie. C'est seulement en étant des exemples vivants de bonté que nous pouvons enseigner à nos enfants ce qu'est "l'amour évangélique".

Je ne sais pas si vous vous souvenez de l'histoire de *Little Women* dans laquelle, au matin de Noël, la famille préparait un délicieux petit déjeuner composé de son mets favori, des biscuits. Juste au moment où elles étaient prêtes à se mettre à table, la mère demanda à ses filles de l'aider à ramasser la nourriture, à la mettre dans un panier et à l'apporter à une famille pauvre et malade. Les filles furent désappointées et obéirent à contre-cœur. Mais en suivant l'exemple de bonté de leur mère et en faisant une part de sacrifice, elles en tiraient aussi bénéfice.

Un jour, ma petite fille s'est plainte du fait que je donnais du temps et des énergies à une cause noble. Elle me dit : Pourquoi n'es-tu pas davantage comme madame Carter ? Elle accorde tout son temps à ses enfants. » Sur le coup, cela me blessa, et je dus m'arrêter et peser attentivement ce que je faisais.

Ensuite, je réfléchis au sujet de madame Carter. Elle était vraiment une mère dévouée. elle offrait à ses enfants les plus belles fêtes d'anniversaire du voisinage et les plus somptueuses célébrations de Noël. Elle leur faisait suivre des cours de toutes sortes et les reconduisait toujours d'un endroit à un autre. Chaque fois qu'il y avait des projets communautaires où les enfants étaient admis, les siens y participaient. Je n'avais jamais vu une femme consacrer tant de temps et de dévouement à une famille. Et moi aussi, je pensais que je pouvais ressembler davantage à madame Carter. Mais je ne pouvais pas mettre de côté l'importance du service que je rendais pour le profit du genre humain.

Aussi, je me suis assise et j'ai essayé de parler à ma fille pour lui expliquer le sens du service que je rendais. Je lui ai parlé de trois mamans : la maman « A », dis-je, aime ses enfants ; mais elle tend à être un peu lasse de toujours s'occuper d'eux. elle pense qu'elle mérite de s'éloigner d'eux à certains moments ; aussi passe-t-elle de longues heures à magasiner, à jouer au golf, elle prend des vacances en dehors de la ville ou elle fait autre chose. Ses enfants se sentent parfois un peu seuls et même négligés, mais ils sentent que leur mère les aime vraiment.

La maman « B » aime beaucoup ses enfants et elle passe la plupart de son temps avec eux. Elle leur fait les plus beaux anniversaires en ville et les plus belles fêtes de Noël. Elle les emmène à des endroits, rit et joue avec eux, les amène faire des marches ou de la bicyclette. (Je décrivais madame Carter.)

La maman « C » aime vraiment ses enfants, mais elle aime aussi d'autres enfants et d'autres gens et elle veut les aider dans leurs problèmes. Elle prend soin de ses enfants, passe beaucoup de temps avec eux et fait toutes les choses vraiment importantes pour eux. Mais elle partage aussi son temps avec d'autres, pour aider ceux qui sont dans le réel besoin. Puis, je demandai à ma fille laquelle de ces mamans, d'après elle, vivait le plus chrétiennement. Elle comprit immédiatement ce que signifie rendre service et depuis ce temps, elle m'appuie dans mes causes bénévoles, même si c'est parfois au prix d'un grand sacrifice.

Le véritable ennemi de l'esprit bénévole est

« l'égocentrisme », ou un intérêt démesurément concentré sur notre petit nid, c est-à-dire nos enfants, notre maison, notre mari ou nos problèmes. Il y a des gens qui tirent toute leur satisfaction de leur cercle familial. J'ai connu un couple qui aimait jardiner. Il passait la majorité de son temps à travailler dans la cour à disposer de magnifiques haies de plantes et de fleurs. Un jour, il décida de vendre sa maison et de s'installer dans un appartement. Il se sentit perdu sans jardin à cultiver et ne put trouver rien d'autre à faire pour occuper son temps. Aussi, il acheta une autre maison, cultiva un autre jardin et fut heureux. Dans son égocentrisme, il n'avait aucune pensée pour les besoins des autres.

Il est étrange qu'il y ait des gens qui ne sachent pas comment occuper leur temps alors qu'il y a tant de besoins à combler. Nous sommes entourés de gens qui sont dans des situations désespérées, qui ont besoin qu'on leur tende la main, qui ont besoin d'aide matérielle, ou d'un mot d'encouragement ou d'une parole sage. Je reçus une lettre d'une jeune maman qui racontait les dures années qu'elle avait passées : <Dans leur enfance, nos deux enfants avaient été malades et avaient fait de la température. Notre petite fille faisait tellement de fièvre et avait de si graves convulsions qu'un de ses yeux était gravement atteint et presque sans vie. Après cette dure période, j'étais effrayée de laisser les enfants. Un jour, non mari et moi devions à tout prix nous absenter pour un court moment, mais ni ma mère, ni celle de mon mari ne voulaient prendre la responsabilité de s'occuper des enfants. Nous ne pouvions pas nous payer les services d'une infirmière, ni ne pouvions laisser les enfants à une gardienne. » Il semble que nous avons toutes la responsabilité de trouver des personnes qui sont dans le besoin et même de prier pour que ces personnes se fassent connaître à nous, pour que nous puissions développer notre sagesse et notre caractère afin de les aider dans leurs besoins propres. C'est de cette façon que nous suivrons l'avertissement de l'apôtre Paul : Portez les fardeaux les uns des autres et accomplissez ainsi la Loi du Christ. (Ga. 6;2)

9. La dignité personnelle

Une femme qui a de la dignité a un respect d'elle-même, elle ne se considère jamais inférieur à une autre et ne permettra à personne de la traiter inférieurement ou de l'abaisser. La dignité personnelle n'est pas quelque chose qu'on atteint superficiellement seulement en décidant de se respecter soi-même. Elle vient d'un réel sentiment de sa valeur personnelle qui naît d'une vie digne et d'un caractère noble. Il serait impossible, par exemple, pour une personne faible, paresseuse et irresponsable d'avoir du respect pour elle-même. Mais le point primordial que je désire souligner est qu'il y a des gens qui, de fait, mènent des vies nobles dont ils devraient tirer respect et dignité, mais qui manquent de certaines qualités pour atteindre cette dignité. Voici ce qui fait défaut à ces gens :

1. L'apparence : la femme qui néglige l'apparence de son visage, de ses cheveux, de ses vêtements ou de son maquillage sera naturellement désavantagée par rapport à ses congénères ; de cette façon, elle ne s'aide pas mais risque de se sentir inférieure. Si elle veut vraiment maintenir cette dignité personnelle ou avoir un air de majesté, elle devra travailler à donner cette impression, et pour elle et pour les autres. Il suffit souvent que vous vous fassiez un brin de toilette et que vous soigniez votre habillement pour vous aider à vous sentir plus digne.

2. Se déprécier soi-même : chaque femme est une enfant de Dieu et à cet égard, elle se doit un certain respect pour ses caractéristiques propres. Il est mauvais qu'elle se discrédite elle-même en soulignant ses défauts comme un manque d'intelligence, une absence de talents ou des imperfections physiques. J'ai entendu des femmes se déprécier elles-mêmes en disant : « Oh, que je suis stupide » ou « Mon nez est trop gros » ou « Mes cheveux sont trop gras » ou « J'ai les jambes trop grosses ». Toutes ces choses négatives, même si elles sont dites dans une intention d'humilité, ne font que réaffirmer les points faibles d'une femme, dans son esprit à elle et dans celui des autres, et indiquent un manque de respect de soi.

3. Être servile : une femme peut manquer de respect envers elle-même en se faisant esclave de sa famille. Par exemple, on peut dire d'elle qu'elle fait ceci et cela et qu'on ne l'a jamais vue hésiter ou se plaindre. Même si elle est surchargée de travail, elle accepte de faire du travail que son mari lui rapporte du bureau. Même ses amies et ses connaissances s'imposent à elle en lui demandant de garder leurs enfants, de coudre pour elles ou toute autre faveur, et en lui faisant faire des choses qui pourtant leur reviennent. Dans ses efforts pour plaire aux autres, elle néglige des besoins importants chez les siens. Et le plus surprenant, c'est qu'au lieu d'être remerciée, comme on pourrait s'y attendre, elle est presque traitée comme si elle n'avait rien fait. Pourquoi ? Permettez-moi, pour l'expliquer, de me ranger du côté de la famille et des amies :

Quand nous voyons une femme, reine des créatures terrestres, devenir presque le robot des autres, nous pouvons difficilement retenir un certain mépris de la voir tomber si bas dans ses normes. Dans son esclavage, elle donne l'impression de rendre tout naturellement un hommage à ses supérieurs et est, à ce titre, indigne de remerciements et de respect. Par contre, si une femme estime sa valeur et ses besoins personnels, alors ses efforts pour prendre soin de la famille est un noble sacrifice, et elle est ainsi admirée pour ce qu'elle fait. Mais ne nous méprenons pas. Une femme ne devrait pas considérer qu'une tâche est trop basse ou trop désagréable quand il s'agit d'être au service de sa famille. N'oubliez pas que le Sauveur s'agenouilla devant ses apôtres pour leur laver les pieds, mais qu'Il le fit avec une grande dignité et un grand respect de Lui-même.

4. Trop vouloir plaire : une femme peut travailler avec zèle pour plaire à son mari et négliger ses propres besoins. Elle peut pourvoir à tous les désirs et caprices de son mari, économiser jusqu'au dernier sou pour lui offrir du luxe, toujours se rappeler son anniversaire (alors que lui oublie souvent celui de sa femme) et approuver ses folles dépenses, pendant qu'elle-même n'a pas les choses dont elle a besoin. Un homme n'apprécie jamais de tels sacrifices. Elle pense beaucoup trop à lui et trop peu à elle. Elle gâte trop son mari, alors qu'une relation est meilleure quand c'est le mari qui gâte sa femme.

Il nous arrive parfois de rencontrer quelqu'un qui s'évertue à nous plaire. Cette personne est tout sourire pour nous, écoute avidement chaque fois que nous ouvrons la bouche, prévoit chacun de nos désirs, rit exagérément à chacune de nos farces et se pâme de chacune de nos réalisations. Elle s'abaisse tellement que nous avons peur qu'elle s'en vienne à nous « lécher les mains » ; et malgré les centaines de choses qu'elle fait pour nous et qui sont dignes de gratitude, nous ne pouvons que mépriser son manque de dignité parce que cette personne nous apparaît être notre inférieure plutôt que notre égale. Elle fait l'erreur de trop penser à nous et pas assez à elle. Nous sommes heureux d'accepter l'approbation de nos égaux, mais sommes peu flattés que ces gens se considèrent eux-mêmes nos inférieurs. Et si cette personne est une femme, nous ne pouvons pas nous empêcher d'espérer qu'elle se respecte en tant qu'être humain, elle, la reine des créatures terrestres et l'égale de tous les êtres humains.

5. *Facilement abusé* : un autre manque de dignité de soi est de se laisser facilement mener, pousser dans le dos et abuser. Il n'est pas dans la nature humaine de respecter ceux qui se laissent écraser par les autres, et les hommes n'aiment particulièrement pas cette faiblesse chez une femme. Ils admirent la femme qui a un peu de cran et suffisamment de dignité pour se défendre. Dans un chapitre subséquent, nous soulignerons ce problème et la façon d'affronter ces situations, de façon à préserver la dignité personnelle et à renforcer notre relation avec un homme.

10. La douceur et la tendresse

La douceur et la tendresse sont une combinaison de plusieurs qualités : compréhension, sympathie, pardon, bonté, compassion, patience, longanimité, indulgence, amour et toutes qualités qui font qu'une femme a un esprit doux. Ces vertus sont vitales dans notre type idéal angélico-humain et sont le fondement de la vraie féminité. Nous étudions la féminité en tant que trait « humain » mais en réalité, elle a ses racines dans le caractère.

J'aimerais souligner que la douceur favorise le charme féminin, tandis que l'absence de douceur le détruit. Une femme qui a un caractère critique et dur peut toujours avoir des traits physiques parfaits, mais elle aura une expression dure de la bouche, une froideur dans les yeux, un plissement du front qui autrement serait beau, et un ton piquant dans la voix ; tout cela souille sa beauté. Par contre, une femme douce aura une sérénité qui se lira sur son visage, une douceur dans les yeux et dans l'expression, un calme dans la voix et dans les manières ; tout cela est attirant. « La beauté est le signe que Dieu a mis sur la vertu. »

J'ai connu des femmes douces dans ma vie. Elles parlaient doucement et étaient bonnes et patientes mêmes dans les circonstances les plus dures, et elles créaient une telle atmosphère de paix et d'harmonie au foyer que j'en pleure presque quand je pense à elles. C'est de ces anges dont les hommes parlent dans leurs mémoires, que ce soit leurs femmes, leurs mères ou leurs sœurs. Ces femmes ont gagné le plus profond respect de leurs familles, même si la douceur ne semble être chez elles que la seule chose remarquable. Et qui a déjà pleuré en se souvenant d'avoir connu une femme dure, critique ou impatiente ? Elle peut avoir fait des centaines de choses dignes d'être appréciées, mais nous sommes tout de même incapables d'effacer de nos mémoires ses traits désagréables.

11. La responsabilité

Être responsable est une qualité d'un vrai caractère, c'est-à-dire faire notre part de travail dans ce monde, cette part qui nous revient en propre. Les femmes qui relèvent leurs manches et se mettent à l'œuvre pour faire ce qu'elles ont à faire, qu'importe combien ce peut être désagréable ou fatigant, et qui le font sans soupirer ni se plaindre, laissent voir qu'elles ont vraiment du caractère. Considérons un moment la femme au foyer, frottant les planchers, faisant la vaisselle, prenant soin des enfants, lavant les couches et préparant les repas. Elle peut aimer son rôle domestique, comme plusieurs femmes d'ailleurs. Mais qu'arrive-t-il si elle n'aime pas cela ? La femme qui a un sens aigu des responsabilités ne se demande pas si elle aime son travail ou si elle veut le faire. Elle réalise que tel est le travail qui doit être fait, que ce travail lui appartient et qu'elle doit voir à ce qu'il soit fait. Qu'elle aime ou non son travail est en dehors du sujet. Elle peut se faire aider de ses enfants ou de domestiques, mais elle en est responsable et a une certaine fierté à remplir cette obligation.

La femme qui néglige d'assumer son rôle domestique montre de la faiblesse de caractère : paresse et irresponsabilité. Elle n'est pas justifiée d'échouer dans son travail sous prétexte que celui-ci est ennuyant, désagréable ou fatigant. Ce travail lui appartient et elle seule en est responsable. Un échec de sa part est un grave manquement à son devoir. Notre responsabilité de femmes s'étend aussi hors du foyer, pour tout travail fait dans la communauté, à l'église ou à titre bénévole. Ces tâches sont toutefois secondaires et ne devraient jamais être remplies aux dépens des responsabilités plus grandes du foyer.

Avoir un bon caractère est-il hors de votre atteinte ?

Ne pensez pas qu'avoir un bon caractère n'est pas à votre portée. Un caractère n'est pas fixe, ni inchangeable. Il a été fait pour progresser. Nous ne connaissons jamais tout à fait notre caractère, c'est une mine toujours plus ou moins inexplorée. Nous ne sommes familières qu'avec des caractéristiques générales qui nous font faussement croire que nous nous connaissons ; mais que vienne une grande crise, que nous soyons laissées à nos propres ressources, qu'un des nôtres soit affligé, qu'une grande responsabilité nous incombe, et vous verrez des qualités, insoupçonnées de vous et des autres, naître des profondeurs de votre caractère.

Vous pouvez persister à croire que : « Mais je ne suis qu'un être humain ordinaire qui a de grands défauts. Je ne peux pas aspirer à être *la forme vivante d'une bénédiction*. Je ne peux jamais espérer, avec mon caractère ordinaire, être un ange et susciter de l'adoration et de la vénération comme Déruchette et Amélie. » Mais êtes-vous aussi loin que vous le pensez d'être un ange ? Peut-être n'avez-vous rien fait dans le passé qui soit digne d'une vénération particulière, mais comment savezvous ce que vous pouvez faire dans l'avenir ? Regardez les millions de filles ordinaires qui sont devenues des mères extraordinaires dans notre monde ; ou les épouses qui ont prouvé qu'elles furent l'inspiration du succès et de la grandeur de leurs maris. Ces anges ont d'abord été des filles ordinaires à qui on ne reconnaissait pas un caractère particulièrement noble. Elles sont tout simplement *devenues* de grandes mères et de grandes épouses. Chacune de nous a en elle les semences d'un bon caractère, et si nous croyons en nous, nous pouvons les faire germer. Et selon les mots d'Ella Wheeler Wilcox :

Crois en tes capacités encore inconnues

Comme tu crois en Dieu même.
Ton âme n'est qu'une émanation
de la totalité de ton être.
Tu ne soupçonnes pas les forces qui dorment en toi,
Vastes et inexplorées comme la mer infinie.

Comment acquérir un caractère digne

Le caractère se compose de beaucoup d'autres qualités. Celles que nous venons d'énumérer sont les plus essentielles. Vous pouvez acquérir un caractère digne de la même façon que vous acquerriez tout autre chose, par l'effort soutenu. Il serait cependant difficile de mesurer tout progrès sans l'aide de prières ferventes et quotidiennes. Le but est trop élevé et les forces d'opposition trop puissantes pour atteindre un réel succès sans l'aide quotidienne de Dieu. Vous pouvez devenir un bon pianiste, un bon joueur de tennis ou un bon orateur public seulement par la persistance et l'exercice, mais la perfection du caractère ne peut pas nous être acquise sans foi en Dieu et sans Sa divine assistance.

Comment tomber rapidement de votre piédestal

1. Abaissez vos normes.

2. Critiquez votre mari.

3. Élevez la voix devant vos enfants.

4. Critiquez les autres.

5. Négligez votre devoir domestique.

6. Négligez votre apparence.

7. Dérogez à votre régime de vie.

8. Soyez égoïste et égocentrique.

9. Faites montre de fierté en la présence de moins fortunés que vous.

Qualités essentielles du caractère

1. Maîtrise de soi.

2. Générosité.

3. Humilité.

4. Honnêteté.

5. Chasteté.

6. Patience.

7. Courage moral.

8. Service bénévole.

9. Dignité et respect de soi.

10. Douceur et tendresse.

11. Responsabilité.

Exercice

Faites une analyse de votre caractère. Faites une liste de vos points forts et une de vos points faibles.

CHAPITRE XIV

LA DÉESSE DES ARTS DOMESTIQUES

Une « déesse des arts domestiques » est une femme qui est une bonne ménagère. Elle garde la maison propre et à l'ordre, a des enfants bien élevés, prépare de délicieux repas et réussit dans toute sa carrière au foyer. Mais le terme « déesse » suppose plus que ces accomplissements domestiques. Il fait appel à la femme elle-même, à son mérite d'être appelée déesse grâce à la gloire qu'elle ajoute au foyer. En d'autres mots, une femme peut être une bonne ménagère mais ne pas mériter le titre de déesse. La déesse des arts domestiques doit bien sûr être une ménagère accomplie mais, au-delà de cet accomplissement, elle doit, pour mériter cette appellation, insuffler un esprit au foyer.

En étudiant Agnès, Amélie et Déruchette, on a découvert chez elles cette qualité de déesse des arts domestiques. Agnès était « la plus sérieuse et la plus discrète des ménagères qu'une vieille maison puisse avoir à son service ». Amélie était « une gentille, souriante et tendre petite déesse des arts domestiques que les hommes étaient portés à vénérer ». Et l'occupation principale de Déruchette n'était « que de vivre sa vie au jour le jour ». Hugo la comparait à un petit oiseau qui « vole de branche en branche, ou plutôt d'une pièce à l'autre ».

Les qualités de la déesse des arts domestiques

La déesse des arts domestiques s'emploie fidèlement à être une épouse compréhensive, une mère dévouée et une ménagère accomplie. Elle est habile dans les arts féminins tels que cuisiner, coudre, nettoyer, organiser et gérer le foyer, prendre soin des enfants, utiliser sagement l'argent et quelques autres choses. Non seulement doit-elle faire ce travail, mais elle doit le bien faire, allant au-delà de l'appel du devoir et faisant plus que ce qui est requis.

Elle est *un bon administrateur du temps et des valeurs*. Elle n'est pas nécessairement la plus parfaite ménagère en ville, ni la meilleure cuisinière, ni même la mère la plus dévouée ; mais elle doit réussir dans sa responsabilité d'ensemble, en partageant son temps et son dévouement entre son mari, ses enfants et l'entretien ménager, et en le faisant là où c'est le plus important sur le moment. Évidemment, elle peut être la meilleure ménagère en ville, ou la meilleure cuisinière. Tout cela dépend de sa situation. Mais une femme qui a une famille ne peut pas être une déesse des arts domestiques si elle passe la majorité de son temps à nettoyer la maison et qu'ainsi, elle néglige les enfants, pas plus qu'elle ne peut l'être si elle passe sa journée à jouer avec les enfants et qu'elle néglige l'entretien ménager. Elle doit équilibrer l'emploi de son temps.

La déesse des arts domestiques ajoute une *touche féminine* à son foyer : des rideaux de guingan, un bol à fruits en bois, des coussins moelleux, un douillet petit tapis à la porte, des fleurs, une rangée d'assiettes sur une poutre, une chaleureuse tapisserie sur les murs et toute autre chose qui donne une sensation « d'intimité » au foyer. Elle ajoute aussi une touche féminine aux repas : une nappe et de la vaisselle gaies, de succulents arômes à ses mets. J'ai parlé avec plusieurs hommes qui se souviennent toujours des arômes de la cuisine de leurs mères : le pain cuit à la maison, les oignons frits, les roulés à la cannelle, un ragoût de bœuf et plusieurs autres choses.

La déesse des arts domestiques a une autre qualité : elle donne de la *chaleur* à son foyer. Elle est celle qui fait *d'une maison un foyer*, y semant compréhension, amour et bonheur. Elle est l'être central du foyer, son cœur, son « arbre de vie ». Elle irradie toute cette chaleur au foyer. Déruchette, vous vous souviendrez, irradiait de la chaleur : « Sa présence illumine la maison ; à son approche, on ressent une chaleur réconfortante ; elle ne fait que passer, et nous sommes ravis ; elle reste quelques instants, et nous sommes comblés. » Aussi, « elle répand de la joie autour d'elle » et « elle jette de la lumière sur les jours sombres ». Sans la présence de Déruchette, la maison aurait été comme un coquillage vide. Cette présence chaleureuse est ce dont chaque homme a besoin quand il revient du travail et ce dont les enfants ont aussi besoin lorsqu'ils reviennent de l'école. Le foyer est leur refuge, leur source de confort et de compréhension.

Une déesse des arts domestiques considère avec fierté sa situation au foyer. C'est pour elle une position honorable et importante. Elle remplit une fonction que personne d'autre qu'elle ne peut remplir. Créer un mariage heureux et une vie familiale heureuse et élever des enfants bien équilibrés sont les plus grandes contributions qu'elle puisse apporter au bien-être de la société. Et même si elle ne fait rien de plus que de « vivre sa vie au jour le jour », elle aura fait quelque chose qui en valait la peine.

La déesse des arts domestiques est aussi heureuse dans son rôle de ménagère. Elle n'en est pas ennuyée. Elle ne cherche pas quelque défi dans le monde des hommes pour s'accomplir. Sa gloire est le succès de son mari, le bonheur de ses enfants et sa réussite globale au foyer. Elle peut servir l'humanité en s'activant en dehors du foyer, mais cela n'est pas nécessaire à son accomplissement. En résumé, on peut dire que la déesse des arts domestiques a les qualités suivantes :

Qualités de la déesse des arts domestiques

1. Fait bien son travail, au-delà de l'appel du devoir.
2. Est un bon administrateur du temps et des valeurs.
3. Ajoute une touche féminine à son rôle domestique et à son foyer.
4. Irradie de la chaleur dans le foyer.
5. Est fière de son rôle au foyer.
6. Est heureuse dans son rôle, y trouve son accomplissement.

Comment trouver du bonheur dans le rôle domestique

Une qualité essentielle que doit avoir la déesse des arts domestiques est sa capacité de trouver joie et satisfaction dans son travail. Sa satisfaction sera le résultat de l'attitude qu'elle adoptera vis-à-vis de son travail et de son habileté à maîtriser les activités de sa vie, comme je l'exprimerai ici :

1. Attitude vis à vis du travail pénible et ingrat : de la même façon que nous venons d'apprendre à accepter les gens avec leurs bons et leurs mauvais côtés, nous devons accepter notre travail au foyer avec ses côtés plaisants et ses côtés désagréables. Il y a des travaux qui sont ingrats et ne causent certainement pas de joie. Nous ne pouvons pas nous attendre à ce qu'un travail aussi varié que celui de ménagère soit à tous points plaisant. Si nous regardons autour de nous, nous verrons que presque chaque occupation a ses tâches ennuyantes et monotones ; c'est une responsabilité essentielle de les voir telles qu'elles sont. Il peut être insultant pour une femme intelligente de se faire dire qu'elle doit trouver de la joie à laver des couches et à frotter des planchers. Son bonheur vient de l'ensemble de son accomplissement.

Plusieurs de nos tâches sont cependant source de grande joie. Prendre soin des enfants, cuisiner de délicieux mets et entretenir la maison peuvent être des expériences heureuses. Il y a des femmes qui aiment frotter des planchers, laver, repasser et nettoyer la salle de bains. En réalité, peu de choses dans notre travail sont désagréables mais si, pour vous, il comporte des choses déplaisantes, il est mieux que vous le voyiez honnêtement et que vous réalisiez que dans le monde, chaque travail comporte une certaine dose de tâches ingrates.

2. Ne vous laissez pas presser par le temps : si vous voulez aimer votre rôle domestique, ne vous impliquez pas dans trop d'activités en dehors de la maison. Une des tâches qui emploie considérablement de temps est d'assister notre mari dans une partie de son rôle masculin, surtout si nous travaillons à temps plein. Ce qui nous demande aussi énormément de temps est d'aider notre mari dans son travail en dehors du foyer, ou de faire pour lui ses travaux au foyer tels qu'entretenir le parterre, peinturer, tenir les comptes et résoudre les problèmes pécuniaires.

Aussi, ne suivez pas trop d'activités telles que les clubs, les programmes de perfectionnement, des cours de tout genre, etc. Quoique ces activités soient très bonnes pour vous quand vous avez du temps pour les faire, si elles exigent de votre temps plus que vous ne pouvez leur consacrer, elles vous déroberont alors le temps qui vous est nécessaire pour faire avec plaisir vos tâches domestiques.

Il y a aussi des activités au foyer qui peuvent accaparer beaucoup trop de votre temps, comme parler longuement au téléphone, lire des revues d'une page à l'autre, regarder la télévision et même passer des heures à coudre ou à faire des conserves. Toutes ces activités peuvent vous faire manquer de temps et vous serez alors à la dernière minute pour faire, en vitesse, les choses importantes. Si tel est le cas, il vous sera difficile d'aimer votre travail. *Lorsque des activités extérieures prennent trop de votre temps aux dépens de votre travail à la maison et qu'ainsi, vous êtes constamment à la hâte pour réussir à faire vos travaux domestiques, vous aurez de la difficulté à aimer ces derniers.*

Si vous observez les petites filles quand elles jouent à la mère, vous remarquerez qu'elles ne sont jamais pressées pour finir leur travail. Elles plient et replient la petite couverture de poupée et lorsqu'elles l'ont soigneusement enveloppée autour de leur poupée dans le petit lit, elles reprennent la couverture et recommencent. Elles sont si peu conscientes du temps qu'elles prennent plaisir à faire et refaire leurs jeux. Je suis certaine que notre instinct naturel nous porte à aimer le travail domestique, comme les petites filles, mais que nous perdons cette joie parce que nous sommes « pressées par le temps ». Si vous vous entendez dire : « Je n'ai pas de temps pour jouer à la mère, comme les petites filles », alors demandez-vous ce que vous faites de plus important que votre travail domestique.

Je ne veux surtout pas laisser entendre que nous menons des vies égocentriques pour notre seul confort et notre seule satisfaction. Nous donner au service des autres est une obligation sacrée qui nous apporte en retour de la satisfaction. Mais nous perdons beaucoup de temps à des choses futiles ; par conséquent, il est sage d'évaluer chaque activité à sa juste valeur et de toujours accorder une importance majeure aux tâches du foyer et à la joie qu'on en retire.

3. Le second kilomètre : si vous voulez trouver de la joie dans vos tâches, faites-les bien. Cet enseignement nous fut donné par Jésus, il y a des centaines d'années, quand Il nous a dit : Si quelqu'un vous demande de marcher un kilomètre avec lui, marchez-en deux. Faire un second kilomètre ou dépasser l'appel du devoir allège le poids du travail et rend celui-ci facile et agréable. Bien remplir ses tâches, ce qui est le lot de chacun, est réellement grand et apporte en retour satisfaction et bonheur.

Plusieurs femmes ne réussissent pas à trouver du bonheur à remplir leur rôle domestique parce qu'elles ne font que le premier kilomètre. Elles font le strict minimum de ce qui est nécessaire, juste assez pour s'en sortir. Elles procurent le vêtement et la nourriture à la famille et tiennent la maison dans un minimum de propreté mais elles n'ajoutent pas une once de plus à leur travail. Elles cuisinent des mets « rapides et faciles » et elles sont alors prêtes à sortir pour aller se divertir et ainsi essayer de trouver quelques satisfactions de la vie. Aucune femme qui fait le strict minimum pour se débarrasser de ses travaux ménagers ne peut trouver de la joie dans son rôle de ménagère. Nous devons donner plus que ce qui est exigé pour pouvoir aimer chacune de nos responsabilités. C'est Jésus qui nous a enseigné ce principe en nous disant : Celui qui perd sa vie pour moi, la gagnera. C'est seulement quand on se donne entièrement à une importante responsabilité, sincèrement, sans attendre de récompenses personnelles et en allant au-delà de l'appel du devoir, qu'on trouve un véritable bonheur.

Les principes fondamentaux pour être une bonne ménagère

Souvent, la différence entre une bonne ménagère et une ménagère médiocre est une question de principes fondamentaux à suivre, principes qui mènent au succès. Voici quelques-uns des principes les plus fondamentaux qui, si on les suit, nous permettront d'avoir un foyer propre, à l'ordre et bien organisé :

1. Concentrez-vous : l'administration d'un foyer requiert de la concentration. On ne peut pas rêver en plein jour, ni penser aux problèmes, et en même temps s'attendre à remplir efficacement ses tâches. Il y a certains travaux, comme repasser, laver les vitres et faire la vaisselle, pendant lesquels on peut rêvasser, mais la plupart requièrent autant notre pensée que nos mains, comme planifier et préparer des mets. Aussi, sortez de votre esprit toutes les autres choses et concentrez-vous sur votre travail du moment. Ce qu'on pense souvent être un manque d'habileté est habituellement de la paresse mentale.

2. Simplifiez les choses : vous ne pouvez pas être une bonne ménagère si vous avez beaucoup trop de choses, comme trop de meubles, trop de vaisselle, des vêtements non nécessaires, des vieux journaux et magazines, trop de jouets, trop d'objets ou d'ornements, ou des vieux trésors accumulés de génération en génération. « Objets précieux », pourriez-vous dire. Ils peuvent avoir de la valeur s'ils sont utiles ou s'ils embellissent la maison ; mais ils ne sont pas « précieux » s'ils rendent votre vie difficile. Pour une plus grande efficacité, les ménages ne devraient avoir que les biens dont se sert la famille. Toute chose supplémentaire ne fait qu'embarrasser.

Si vous avez un foyer encombré et aimeriez qu'il soit à l'ordre, la première chose à faire est de vous débarrasser de ce dont vous n'avez pas besoin. Une bonne suggestion est que vous vous réserviez une journée pour nettoyer la maison de fond en comble. Préparez trois boîtes et trois étiquettes ; sur la première, écrivez « à jeter », sur la deuxième « à donner » et sur la troisième « indécis ». Faites rapidement le tour de vos armoires et de vos tiroirs, gardez seulement les choses que vous savez essentielles et partagez le reste dans les trois boîtes. N'oubliez pas non plus tous les objets installés sur les tablettes et les tables et accrochés aux murs. Quand vous aurez fait le tour de la maison, mettez la ou les boîte(s) étiquetée(s) « indécis » dans le garage ou au grenier et laissez-la (les) là environ deux mois. Vous saurez alors si vous avez besoin ou non de certains des objets mis de côté. À ce moment, faites un tri.

En soulageant votre ménage de choses futiles, n'oubliez pas un principe fondamental : chaque objet dans un ménage devrait être soit utile ou beau. Et vous ne devriez avoir que des biens qui répondent juste assez à vos besoins. En d'autres mots, un batteur à œufs est utile, des verres sont utiles, mais vous n'avez pas besoin de deux batteurs à œufs, ni de quarante verres pour servir votre famille. Il est mieux d'en avoir trop peu que beaucoup trop. Et pour ce qui est des objets d'ornementation, ils ne doivent pas être seulement beaux en soi, ils doivent aussi rehausser la beauté du foyer. Bref, une maison ne doit pas être un endroit où on ne fait qu'« emmagasiner » de beaux objets. Et si les meubles de famille, les petits trésors personnels et les objets qui ont une valeur sentimentale vous encombrent plutôt que de vous enrichir, quelle raison avez-vous de les garder ?

3. *Ayez de l'organisation* : être une bonne ménagère dépend de la façon dont on s'organise. Ceci veut dire mettre chaque chose à sa *place* et d'avoir du *temps* pour chaque chose. Si vous « simplifiez » votre ménage, tel que je viens de le décrire, vous aurez alors de la place pour chaque chose ; mais ce qui est important, c'est de toujours remettre les objets à leur place. La maison devrait être suffisamment à l'ordre pour que quand vous vous levez la nuit, vous soyez toujours capable de trouver ce dont vous avez besoin sans ouvrir la lumière. Cela veut dire que les assiettes, les plats, les verres et les chaudrons devraient avoir une place précise et être toujours replacés au même endroit.

Pour ce qui est de l'organisation du temps, cela peut être moins rigide, plus humain, mais je vous recommande les règles suivantes : 1) pour les *travaux de routine*, faites-vous des *horaires*, hebdomadaires ou occasionnels. Pour bâtir ces horaires, faites une liste des travaux routiniers et répartissez-les sur les deux types d'horaires. 2) Pour les *travaux non routiniers*, suivez un *calendrier ou un agenda*. Inscrivez-y les appels téléphoniques, les rendez-vous, les menus quotidiens et toute autre chose qui n'est pas de la routine. Inscrivez aussi des choses sur l'horaire occasionnel. (L'horaire hebdomadaire peut être mémorisé.) La Fondation Andelin pour l'éducation à la vie familiale (The Andelin Foundation for Education in Family Living) a produit un agenda pour les femmes, spécialement conçu pour répondre aux objectifs précités. Il contient de l'espace pour y inscrire tout ce qu'on vient de mentionner et donne des exemples d'horaires hebdomadaires et occasionnels. Pour recevoir de l'information sur cet agenda, intitulé Domestic Goddess Planning Notebook, écrivez à : Andelin Foundation, P.O. Box 3617, Santa Barbara, California 93105.

4. *Fixez des priorités*: il est aussi important et sage de se fixer des « priorités », c'est-à-dire des choses qui doivent être faites en premier. Cela signifie de vous concentrer sur les choses les plus essentielles avant de passer aux choses de moindre importance. Pour fixer des priorités, faites une liste des six principaux travaux ménagers et mettez-les en ordre d'importance. Demandez l'opinion de votre mari et de vos

enfants. Par exemple :

   A. Surveiller l'apparence.

   B. Préparer des repas réguliers.

   C. Garder la maison propre et à l'ordre.

   D. Laver et repasser.

   E. Faire le magasinage indispensable.

   F. Faire les choses complémentaires.

Les choses complémentaires seraient le soin des enfants, les rendez-vous chez le médecin, le transport des enfants à leurs cours de musique, chez les scouts, etc. S'il y a un bébé dans la famille, il doit être la première priorité et les jeunes enfants devraient occuper une place élevée sur la liste des priorités. La seconde étape serait de faire une deuxième liste de choses telles que le grand nettoyage de la maison, la couture et le raccommodage, l'éducation des enfants, du temps libre pour soi et les autres.

Une des choses les plus importantes à faire pour garder nos priorités est d'éviter des pertes de temps, comme parler très longtemps au téléphone, coudre à l'excès, passer des heures à magasiner et autres. Ces habitudes peuvent nous empêcher de suivre nos priorités. Certaines peuvent justifier ces habitudes par le fait qu'elles leur plaisent. Ce peut être le cas, mais si nous sommes déterminées à atteindre les objectifs élevés de déesses des arts domestiques, nous devons faire des sacrifices personnels.

5. Mettez-vous au travail : même si vous vous concentrez, que vous savez vous organiser et que vous avez vos priorités bien en tête, vous n'atteindrez pas le succès recherché si vous n'êtes pas disposée à travailler. Une bonne ménagère doit faire des efforts, comme il en faut toujours pour réaliser quelque chose de digne. La seule façon de réussir dans votre rôle, c'est de relever vos manches, de prendre le balai et de vous mettre à l'ouvrage.

6. Faites que votre mari soit bien : pour être parfaite dans votre rôle et être vraiment une déesse des arts domestiques, faites en sorte que votre mari se sente bien. N'oubliez pas que sa maison est son château. Quand il revient au foyer, laissez-le jeter son manteau sur le fauteuil, s'asseoir où il veut et s'étendre sur son lit sans vous soucier du couvre-lit. Cela ne veut pas dire de le laisser tout faire à un point où c'est vous qui en souffrirez ; mais laissez-le être bien dans son foyer. J'ai connu une femme qui s'est grandement trompée à cet égard. Personne n'était bien chez elle ! Quand elle avait des invités, elle les suivait partout, ramassant chaque chose qu'ils laissaient derrière eux, remettant en place coussins et tapis. Les invités toléraient assez bien cette attitude, mais son mari en était continuellement victime. À la fin, il se lassa de toutes ces niaiseries et divorça. Il épousa une femme qui était tout le contraire de son ex-épouse. Elle était une bonne ménagère, mais elle le laissait se reposer et se sentir bien. En comparant les deux femmes, il dit : « C'est comme enlever une paire de souliers trop étroits et mettre des pantoufles douces et confortables. » Alors, laissez votre mari relaxer, laissez-le empiler des papiers sur son bureau, accrocher ses diplômes aux murs, mettre ses souliers sous le lit s'il le désire ; accordez-lui toute liberté personnelle. Si vous le traitez comme un roi dans son château, il vous traitera comme sa reine. Les enfants ne sont toutefois pas dans la même position que leur père. Ils font l'objet de votre éducation.

L'esprit maternel

L'amour pour ses enfants et la joie de les porter et de les élever sont des qualités de la déesse du foyer. C'est un instinct naturel chez une femme féminine. Personne n'a besoin de lui enseigner cela, c'est *inné* chez elle. Elle est comme Rachel des temps bibliques qui implorait le Seigneur de lui donner des enfants. Elle avait ce désir ardent et inné de remplir le rôle pour lequel elle a été créée, porter une progéniture.

La femme qui est féminine a aussi un instinct naturel pour prendre soin de ses tout-petits. Elle se préoccupe instinctivement de leur bien-être physique et voit à ce qu'ils soient adéquatement nourris et lavés ; elle ne les laisserait jamais avoir faim ou froid et sans protection. Elle tire fierté de leur apparence, est douce et aimante, leur montre comment être heureux, leur offre compréhension et louanges ; elle leur donne ainsi la nourriture non seulement du corps mais aussi de l'esprit.

Maintenant, comment un homme voit-il tout ceci ? Les hommes ont un respect naturel pour les femmes qui se réjouissent de porter des enfants. Même si un homme peut se plaindre de la responsabilité d'élever des enfants et qu'il peut même s'opposer à la naissance d'autres enfants, il n'admire toutefois pas une femme qui se plaint de ces choses. Il admire une femme qui respecte son rôle de mère et qui ne le déshonore pas par une attitude négative. Un homme se sent extrêmement peiné quand il entend une femme dire en se plaignant : « Oh, je suis encore enceinte. » Qu'importe jusqu'à quel point elle est justifiée de le dire, son attitude n'est pas une attitude de femme.

La préparation des repas

Je me demande jusqu'à quel point une femme réalise l'importance qu'ont les repas pour son mari et ses enfants. Imaginez comment ils se sentent quand ils reviennent affamés à la maison après une dure journée et combien ils sont contents de compter sur de bons repas comme faisant régulièrement partie de la vie familiale. Il n'est pas nécessaire d'avoir des mets élaborés, mais il est hautement important d'avoir des repas *réguliers, à l'heure et qui soient bon*. En plus de cela, la femme a la responsabilité de la santé de sa famille ; elle doit donc préparer des mets nutritifs, mais qui doivent tout de même être bons au goût, comme s'y attend la famille.

De toutes les tâches domestiques, à part celle de prendre soin des jeunes enfants, la plus urgente est de nourrir la famille. Les autres choses peuvent attendre, mais les repas sont une exigence quotidienne. La meilleure façon d'assumer cette responsabilité est d'avoir à l'esprit de dépasser l'appel du devoir. Vous n'aimerez pas cuisiner si vous le faites sans entrain, vous avez le devoir de préparer de bonnes choses. Vous pouvez y arriver en lisant des livres de cuisine et des livres sur la santé, et en combinant des idées que vous y trouverez. N'oubliez pas, il faut du temps pour cuisiner de bons mets. Vous ne pouvez pas bâcler un repas à la dernière minute et vous attendre à de bons résultats. Il est important aussi que vous disposiez une table attrayante, avec une nappe si possible. Ceci donne une touche féminine « d'intimité », digne d'une déesse des arts domestiques.

Malheureusement, beaucoup de femmes échouent dans la préparation des repas. Elles s'en sortent avec des « repas vite faits », en mettant l'accent sur la vitesse. Elles se fient sur des restants froids, sur des mélanges en boîtes, sur des macaroni et tout autre aliment rapide et facile à préparer. Il y a des familles qui ne prennent pas de repas réguliers ensemble ; ces personnes ne font que grignoter entre les repas. Une femme est loin d'être une déesse des arts domestiques quand elle ne prépare qu'en vitesse des mets aussi inférieurs. Il faut un effort sincère pour préparer des repas qui plaisent vraiment à la famille ; et quoique nous devions ajuster cette tâche à toutes les autres qui nous sont demandées, nous ajoutons une qualité très importante à la vie familiale quand nous réussissons des mets délicieux et bien préparés.

L'entretien ménager, une question de caractère

Vous n'y avez peut-être jamais pensé auparavant, mais garder la maison propre, préparer les repas et bien faire fonctionner le ménage sont une question de caractère. La femme qui échoue dans ces domaines montre une faiblesse de caractère, des façons suivantes :

1. *Égocentrisme* : une ménagère médiocre est habituellement une femme égocentrique, c'est-à-dire qu'elle pense beaucoup trop à son confort personnel et à ses propres plaisirs ; elle passe trop de temps à parler au téléphone, à regarder la télévision, à se pomponner, ou elle paresse simplement au lieu de faire des choses pour que sa famille soit bien et heureuse.

2. *Manque d'organisation* : le manque d'ordre est un grave défaut. Dieu, notre modèle de perfection, nous a fait la preuve du travail de Sa création : un travail qui est un chef-d'œuvre d'organisation, à partir du corps humain jusqu'aux planètes dans les cieux. Il nous a dit : Je suis un Dieu d'ordre, et non de confusion. Notre échec à suivre cet exemple éternel indique un manque de caractère.

3. *Manque de connaissances* : la médiocrité du rôle

domestique peut être le résultat d'un manque de connaissances. Cela est compréhensible chez la jeune mariée. Mais si la femme néglige de chercher des connaissances là où elle en a besoin, ce peut être une grave faiblesse de caractère, comme ce le serait pour un homme qui négligerait de le faire pour assurer une vie adéquate à sa famille. La connaissance ne peut pas être acquise. La Bible nous enseigne : Si l'un de vous manque de sagesse, qu'il la demande à Dieu il donne à tous généreusement, sans récriminer et elle lui sera donnée. (Jacques 1;5) Il n'y a aucune excuse à l'absence de connaissances dans le travail domestique. Si une femme ne sait pas, elle peut apprendre.

4. Manque de responsabilité : une des raisons majeures à la médiocrité de la réussite ménagère est le manque de responsabilité, ou un échec à assumer un devoir qui nous appartient, tel qu'expliqué dans le chapitre précédent.

Ne laissez pas la vie vous mettre des œillères

La femme qui centre son temps et son attention sur son ménage a tendance à avoir des vues étroites et, par conséquent, à ralentir la progression de sa personnalité. Elle est encline au matérialisme et à penser beaucoup trop à la nourriture et aux biens ménagers. Elle peut être très limitée dans sa conversation et ne pas être capable de parler d'autres choses que des bouffonneries de ses enfants ou de la toute dernière cire à plancher. Même son mari peut ne pas la trouver intéressante. Les étrangers qui voudraient essayer de la connaître pourraient la trouver ennuyante.

La déesse des arts domestiques doit constamment faire attention de ne pas laisser sa vie la borner et pour cela, elle doit étendre ses intérêts au-delà de sa maison et de sa famille. Elle peut, par exemple, se tenir au courant de l'actualité, lire beaucoup, s'intéresser aux gens et avoir des activités en dehors de son cercle familial. Une des meilleures façons de se garder l'esprit ouvert est de rendre des services bénévoles à des personnes nécessiteuses.

Au-delà du rôle de déesse des arts domestiques

1. Services bénévoles : une femme peut jouer une part active dans la vie en dehors de son foyer en offrant ses services bénévoles à ceux qui sont dans le besoin. J'ai expliqué dans le chapitre précédent comment une femme, en offrant gracieusement ses services, peut enrichir sa vie et développer son caractère. Je désire souligner ici qu'en plus, elle élargira ses horizons et se préservera d'avoir des vues étroites. Même si réussir dans la vie familiale devrait être son but premier, elle aurait une existence bornée si, pendant toute sa vie, elle n'avait aucune pensée pour qui que ce soit d'autre. Nous avons toutes un devoir social vis-à-vis le monde. Si la ménagère peut accroître son efficacité jusqu'à aider les indigents, elle deviendra une personne meilleure et même une épouse et une mère meilleures.

2. La femme talentueuse et douée : il y a des femmes qui ont beaucoup de talent à offrir au monde, telles les artistes, les écrivains, les dessinatrices, les actrices, et même dans les domaines scientifique et technique. Devraient-elles poursuivre leurs talents une fois qu'elles ont un foyer, une famille ? La première chose dont elles doivent tenir compte est leur responsabilité à la maison. Leur devoir premier s'adresse à leur famille : elles doivent faire un succès de leur mariage et de leur vie familiale. C'est la contribution suprême qu'elles peuvent offrir au bien-être de la société et cette contribution surpasse tout don ou tout talent dont elles pourraient faire bénéficier le monde. C'est au foyer qu'elles doivent avoir du succès et c'est seulement après cela, si elles en ont la capacité, qu'elles pourront développer leurs talents, pour donner davantage. Mais il arrive souvent que leurs carrières entrent en conflit avec leur rôle au foyer et qu'elles s'approprient davantage de leur temps et de leur intérêt. Si le travail de ces femmes prend leur intérêt aux dépens de leurs familles à un point où ces dernières passent au second rang, alors elles ont fait un mauvais choix en décidant de poursuivre une carrière. Aucun succès dans la vie ne peut compenser un échec au foyer.

3. La femme plus âgée : une fois que ses enfants sont grands, une femme a plus de temps pour offrir des services bénévoles en dehors du foyer ou pour faire bénéficier le monde de ses talents. Si elle reste à la maison, elle peut connaître des heures vides. Elle peut trouver qu'il n'est pas sage de passer des heures à tricoter ou à ne rien faire, alors qu'elle pourrait faire quelque chose de plus utile. Même si elle n'est pas particulièrement douée, elle peut ressentir le besoin de s'engager dans un travail important et elle peut alors chercher un emploi à temps plein pour combler son besoin. Est-ce que son titre de reine du foyer en sera diminué ? Si la femme plus âgée ne néglige pas sa famille, elle peut travailler sans danger, pourvu qu'elle se limite à des travaux féminins, comme le soin aux malades, le secrétariat, le travail de bureau et beaucoup d'autres. Elle devrait éviter les travaux d'hommes tels les emplois administratifs, comme nous le verrons dans le chapitre suivant, car elle perdrait de sa féminité. La première chose à considérer est son motif pour travailler ; si elle le fait pour remplir ses heures mortes et pour rendre service, elle a alors une juste raison de travailler.

Une femme âgée qui veut travailler doit tenir compte d'une autre chose. Si elle a des enfants, même s'ils sont mariés, elle est toujours leur mère. Une femme est une maman toute sa vie. Ses enfants et ses petits-enfants peuvent avoir besoin d'elle, de ses conseils et parfois même de son aide. Si elle est liée à un emploi à temps plein, elle ne peut pas leur donner cette aide. L'absence d'aide des grands-mamans se fait sentir puisque plusieurs d'entre elles travaillent. Dans les moments très difficiles de leur vie familiale, les jeunes mamans n'ont plus de grands-mamans vers qui se tourner pour soulager leur fardeau, même temporairement. Quel grand service rendraient les grands-mères si elles pouvaient leur donner temporairement un coup de main. Et l'influence d'une grand-maman dans la vie de ses enfants mariés et de ses petits-enfants peut être vitale ; elle peut les aider à passer pardessus de grands problèmes de la vie. J'ai souvent entendu des gens dire qu'ils avaient senti que l'influence de leurs grands-parents avait été plus profonde que celle de leurs parents même. De plus, la femme plus âgée a encore un mari de qui elle doit s'occuper et un foyer à entretenir. Travailler peut être une cause de partage non seulement dans son temps, mais aussi dans son intérêt et son dévouement pour sa famille.

La libération des femmes

Il y a certaines femmes qui trouvent peu de satisfaction à remplir leur rôle domestique d'épouse, de mère et de ménagère. Elles rejettent ce rôle et cherchent à se réaliser dans le monde des hommes en poursuivant une carrière. J'aimerais ici passer en revue quelques-unes de leurs plaintes :

Certaines femmes pensent que leur travail au foyer est inférieur au travail que font les hommes. Elles disent qu'elles n'en retirent aucune gloire, aucun remerciement, et qu'il est monotone et pénible. Elles se sentent citoyennes de seconde classe et non pas des déesses. Elles ont l'impression que le seul travail important et excitant est celui que font les hommes et par conséquent, elles cherchent leur bonheur et leur accomplissement dans des carrières. Permettez-moi de citer leurs propos : « Tandis que mon mari a la liberté et la chance d'être dans le monde du travail, de connaître d'autres gens, d'expérimenter des idées nouvelles et d'avoir peut-être la joie de voir le monde s'améliorer grâce aux fruits de ses propres efforts créatifs, moi, je suis à la maison, confinée à mon rôle de ménagère, sans personne avec qui parler, sauf les enfants et quelques amies dans la même situation que moi. »

Il y a un sentiment fort répandu selon lequel le travail ménager diminue une femme et la frustre dans son développement. Voici encore les paroles même de ces femmes : « J'assume un rôle (épouse, mère et ménagère) qui empêche mes capacités personnelles de se développer et qui limite ma compréhension de l'expérience et des sentiments de mon mari. » Une autre dit : « Dans beaucoup trop de cas, les femmes sont dans l'ombre de leurs maris et sont les servantes de leurs enfants. »

Les femmes très intelligentes et très instruites se plaignent du fait que le rôle domestique ne requiert aucun don de l'esprit. À cause de leurs talents personnels, elles sentent qu'elles sont appelées en dehors du foyer pour apporter quelque grande contribution à la société, comme madame Curie, ou pour trouver un remède au cancer ou élaborer quelque chose de technique ou de scientifique. Elles peuvent désirer servir leur pays en politique et ainsi contribuer à améliorer le monde. J'aimerais maintenant contester toutes ces plaintes.

Pour ce qui est de l'intellect de la femme, gaspillé à faire certaines tâches domestiques, je suis d'accord qu'il faut peu d'intelligence pour seulement nourrir et vêtir une famille et remplir les exigences minimales. Par contre, il faut une réelle habileté mentale pour faire un « éclatant » succès du travail au foyer, tel qu'une déesse des arts domestiques se doit de le faire. Pour être toujours vigilante, être une épouse compréhensive, être toujours en accord avec son mari et toujours savoir dire la bonne chose au bon moment, il faut de l'intelligence. Pour être une mère sage et compréhensive, une mère qui guide ses enfants sur les sentiers périlleux de la vie, qui leur enseigne à être de bons citoyens et à être heureux, qui leur donne une sécurité au foyer au milieu d'un monde de tourments et d'incertitudes, j'affirme qu'il faut une capacité mentale qui dépasse la simple compréhension. Et c'est de cette façon que la femme peut connaître « la joie de voir le monde s'améliorer ».

Mais l'esprit n'est pas tout dans la réussite au foyer. Qu'en est-il du cœur? N'est-il pas important de mettre à l'ouvrage autant de cœur que d'esprit? Ces chères petites femmes, qui sont passées maîtres dans l'art de donner de l'amour, de la tendresse et de la patience à leurs familles, donnent autant, oui, et même plus que leur intelligence. N'est-ce pas là le fruit et du cœur et de l'esprit? N'est-ce pas faire autant ou plus pour un mieux-être de la société? Les dames qui font bénéficier la société de leur intelligence peuvent sans aucun doute rendre service mais si, en agissant de la sorte, elles dérobent à leurs foyers leur cœur et leur esprit, qu'est-ce qui peut compenser cette perte? Et ces femmes qui pensent avoir un gigantesque cerveau doivent réaliser qu'à moins d'y joindre un gigantesque cœur, elles ne sont qu'une moitié de femme ; et il serait de loin plus important pour elles de rester à la maison pour faire l'éducation de leur cœur que d'aller dans le monde pour y faire valoir leur intellect. Leur cœur apportera au bien-être de la société une contribution beaucoup plus grande que celle de leur esprit.

Le monde ne manque pas de cerveaux puissants. Nous avons déjà des hommes qui ont marché sur la lune. Mais le monde manque d'amour, de tendresse et de valeurs spirituelles, et c'est là les contributions d'une femme au foyer, puisqu'elle en est le cœur et l'âme. Il y a quelques années, j'ai parlé à une

« fille cérébrale ». Elle était très instruite mais elle s'était mariée et avait maintenant cinq jeunes enfants. Elle avait le sentiment de consacrer sa vie à des tâches futiles et basses. Un jour qu'elle passait la vadrouille, elle se dit à elle-même : « Je devrais être dans le monde à travailler. Mon éducation est outrageusement gaspillée. Je veux contribuer à quelque chose de valable, à faire du monde un endroit meilleur où vivre. » Je crains qu'elle n'ait pas écouté mes bons conseils, car son mariage se termina par un divorce. Elle n'a pas utilisé ses forces mentales pour construire un mariage heureux et une vie familiale merveilleuse. Elle se prépare maintenant à donner « quelque chose au monde », mais que peut-elle donner pour corriger son échec au foyer ? Si elle avait donné son cœur et son esprit pour réussir au foyer, elle aurait apporté une réelle contribution. N'oubliez pas que quelqu'un doit faire le travail de la femme. Quelqu'un doit élever les enfants. N'estce pas la mère et l'épouse qui est cette personne toute désignée ? Et pour citer une grande dame, Leah D. Widstoe :

« L'éducation qu'on doit donner à l'âme humaine pour qu'elle trouve accomplissement et bonheur, dans ce monde comme dans l'autre, fait appel aux plus grandes forces possibles de l'esprit et du cœur. Les psychologues et les experts admettent généralement que les premières années de vie sont cruciales pour un être humain car ce sont elles qui déterminent ce que sera son avenir physique, mental et spirituel ; cette grave responsabilité incombe aux femmes de par leur sexe, car ce sont elles qui portent et éduquent toute la race humaine. Une femme bien pensante n'exigera certainement pas une plus grande responsabilité que celle-là... Ses droits sont de porter les enfants, de les amener à maturité et d'influencer pour le meilleur ou pour le pire les précieuses âmes humaines.

« Réussir en tant que mère est plus grand qu'être une bonne chanteuse d'opéra, un excellent écrivain ou artiste. Le premier rôle est universel et d'une éternelle magnificence, tandis que les autres ne sont que de simples phénomènes. Évidemment, une noble maman peut devenir une grande chanteuse d'opéra ou une grande artiste. Mais si on n'ajoute pas à sa carrière ce qui est fondamental dans la vie d'une femme, c'est-à-dire être mère, les honneurs en sont tout à fait mitigés. Un jour, mon jeune fils me dit : *Maman, les garçons sont plus importants que les filles, n'est-ce pas, parce que les garçons peuvent devenir présidents, généraux et des personnes célèbres ? Je répliquai : Mais ce sont les mères qui font les présidents et les généraux et les gens célèbres. La main qui balance le berceau est la main qui régit le monde.* »

Les femmes ne devraient jamais penser que leur travail est moins important que celui des hommes. Le rôle de l'épouse, de la mère et de la ménagère n'est pas inférieur au rôle masculin de bâtisseur de la société et de soutien de famille. Tous les deux sont des piliers de la société. En fait, chaque femme peut apporter une noble contribution à la société par l'entremise de ses enfants, alors que ce ne sont pas tous les hommes qui peuvent arriver à le faire, par l'intermédiaire de leur travail. Certaines choses que font les hommes sont relativement peu importantes et certaines sont même destructives, comme tenir un dépôt de boissons alcooliques. Et n'oubliez pas que les travaux des hommes, comme ceux des femmes, ont des côtés serviles. Tout n'est pas toujours intéressant. Et si les femmes sentent qu'elles doivent servir leur pays, la meilleure façon de le faire est d'être au foyer et de réussir dans la vie familiale. Calvin Coolidge, ancien président des États-Unis, disait : « Regardez bien les foyers : c'est là que repose tout l'espoir de l'Amérique. »

La carrière au foyer peut apporter une gloire tout à fait différente de celle dont jouissent les hommes. Peu de mères nobles sont célèbres ou même grandement appréciées. Leur honneur à elles n'est ni éclatant, ni célébré. Mais n'oubliez pas que *la gloire d'une femme est le succès de son mari, le bonheur de ses enfants et sa réussite globale au foyer*. Le rôle domestique est pour une femme le chemin qui la conduit à un riche accomplissement et à l'amour céleste. Quelle plus grande compensation peut-elle demander ?

Voici maintenant quelques expériences vécues qui prouvent que le rôle d'une femme apporte des récompenses :

Rien d'autre qu'un pantin qui dit : « Oui, chéri. »

« Je sais maintenant pourquoi je suis sur cette terre et quel bonheur peut échoir à une femme. Auparavant, j'ai toujours pensé qu'une femme n'était pas autre chose qu'un pantin qui répète : "Oui, chéri." Me sentant ainsi, je ne pouvais pas être heureuse ; le résultat fut que je me mis à compétitionner avec les hommes, et surtout avec mon mari. Je prenais les décisions, essayais d'aider mon mari et faisais tous les efforts pour le convaincre que j'avais une tête solide sur les épaules. Tout cela m'éloigna de ce que je voulais réellement : son amour.

« Comme c'est plus facile maintenant. Comme c'est beaucoup plus plaisant d'avoir toutes mes journées pour faire pour lui les choses que je dois faire. Je regrette infiniment d'avoir perdu ce temps romantique de nos fréquentations et du début de notre mariage ; mais ces beaux jours reviennent, tel que vous nous l'avez enseigné. Je suis maintenant heureuse d'être une femme. C'est vraiment agréable. »

Je me sentais comme la cendrillon de la maison

« Je crois que la plupart des femmes vivent une crise à un moment de leur vie ; ou elles arrivent à un point où elles pensent qu'elles ne se sont pas réalisées. Je penserais même que c'est la raison pour laquelle tant de femmes quittent la maison pour chercher du prestige dans le monde du travail. Je n'avais pas de tels désirs, mais je ne me sentais guère plus que la cendrillon de la maison. Je cherchais ce qu'était le vrai but d'une femme. Était-ce seulement de mettre au monde des enfants et de faire les interminables tâches domestiques ? Je me sentais quelque peu indispensable, mais je ne pouvais pas me convaincre que ce rôle inférieur était le lot de ma vie. L'univers fascinant de la femme m'apprit les possibilités célestes qui sont réservées aux femmes. J'ai été enchantée des résultats. »

Un nouvel élan de vie

« Par le passé, je pensais que la maternité était la seule vraie joie d'une femme. J'avais l'habitude d'envier les hommes pour leur rôle dans la vie et dans la société. Je me sentais enfermée à la maison et j'étais pleine de ressentiment vis-à-vis du fait que les femmes doivent obéissance aux hommes. Mais la nouvelle conception et le nouveau respect de mon sexe que me fit comprendre *L'univers fascinant de la femme* sont ce qui pouvait arriver de plus merveilleux dans ma vie. Mon mariage est déjà plus heureux que je n'avais cru qu'il fût possible. Mon mari est mû par un nouvel élan de vie et il a une nouvelle intonation d'autorité dans la voix qui est tout à fait ravissante à entendre. Et je suis enfin réellement satisfaite et heureuse d'être une femme. »

Je pensais que c'était un cours sur la libération de la femme

« Durant le premier cours de *L'univers fascinant de la femme*, mon professeur a dit beaucoup de choses qui m'ont choquée. Mais comme j'avais des problèmes dans mon mariage, je pensais que mon esprit changerait peut-être. J'arrivai donc dans la classe en pensant que c'était un cours sur la li bération de la femme. Je faisais un travail à temps plein que j'aimais et j'étais frustrée d'être obligée de faire tous les travaux domestiques moi-même. J'espérais trouver dans ce cours des moyens pour amener mon mari à m'aider dans les tâches domestiques. Eh bien... inutile de le dire, j'ai subi une véritable purification. Notre mariage s'est déjà amélioré depuis que j'ai lu *L'univers fascinant de la femme* et que j'ai été marquée par l'enthousiasme de nos professeurs et des autres membres de la classe qui croient réellement dans les deux sexes.

« Le changement le plus important se produisit quand je commençai à accepter les petits "défauts" de mon mari comme faisant partie de lui et que je réalisai qu'il ne changerait probablement jamais. Je me suis soulagée du sentiment que je devais le diriger jusqu'à ce qu'il se rende compte de "la bonne façon" de faire les choses. Aidée par mes professeurs, j'ai aussi appris à donner de la compréhension et de la sympathie. Pendant toute notre vie conjugale, mon mari parlait sans cesse d'acheter un avion. Je m'y opposais tout le temps en argumentant sur le facteur de la sécurité, sur le coût d'entretien, sur l'aspect frivole, etc. Finalement, je lui dis (et je le pensais vraiment) : Wes, toute ta vie tu as voulu un avion. Je pense vraiment que tu pourrais l'acheter. Tu te dois bien cela. Eh bien, il en fut indescriptiblement heureux. Le lendemain, il me dit qu'il ne pensait plus vraiment à en acheter un, surtout ces années-ci (crise de l'énergie, notre situation financière), quelques-unes des raisons même que je lui rabâchais depuis des années. Et tout cela arriva parce que je l'appuyais plutôt que de lutter contre lui. Je suis aussi plus heureuse à faire les travaux domestiques. Merci mille fois ! »

Qualités de la déesse des arts domestiques

1. Fait bien son travail, au-delà de l'appel du devoir.
2. Est un bon administrateur du temps et des valeurs.
3. Ajoute une touche féminine à son foyer et à son rôle de ménagère.
4. Ajoute de la chaleur à son foyer.
5. A de la fierté de son rôle au foyer.
6. Est heureuse dans son rôle, est accomplie.

Comment trouver du bonheur dans le rôle de ménagère

1. Avoir une bonne attitude vis-à-vis du travail pénible et ingrat.
2. Ne pas se laisser presser par le temps.
3. Courir le second kilomètre, en faire plus que ce qui est requis.

Exercice

1. Faites une liste, par ordre d'importance, de vos six tâches principales. Si vous n'êtes pas certaine de leur ordre d'importance, consultez votre mari pour avoir son avis.
2. Faites une liste de vos points forts dans vos habiletés domestiques.
3. Faites une liste de vos points faibles. Réfléchissez à ce que vous pourriez faire de spécifique pour vous améliorer dans ces domaines.
4. Lisez, dans la Bible, les *Proverbes* 31;10-31.

PARTIE 2

LES QUALITÉS HUMAINES

1. Féminité
2. Irradie le bonheur
3. Bonne santé
4. Attitude de femme-enfant

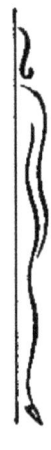

Le côté humain de la femme fascine, amuse, captive et enchante l'homme. Il suscite en lui un désir de la protéger.

Le côté humain de la femme idéale a trait à son apparence, à ses manières et à ses actions. C'est aussi sa féminité, son attitude de petite fille, son allégresse, sa vivacité et sa dépendance aux soins et à la protection des hommes. Ajoutez à cela l'éclat d'une santé rayonnante, un soupçon de cran et d'impertinence, une profonde attitude de confiance et de tendresse, et vous commencerez à donner vie à une charmante créature humaine, une créature qui gagnera le cœur d'un homme.

Les qualités humaines ont un merveilleux attrait. Elles fascinent et amusent les hommes et suscitent en eux un tendre sentiment, un désir de protéger la femme. Si vous pensez que les qualités humaines sont étrangères à votre nature, souvenez-vous qu'elles naissent des instincts naturels d'une femme. Si vous ne les avez pas, c'est parce qu'elles ont été réprimées en vous. Ces qualités ne sont pas profanes, car elles enrichissent la vie d'un homme ; et lorsqu'elles sont jointes aux qualités angéliques, elles suscitent l'amour céleste.

CHAPITRE XV

LA FÉMINITÉ

La féminité est une douce et tendre qualité qui transparaît dans l'apparence, les manières et les actions d'une femme. C'est une sorte de douceur, de délicatesse, de soumission et de dépendance aux soins et à la protection des hommes. Plus que tout, c'est un manque de qualités masculines : un manque d'agressivité, de compétence, d'efficacité, d'intrépidité et de force qui sont typiquement mâles ; c'est aussi notre incapacité à tout faire par nous-mêmes.

Les hommes sont extrêmement attirés par la féminité car elle contraste en tous points avec leur forte et inébranlable masculinité. Lorsqu'un homme perçoit ce contraste, il se sent vraiment homme et le sentiment de sa masculinité est une des plus agréables sensations qu'il puisse expérimenter. Nous acquérons la féminité en accentuant les différences entre nous et les hommes et non pas les similitudes. Nous étudierons la féminité en trois étapes : 1) l'apparence féminine 2) les manières féminines 3) la dépendance féminine. Nous consacrerons le reste de ce chapitre à l'étude du premier point, l'apparence féminine.

L'apparence féminine

Vous pouvez acquérir une apparence féminine en accentuant les différences entre vous et les hommes, et non pas les similitudes. Si vous voulez être fémininement attrayante, portez des vêtements aux tissus et aux styles qui s'apparentent le moins à ceux des hommes et qui, par conséquent, contrasteront le plus avec leurs vêtements. Les hommes ne portent jamais un vêtement de dentelle, diaphane, brodé ou élaboré. Vêtez-vous donc ainsi chaque fois que vous le pouvez. Les hommes accordent rarement d'attention à la dernière mode des vêtements masculins, mais ils s'attendent à ce que les femmes soient en harmonie avec la mode, pourvu que celle-ci soit modeste et convenable. Pour développer l'apparence féminine, observez les règles suivantes :

1. Les tissus : évitez les tissus tels que les tweeds, les tissus à chevrons, les laines brutes, les serges de coton, les tartans étroits, les plaids foncés, les tissus rayés, les tissus de laine en damier et ceux à dessins géométriques, puisque ce sont des tissus que les hommes portent. Vous pouvez toujours porter ces tissus si la coupe, le style et la couleur les distinguent de ceux des hommes. Autrement, ils ne pourront aider les hommes à réaliser combien non masculine (combien féminine) vous êtes ! Ils ne pourront pas faire ressortir le contraste entre votre nature et la leur.

Portez donc des lainages légers, des cotons légers, des cotons froissés, des tissus synthétiques légers, des imprimés floraux, des tissus à pois, des motifs vivants, etc. Les raffinements de la féminité sont les chiffons, les soies, les dentelles, les velours, les satins, les fourrures, l'angora, l'organdi. Essayez d'inclure ces tissus à votre garde-robe. Vous pouvez les porter lorsque vous voulez paraître le plus féminin possible.

Les couleurs féminines sont les pastels, les couleurs douces, riches ou claires. Vous devez éviter le beige ou les couleurs ternes que portent les hommes, telles que le brun, le gris, le bleu foncé, le noir. Ces couleurs peuvent toutefois être bien utilisées si les vêtements ont une coupe féminine et s'ils sont rehaussés d'une touche féminine. En choisissant des motifs floraux ou des imprimés, évitez ce qui est trop voyant et ce qui donne un aspect de lourdeur, ce qui dénoterait un manque de goût. Les hommes ont tendance à aimer que les femmes portent des couleurs vives mais qui ne dominent pas. Par conséquent, choisissez bien vos imprimés pour être sûre que le style est de bon goût.

2. Le style : évitez les styles tailleurs ou tout ce qui suggère de la masculinité, comme les manchettes boutonnées, les revers et les piqûres de finition. Vous pouvez toutefois utiliser ces styles si vous les combinez à une couleur et un tissu féminins. Les styles extrêmement féminins sont, par exemple, les jupes longues, les jabots, les fraises, les manchettes en dentelle, les festons, les manches bouffantes, les fronces, les drapés, les traînes flottantes et bien d'autres. Ces styles ne sont cependant pas toujours à la mode, ni pratiques pour toutes les occasions. Il y a toutefois des styles féminins qui sont toujours disponibles. La robe, en soi, est féminine, puisque les hommes ne la portent pas. Il est difficile de conseiller un style féminin qui irait à toutes les femmes puisque nous avons toutes des tailles différentes. Une règle sûre est d'accentuer la différence entre vous et les hommes et d'éviter tout style s'apparentant à la masculinité, à moins de l'adoucir de quelque façon par un effet féminin.

Les femmes devraient-elles porter des pantalons ? Ce n'est pas le vêtement le plus féminin, mais il est nécessaire pour les sports, les excursions en montagnes, les promenades. Si les pantalons sont portés en d'autres occasions, ils devraient être faits d'un tissu féminin. Vous pouvez adoucir l'effet des pantalons en portant une blouse féminine, un foulard ou un ruban dans les cheveux. Les pantalons les plus féminins, pour des occasions spéciales ou des réceptions à la maison, sont ceux qui sont faits, par exemple, de dentelle, de satin et de brocart. Ils peuvent être très beaux et très féminins.

3. Les parures et garnitures : les garnitures peuvent donner un effet féminin à un vêtement qui autrement serait terne : dentelles, rubans, franges, broderie, cordons colorés, tresses.

4. Les accessoires : évitez de prendre des bourses qui ressemblent aux serviettes des hommes et de porter des chaussures qui ont une allure masculine. Portez des foulards légers, des fleurs, des bijoux et des rubans.

Pour avoir une apparence féminine, la chose importante à ne pas oublier est de donner une impression d'ensemble. Il n'est pas nécessaire de porter de la dentelle et des jabots, mais vous devez travailler votre apparence pour que le contraste avec la masculinité soit frappant. L'effet peut être fascinant, comme le démontrent les expériences vécues qui suivent.

Un chapeau orné de plumes roses

« Lorsque j'étais une petite fille, ma mère m'habillait avec de longs sous-vêtements, des souliers fermés, de longs bas, et elle me coiffait de tresses. Je suppose que c'est à ce moment que j'ai commencé à ne pas me sentir féminine. J'ai vite découvert que les autres filles ne se vêtaient pas de la sorte. (Je vivais dans la Californie ensoleillée.) Je me souviens en particulier d'une fille qui portait des rubans et elle était si jolie. Oh ! comme je l'enviais. Mais je tirais fierté du fait que je battais la plupart des garçons au sac de sable.

« En grandissant, j'essayai de m'habiller avec de beaux vêtements, mais je conclus de ma jeune expérience que je n'étais pas d'un type féminin et dépendant. Lorsque j'étais au Collège, je rencontrai celui qui devint mon mari. Peu de temps après, je pris connaissance de L'univers fascinant de la femme et j'assistai au cours. Je voulais à tout prix devenir la femme idéale qu'il décrivait, mais je réalisais que pour l'être, il fallait que je fusse féminine. Je voulais vraiment l'être.

« Eh bien pour moi, une des choses les plus féminines qu'une femme puisse porter, c'est un chapeau, accompagné de gants, d'un foulard, etc. Cependant, mon mari disait que les chapeaux étaient un gaspillage d'argent et qu'il trouvait cela insensé. J'ai donc laissé aller la chose parce que j'avais l'impression que de toute façon, je ne paraîtrais pas bien, étant donné que je porte des lunettes.

« Mais un jour que mon mari et moi magasinions, nous sommes passés devant un comptoir de chapeaux pour dames dans un magasin à rayons et j'en essayai un, puis un autre. C'est alors qu'un de ces chapeaux me frappa plus que les autres parce qu'il était particulièrement joli. Il était orné de plumes roses. En l'essayant, j'ai ressenti une excitation soudaine que je ne peux pas expliquer ; je pense que c'était comme un éveil en moi. Je dis : Chéri, oh chéri, regarde-moi ! une drôle d'expression apparut dans son visage et il dit : Prends-le !

« J'avais à la maison une robe qui se mariait parfaitement au chapeau, mais j'hésitai quelques mois avant de décider si je devais la porter ou non. Il me semblait qu'elle ne convenait pas à mon genre. Mais les dames du cours de L'univers fascinant de *la femme* et mon mari m'incitèrent à la porter. Dès le dimanche suivant, je décidai de la revêtir, même si j'avais peur d'être la seule à porter, avec cette robe, un chapeau de fantaisie. Mon mari était malade et ne pouvait sortir, mais il m'encouragea à porter lesdits vêtements. Eh bien, je rassemblai tout mon courage et mis le pied dehors. J'ai immédiatement entendu deux garçons, de l'autre côté de la rue, m'envoyer deux longs sifflements d'admiration. Je conclus que je paraissais bien et cela m'encouragea à continuer mon chemin.

« Vous auriez dû voir les têtes se tourner alors que je m'avançais dans l'église. Après la cérémonie, plusieurs femmes vinrent vers moi et me dirent combien je paraissais féminine. Elles voulaient porter des chapeaux et je leur donnais le courage de le faire. Je revins à la maison, tout emballée par ma "nouvelle personnalité". Et vous ne savez pas ce que mon mari m'a dit ! Je pense que je vais t'acheter un chapeau environ tous les quatre mois. Ma nouvelle sensation de féminité était née du jour au lendemain. Je m'assure désormais que tout ce que j'achète ou fais est féminin, et c'est tellement plaisant. J'ai appris à être féminine et dépendante et je suis certaine que quelle que soit l'expérience antérieure d'une femme, elle peut également apprendre les principes de la féminité. »

Ce vieux sac brun

« Je dois vous raconter comment, en me débarrassant d'une simple robe brune, mon mariage changea. J'ai, entre autres choses, une robe brune que j'ai beaucoup de plaisir à porter. C'est une robe d'intérieur et elle est tellement confortable !

Après que je l'aie eu portée pendant assez longtemps, mon mari me fit savoir qu'il la détestait royalement ; mais je continuai de la porter en pensant qu'en fait, je ne la revêtais qu'à la maison.

"Mais je remarquai que mon mari revenait à la maison avec ce qui m'apparaissait être une attitude négative. Il me vint alors à l'idée que j'avais souvent porté cette affreuse robe brune ces derniers temps pour faire le grand ménage du printemps. La maison brillait mais moi, je n'avais pas une allure printanière.

« Je me mis donc à l'œuvre et j'achetai des patrons de robes d'intérieur très féminines, avec de légères fronces au décolleté et des manches paysannes. Je n'avais aucune excuse pour qu'elles ne fussent pas féminines puisque c'était moi qui les faisais. Ce soir-là, quand mon mari revint à la maison, il eut sur le visage une expression d'approbation qu'il n'aurait pas fallu manquer de voir. J'avais même pris la peine de coudre un rang de perles autour du col. Il sourit et me demanda si cela voulait dire que j'avais décidé de jeter "ce vieux sac brun". Eh bien oui, même une robe peut changer un mariage. N'est-ce pas un début intéressant! "

Je portais des pantalons et des bottes

« Lorsque mon mari et moi travaillions dans notre verger de citronniers, j'avais l'habitude de porter des pantalons, des bottes et un chandail. Mon mari attendait de moi que je fisse un travail d'homme. Après avoir étudié *L'univers fascinant de la femme*, je me mis à me vêtir avec plus de goût et de soin. J'ai échancré l'encolure de mon chandail et y ai ajouté un galon tissé ; de plus, j'ai essayé de porter des vêtements plus éclatants, même pour aider mon mari. Maintenant, il n'attend plus de moi que je travaille aussi dur qu'avant. Le soir, je revêts une robe longue et rustique, ou quelque chose de léger avec de la dentelle. Il semble que je lui plais davantage et à ma grande surprise, il semble me respecter comme quelqu'un de spécial, quelqu'un qu'il aime et dont il prend soin. »

Ce que l'apparence féminine peut faire

Comme vous pouvez le voir, une apparence féminine peut susciter une réaction favorable de la part de votre mari envers vous ; elle lui plaira et l'incitera à vous respecter davantage. Vos enfants auront aussi plus de respect pour vous, comme d'ailleurs tous les gens en général. Il y a aussi un autre aspect valorisant de l'apparence féminine. Quand une femme porte des vêtements féminins, elle est portée à agir de façon plus féminine dans sa démarche, dans ses gestes, dans sa façon de s'asseoir et de se conduire. L'habillement et l'apparence extérieure semblent créer un sentiment intérieur de féminité qui provoque positivement les manières féminines. Ce sentiment accroît aussi l'estime de soi et nous fait nous sentir bien.

Soigner notre apparence générale

Il est important de soigner notre apparence générale. Nous n'avons pas besoin de nous attarder sur ce sujet, puisque nos temps modernes y accordent beaucoup d'importance. Soulignons seulement que des cheveux propres et bien peignés, l'hygiène du corps et des vêtements propres sont essentiels à l'apparence féminine. Cela ne veut pas dire que les hommes n'ont pas besoin de soigner leur allure, mais ils s'attendent à ce que les femmes soient plus immaculées qu'eux ; il semble même qu'il soit plus disgracieux pour les femmes que pour les hommes d'avoir une apparence négligée. On peut excuser un jeune homme de s'asseoir et de se reposer après une partie de basket-ball et de ne pas penser à se peigner ou à remettre ses vêtements en place. Les hommes sont moins enclins que les femmes à se soucier de leur apparence et de leurs vêtements. Mais ils s'attendent à ce que les femmes n'aient pas la même attitude qu'eux ; ils s'attendent à ce qu'elles soient immaculées. En faisant ressortir le charmant contraste qui existe entre vous et les hommes, vous devez éprouver une fierté consciente de votre apparence ; vous devez vous efforcer d'être à votre meilleur à chaque minute de la journée et dans toutes les circonstances.

La décence

La décence est un autre aspect de l'apparence féminine. Même si à notre époque, on met beaucoup l'accent sur le « symbole sexuel », les hommes ne respectent pas une femme qui expose son corps en public. Non seulement faut-il couvrir raisonnablement son corps, mais il faut aussi bien dissimuler ses sous-vêtements. Les hommes détestent les jupons qui pendent, les bretelles de soutien-gorge qui dépassent et les sous-vêtements qui se voient quand une fille est assise. Les plus grandes civilisations ont toujours été décentes. La décence semble aller de pair avec l'intelligence et le raffinement.

Exercice

Faites ou achetez une robe particulièrement féminine.

Ajoutez à votre apparence des cheveux bien coiffés et quelques touches féminines telles que rubans ou perles. Surveillez la réaction de votre mari.

CHAPITRE XVI

LES MANIÈRES FÉMININES

Les manières féminines sont les mouvements du corps de la femme, la façon dont elle bouge les mains, dont elle marche, dont elle parle, le son de sa voix, ses expressions faciales et son rire. Un homme est attiré par les manières féminines parce qu'elles contrastent avec sa force et son allure masculines. David Copperfield était fasciné par les manières enchanteresses de Dora ; la façon dont elle caressait les chevaux, réprimandait son petit chien et portait les fleurs à son visage était pour lui attrayante. « Elle avait une voix des plus charmantes, un petit rire des plus gais, les manières les plus agréables et les plus fascinantes. »

J'ai souligné l'importance de l'apparence féminine mais si vous n'y joignez pas des manières féminines, l'effet d'ensemble peut être décevant ou même désopilant. Si, par exemple, vous mettez à une femme qui a des manières brusques une robe vaporeuse et féminine, vous verrez bien que son genre ne convient pas à la robe. Nous avons toutes vu des femmes porter des robes très féminines qui semblaient n'être pas faites pour elles. Elles ne se soucient généralement pas d'être en harmonie avec les vêtements qu'elles portent. Elles ressemblent à des institutrices qui portent des vêtements de chiffon, des ours habillés de dentelle ou des poteaux vêtus d'organdi !

Un coup d'œil furtif à la féminité

Dans le roman de Charles Reade, *Le cloître et le foyer* (*The Cloister and the Hearth*), nous avons une illustration du sentiment que les manières féminines peuvent éveiller chez un homme.

Survint alors une petite difficulté : Gérald était incapable de nouer le ruban comme Catherine (sa mère) l'avait fait.

Marguerite, qui l'avait discrètement observé pendant quelque temps, lui offrit de l'aider ; car, à cet âge, les filles aiment tour à tour être timides, tendres, coquettes, douces, gentilles, et espiègles, farouches, impertinentes et aguichantes... C'est alors qu'une belle tête, avec sa majestueuse couronne de boucles de cheveux châtains roux, brillants comme l'argent, se pencha doucement vers lui ; et comme ses yeux étaient ravis de ce spectacle, deux mains blanches et souples s'empressaient délicatement à donner forme à ce malheureux ruban qui prit finalement une allure douce et légère. Soudain, un frisson céleste parcourut l'innocent jeune homme, et il eut de vagues visions d'un nouveau monde de sensations et de sentiments qui s'ouvrait à lui. Et Marguerite, inconsciemment, faisait durer ces sensations exquises, car il n'est pas naturel au sexe féminin de précipiter quoi que ce soit qui a trait à la toilette, si importante. De fait, quand, de ses doigts fins, elle dompta finalement les extrémités du nœud, elle ne fut pas complètement satisfaite jusqu'à ce que, par un mouvement propre à la main féminine, elle appuya sa paume au centre du nœud pour y faire une douce pression une tendre pression du bout des doigts qui faisait penser à un baiser et qui donnait l'impression de dire « maintenant, sois un bon nœud et reste en place ! » « Voilà, c'est comme cela qu'il avait été fait ! » dit Marguerite ; puis elle se recula pour jeter un dernier coup d'œil à son œuvre ; puis regardant le jeune homme pour obtenir sa simple approbation, elle eut droit à un regard si intense et si plein d'une telle adoration qu'elle baissa rapidement les yeux et rougit de gêne.

Cette expérience est un exemple du merveilleux sentiment qu'une femme peut éveiller en un homme grâce à ses manières féminines ; et dans le cas précédent, grâce seulement au mouvement féminin des mains. Imaginez jusqu'à quel point elle devient attrayante si elle y ajoute une voix douce et une expression charmante. Les manières féminines sont une des caractéristiques les plus importantes qui font qu'un homme trouve une femme attrayante.

Mon principal objectif est d'enseigner aux femmes comment être attrayante pour leur mari. Cependant, pour que votre féminité soit naturelle et uniforme, même pour votre mari, vous devrez prendre l'habitude d'être féminine aux yeux de tout le monde. Et ajoutons ceci d'important : un homme a une certaine fierté de la féminité de sa femme et il est heureux de la présenter à ses amis si elle a cette qualité. Par contre, un homme peut hésiter à la présenter à des gens si elle manque de féminité, si elle est brusque, robuste et de toute autre façon non féminine. Ainsi, faites des efforts pour être féminine aux yeux de toutes les personnes que vous rencontrez et votre mari sera fier de vous présenter comme étant sa femme.

Comment acquérir des manières féminines

Vous acquerrez des manières féminines en accentuant les différences entre vous et les hommes, et non pas les similitudes. Puisque les hommes sont forts, brusques, fermes et ont des manières alourdies, vous devriez être délicates, douces, tendres et légères. Les femmes traduisent cette féminité dans leur démarche, leur voix, le mouvement de leurs mains et dans les soins généraux qu'elles apportent à leur personnalité.

1. Les mains : évitez les mouvements durs et brusques. N'agitez pas vos mains dans les airs et ne vous en servez pas vigoureusement pour vous exprimer. Ne frappez jamais sur la table pour renforcer un point de vue et n'agrippez jamais les côtés du pupitre d'un conférencier. Ne tapez jamais quelqu'un sur l'épaule. Apprenez comment donner la main aux hommes. Ne leur donnez jamais de poignées de main vigoureuses, qu'importe jusqu'à quel point vous êtes heureuse de les voir. Donnez-leur la main délicatement et juste assez fermement pour faire sentir votre amitié.

2. La démarche : évitez d'avoir une démarche lourde ou de faire de grands pas comme font les hommes. Évitez de vous incliner en avant ou d'arrondir les épaules et le dos, ou de garder les genoux fléchis, car cela donne un air de matrone et une allure alourdie. Gardez la tête en arrière, en ligne avec l'épine dorsale, la poitrine et le menton hauts. Votre façon de marcher doit être légère. Une façon de produire une démarche légère est de vous imaginer que vous pesez seulement 44 kilos. Marcher avec les genoux légèrement droits favorise aussi une démarche souple.

3. La voix : habituellement, une femme qui apprend à marcher et à se servir de ses mains changera automatiquement sa voix pour l'harmoniser avec ses manières. Si vous vous rendez compte que votre voix gâte l'impression que vous cherchez à créer, prenez un peu de temps et faites quelques efforts pour arriver à la changer.

La voix féminine idéale est douce et changeante, a un son net et vibrant et traduit de l'assurance. Ce n'est pas une voix qui est trop douce ou timide, car cela suggère un manque de confiance en soi, ce qui n'est pas attrayant chez les femmes. Les principales choses à éviter sont la fermeté et la force dans la voix, ou toute autre qualité qui caractérise les hommes. Vous ne devez pas laisser percer dans votre voix une fermeté d'homme, ni de la vulgarité, ni de l'audace. Aucun homme n'aime un ton vulgaire ou élevé chez une femme, pas plus qu'une femme n'aime un ton efféminé chez un homme. Et aucun homme n'aime une voix marmottante, ennuyeuse, monotone ou hésitante, car cela lui indique que le caractère qui se cache derrière cette voix est également monotone et peu intéressant.

Si vous avez de la difficulté avec vôtre voix, quelques semaines de pratique devraient grandement vous aider. Parlez-vous à haute voix ou lisez à haute voix, en privé, dans votre chambre, en vous efforçant toujours d'éliminer les caractéristiques désagréables de votre voix ; ce devrait être efficace. Consacrer une demi-heure par jour à cet exercice devrait être suffisant si vous persévérez sur une période de trois ou quatre semaines. Quand vous lisez, faites-le avec expression. Mettez des rires dans votre voix quand vous lisez des passages humoristiques, du chagrin dans les passages tristes, de l'enthousiasme, de la délectation, de l'émerveillement, de l'amour, de la pitié, de l'ardeur, tout sentiment ou toute émotion. Et quand vous y penserez, pratiquez consciencieusement les mêmes intonations de voix dans votre conversation.

4. *Le rire* : il est plus difficile de changer son rire. Évitez toutefois ce qui ressemble au rire des hommes, comme rire bruyamment ou avec un ton grave. Évitez aussi les contorsions faciales, évitez d'ouvrir largement la bouche, de tirer la tête par en arrière, de vous taper les mains sur les cuisses, de rire à gorge déployée, ou toute autre chose de vulgaire. Si vous évitez ces extrêmes, votre rire sera probablement à tout le moins acceptable.

5. Le gazouillement ou le ronronnement dans la voix : il est typique chez les femmes féminines d'avoir un gazouillement dans la voix lorsqu'elles parlent aux bébés, aux petits enfants ou aux animaux. On appelle parfois cela le « gazouillis des bébés ». Déruchette « faisait toutes sortes de petits bruits charmants et de murmures d'une délectation indicible ». Une dame me disait que lorsque son bébé vint au monde, son mari aimait se lever tôt juste pour l'entendre parler au bébé.

6. Les expressions faciales : évitez les expressions dures ou pleines d'amertume, les froncements de sourcils ou de la tension aux lèvres, car cela détruit la féminité. Les femmes qui ont une apparence et des manières féminines et qui soudainement prennent une expression dure sont toujours une déception. L'expression féminine est douce, tendre et agréable.

L'expression féminine a ses racines dans le caractère, dans « la tendresse et la douceur ». Si vous avez un caractère doux, il vous sera facile de transmettre une expression douce. Si, au contraire, vous avez tendance à être dure et critique, à perdre patience avec les gens, il sera difficile de ne pas faire paraître ces traits dans votre expression. Par conséquent, il sera sage de travailler votre caractère pour acquérir une meilleure philosophie de la vie, une meilleure compréhension des gens, pour apprendre à les accepter, à leur pardonner et à être patiente avec eux. La vraie clé à ce changement dans le cœur et dans l'attitude est l'humilité, car c'est par cette vertu que nous apprenons à accepter, à pardonner et à ne pas juger.

En même temps que vous vous efforcerez de changer votre caractère, essayez de maîtriser vos expressions faciales. Cela vous aidera à entraîner votre caractère à être plus doux, car le visage agit comme une sorte de professeur du caractère, lui rappelant d'être patient et d'avoir du pardon. Il vous sera toutefois difficile de mettre ces principes en application pendant longtemps si vous continuez à tenir rancune aux gens et à avoir de la mauvaise volonté à leur égard.

7. La conversation : vous pouvez faire beaucoup pour renforcer votre féminité grâce à la conversation. Si quelqu'un d'infortuné fait les frais de la discussion, montrez de la sympathie et de l'amour. Ne faites pas l'erreur de passer des remarques désobligeantes, comme : « Eh bien, il le mérite. », ou « Il a fait en sorte que cela lui arrive. » Profitez de toutes les occasions pour défendre les gens et pour montrer votre longanimité et votre compréhension ; de cette façon, vous laisserez voir votre nature féminine et votre douceur.

Évitez de parler des gens que vous n'aimez pas, car vous pourriez être portée à faire une remarque désobligeante. Il vous sera déjà assez difficile de repenser votre attitude vis-à-vis ces personnes, alors évitez toute tentation en les excluant de vos sujets de conversation. Évitez aussi les sujets qui peuvent mener à des arguments brûlants qui pourraient alors vous faire perdre votre douceur. En vous concentrant sur des expressions douces, vous rehausserez grandement votre féminité et, par conséquent, votre attrait.

La conversation féminine avec les enfants

Pour être féminine, une femme devrait être douce et tendre avec les enfants. N'attendez pas des circonstances extrêmes pour montrer votre tendresse à vos enfants. Quand votre petit garçon passe à côté de vous, caressez-lui la tête ; ou prenez votre petite fille dans vos bras et dites-lui : « Tu es justement le genre de petite fille que j'ai toujours voulu. » Ou déposez vos mains sur les épaules de votre fils aîné et dites-lui : « Quel gentil garçon tu es ; je suis tellement fière de toi. » Soyez bonne, sympathique et compréhensive face à leurs problèmes et veillez à ce qu'ils reçoivent une bonne dose de tendresse de votre part. Cela empêchera vos enfants de s'écarter du bon chemin et vous permettra de développer votre féminité. L'autoritarisme, la mauvaise humeur et la rudesse ne sont pas le propre d'un bon comportement et détruisent le charme féminin.

La moustache du tigre un vieux conte coréen

L'approche tendre et féminine d'une femme peut apprivoiser le plus difficile des hommes. L'histoire de Yun Ok, une fille mariée qui était venue chercher conseil dans la maison d'un vieux sage, illustre bien ce que je viens de dire. Le problème de Yun Ok était le suivant : « Il s'agit de mon mari, sage homme, dit-elle. Il m'est très cher. Il vient de passer trois ans à combattre dans des guerres. Maintenant qu'il est de retour, c'est à peine s'il me parle ou s'il parle à quelqu'un d'autre. Si je lui parle, il ne semble pas entendre. Quand finalement il ouvre la bouche, il est dur. Si je lui sers de la nourriture qui n'est pas de son goût, il la met de côté et quitte la pièce, fâché. Parfois, alors qu'il devrait travailler dans la rizière, je le vois sur le haut de la montagne, assis, à ne rien faire, les yeux tournés vers la mer ! Je veux une potion, dit-elle, pour qu'il soit aimant et gentil comme il avait l'habitude de l'être. »

Le vieux sage dit à la jeune femme de lui apporter un poil de la moustache d'un tigre vivant, avec laquelle il ferait la potion magique. Pendant la nuit, tandis que son mari dormait, elle sortit tout doucement de la maison avec, dans les mains, un plat de riz et de sauce à la viande. Elle se rendit sur le flanc de la montagne, à l'endroit où il était connu qu'un tigre vivait. Se tenant assez loin de l'antre du tigre, elle déposa le plat de nourriture et appela celui-ci pour qu'il vienne manger ; mais le tigre ne vint pas. Chaque nuit, elle y retournait, faisait la même chose, et s'approchait toujours plus près de l'antre. Même si le tigre ne venait pas manger, il devait être habitué de la voir là.

Une nuit, elle s'approcha à quelques pas de l'antre. Au même moment le tigre fit quelques pas vers elle et s'arrêta. Les deux se tenaient immobiles, se regardant l'un l'autre dans le clair de lune. La chose se reproduisit la nuit suivante et ils étaient, cette fois, tellement près l'un de l'autre qu'elle put lui parler d'une voix douce et calme. La nuit suivante, après avoir regardé attentivement la femme dans les yeux, le tigre mangea la nourriture qu'elle lui avait apportée. Par la suite, lorsque Yun Ok venait la nuit, elle trouvait le tigre qui l'attendait sur le chemin. Près de six mois s'étaient écoulés depuis sa première visite nocturne. Une nuit, finalement, après avoir caressé la tête de l'animal, elle dit : « Oh, généreux animal, il me faut un poil de ta moustache. Ne te fâche pas contre moi. » Et elle coupa un des poils de sa moustache.

Le tigre ne se fâcha pas comme elle l'avait craint. Elle descendit le sentier en courant, serrant le poil dans sa main. Quand elle l'apporta au vieux sage, il l'examina pour voir s'il était réel, puis le jeta au feu, décourageant ainsi la jeune fille. Puis il dit : « Yun Ok, un homme est-il plus méchant qu'un tigre ? Répond-il moins qu'un tigre à la bonté et à la compréhension ? Si tu peux gagner la confiance et l'amour d'une bête sauvage et sanguinaire grâce à la gentillesse et la patience, tu peux certainement faire de même avec ton mari. »

Le raffinement

Une des marques d'une femme féminine est le raffinement. Cela veut dire qu'elle a une « bonne éducation sociale » et une sensibilité aux sentiments des autres, et qu'elle n'offense jamais personne en étant effrontée, impolie, cruelle, en manquant d'égard ou en étant négligente en société. Elle a du tact, de la diplomatie et est discrète.

Pour être raffinée, vous ne devez jamais tenir un langage vulgaire, blasphémer, jurer, raconter des farces vulgaires, etc. Ce que ces habitudes font à votre caractère est une chose, mais ce qu'elles donnent à votre image féminine est plus grave aux yeux des hommes. Même si ces habitudes grossières ne sont pas plus convenables chez les hommes, on leur pardonne toutefois plus facilement ; c'est moins offensant que chez les femmes. Ici encore, les hommes s'attendent à ce que les femmes soient les créatures les plus raffinées de la race humaine. Se laisser aller à un langage bruyant, grossier ou vulgaire ne fait pas seulement qu'une femme tombe de son piédestal, mais fait aussi qu'elle cesse d'être l'idole de féminité aux yeux des hommes. Ceux-ci espèrent toujours que les femmes soient cultivées et raffinées et ils considèrent que c'est bien au-dessous de leur féminité d'utiliser un langage vulgaire. Ils sont naturellement déçus, sinon répugnés, par un tel étalage de grossièretés.

Une autre marque de raffinement est de faire preuve d'appréciation et de courtoisie envers chaque personne que vous rencontrez, peu importe son âge, sa situation, son rang social ou son état financier. Chaque personne est un être humain qui a droit à du respect et à de la vénération. Plus votre conception des êtres humains en général sera élevée, plus votre tendance au raffinement sera grande. Un manque d'appréciation et de courtoisie ne fait que prouver le déclin d'une compréhension aiguë et d'une perception vive dont on pourrait s'attendre chez une personne cultivée. Rien n'est plus propice à vous faire perdre rapidement un caractère de raffinement que de ne pas tenir compte ou de ne pas considérer une autre personne.

Afin de faire preuve d'une réelle considération pour les gens, il est essentiel que vous ne fassiez jamais quoi que ce soit qui pourrait blesser leurs sentiments. Par exemple, ne montez jamais d'indifférence pour les opinions des autres, ou ne méprisez jamais ce qu'ils disent ou font, surtout les choses qu'ils considèrent importantes. Soyez attentionnée et pleine d'égard pour leurs sentiments, leurs opinions, leurs idées, leurs réalisations, leurs traditions, leurs mœurs religieuses ou leurs « façons de vivre ». Si, par exemple, il vous arrive de rencontrer une gentille petite vieille dame qui a passé sa vie à respecter un culte de traditions, ne manquez pas de respect envers ses sentiments en démolissant ces traditions. Ou si vous dînez avec quelque âme honnête qui est fière de sa cuisine, ne refusez pas un second service ou laissez voir que vous êtes plus que ravie de déguster ses mets.

Si vous êtes dans la maison d'une personne exceptionnellement cultivée et raffinée, ne montrez pas d'irrespect à l'égard de sa façon de vivre en adoptant une conduite turbulente ou en avançant des arguments étudiés. Par contre, si l'hôtesse aime à rire et à plaisanter et qu'elle met tout le monde à l'aise pour qu'il y ait du bon temps, montrez-lui alors votre appréciation en étant vous-même gaie. La plus grande preuve de raffinement que vous puissiez montrer est d'apprécier honnêtement la compagnie des gens et d'avoir du respect et de la considération pour la façon de vivre de chacun.

De plus, apprenez à respecter l'enthousiasme des autres personnes. Par exemple, s'il arrive à un homme de vous raconter des vacances aventureuses qu'il est sur le point de passer et qu'il entre dans un état d'excitation à mesure qu'il vous déroule ses plans, « ne jetez pas une douche d'eau froide » sur son enthousiasme en agissant avec une totale indifférence. Même si ses projets sont mauvais, ne faites pas de remarques désagréables, comme de lui rappeler combien son voyage est dispendieux ou téméraire, car cela peut détruire tout son enthousiasme. Ou s'il ne fait que manger de la tarte qu'il aime à la folie, ne faites pas la remarque : « Oh, moi j'ai horreur de cette sorte de tarte ! »

« L'effronterie » est aussi un autre manque de raffinement ;

c'est un vieux mot qui signifie être insolent, impudent, ou imposer des choses aux gens. L'effronterie est une attitude par laquelle « vous vous attendez » à des faveurs sans tenir compte que vous imposez des choses aux gens. Les adolescents, particulièrement, adoptent souvent cette attitude répréhensible lorsqu'ils demandent des choses à manger quand ils sont dans la maison de leurs amis, ou lorsqu'ils empruntent des vêtements, du parfum, une auto ou même de l'argent. Cela ne veut pas dire qu'il n'y ait pas de circonstances urgentes où nous ne sommes pas justifiées de demander des faveurs et où les autres ne veulent pas nous les accorder volontiers, mais emprunter est habituellement considéré comme effronté et sans raffinement.

De plus, usez de tact et de diplomatie lorsque vous faites des remarques aux gens. Une honnêteté brusque n'est jamais appréciée. Tout ce que nous devons dire peut être dit gentiment et en ayant égard aux gens. Les femmes raffinées ne refusent jamais une invitation sociale sans donner de justifications ou sans envoyer une lettre d'excuses. Elles sont courtoises et respectent les sentiments de chacun.

Une langueur ensorcelante

La langueur est une caractéristique féminine et elle confère une allure de relaxation, de calme et de tranquillité, semblable à un chat qui se détend près du foyer. C'est comme le toucher du velours et c'est apaisant et attirant pour les hommes. « Déruchette avait par moments un air de langueur ensorcelante. » La langueur est une autre façon de varier les particularités féminines. Le contraire d'une femme langoureuse est une femme nerveuse, exaltée, qui se ronge les ongles, fait tinter ses clés, tortille son foulard ou ses cheveux.

Les sorties en plein air

Une occasion où les femmes sont portées à laisser tomber leur féminité est dans les sorties ou les jeux en plein air. Ce peut être dû à la façon dont elles s'habillent, habituellement en pantalons et costumes sports, ce qui les incite à se relâcher dans leurs gestes. C'est à ce moment qu'on peut voir des femmes donner une forte tape dans le dos des hommes, siffler, crier ou parler d'une voix élevée, rire bruyamment, avaler leur nourriture à grosses bouchées, s'asseoir les jambes écartées ou une jambe croisée par-dessus l'autre comme font les hommes, rire des farces à gorge déployée, renverser leur tête en arrière quand elles boivent, etc. C'est ici une situation où vous devez vraiment surveiller votre féminité.

Il n'est pas besoin d'être belle pour être féminine

Vous n'avez pas besoin d'être une beauté pour avoir tous les charmes de la féminité. Il y a des milliers de femmes ordinaires, aux traits irréguliers et au corps imparfait, qui réussissent à être très attrayantes pour les hommes simplement parce qu'elles sont des modèles de féminité. Par ailleurs, il y a des milliers de femmes, belles de visage et de corps, qui n'impressionnent jamais les hommes parce qu'elles ont un maintien et des manières d'homme. Quand une fille est tendre, douce, gaie, aimable et aussi innocente et pure, qui s'arrête pour savoir si elle est belle dans le sens classique de la beauté ? Qu'importe son corps ou ses traits, elle est, pour la plupart des hommes, un modèle de féminité. Pour eux, elle est belle.

Même quand une femme est si laide qu'il est impossible de ne pas le remarquer, les hommes sont souvent quand même attirés. Même s'ils ne peuvent pas contempler sa beauté, ils considèrent qu'elle est hardie, attirante, gentille, charmante, délicate, raffinée, élégante, aimable et toute autre chose qui est hautement fascinante. Très souvent, c'est ce genre de femme qui a la personnalité la plus ensorcelante et qui, entre toutes, réussit à captiver les hommes les plus sensibles et les plus virils pour qui la beauté sans personnalité n'a pas d'attraits ; et souvent, c'est ce même genre de femme qui fait paraître insignifiante la simple beauté chez les femmes. Par conséquent, vous ne devez pas vous laisser abattre par une absence de beauté ; pas plus ne devez-vous vous laisser endormir dans une fausse sécurité si vous possédez la beauté. La présence ou l'absence de beauté est de si peu d'importance dans l'atteinte de la vraie féminité.

Ce qu'il faut éviter afin d'avoir des manières féminines

1. Ne vous servez pas de vos mains de façon brusque, ferme, forte ou résolue.

2. Ne marchez pas d'un pas lourd, ni en faisant de grandes enjambées, ni les épaules arrondies, ni en penchant le corps vers l'avant.

3. Évitez les caractéristiques suivantes dans vos voix : élévation du ton, fermeté, ton résolu, audace, trop de douceur, timidité, ton inexpressif, marmonnement, monotonie, ton ennuyant.

4. Ne riez pas à haute voix ou de façon vulgaire.

5. N'ayez pas d'expressions faciales qui dénotent dureté, aigreur, amertume, opiniâtreté, etc.

6. Ne suscitez pas de conversations où vous pourriez être dure, amère, critique, impatiente, cruelle, vulgaire ou sans raffinement.

7. Ne tapez pas sur l'épaule ou dans le dos de quelqu'un.

8. Ne sifflez pas.

9. Ne criez pas.

10. Ne parlez pas fort.

11. Ne riez pas des farces à gorge déployée.

12. Ne vous traînez pas les pieds, ni ne mangez bruyamment.

13. Ne buvez pas en renversant la tête par en arrière.

14. Ne vous assoyez pas les jambes écartées ou une jambe croisée sur l'autre.

Exercice

1. Analysez vos manières féminines. Travaillez votre point le plus faible pendant au moins une semaine ; un mois est encore mieux.

2. Exprimez à vos fils et vos filles vos tendres sentiments pour eux et accompagnez ceux-ci d'un tendre regard, d'une douce expression dans la voix, d'une caresse sur la tête ou d'une bonne main sur l'épaule, ou de tout autre geste d'affection.

3. Exprimez à votre mari vos tendres sentiments pour lui.

CHAPITRE XVII

LA DÉPENDANCE FÉMININE

Une bonne définition de la dépendance féminine est le besoin de la femme des soins et de la protection de l'homme. Les femmes ont été destinées à être des épouses, des mères et des ménagères et elles ont, par conséquent, besoin de l'assistance masculine pour faire leur chemin dans la vie. Les hommes ont été désignés pour combler ce besoin de la femme en lui servant de guide, de protecteur et de soutien. Les hommes sont très attirés par la dépendance féminine. Dora était sans ressource et dépendante de l'homme, et c'est pour cette raison qu'elle exerçait un grand attrait sur le cœur noble de David. Cette qualité de dépendance manquait trop à Agnès ; à ce moment de sa vie, elle était trop autosuffisante et indépendante pour gagner David.

Ne pensez pas que protéger une femme dépendante soit un fardeau pour un homme. *Une des sensations les plus agréables qu'un homme puisse expérimenter est la conscience de sa puissance à donner soins et protection. Enlevez-lui cette sensation de supériorité de sa force et de ses capacités et vous lui dérobez de sa masculinité*. C'est pour lui une délectation que de protéger une femme dépendante. Plus un homme est sensible, plus il est viril et plus il se sent homme, et plus il semble attiré par cette qualité.

Comment se sentent les hommes en présence des femmes indépendantes

Qu'arrive-t-il lorsqu'un homme moyennement robuste entre en contact avec une femme nettement indépendante, intellectuelle et compétente, une femme qui n'a manifestement besoin d'aucune aide qu'un homme puisse lui donner et qui est capable de se mesurer à l'homme et de le défaire sur son propre terrain ? Cet homme ne se sent tout simplement plus un homme. Devant la force et l'habileté d'une simple femme, il se sent un futile et incapable semblant d'homme. C'est la sensation la plus désagréable et la plus humiliante qu'un homme puisse vivre ; et la femme qui soulève une telle sensation répugne à l'homme. *Un homme ne peut pas tirer de joie ni de satisfaction à protéger une femme qui peut manifestement réussir sans lui. Il se plaît seulement à protéger une femme qui a besoin de ses soins masculins ou qui, à tout le moins, semble en avoir besoin.*

Comment se sentent les hommes en présence de femmes dépendantes

Quand un homme est en présence d'une femme tendre, douce, confiante et dépendante, il sent immédiatement se sublimer sa puissance de protecteur pour cette frêle et délicate créature. Devant une telle faiblesse, il se sent plus fort, plus viril, plus compétent, bref, plus homme que jamais. Ce sentiment de force et de puissance est ce qu'il peut expérimenter de plus agréable. Cet apparent besoin de la femme d'être protégée, au lieu de faire naître du mépris suscite chez l'homme les plus nobles sentiments.

Amélie

Dans l'œuvre intitulée *La foire aux vanités*, on retrouve une excellente illustration de la dépendance féminine qui est incarnée dans le caractère d'Amélie :

> Celles qui formaient le petit cercle d'amies d'Amélie étaient plutôt fâchées de voir l'enthousiasme avec lequel le sexe opposé regardait Amélie. Car presque tous les hommes qui s'approchaient d'elle l'aimaient ; sans aucun doute seraient-ils en peine de vous dire pourquoi. Elle n'était pas particulièrement brillante, ni spirituelle, ni sagace outre mesure, ni extraordinairement belle. Mais où qu'elle allait, elle touchait et charmait tous les membres du sexe masculin et chaque fois, elle éveillait inévitablement le mépris et l'incrédulité de ses propres congénères. Je pense que c'était sa faiblesse qui était son principal charme ; une sorte de *tendre soumission* et de *douceur* qui semblaient attirer la sympathie et le désir de protection de chaque homme qu'elle rencontrait.

Madame Woodrow Wilson

Madame Wilson était une femme tendre et dépendante, car son mari écrivait d'elle : « Quelle source d'assagissement et de force c'était pour moi, dans mes périodes de grande remise en question, d'avoir un point fixe où trouver confiance et certitude cette perfection intacte, continue et merveilleuse de ma chère petite femme, et tout le charme qui l'accompagne, la douceur et la grâce féminine et aucun des désavantages courants de l'efficacité, aucune dureté, aucune aigreur poignante, aucun air de commandement et aucune opinion tenace La plupart des femmes qui ont cette efficacité masculine sont terrifiantes. »

La femme compétente

Avant de décrire la femme compétente, il me faut d'abord spécifier qu'il s'agit ici de la femme capable de faire des *choses masculines*. Je ne veux pas suggérer que la femme soit incompétente dans sa propre sphère de travail. En tant que ménagère, elle doit être capable de réussir. Mais pour être féminine, une femme doit éliminer toute tendance aux aptitudes masculines, comme assurer la bonne marche d'un bureau, réparer un moteur d'auto, changer un pneu ou faire preuve de courage mâle pour braver les dangers. Avoir de telles capacités masculines, c'est éteindre le charme féminin. C'est aujourd'hui un problème très répandu qui mérite notre attention.

Il y a plusieurs femmes, dans toutes les avenues de la vie, qui possèdent un très grand magnétisme et qui, grâce à leur puissant et grand caractère, attirent l'admiration de tous, même des hommes, mais qui ne peuvent jamais transformer en amour l'admiration d'un homme. Voici le cas d'une de ces femmes, un célèbre professeur qui donnait des cours dominicaux à des jeunes hommes et des jeunes femmes, qui illustre bien cette situation. Son magnétisme personnel et son caractère noble étaient tellement admirés que des centaines de jeunes gens cherchaient à être dans sa classe et que, partout, des centaines d'hommes et de femmes de tout âge assistaient aux conférences publiques qu'elle donnait. En dépit du respect et de l'admiration quasi universels dont elle jouissait, aucun homme ordinaire n'aurait jamais pensé à chercher sa compagnie privée, ni à entreprendre une conversation intime, ni à faire d'elle la « petite fille » qu'il aurait chérie et protégée toute sa vie. Chacun de nous connaît de telles femmes, resplendissantes de santé, charmantes, joyeuses, grandement admirées des hommes, mais qui ne semblent pas fasciner ces derniers. La raison est qu'il manque à ces femmes un air de frêle dépendance. Elles sont trop compétentes et trop indépendantes pour émouvoir les sentiments d'un homme. Cette allure de « capables de tout faire par elles-mêmes » est justement ce qui détruit le charme de tant de femmes professionnelles et de femmes d'affaires. C'est justement l'absence de cette allure qui permet à de nombreuses femmes « écervelées » d'épouser des hommes intelligents et compétents, de qui on pourrait s'attendre à ce qu'ils choisissent une compagne plus sensée.

Le genre de femme qu'un homme veut est d'abord un genre angélique qu'il peut adorer, mais aussi une créature sans ressource qu'il aimerait tenir dans ses bras pour la chérir et la protéger pour toujours. Les admirables femmes dont nous venons de parler remplissent la première condition mais pas la seconde. Bien que la première condition soit nécessaire, vous ne pouvez pas vous permettre de faire comme ces femmes qui négligent la seconde.

Qu'arrive-t-il si vous êtes une femme grande, forte et compétente, ou si vous avez une forte personnalité, ou si vous dominez les hommes ? Comment, alors, vous est-il possible de paraître tendre, confiante, délicate et dépendante ? En premier lieu, la taille n'a rien à voir avec la qualité de dépendance féminine. Peu importe votre taille, votre grandeur ou vos capacités, vous pouvez paraître fragile aux yeux d'un homme si vous suivez certaines règles et si vous adoptez une attitude de fragilité. Il n'est pas important que vous soyez réellement petite et délicate, pourvu que *vous donniez cette impression* aux hommes.

Lorsqu'une grande femme attire un petit homme

Occasionnellement, nous verrons un homme plutôt petit épouser une grande femme. Il est intéressant d'observer que, pour cet homme, cette femme ne semble pas grande, parce qu'elle sait lui donner l'impression d'être petite. Ce genre d'homme est même porté à l'appeler « sa petite fille ». Malgré sa grandeur, elle a su lui donner une impression de délicatesse. En lui faisant savoir qu'elle ne peut pas faire son chemin sans lui, qu'elle est complètement dépendante de lui, elle est capable de masquer sa taille dominante.

Si vous êtes grasse, grande ou forte, vous devrez travailler à déguiser ces traits de façon à ce que les hommes aient l'impression que vous êtes petite et délicate. Et si vous savez faire des choses masculines, vous devrez « désapprendre » ces choses.

Les femmes compétentes que les hommes admirent

Nous pouvons occasionnellement remarquer des hommes qui semblent admirer des femmes compétentes et efficaces dans des choses masculines. Elles peuvent être extrêmement compétentes à diriger un service ou à avoir des idées ingénieuses pour faire « rouler » le monde des affaires ou industriel. Mais que cette admiration de ces hommes pour ces femmes ne vous trouble pas. Même si un homme peut avoir une sincère admiration pour ces femmes, cela ne veut pas dire qu'il se sente attiré par elles. Il admire sans aucun doute leur habileté, comme il le ferait à l'égard d'autres hommes.

Comment acquérir la dépendance féminine

1. L'attitude : pour acquérir de la féminité, vous devez d'abord écarter toute allure de force, d'habileté, de compétence, d'intrépidité et acquérir à la place une attitude de frêle dépendance pour inciter les hommes à prendre soin de vous. Faites-leur savoir que leur assistance masculine est essentielle et appréciée et que vous ne pourriez pas réussir très bien dans ce monde sans eux. Les femmes montrent souvent qu'elles sont capables de faire des choses toutes seules. Par exemple, une femme peut s'opposer à ce que son mari prenne une assurance-vie en disant : « Oh ! s'il arrivait quelque chose, je pourrais très bien prendre soin de moi-même. » Ou, en planifiant un voyage ou un déplacement, elles ne songent pas à demander l'aide de l'homme, ni ses soins, ni sa protection. Elles ont une attitude d'autosuffisance et pensent qu'elles peuvent faire leur chemin dans le monde sans aide masculine.

2. Cessez de faire le travail des hommes : ensuite, cessez de faire des travaux d'homme ; arrêtez de lever des boîtes lourdes, de déplacer des meubles, de tondre le gazon, de peindre, de réparer des moteurs, de laver des autos, de changer des pneus, de faire de la menuiserie ou toute autre chose qui est du ressort de l'homme. Éliminez le travail lourd qui dépasse votre force physique et aussi le travail qui ne convient pas à une femme, qui n'est pas féminin. Cessez aussi de vous préoccuper des questions d'argent, de diriger votre mari, de lui dire quoi faire et ne pas faire et quand le faire. Ne bravez plus la noirceur, ni les créanciers, et ne faites plus de longs trajets seule en automobile. Si vous travaillez pour contribuer aux revenus familiaux, arrêtez de travailler si c'est possible. (Si vous êtes une femme plus âgée qui travaillez pour passer le temps ou pour offrir des services bénévoles, c'est différent.) Cessez de faire le travail des hommes, pas seulement pour accroître votre féminité, mais *pour ainsi avoir du temps pour faire votre propre travail de femme.*

Avant d'abandonner tout travail d'homme, il est préférable que vous expliquiez d'abord vos intentions à votre mari. Dites-lui que vous ne vous sentez « pas féminine » à faire ces choses et que vous voulez devenir vraiment féminine et vivre à l'intérieur des limites de votre rôle. Ensuite, demandez-lui s'il assumera entièrement toutes les responsabilités masculines que vous faisiez jusqu'à maintenant. Discutez de chacune de ces responsabilités pour qu'il comprenne bien. Si vous faites ressortir la féminité dans votre requête, il coopérera probablement. Il peut toutefois résister à prendre la charge de tout son travail ou négliger de compléter ce qu'il vous a promis de faire. La négligence d'un homme à faire *son travail domestique* est un sujet de dispute conjugale, sur lequel nous allons maintenant nous arrêter brièvement :

Certaines femmes sont sceptiques de pouvoir obtenir de leur mari qu'il fasse ses travaux à la maison. Elles peuvent dire : « Oh, j'ai essayé d'inciter mon mari à faire les travaux domestiques qui lui reviennent, mais ça n'a pas marché. Voyez, j'ai arrêté de tondre le gazon et il a allongé de trente centimètres. Et si je n'avais pas peint ma cuisine, elle n'aurait jamais été peinturée. Il ne voudra pas faire ces choses pour moi, je dois donc me fier à moi-même pour les faire. » C'est la réponse commune qu'elles font. Le problème, ici, c'est que ces femmes n'arrêtent jamais complètement, mais seulement temporairement. Elles ne laissent jamais aller les choses et ne tournent pas le dos aux responsabilités masculines.

« Mais, pourraient dire ces femmes, si je ne fais pas ces choses et lui non plus, qu'arrivera-t-il ? Quelqu'un doit bien les faire ! » Mais doivent-elles vraiment être faites ? Le gazon doit-Il être tondu, la cuisine peinte et les batailles gagnées au prix du charme féminin ? « Mais, peuvent-elles dire encore, je ne peux pas supporter que le toit coule, que la porte sorte de ses gonds et que le gazon ne soit pas tondu. » Si vous ne pouvez pas faire ces sacrifices temporaires, vous ne pourrez pas devenir le modèle idéal angélico-humain, pas plus que vous ne pourrez éveiller l'esprit chevaleresque des hommes.

Quand vous déciderez de tourner le dos aux tâches masculines, n'attendez pas de miracles. Si l'homme ne fait pas « son travail à la maison », ne vous plaignez pas, ne le faites pas se sentir honteux et n'exercez pas de pression pour qu'il le fasse.

N'oubliez pas, c'est à lui de décider de faire ou de négliger ces travaux. Si vous avez de la difficulté à accepter sa négligence, développez une attitude d'humilité en vous demandant : « Ai-je bien fait mon travail aujourd'hui ? Étais-je bien habillée et bien soignée avant le déjeuner ? Ai-je servi à mon mari des repas bien préparés et à l'heure, aujourd'hui ? Ma maison est-elle propre et à l'ordre ? Ai-je été patiente avec les enfants ? Suis-je aimante et compréhensive envers mon mari ? » Après vous être posé ces questions, dites-vous : « Ai-je le droit d'être amère parce qu'il a négligé ses tâches ? » Essayez aussi de comprendre que ce qui semble important pour vous à la maison peut sembler insignifiant pour lui s'il compare cela aux problèmes auxquels il est confronté à son travail. Si vous vous acharnez sur les petites réparations au foyer, vous ne faites que manifester une attitude étroite, égocentrique et peu sympathique.

3. Si vous êtes forcée de faire un travail masculin, faites-le d'une manière féminine : alors que vous essayez d'alléger le travail masculin que vous faisiez, il peut y avoir des moments où vous êtes forcée de faire certains travaux d'homme, quelque chose qui doit être fait et pour lequel il n'y a personne d'autre que vous pour le faire. Dans ce cas, faites-le, mais d'une manière féminine. Il ne vous appartient pas de faire des travaux masculins avec l'habileté des hommes. Si vous devez réparer la fournaise ou le toit qui coule, ou tenir les finances, ne travaillez pas aussi dur qu'un homme pour faire le travail aussi efficacement que lui. Respectez simplement votre féminité, et votre mari réalisera bien vite que vous avez besoin de son aide masculine. Si vous faites le travail aussi bien qu'un homme, il ne viendra jamais à votre rescousse.

4. Soyez soumise : la soumission et une autre qualité de la féminité. Cela veut dire être complaisante, obéissante, se plier au pouvoir ou à l'autorité ou laisser des choses à la discrétion, au jugement ou à l'opinion d'une autre personne, etc. Le contraire de la soumission est d'avoir un air arrogant, rebelle, entêté, obstiné ou indiscipliné. Pour être féminine, une femme doit se soumettre aux opinions de son mari, à sa discrétion ou à son jugement.

Les femmes devraient particulièrement éviter d'avoir des opinions obstinées. Les hommes trouvent très désagréable d'être en compagnie de ce genre de femme. Ils veulent bien qu'elles expriment leurs points de vue et qu'elles les défendent jusqu'à un certain point, mais ils sont très offensés quand une femme tient fermement ses positions et qu'ils ne peuvent la convaincre de quoi que ce soit, malgré leur profonde logique. Il est mieux de se soumettre à un homme que d'essayer de gagner un argument sur lui. C'est plus féminin. Je ne veux pas dire que vous devez vous soumettre dans vos convictions morales et vos idéaux, mais lorsque vous vous opposez par principe.

5. Ne subjuguez pas votre peur : les femmes féminines sont portées à avoir une peur naturelle des dangers. Elles sont effrayées par les serpents et sont reconnues pour avoir peur de petites choses telles que les insectes, les araignées, les souris, la noirceur et les bruits étranges, au grand amusement des hommes. La raison pour laquelle les hommes apprécient cette caractéristique chez les femmes, c'est qu'en présence de leur faiblesse, ils se sentent naturellement plus forts. Si la femme fuit devant une araignée ou qu'elle grimpe sur une chaise à la vue d'une souris, combien l'homme se sent viril alors qu'il peut rire de ces peurs et calmer les craintes de la femme. L'homme se sent encore plus grand de sauver une femme d'une souris plutôt que d'un tigre, parce qu'il sent davantage sa supériorité dans le premier cas que dans l'autre.

Les femmes sont également reconnues pour craindre les dangers de la nature. Pour illustrer ceci, voici un incident qu'une femme m'a confié : son mari était le propriétaire d'un bateau à voiles et était un excellent navigateur. Il aimait amener sa femme dans des eaux tumultueuses et faire rouler le bateau de côté et d'autre. Ces moments la terrifiaient et elle me demanda : « Pourquoi fait-il cela quand il sait que j'ai peur ? » Je lui expliquai que c'est parce qu'elle a peur et lui pas du tout. Sa peur terrible plaisait à son mari et c'est pourquoi il aimait à répéter la dangereuse manœuvre. Je lui suggérai qu'elle laisse voir sa peur dans des eaux plus calmes et que peut-être il serait satisfait et ne l'amènerait plus dans des eaux dangereuses. C'est une erreur pour une femme de subjuguer sa peur en présence des hommes, car en agissant de la sorte, elle atténue son charme féminin.

Les femmes féminines éprouvent aussi du malaise dans la circulation dense. Si vous avez avec vous un petit enfant et que vous êtes sur une route achalandée, et si vous le serrez contre vous dans vos bras au moment où les camions lourds passent et où la circulation est très rapide, vous sentirez chez l'enfant un tremblement de peur. De la même façon, une femme féminine s'approche d'une intersection avec hésitation. Elle n'affronte pas la circulation avec confiance mais hésite plutôt quelques instants au coin de la rue, s'accroche un petit peu plus au bras de l'homme, attendant qu'il la conduise. Ici encore, l'homme apprécie le malaise apparent de la femme et il se sent fort de sa capacité à la protéger.

6. N'essayez pas de surpasser les hommes : pour être féminine, ne compétitionnez pas avec les hommes sur quoi que ce soit qui requiert de l'habileté masculine. Par exemple, n'essayez pas de l'emporter sur eux dans les sports, à réparer des pièces d'équipement, à lever des objets lourds, etc. Ne compétitionnez pas non plus avec les hommes pour obtenir davantage d'avancement dans le travail, de plus gros chèques de paye ou de plus grands honneurs. N'essayez pas non plus d'avoir de plus grands honneurs professionnels qu'eux dans leurs propres domaines. Il peut être correct que vous l'emportiez sur eux dans les études anglaises ou sociologiques, mais pas en mathématiques, ni en chimie, ni dans l'art de parler en public, etc. Ne faites pas voir que vous en savez plus qu'eux sur les événements mondiaux, sur le programme spatial, en sciences ou dans l'industrie. Ne surpassez pas les hommes dans tout ce qui touche leurs champs de compétence ou de recherches.

7. Ayez besoin des soins et de la protection de l'homme : laissez-le vous ouvrir les portes, tirer votre chaise, vous aider à mettre ou à enlever votre manteau, ou vous offrir son manteau lorsqu'il fait froid ou qu'il pleut. S'il ne vous offre pas son aide, c'est peut-être parce que vous faites vous-même trop rapidement ces choses sans lui donner le temps de réagir. Si ce n'est pas le cas et qu'il ne vous offre toujours pas son aide, travaillez alors les autres aspects de votre féminité jusqu'à ce que vous éveilliez en lui ses soins et sa protection. Vous pouvez lui demander certaines choses, comme porter votre commande d'épicerie, ouvrir des couvercles de bocaux. Faites attention, toutefois, de vous en tenir à des choses qui requièrent vraiment l'aide de l'homme et ne lui demandez pas de faire des choses banales que vous pouvez très bien faire vous-même.

8. Assumez votre rôle féminin : il n'y a probablement pas de moyen plus efficace pour une femme de développer sa féminité qu'en assumant pleinement son rôle féminin d'épouse, de mère et de ménagère. C'est ici, dans ce domaine de la vie, qu'une femme peut croître en tant que femme. La maternité accroît sans aucun doute sa féminité. Et même si vous ne le réalisez pas, assumer votre rôle féminin année après année vous rendra toujours plus femme. Et si vous êtes une bonne épouse, vous développerez compréhension, acceptation, pardon et sympathie toutes de tendres caractéristiques qui vous rendent davantage féminine.

Ce que la dépendance féminine éveille chez un homme

La dépendance féminine éveille chez un homme *amour et tendresse*. Et ces sentiments croissent quand l'homme commence à faire des choses pour une femme, à la protéger et à prendre soin d'elle. Ce fait est véridique pour tout individu qui s'occupe de toute forme de vie qui a besoin de protection. Prenons, par exemple, nos petits animaux domestiques. N'apprenons-nous pas à les aimer en prenant soin d'eux ? Et plus ils sont dépendants de nos soins, plus nous avons de la tendresse pour eux. Prenons l'exemple du petit canari. Ne l'aimons-nous pas parce qu'il compte entièrement sur nous pour lui donner de la nourriture et de l'eau, et aussi parce que nous voyons sans l'ombre d'un doute son bonheur quand on le récompense avec un petit peu de nourriture ? Il branle sa petite tête avec un air intéressé et alerte et il est si doux, si fragile et si dépendant de notre protection que nous ne pensons même pas à le confier à quelqu'un d'autre. Ce sentiment, mille fois plus intense, est ce que ressent chaque maman qui protège son enfant et chaque homme qui protège sa femme et ses enfants.

Une femme aussi prend soin de son mari et le protège mais d'une façon différente. Elle lui prépare des mets nourrissants, lave ses chemises et le surveille pour qu'il ne néglige pas sa santé. Elle lui donne du bien-être, de la compréhension et de la sympathie et l'homme devient dépendant d'elle pour ces choses. Elle le protège aussi à sa façon, en essayant d'empêcher les autres de profiter indûment de sa nature généreuse, en le préservant de sa propre témérité par laquelle il pourrait compromettre sa sécurité, et en s'assurant que son indifférence mâle du détail ne lui cause pas de problèmes. Par conséquent, elle aussi sent de la dépendance chez l'homme et elle se réjouit du besoin qu'il a d'elle et de son habileté à combler les besoins d'un être si fort, si puissant et pourtant impuissant sans elle. Et elle ressent aussi de la tendresse pour celui dont elle prend soin.

La douce espérance

Même si les hommes sont fascinés par la fragilité de la femme, il y a une qualité compensatrice qu'ils espèrent trouver chez elle. Malgré toute la faiblesse de la femme, sa dépendance aux soins et à la protection des hommes, ceux-ci aimeraient trouver, cachée dans les recoins de la personnalité féminine, de l'assurance qui lui permette de faire face aux urgences. Ils aimeraient être certains que la femme a du courage féminin, de la force, de l'endurance et de l'habileté féminines à résoudre des difficultés et qu'ainsi, elle ne soit pas sans ressource. C'est ce qu'on appelle « la douce espérance ». L'homme espère pouvoir déceler cette qualité dans le caractère de la femme.

Plusieurs femmes en font preuve lorsqu'elles sont mises à l'épreuve. Prenons l'exemple d'une jeune veuve qui est laissée avec plusieurs jeunes enfants. Que fait-elle ? Elle met tout en œuvre elle-même, sans aide, pour lutter contre des forces supérieures. Elle peine et combat, elle brave et souffre pour assurer à ses enfants ce dont ils ont besoin. Quand la défaite lui apparaît durement, elle ne pleurniche même pas ; considérant que c'est une chose qui fait naturellement partie de la vie, elle serre courageusement les dents et reprend la bataille. Quelle que soit sa douleur, elle a toujours un sourire pour réconforter les craintes de ses tout-petits ; quelque lasse qu'elle soit, elle est toujours prête à oublier sa fatigue pour protéger un de ses enfants contre le moindre danger. Si vous observez les veuves de cette terre, vous verrez que la plupart d'entre elles sont comparables aux anges des cieux. Cette douce espérance est une qualité qui vient du développement d'un caractère noble car on y trouve courage, amour, détermination, endurance, foi, confiance, etc.

Les femmes devraient-elles être préparées à une carrière ?

Beaucoup de parents pensent qu'ils devraient préparer leurs filles à gagner leur vie dans le cas d'un veuvage, d'un divorce ou d'autres urgences contraignantes. Examinons le sérieux de cette attitude à partir des points de vue suivants :

1. Si l'un des charmes de l'univers féminin est la dépendance, une fille ne devrait pas consacrer son éducation à une carrière où elle devient alors *indépendante*. Sinon, elle perd un des éléments qui attirent les hommes son besoin de la protection masculine et du support financier d'un homme. Elle court aussi le risque d'acquérir des traits masculins que tant de femmes professionnelles ont et de réduire ainsi son charme féminin. Il y a bien sûr quelques femmes professionnelles qui travaillent fort pour garder leur féminité ; soit que leur nature féminine est si forte qu'elle ne peut pas être vaincue, soit qu'elles font des efforts conscients pour la garder. Mais il semble que ce soit une

erreur de la part des parents que d'encourager leur fille vers une carrière car, quand les désavantages surviendront, elle aura à lutter continuellement pour les surmonter.

2. Préparer une femme à une carrière l'incite à travailler avant et après le mariage. L'effort qu'une fille a fourni pour réussir ses études semble perdu si elle « laisse son éducation sur une tablette ». Elle sera tout naturellement tentée, à un moment ou à un autre de sa vie, de mettre à profit ses connaissances, que ce soit nécessaire ou non.

3. Les exigences d'emploi changent d'année en année. Une femme qui est qualifiée à une certaine période peut être dépassée quelques années plus tard et doit alors retourner aux études pour mettre à jour ses compétences.

4. L'indépendance de la femme, due à sa capacité de gagner de l'argent, est menaçante pour elle, car elle peut lui servir d'échappatoire. De fait, comme il peut surgir plusieurs difficultés au début du mariage, la femme qui est indépendante sera moins portée à faire un effort pour ajuster les choses. Le divorce peut alors lui sembler la voie la plus facile puisqu'elle peut se suffire à elle-même.

5. Il semble illogique qu'une femme se prépare à une carrière dans l'éventualité d'urgences qui sont plutôt rares si, en agissant de la sorte, elle passe à côté d'une riche éducation culturelle qui lui ouvrirait de larges horizons et qui, conséquemment, la préparerait mieux à son rôle d'épouse, de mère et de ménagère. Si la première logique vous convient, pourquoi alors un homme ne pourrait-il pas se préparer à la maternité et au rôle de ménagère ?

La meilleure façon pour une femme de prévoir l'avenir est d'acquérir une vaste éducation. Des connaissances étendues lui aideront grandement à être une mère merveilleuse pour ses enfants, à les éduquer, à leur inspirer l'amour de la vie et à les préparer à la vie qui les attend. Elles lui aideront à être une épouse tout aussi merveilleuse, puisque les femmes qui ont une vaste éducation sont plus intéressantes, plus ouvertes à de nouvelles idées et aux défis. Cette femme sera aussi une meilleure citoyenne, appréciera davantage la vie et aura une plus grande capacité à trouver du bonheur. Ainsi munie d'une bonne éducation, elle saura s'en servir pour en tirer le meilleur parti. Ses connaissances peuvent également lui être bénéfiques dans son rôle de ménagère au foyer. À ce moment de sa vie, elle devra apprendre à faire la cuisine, à coudre et à administrer le foyer. Beaucoup de filles apprennent cela de leurs mères ; si ce n'est pas le cas, elle aura besoin de suivre des cours dans ces domaines ou, à tout le moins, devra avoir la détermination de l'apprendre par elle-même. Toute son éducation, cependant, devra lui servir à remplir le rôle féminin auquel elle a été destinée créer un foyer heureux.

Si elle doit rencontrer un cas d'urgence exceptionnel, la femme qui aura acquis une vaste éducation culturelle aura développé sa créativité, son intelligence et sa sagesse ; elle aura donc suffisamment d'ingéniosité pour résoudre ses problèmes. Si elle doit travailler, elle est habituellement capable de faire son chemin dans le monde du travail et elle est même plus qualifiée qu'une femme qui s'est préparée à une carrière il y a dix ans et qui réalise que ses connaissances sont « dépassées ».

Résumé

Comme nous arrivons à la fin des chapitres portant sur la féminité, vous devriez avoir une nouvelle vision du sujet. La féminité, comme vous pouvez le voir, est bien plus que des dentelles et des jabots. Même si l'apparence féminine est importante, elle est bien peu de choses sans féminité dans les manières ; et ni l'apparence ni les manières ensemble ne sont dignes de mérite sans la dépendance féminine. De toutes les qualités qu'une femme puisse avoir, cette dernière confère plus de poids à la féminité en autant que les hommes sont concernés. Une femme peut avoir du magnétisme et un caractère fort mais si elle n'a pas de féminité, elle n'est pas une femme aux yeux des hommes. Un homme n'est pas intéressé par la puissance de caractère chez une femme. Il veut une femme, comme le démontrent les faits vécus suivants :

L'univers fascinant de la femme m'aida à devenir féminine

« Avant de prendre connaissance de *L'univers fascinant de la femme*, j'étais extrêmement malheureuse. Je ne savais pas si je voulais ou non me marier, parce que je voyais beaucoup de mariages échouer. Je ne savais pas si j'étais capable non seulement de faire survivre le mariage, mais aussi de faire en sorte qu'il soit toujours heureux. J'ai été élevée dans l'agressivité, l'indépendance et la compétence, ajoutées à ma grandeur exceptionnelle et mon allure non féminine. *L'univers fascinant de la femme* me fit réaliser que ma tournure d'esprit était fautive et m'aida à devenir une femme vraiment fascinante. Grâce à mon application des principes de ce livre, mon mari est devenu plus homme et il me dit que je le rends tellement heureux qu'il ne sait plus quoi faire par moments. Je pense que tout ce qui peut changer une personne comme moi en une femme douce et féminine doit être enseigné à chaque femme et spécialement aux femmes qui militent pour la libération féminine ! Elles ne savent pas ce qu'elles manquent ! »

J'essayais d'en faire beaucoup trop

« Mon histoire est plutôt différente de la majorité. J'ai été mariée deux fois avant de prendre connaissance de *L'univers fascinant de la femme*. Je me suis ensuite remariée ; il semble que les choses étaient prévues pour arriver de la sorte. Mon erreur est différente de celles de la plupart des femmes. J'essayais de faire beaucoup trop de choses. Ma mère s'était mariée et avait divorcé plusieurs fois ; par conséquent, je voulais être "l'épouse parfaite". A la place, j'en vins à des extrêmes décevants.

« Je me mariai pour la première fois avec mon tendre ami d'enfance ; j'avais dix-huit ans et lui, vingt. Sa famille et ses parents l'avaient toujours beaucoup gâté et j'étais convaincue que je devais tout faire pour lui en autant que j'en étais capable. Cela incluait laver des autos, gagner de l'argent en occupant deux emplois à temps plein pour qu'il puisse suivre des cours du soir au Collège, tenir les finances, prendre toutes les décisions, lui servir le déjeuner au lit, entretenir ses vêtements chaque jour, etc. Cela semblait lui plaire et je pensais que nous avions un bon mariage, tout immature qu'il était.

« Les problèmes commencèrent deux ans après notre mariage, quand je devins enceinte. Même si nous avions toujours prévu avoir des enfants, ce bébé arrivait tout de même prématurément. Mon mari ne pouvait tout simplement pas en accepter la responsabilité. (Après tout, il n'avait jusqu'ici jamais pris aucune responsabilité, puisque je jouais auprès de lui un "rôle de mère"!) Il me dit soit de me faire avorter, soit de signer immédiatement des papiers pour donner le bébé en adoption dès sa naissance. Il prétendait que le bébé l'empêcherait de terminer ses études collégiales ; il disait que nous aurions des enfants plus tard. Il me dit que si je ne choisissais pas l'une ou l'autre alternative, il me quitterait. Cela me jeta dans un état traumatique terrifiant, et je ne peux même pas décrire la douleur que je ressentis. Mon univers s'écroulait !

« Je décidai de le quitter. C'est alors que je reçus un choc : je perdis le bébé. Le médecin m'expliqua que c'était dû à la tension nerveuse. Suite à cela, tout fut pour le mieux du côté de mon mari et il voulut une réconciliation. Mais je ne ressentais plus du tout la même chose et je continuai à vivre seule. Après un an et trois mois, je signai un divorce, ne réalisant pas encore l'erreur que je faisais de ne pas laisser à mon mari le temps de "mûrir".

« Plus tard, j'épousai un homme qui avait quinze ans de plus que moi. Il était mature sur toutes choses, agréable, facile à vivre, gentil et plein de considérations ; il administrait l'argent et il était nettement le "patron" à la maison. Il avait eu de son mariage précédent trois enfants (8, 10 et 12 ans) qui nous rendaient visite chaque fin de semaine. Ils amenaient toujours avec eux trois amis de leur âge.

« Nous nous entendions tous très bien ; j'étais très près de ses enfants et ils semblaient m'aimer eux aussi. (En fait, ils continuent de me rendre visite même si je suis remariée). Étant donné que mon mari avait de lourdes responsabilités financières, je continuai de travailler et j'essayai le plus possible de lui faciliter les choses. Nous avions eu une entente avant de nous marier comme quoi je ne travaillerais qu'un an pour régler certains comptes et qu'après, je pourrais être enceinte de "notre" bébé. Eh bien, nous versions de plus en plus d'argent à son ex-épouse pour le soin des enfants et mon mari avait un complexe de culpabilité qui semblait empirer chaque année. Il achetait à ses enfants de plus en plus de cadeaux, essayant de compenser pour le fait qu'il ne passait pas la semaine avec eux. Nous étions en retard pour régler toutes les factures, n'avions pas encore notre maison à nous et ne pouvions même pas payer notre loyer à temps. Je continuais de venir à sa rescousse, ne lui causais aucun problème et ne l'embarrassais pas avec mes besoins. Je restais calme et laissais les tensions et les frustrations s'accumuler en moi, pensant tout le temps que j'agissais bien. Les enfants revenaient toujours avec de nouveaux problèmes, de même que l'ex-épouse. À un moment donné, mon mari m'a même dit : *Tu es capable de prendre soin de toi ; eux ne le peuvent pas*. J'aurais dû comprendre qu'il essayait de me dire : Tu n'as pas besoin de moi... eux oui !

« Finalement, après trois ans et demi, je lui demandai si nous allions acheter une maison pour NOTRE mariage et avoir NOTRE bébé, sinon, je m'en IRAIS ! Je voulais commencer ma vie plutôt que terminer son premier mariage. Peu de temps après, je fis annuler mon mariage en invoquant comme motif le fait que mon mari avait abusé de moi en m'ayant promis des enfants au début de notre mariage et en ayant par la suite refusé. Il disait qu'il avait l'impression de ne pas en faire suffisamment pour ses trois premiers enfants et qu'il ne voulait pas en mettre un autre au monde et assurer sa vie pendant vingt ans, ce qui l'aurait éloigné des trois enfants qu'il avait déjà.

« Après ce deuxième divorce, je me sentis joliment vidée. J'avais mis tout ce que j'avais dans mes deux mariages, mais j'avais quand même échoué dans mon rôle d'épouse ; je ne comprenais plus rien. Je pensais que j'avais fait tout ce qu'une femme peut faire. C'est alors que je pris connaissance de *L'univers fascinant de la femme*. Je lus le livre, puis je pris un certain temps avant de décider si je devais me risquer dans un autre mariage. Je rencontrai alors mon "merveilleux monsieur". Il avait seulement cinq ans de plus que moi, n'avait pas eu d'enfants de son premier mariage et voulait une famille. Il était nettement le "patron" et il semblait être tout ce que je voulais et admirais chez un homme. Nous nous sommes mariés huit mois plus tard. J'avais complété mon premier cours sur *L'univers fascinant de la femme* et j'étais prête à en suivre les principes. Je suis une femme complètement différente dans ce mariage. Je fais toujours beaucoup de petites choses spéciales pour mon mari et il passe en premier. J'aime le voir porter les responsabilités de son rôle et je reste dans mon rôle de femme.

« Mon vœu le plus cher s'est réalisé grâce à mon mari. Il me permit d'abandonner le travail. J'ai travaillé dix ans pour l'industrie aérospatiale et j'occupais une position assez élevée. J'aimais le commerce des gens et chacun me disait que je ne me plairais pas à rester à la maison, surtout sans enfant. Je suis occupée à longueur de jour et je suis heureuse de dire que ces gens avaient tort. J'adore rester au foyer ! Je sais que *L'univers fascinant de la femme* m'a appris à aimer mon foyer et mon rôle d'épouse et de ménagère. Mon visage s'illumine quand mon "merveilleux monsieur" revient à la maison pour le dîner ou le souper. Ensemble, nous prévoyons avoir une famille ; c'est si réconfortant d'avoir un mari qui veut des enfants et qui se réjouit à l'avance d'avoir notre premier bébé.

« J'ai maintenant complété trois cours de *L'univers fascinant de la femme* et j'envisage l'enseigner dans un avenir assez rapproché. Il m'a montré la vraie voie du bonheur d'être une femme et d'être mariée à un homme merveilleux. Mon mari pense que *L'univers fascinant de la femme* est ce qu'il y a de plus grand ! Il dit à ses amis que s'ils trouvent une femme qui est la moitié de ce que je suis, ils seront vraiment chanceux. »

J'ai cessé de tout faire par moi-même

« Avant de mettre en pratique *L'univers fascinant de la femme*, notre foyer était tout, sauf heureux. Je peux maintenant dire en toute vérité que l'harmonie qui y règne est plus que je ne l'avais pensé possible, et elle croît chaque jour.

« Considérant le fait que mon mari et moi sommes des chrétiens depuis 21 ans, ce fut vraiment un choc quand je réalisai que c'était moi qui devais changer. C'est seulement quand je m'aperçus de mon attitude pharisaïque, en lisant le livre, que je réalisai le fait et que j'acceptai de changer.

« Oh, le chagrin que j'ai eu quand je me rendis compte que je faisais du tort à mon fils aîné. Il n'a que vingt ans et il a toujours eu sa maman pour lui dire quoi faire et quand le faire. Je peux maintenant voir ce qui fut la cause première de sa rébellion. (Moi !) Il revint à la maison cet été pour aider son père sur la ferme ; avec l'aide de *L'univers fascinant de la femme*, les choses se passèrent beaucoup mieux que par les années passées. Notre fille de quinze ans collabore aussi ; et notre fille mariée en est une fidèle partisane.

« Le plus beau de mon histoire, c'est mon mari. Il m'emmène souper au moins deux fois la semaine. Il a même annulé un gros voyage de chasse en Alaska qu'il avait planifié pendant six mois. Il dit qu'il préfère dépenser cet argent pour m'emmener à Mexico. Quand je dois aller en ville pour magasiner, il me laisse l'auto sans me poser de questions. L'autre jour, il a même porté mon sac de golf jusqu'à l'auto, car il pensait que c'était trop lourd pour moi. Tout ça pour la fille qui a toujours tout fait par elle-même » pendant des années ! Il sait combien j'aime les fleurs et il m'a apporté deux bouquets qu'il a cueillis lui-même. Tout cela d'un homme que j'ai toujours pensé froid et insensible. »

Exercice

1. Analysez vos responsabilités pour voir si vous ne faites pas quelques travaux masculins.

2. Si c'est le cas : 1) Demandez à votre mari d'assumer ces responsabilités. 2) Cessez de faire lesdits travaux et assumez le risque des conséquences. 3) Si vous êtes vraiment contrainte de les faire, faites-les d'une manière féminine.

CHAPITRE XVIII

RAYONNER DE BONHEUR

Je vous ai déjà parlé du bonheur intérieur comme étant une qualité spirituelle qui doit être gagnée. Qu'est-ce donc que rayonner de bonheur ? C'est une qualité qui dépend de notre volonté et qui peut s'extérioriser, comme un sourire.

Ce sont des choses comme la gaieté, le rire, le chant, la bonne humeur, le sourire, le pétillement des yeux, l'espoir, l'optimisme, des points de vue agréables, la capacité de transmettre du bonheur aux autres et un sens de l'humour.

Il y a beaucoup de femmes qui sont heureuses dans leur cœur, mais qui ne se sont jamais arrêtées à penser qu'il est important de le montrer. Ne faites pas l'erreur de *mettre la lumière sous le boisseau*, où personne ne peut la voir. *Mettez-la plutôt au bout du chandelier*, pour que tout le monde dans la pièce puisse en bénéficier.

Rayonner de bonheur est un des vrais charmes féminins qui fascinent les hommes, dépassant de beaucoup la beauté physique du visage et du corps. Une belle femme ne devrait pas faire la bêtise de « se reposer sur ses lauriers », en espérant que seul son joli visage la rendra attrayante. Elle aura peu d'attraits si elle n'a pas un sourire ou des yeux pétillants. Les hommes admirent les jolies filles comme ils admirent de beaux tableaux ou de belles scènes de la nature, mais ils recherchent une femme au sourire radieux pour être leur compagne de vie. Les femmes qui ont des traits irréguliers du visage et du corps se trouvent souvent à être les plus séductrices, car elles ont su maquiller leurs imperfections en acquérant les qualités qui comptent vraiment pour les hommes. Amélie, vous vous souvenez, était joufflue et corpulente, avait le nez court et les joues arrondies, mais réussissait à gagner l'amour de tous les hommes qui la côtoyaient. Cela était dû en partie au sourire de ses lèvres, de ses yeux et de son cœur.

Nos temps modernes accordent beaucoup d'importance à l'apparence, surtout aux vêtements, à la coiffure, etc. Cette emphase sur « l'enveloppe extérieure » est très bien, mais si elle n'est pas accompagnée de rayonnement, ce serait comme servir de la nourriture de qualité inférieure dans de la vaisselle de fine porcelaine de Chine, d'argent ou de cristal. Par exemple, si une fille porte les derniers styles des grands salons et les dernières coupes de cheveux très féminines, mais qu'elle présente une expression faciale désagréable et quasi repoussante, elle sera un « fiasco » aux yeux des hommes. Si, par contre, elle a des vêtements et une coiffure ordinaires, mais qu'elle accroche un radieux sourire à son visage, l'homme qui la remarquera sera fasciné par elle ; son apparence ordinaire ne fera pas le poids avec la beauté de son visage. Il ne s'agit pas ici de mésestimer les vêtements féminins, la coiffure, etc., mais de souligner que sans le rayonnement du bonheur, l'effet de fascination tombera.

Déruchette, Amélie et Dora

La caractéristique la plus fascinante de Déruchette était sa capacité d'irradier du bonheur aux autres, de « répandre de la joie autour d'elle » et de « jeter de la lumière sur les jours sombres ». Elle avait dans son sourire le « pouvoir » de rehausser les esprits. Elle irradiait la joie dans son foyer, car sa seule présence « illuminait » la maison et son approche était comme une chaleur bienfaisante. Et comme dit l'auteur : « Elle ne fait que passer, et nous sommes ravis ; elle reste quelques instants, et nous sommes comblés. »

Amélie était « douce, fraîche et souriante, avec un petit cœur rieur ». Dora avait un « petit rire gai et une délicieuse petite voix ». Madame Woodrow Wilson avait aussi cette qualité, car son mari dit d'elle : « Elle était tellement radieuse, tellement heureuse ! » Les hommes ne veulent tout simplement pas d'une femme qui soit maussade, déprimée ou même trop sérieuse. Ils recherchent une femme qui soit vivante, pétillante et heureuse !

Dolly Madison

De toutes les premières dames de la Maison-Blanche, Dolly

Madison a été la plus gaie et celle qui eut le plus long règne. Durant les huit ans de présidence de son mari, elle gagna les cœurs de tous les hommes du pays et elle était reconnue comme étant la personne la plus populaire et la plus aimée des États-Unis. Un turban parisien terminé d'une plume, le cou et les bras garnis de perles, elle était une hôtesse parfaite pétillante et naturelle, pleine de tact et de grâce. Son enthousiasme pour vie ne s'est jamais éteint. Un jour, à l'âge de 82 ans, sans avoir été malade, elle s'éteignit tout simplement en sommeillant. « Elle fut étincelante, rapporta une personne de ses intimes, jusqu'aux derniers moments ».

Ninon de Lenclos

Ninon de Lenclos, une dame de la cour de France du XVI le siècle, était aussi une femme d'un charme et d'un rayonnement particuliers. Quelques-uns des plus grands hommes de cette époque l'aimèrent et on dit qu'elle gagna les cœurs de trois générations d'hommes de la même famille, car elle garda la beauté et le charme de ses dix-huit ans. Les femmes les plus intéressantes de France étaient ses amies dévouées. La chose la plus merveilleuse chez elle, selon tous, était sa délectation aiguë de toute chose autour d'elle. Selon ses propres paroles : « Vous ne m'entendez jamais dire *ceci est bon ou ceci est mauvais*, mais une centaine de fois par jour je dis *j'aime, j'aime.* »

Un sens de l'humour

Avoir le sens de l'humour ne fait pas qu'ajouter à votre rayonnement ; cela signifie aussi que vous savez prendre les durs moments de la vie en réduisant les tensions et les problèmes. Cette qualité est tellement importante qu'on pourrait écrire tout un livre sur son application dans la vie de tous les jours. Je ne soulignerai ici que son importance : c'est un moyen qui permet à la femme d'être plus radieuse et de modifier les mésaventures en des situations amusantes. Par exemple, riez d'avoir renversé une assiette de spaghetti sur le plancher, d'avoir manqué d'essence sur une grande voie rapide, d'avoir fait un trou dans votre nouveau manteau de pluie, d'avoir perdu un billet de dix dollars ou de vous être embarrée à l'extérieur de votre propre maison. Vous tracasser ou être misérable par rapport à de telles situations vous aidera-t-il à mieux résoudre ces problèmes ? Non. En fait, si vous gardez une bonne humeur, vous serez beaucoup plus en mesure d'arranger la situation.

Comment faire pour pouvoir rayonner de bonheur

1. *Travaillez votre bonheur intérieur* : il sera difficile de transmettre du bonheur aux autres si vous n'êtes pas joyeuse dans votre cœur ou dans votre esprit. C'est le premier pas à faire.

2. *Faites un effort conscient pour être radieuse* : c'est surprenant ce qu'un effort conscient pour être souriante et gaie peut faire. Voici une bonne suggestion : après avoir appliqué votre fard, tenez-vous quelques secondes devant votre miroir et pratiquez votre expression. N'oubliez pas qu'un maquillage fera peu de choses si vous avez une expression renfrognée. Si vous quittez la pièce avec un visage rayonnant, vos amis et votre famille seront réceptifs à votre expression et vous commencerez ainsi votre journée avec un bon esprit et avec charme. Le rayonnement doit toutefois se lire sur vos lèvres, dans vos yeux, dans toute votre mine, et pas seulement dans un sourire figé. Ensuite, adoptez une attitude gaie. Essayez de ne pas montrer de scepticisme ou de pessimisme sur la vie en général. Il y a certainement des choses que nous devons envisager avec incertitude, mais notre attitude devrait refléter de l'optimisme et de l'espoir et devrait accorder de l'importance aux beaux côtés de la vie. Il sera difficile d'avoir le sourire de Déruchette, qui avait « le pouvoir de rehausser les esprits », si notre apparence et notre attitude ne sont pas rayonnantes.

3. *Rayonnez de bonheur pour tous* : la meilleure façon d'acquérir l'habitude d'être heureuse est de rayonner de bonheur pour tous, et pas seulement pour notre cercle d'amis ou pour notre famille. Lorsque Déruchette « répand la joie autour d'elle », on peut facilement comprendre que c'est pour tous les gens. Ne rayonnez pas de bonheur seulement pour les gens heureux, mais aussi pour les gens tristes, déprimés et désolés. Le monde se délecte de gens radieux ; il y a suffisamment de personnes trop sérieuses. Un sourire radieux

fait plus pour le déprimé que de la nourriture pour l'affamé. Soyez aussi un soleil pour le tourmenté, le renfrogné et le détestable. Ils en ont besoin plus que toute autre personne. Donnez un sourire, qu'ils le méritent ou non ; il sera même plus apprécié, car c'est pour eux un plaisir tellement rare.

4. *Souriez dans l'adversité* : il est normal à certains moments de la vie d'avoir des périodes de découragement. C'est alors qu'il semble plus difficile, et même moins naturel, de sourire. Mais par nos enseignements moraux et chrétiens, nous sommes supposées être capables de faire des choses « surnaturelles ». Sourire dans l'adversité est une marque de caractère et spécialement du caractère féminin. Ella Wheeler Wilcox exprime merveilleusement cette qualité :

> Il est relativement facile d'être agréable
> Quand la vie coule comme une mélodie.
> Mais la personne la plus valeureuse
> est celle qui peut sourire
> Quand plus rien ne va.
> Car l'épreuve du cœur est le souci
> Et sa valeur s'acquiert avec les années.
> Et le sourire qui mérite les louanges de cette terre,
> Est le sourire qui brille à travers les larmes.

Les circonstances où il ne faut pas sourire

Il y a certaines circonstances où il est préférable de ne pas sourire. Par exemple, quand vous êtes en présence d'une personne dépressive, votre attitude joyeuse *peut* lui suggérer que vous ne lui êtes pas sympathique. Dans un tel cas, il vaut mieux que vous soyez sérieuse et que vous montriez de la compréhension pour sa souffrance. Essayez de percevoir les situations où la gravité et la sympathie sont plus appropriées. Vous pouvez le sentir par la réaction de l'autre personne. Si elle semble offensée par votre gaieté, vous pouvez être certaine qu'elle ne se sent pas l'esprit à l'allégresse et qu'elle souhaite que vous soyez sérieuse.

Le vrai charme

Le bonheur intérieur, joint à son rayonnement, est essentiel au vrai charme que les hommes trouvent fascinant chez une femme. Le bonheur intérieur, comme nous l'avons vu, apporte calme et tranquillité de l'esprit, ce qui confère une paisible beauté. C'est comme l'eau calme et claire d'un étang. Le rayonnement de bonheur est comme un sentier de muguet qui contourne l'étang et ajoute au paysage une stupéfiante beauté. Au-delà des fleurs, vous pouvez voir la tranquillité de l'eau. Le charme consiste en l'effet d'ensemble.

« Il n'y a au monde aucune qualité plus importante que celle d'avoir du charme de répandre de la joie autour de soi, de jeter de la lumière sur les jours sombres, d'être le fil d'or de la destinée et la seule véritable âme de grâce et d'harmonie. N'est-ce pas cela rendre service ? »

CHAPITRE XIX

UNE SANTÉ FRAÎCHE ET RADIEUSE

Le fondement d'une beauté fraîche réside dans une bonne santé. La santé n'est pas seulement importante en soi ; elle confère aussi à l'esprit fraîcheur et joie qui transparaissent dans l'apparence, les actions et l'attitude d'une femme. Comme c'est séduisant des yeux brillants et pleins de vie, des cheveux lustrés, une voix claire, la légèreté des gestes et l'animation qu'une bonne santé donne au visage et la vivacité qu'elle communique à l'esprit. Par conséquent, nous ne pouvons pas ne pas accorder d'importance à la santé.

Nous connaissons toutes l'importance d'une bonne santé, mais notre problème est que nous y pensons en termes de ne pas être malades ; une santé parfaite chez la femme est plus que simplement se sentir bien, car une apparence radieuse et fraîche dépend d'une *santé à foison*. La santé, comme le bonheur, obéit à des lois et est le résultat de la compréhension et de l'application de celles-ci. Voici les principes fondamentaux d'une bonne santé :

1. Soigner les désordres internes.
2. Prendre suffisamment de sommeil.
3. Faire de l'exercice.
4. Boire beaucoup d'eau.
5. Prendre du bon air.
6. Manger adéquatement.
7. Se détendre au travail ou au jeu.
8. Avoir une saine attitude mentale.
9. Contrôler son poids.

1. Soigner les désordres internes : il est impossible d'être en santé s'il existe des désordres internes. Les femmes passent souvent des années avec des dents gâtées, des infections aux organes internes, des désordres des glandes, des troubles sanguins ou tout autre mauvais fonctionnement du corps qui font qu'elles ont une mauvaise santé. Plusieurs de ces malaises ou maladies peuvent être éliminés en leur accordant des soins adéquats.

2. *Prendre suffisamment de sommeil* : nous connaissons toutes, aussi, l'importance du sommeil, mais les femmes négligent souvent cet aspect essentiel à cause de leurs lourdes responsabilités. Si vos activités vous dérobent du sommeil, demandez-vous si elles sont plus importantes que votre santé. Plusieurs choses que nous faisons sont une perte de temps quand on voit le fait accompli, surtout si on compare leur importance à celle d'une bonne santé.

3. *Faire de l'exercice* : l'exercice est aussi important que la nourriture que nous prenons en ce que les deux préservent la jeunesse et la vie et confèrent de la santé. Vous pouvez penser que vos activités ordinaires vous font faire suffisamment d'exercice, comme marcher, vous pencher et vous étirer. Ces mouvements du corps ne mettent pas en action tous les muscles. Il en résulte que les femmes souffrent d'une mauvaise posture, ont des muscles flasques, des dépôts de graisse et subissent une perte de santé. Si faire de l'exercice semble ajouter un poids à votre horaire déjà chargé, n'oubliez pas que l'exercice peut réellement détendre une personne fatiguée. Mettre en activité des muscles inertes rafraîchit et stimule le corps.

4. *Boire beaucoup d'eau* : le corps se compose de 66 pour cent d'eau plus que les deux tiers du poids, et plusieurs litres au total. Si vous ne buvez pas suffisamment d'eau, votre corps sera forcé de toujours réutiliser la même eau. Tout votre système en souffrira à moins que vous ne l'alimentiez régulièrement de nouvelles réserves d'eau.

5. *Prendre du bon air* : votre besoin d'air comporte trois aspects. Le premier est que vous respiriez de *l'air frais qui contient suffisamment d'oxygène* ; le deuxième est que vous respiriez profondément pour remplir vos poumons d'air ; et le troisième est que *l'air ne manque pas d'humidité*. L'oxygène est

notre principale nourriture ; il est au sang ce que les aliments sont à l'estomac. Assurez-vous que vos pièces soient bien aérées et que vous respiriez profondément pour bien oxygéner vos poumons. Avoir le souffle court dépend d'une mauvaise posture et d'un manque d'exercice, et cela conduit à une mauvaise oxygénation du sang. Faire de l'exercice ne fait pas que développer les muscles, mais améliore notre capacité d'inhalation d'air.

Beaucoup d'entre nous réalisent l'importance de prendre du bon air, mais peu se rendent compte de l'importance du niveau d'humidité qu'il doit contenir, jour et nuit. Plusieurs systèmes modernes de chauffage assèchent l'air ; même dans les climats plutôt humides, l'air est sec dans les maisons. L'air trop sec peut causer des grippes, des maux de gorge et même des irritations aux poumons. Les solutions sont soit de fermer la fournaise la nuit et d'ouvrir les fenêtres, soit d'installer un humidificateur dans la fournaise, soit d'utiliser un vaporisateur, soit de suspendre une serviette mouillée dans les chambres la nuit. On peut utiliser les mêmes précautions le jour.

6. *Manger adéquatement* : qu'est-ce qui est un guide sûr pour manger adéquatement ? Certainement pas notre appétit, car à ce moment, même les mauvais aliments goûtent bon. Il y a plusieurs produits alimentaires sur le marché. Quels sont ceux qui sont bons et ceux qui sont malsains ? Plusieurs études sur l'alimentation sont équivoques, et certaines sont même contradictoires.

C'est la nature qui nous révèle les secrets d'une bonne alimentation. Nous ne pouvons pas avoir mieux qu'une pomme cueillie d'un arbre, une banane, ou une pomme de terre qui est le produit de la terre. *Manger ce qui est le plus près possible de la nature* est une règle sûre. Il y a des aliments frais disponibles en toutes saisons. L'été nous offre ses fruits et légumes ; l'automne nous donne ses pommes, ses courges et ses pommes de terre qui durent jusqu'au printemps ; le début du printemps nous apporte une variété d'oranges ; quand le printemps est avancé, nous pouvons avoir des baies et des légumes plus frais. Tous ces aliments sont meilleurs quand ils sont mangés frais, à la saison où ils poussent. La nature produit aussi les grains ou céréales qui restent frais pour plusieurs saisons. Les aliments sains se classent en cinq catégories :

les fruits frais
les légumes frais
les noix
les céréales
les viandes

Il y a aujourd'hui, sur le marché, de nombreux aliments transformés et raffinés dont la plupart contiennent des agents de conservation. Quelques-uns des éléments vitaux en ont été enlevés et dans un effort pour maquiller cette absence, l'homme y a ajouté des minéraux et des vitamines inventés de ses propres mains. La nourriture que nous a donnée notre Créateur a été altérée par l'homme. Pourtant, celui-ci peut-il faire mieux que la nature ?

7. Se détendre : être capable de se détendre au travail et au jeu est essentiel à la fois à la santé et au charme, et c'est une habileté qui est relativement facile à acquérir. L'esprit contrôle le corps et c'est cette maîtrise qui causera soit de la tension, soit de la relaxation. Si vous ne faites que dire à votre corps de se détendre, vous ressentirez immédiatement un soulagement de la tension. Vous pouvez adopter la même attitude pour trouver le sommeil lorsque vous êtes tendue.

8. Avoir une saine attitude mentale : des attitudes malsaines telles que les tourments, la peur, l'anxiété, le pessimisme, la haine, l'amertume, l'impatience, la colère, l'envie ou toute autre représentation insalubre de l'esprit, peuvent avoir des effets nuisibles sur le corps humain. Leur influence néfaste est portée dans tout le corps par l'intermédiaire du système nerveux. (On sait qu'il y a des gens, par exemple, qui sont morts d'avoir fait une colère.) Même après que l'émotion est passée, le tort physique ainsi causé demeure. Une saine attitude mentale vient d'un bon caractère. Si vous avez ces attitudes malsaines, c'est le signe que vous avez une faiblesse de caractère et que vous avez besoin de développer votre côté angélique.

À l'opposé, des attitudes saines et un esprit gai et bon auront exactement les effets contraires. La confiance, l'optimisme, l'amour, la bonté, la gaieté, la sympathie et l'enthousiasme s'harmonisent tous avec le fonctionnement corporel et tendent à donner de la vigueur au système.

9. Contrôler son poids : souvent, les personnes obèses sont portées à se décourager de leur problème de poids et à croire que lutter pour le temps que la vie dure ne vaut peut-être pas la peine de fournir un effort continuel. Elles peuvent penser qu'être minces signifie « mourir de faim » le reste de leur vie. Mais encouragez-vous en vous disant que lorsqu'une femme a finalement atteint sa taille normale, ou mieux qu'elle a quelques livres de moins que son poids normal, elle n'aura plus à lutter aussi durement ; à ce moment, l'appétit devient normal ou à tout le moins plus facile à contrôler en déployant un effort raisonnable. Vous pouvez arriver à un point où ce ne sera plus un problème majeur pour vous beaucoup de femmes l'ont prouvé par expérience.

Après avoir atteint votre taille, vous pourrez la conserver le reste de votre vie en y accordant une attention raisonnable. De plus, après avoir perdu votre excédent de poids, prenez l'habitude *de vous peser chaque jour* ! Si vous avez pris une livre dans la journée, vous pourrez vous mettre au régime le jour suivant et vous n'aurez ainsi qu'une livre à perdre. Cette méthode vous aidera à contrôler votre poids. Vous devrez cependant être conséquente et vous peser chaque jour sans exception pour que cette méthode fonctionne. Il existe plusieurs bons régimes alimentaires qui vous aideront à perdre graduellement vos livres superflues. L'un d'entre eux est le régime diabétique qui est un des plus salubres.

Vous pourrez l'obtenir de votre médecin. Un autre est celui des « Weight Watchers ». Un autre que je vous recommande fortement est celui des obèses anonymes (Overeaters Anonymous) qui fonctionne sur le même principe que les alcooliques anonymes et qui va au cœur du problème des gros mangeurs. Cette association a fait des miracles chez certaines personnes où d'autres régimes avaient échoué.

Une des meilleures règles à suivre, si vous êtes prédisposée à perdre du poids, est d'éliminer de votre régime toutes les sucreries pour le reste de votre vie. Cela inclut tartes, gâteaux, gommes à mâcher, crème glacée, bonbons, boissons gazeuses, pâtisseries, biscuits, puddings, etc., de même que sirop sur les crêpes et confitures sur le pain, etc. Si vous essayez d'éliminer carrément ces sucreries, vous verrez que dans un mois ou deux, votre désir de ces choses sera diminué, sinon complètement éteint, et que vous vous sentirez mieux grâce à une amélioration de votre santé. Il n'y a aucun doute que cette formule préservera votre santé, accroîtra votre espérance de vie, vous aidera à conserver de belles dents le reste de votre vie et aussi à garder votre silhouette. Tout ceci est certainement assez stimulant pour vous rendre possible ce premier pas. Avec ce régime alimentaire, vous pouvez manger presque n'importe quoi d'autre. Vous pouvez consommer tous les légumes, toutes les pommes de terre et tout le pain dont vous vous sentirez l'appétit. Vous devrez jusqu'à un certain point éviter les gras, mais vous verrez qu'en éliminant les sucreries, vous éliminerez en même temps la plupart des aliments qui contiennent de grandes quantités de gras.

Une autre suggestion de régime alimentaire est de ne pas manger après quinze heures. Les aliments que vous consommez dans la soirée sont plus facilement assimilés par l'organisme, étant donné que vous êtes plus détendue. Avant quinze heures, vous pouvez suivre un régime bien équilibré. Vous devrez cependant être persévérante et ne pas manger après quinze heures. Si vous ne suivez pas cette règle, même pour quelques bouchées de nourriture, ce régime ne sera pas efficace. Si vous suivez cette diète « à la lettre », vous perdrez près d'une livre par jour. Si vous ne trouvez pas commode de prendre vos repas avant quinze heures, essayez de prendre seulement deux repas par jour. Vous pouvez éliminer n'importe quel des trois repas, déjeuner, dîner ou souper, mais essayez de ne pas manger tard dans la soirée. Quel que soit le régime que vous choisissez, n'oubliez pas que les hommes détestent l'excès de graisse et qu'il vous sera plus difficile de paraître délicate, féminine et petite fille si vous avez une taille forte. Prenez donc au sérieux tout excès de poids et travaillez avec détermination à le perdre.

Si la santé est hors de votre portée

Il y a certaines personnes qui, en raison de dommages physiques permanents, ne peuvent atteindre cet idéal de santé parfaite. Cependant, si elles maintiennent une saine attitude mentale, elles peuvent paraître plus en santé qu'elles ne le sont vraiment. Elizabeth Barrett Browning était une handicapée, mais elle fut une des femmes les plus charmantes de l'Histoire. Son mari, Robert Browning, l'adorait. Sa déficience physique n'était pas un attrait, mais elle avait une abondance de qualités féminines qui triomphaient de son handicap physique. Une santé radieuse n'est qu'une des qualités du type angélico-humain. Si vous avez une saine attitude mentale, vous pouvez toujours être une femme fascinante.

La propreté et l'apparence soignée

Une bonne santé n'est pas la seule chose essentielle à une apparence fraîche et saine. La propreté et l'allure soignée sont tout aussi importantes. La propreté des dents, des cheveux, des ongles, des pieds et de tout le corps est vitale pour être et paraître en santé.

La fraîcheur des vêtements plaît aussi aux hommes. Des choses comme des cols empesés, des fleurs (naturelles ou artificielles), des rubans propres et brillants, des souliers polis et des vêtements propres et bien repassés contribuent à donner une allure fraîche. Certains tissus et certaines couleurs donnent une impression de fraîcheur, tandis que d'autres sont ternes. Les rayures claires, les pois, les guingans, les imprimés de marguerites et les imprimés vivants suggèrent de la fraîcheur.

Le maquillage est également important pour donner un effet de santé. Les hommes ne s'opposent pas à l'artifice si cela permet à la femme de paraître plus vivante et plus en santé. En fait, l'attention que vous apportez à ces détails indique aussi aux hommes que vous faites votre possible pour leur plaire. Le maquillage des yeux et des lèvres, particulièrement, permet au visage de paraître frais et en santé.

Exercice

Analysez l'état de votre santé en vous basant sur le modèle idéal enseigné dans ce chapitre. Si vous avez un ou des points faibles, établissez-vous un programme d'amélioration de votre santé.

CHAPITRE XX

LA FEMME-ENFANT

> *En vérité, je vous le dis, si vous ne retournez à l'état des enfants, vous n'entrerez pas dans le Royaume des Cieux.*
>
> (Matt. 18;3)

Que veulent dire les paroles bibliques : *si vous ne retournez à l'état des enfants* ? Cela n'implique-t-il pas que les enfants ont des qualités que nous ferions bien de copier ? La plus grande caractéristique infantile est d'être souple et éducable, mais je crois qu'il y a aussi d'autres traits enfantins qui sont admirables. Ce que je veux souligner ici est que nous ferions bien de copier la façon dont les enfants expriment leurs émotions, spécialement la colère, le chagrin, la déception, la sympathie, la tendresse et la joie. Je crois qu'en agissant de la sorte, les femmes peuvent résoudre certains de leurs problèmes conjugaux.

Dans les chapitres précédents, j'ai laissé entendre que la femme fait beaucoup de concessions. La femme-enfant est un équilibre de tout ceci. C'est la façon de nous garder d'être un vulgaire paillasson ou d'être écrasée. L'attitude infantile est même agréable. C'est le piquant et l'étincelle qui empêchent le côté angélique de s'affadir. Les hommes aiment cette caractéristique chez la femme. Elle les amuse et les fascine car, comme la féminité, elle est un contraste évident avec leur force supérieure et leur habileté masculine. Dans ce chapitre et le suivant, je vous expliquerai douze moyens importants d'être une femme-enfant.

Le premier est la *colère enfantine*. C'est lorsqu'une femme est fâchée, surtout contre son mari, qu'elle doit plus que jamais copier l'enfant dans cette émotion. Elle peut soulager certains de ses problèmes les plus angoissants en adoptant une attitude d'enfant. Mais avant d'expliquer cette façon de faire, j'aimerais parler de ce qu'est la vraie colère et de la façon dont elle est habituellement vécue.

La colère

La colère est une émotion très réelle à laquelle on n'échappe pas et qu'on doit vivre d'une façon ou d'une autre. C'est un tourbillon intérieur qui agit comme de la vapeur s'accumulant dans la théière. Si la colère est intense, elle peut être frustrante, peut faire mal et même rendre malade. Que faisons-nous habituellement pour faire passer cette désagréable sensation ? Voici les façons les plus courantes que nous avons l'habitude d'utiliser :

1. *Maîtrise de soi* : nous pouvons contrôler nos gestes et retenir les vilains mots. La violence est toujours là mais nous pouvons la retenir entre nos dents, en serrant les lèvres et en comptant jusqu'à dix. Cette méthode fait augmenter la pression comme la vapeur dans une théière. Nous pouvons maîtriser la situation, mais nous ressentons un tourbillon à l'intérieur de nous. Une telle souricière des émotions peut causer de graves frustrations et peut même endommager la santé ; en fait, cela a déjà causé des crises cardiaques.

2. *Supprimer l'émotion* : nous pouvons toujours supprimer notre colère en subjuguant nos sentiments hostiles. Il peut à ce moment y avoir une lutte intérieure, un effort pour ignorer ces sentiments ou pour les précipiter loin en dedans de nous où ils ne nous causeront plus de problèmes. C'est ainsi que plusieurs femmes ont appris à vivre leurs émotions, depuis l'enfance. Elles ont appris que pour être de gentilles petites filles, elles ne doivent pas être en colère. Bien que cette façon soit, pour la société, préférable à la laide violence, elle peut avoir deux graves conséquences que nous ferions bien de voir :

Premièrement, lorsque nous retenons des sentiments désagréables, nous sommes portées à nourrir du ressentiment qui peut durer des heures, des jours et même des années. Cela peut amener les femmes à être renfrognées et ainsi causer du tort à leurs relations. Deuxièmement, supprimer le sentiment de colère peut causer du tort à l'expression des émotions. Nous avons vu, en étudiant « l'amour-propre de l'homme », que la suppression des émotions peut conduire à une insensibilité à la douleur mais qu'en engourdissant la douleur, on devient aussi insensible aux sensations agréables. Ainsi, en supprimant la colère, on réduit aussi notre capacité de jouir des choses agréables, comme la belle musique et les beautés de la nature. En fait, nous retirons la théière du feu mais en agissant de la sorte, nous ne faisons que la refroidir. En réalisant ces conséquences, nous devons reconnaître qu'il y a sûrement une meilleure façon de vivre notre colère.

3. Laisser aller la colère : lorsque nous sommes en colère, nous pouvons prendre notre sang-froid et exprimer violemment nos émotions. Lorsque nous faisons cela, nous devons réaliser que notre geste explosif est laid et qu'il détruit le charme féminin. C'est comme la vapeur qui s'accumule dans la théière et qui fait exploser le couvercle. C'est probablement de là que viennent les expressions qui décrivent une personne en colère : « laisser échapper la vapeur » ou « exploser » ! Cette façon d'exprimer sa colère peut causer de sérieux torts dans une relation, qui peuvent être presque irréparables. Il doit y avoir une meilleure façon d'exprimer sa colère.

4. Discuter des choses qui mettent en colère : vous pouvez vous asseoir et parler avec votre mari de ce qui vous met en colère, en argumentant, en portant des accusations, en critiquant, en laissant entendre des choses, en prenant un ton émouvant et en lui disant surtout qu'il devrait mieux vous traiter. Ces attitudes échouent presque toujours parce que l'homme prend une position défensive. Et si l'homme est plus intelligent que la femme, il réussira à jeter tout le blâme sur elle. Cette méthode n'aboutit habituellement qu'à de l'argumentation. Ni l'une ni l'autre des méthodes précédentes ne sont de bonnes façons de vivre sa colère, car elles causent du tort à la femme, à l'homme et à leur relation. La seule bonne façon, à ma connaissance, est la suivante :

1. La colère enfantine

> *Elle fronce les sourcils et est plus belle*
> *Que tous les sourires des autres pucelles.*
>
> Anonyme

Qu'est-ce que la colère enfantine ? C'est cette charmante expression de colère, de cran et d'impertinence de petite fille. Il n'y a pas meilleure école que d'observer les bouffonneries des petits enfants, et spécialement les petites filles qui ont reçu beaucoup d'amour. Elles sont si confiantes, si sincères, si candides et aussi tellement pétillantes et franches qu'on les fait facilement se fâcher. Quand elles sont en colère, elles ne répondent pas par des sarcasmes hideux. À la place, elles trépignent, balancent leur tête bouclée et font la moue. Elles sont trop candides pour éprouver haine, jalousie, ressentiment et toute autre vilaine émotion. Elles se mettent adorablement en colère contre elles-mêmes parce qu'elles sont impuissantes à réagir autrement. Finalement, elles vous menacent de ne jamais plus vous reparler, puis jettent un coup d'œil derrière leur épaule pour voir si vous les avez prises au sérieux, et tapent du pied avec impatience en réalisant qu'elles n'ont pas réussi à vous berner.

Une telle mise en scène nous fait invariablement sourire d'amusement. Nous avons le désir irrésistible de prendre ces enfants dans nos bras. Nous ferions tout pour que ces adorables petites créatures ne manquent de rien et ne soient pas en danger ; prendre soin de ces charmantes et irrésistibles créatures humaines et les protéger ne sont rien de moins qu'une délectation. C'est le même sentiment qu'une femme inspire à un homme lorsqu'elle exprime sa colère d'une manière enfantine. Cette exagération dans les manières donne à l'homme une soudaine envie de rire et le fait se sentir plus fort, plus sensible et plus homme. C'est pourquoi les femmes rageuses impertinentes et indépendantes sont très recherchées par les hommes. Ce genre de colère doit cependant traduire de l'entêtement infantile et non pas de l'entêtement d'une femme intraitable.

Comment exprimer la colère enfantine

1. Le caractère : pour exprimer votre colère avec l'innocence de l'enfant, vous ne devez pas montrer d'amertume, de haine, de ressentiment, de sarcasme, ni de vilaines émotions. Si vous avez de durs sentiments ou que vous êtes une femme qui a un tempérament explosif, il est peu vraisemblable que vous puissiez exprimer votre colère de façon enfantine tant que vous ne travaillerez pas votre caractère et ne surmonterez pas ces graves faiblesses.

2. Les manières : la prochaine fois que vous serez fâchée contre votre mari, pourquoi n'essayeriez-vous pas quelques affectations enfantines : tapez du pied, levez haut le menton, redressez les épaules. Puis, si la situation s'y prête, tournez-vous et marchez vivement jusqu'à la porte, arrêtez-vous et regardez derrière votre épaule. Ou vous pouvez mettre vos mains sur vos hanches et ouvrir tout grands les yeux. Ou frappez vos poings sur la poitrine de votre mari. Les hommes adorent cela ! Ou vous pouvez faire une moue timide, avoir un regard attristé ou baisser les yeux en murmurant à mi-voix ou vous mettre le visage dans les mains en disant : « Oh, chéri!. Ce ne sont là que quelques façons enfantines que vous pouvez adopter.

Ces gestes peuvent ne pas vous sembler naturels à prime abord. Si c'est le cas, vous devrez être actrice pour réussir à exprimer votre colère de façon enfantine, même si vous êtes maladroite. Mais n'oubliez pas que vous devez vous lancer dans ce jeu d'actrice si vous voulez vous préserver de la douleur, de la tension et de la frustration, si vous voulez préserver votre relation et peut-être même sauver un mariage. Y a-t-il carrière théâtrale plus importante ? Donc, tournez-vous vers le jeu d'actrice. Il est garanti que cela soulagera la tension et vous apportera joie plutôt que douleur dans votre vie.

3. Les qualificatifs : faites-vous une liste d'expressions et de mots qui complimentent la masculinité comme « toi, espèce de brute », ou « homme brutal et obstiné », ou « toi, espèce d'animal poilu ». Il y a d'autres adjectifs qui sont appropriés comme : déterminé, difficile, inébranlable, impitoyable, inflexible, fougueux, entêté, indomptable et invincible. Assurez-vous que vos paroles flatteront sa masculinité et qu'elles n'abaisseront pas son ego comme les adjectifs petit, polisson, petit personnage de rien du tout, insignifiant, faible, simple d'esprit, etc.

4. L'exagération : exagérez le traitement qu'il vous fait subir en disant par exemple : « Comment est-ce qu'un homme grand et fort comme toi peut être si dur et exigeant avec une pauvre petite femme sans ressource comme moi ! » ou « C'est donc comme ça que tu traites une pauvre petite femme sans ressource ! » ou « Tu es l'homme le plus impitoyable au monde. » Ou *défendez-vous de façon charmante* en disant : « Je ne suis qu'une pauvre petite créature humaine fautive et capricieuse. » ou « Tout le monde a au moins un petit défaut. Personne n'est parfait ! » Ou *faites de petites menaces enfantines* en disant : « Je ne te reparlerai plus jamais » ou « Je ne ferai jamais plus rien pour toi », ou « Je vais le dire à ta mère ». Soyez sûre que vos paroles dénotent chez vous une femme confiante, féminine et de grand caractère, et non une femme vulgaire et suspicieuse. N'utilisez pas des mots crus et insultants comme mauvais, méchant, dégoûtant, imbécile, ridicule, odieux, primitif, etc.

Il est intéressant de noter que l'enfant doué de raison tend à exagérer parce qu'il est conscient de son impuissance il a le sentiment de sa petitesse et de sa faiblesse devant la supériorité des adultes ou même en présence d'autres enfants. Inconsciemment, dans des moments de frustration, il sent qu'il doit maquiller sa petitesse en exagérant. Par conséquent, quand une femme utilise la même méthode, elle donne à l'homme l'impression qu'elle aussi est impuissante et sans ressource et, donc, qu'elle est comme une enfant.

La colère de Dora

On trouve dans l'histoire de *David Copperfield* un bon exemple de colère enfantine. Dans cette situation particulière, Dora répond à la critique de David avec les charmes de l'exagération et de l'emploi de qualificatifs. Voici la situation : David avait critiqué Dora parce qu'elle ne dirigeait pas bien les domestiques et qu'à cause de cela, l'un d'eux un page avait volé sa montre en or. David jeta le blâme sur Dora.

« Je commence à craindre, dit David, que la faute n'est pas toute du même côté, mais que ces gens se conduisent mal parce que nous n'agissons pas très bien nous-mêmes. » "Oh! quelle accusation, s'exclama Dora, ouvrant tout grands les yeux, « *de dire que vous m'avez déjà vue prendre des montres en or!* Oh! oh! cruel! comparer votre affectueuse femme à un page ordinaire! Pourquoi ne m'avez-vous pas dit ce que vous pensiez de moi avant notre mariage? Pourquoi n'avez-vous pas dit, *vous, chose sans cœur*, que vous étiez convaincu que *j'étais plus mauvaise qu'un simple page*. Oh! quelle terrible opinion vous avez de moi! Oh, mon Dieu! » Remarquez que Dora utilise des adjectifs tels que cruel et sans cœur et qu'elle exagère le traitement de David.

Becky Sharp

On trouve aussi une illustration de tendre impertinence dans *La foire aux vanités*, cette histoire où on a connu Amélie. Ici aussi, Becky Sharp réussit à charmer les hommes. Il arriva une fois que le frère d'Amélie, Joseph, joua un tour à mademoiselle Becky en lui faisant manger des piments forts. « Je prendrai soin que vous ne choisissiez pas pour moi la prochaine fois, dit Rébecca, alors qu'ils sortaient de table. Je ne savais pas que les hommes se plaisaient à faire souffrir les pauvres petites filles sans défense. » « Sur ma foi, mademoiselle Rébecca, je ne voudrais pour rien au monde vous blesser », s'excusa Joseph.

Quand vous avez le droit de vous fâcher

Vous avez le droit d'exprimer votre colère *quand vous avez été maltraitée* quand vous avez été insultée, critiquée durement, abusée, traitée injustement, ignorée, provoquée, etc.

Mais vous n'avez pas le droit de vous mettre en colère *quand l'homme échoue dans son monde de responsabilités*, quand il a fait une erreur stupide dans son travail, perdu son emploi, négligé de tondre le gazon, d'équilibrer le budget ou de laver l'auto, etc. Il a le droit d'être lui-même, d'être faible, paresseux, de négliger son devoir ou même d'échouer. C'est son domaine privilégié. Il ne doit cependant pas avoir le droit de vous maltraiter. Ici s'arrête son droit.

Vous ne devriez pas non plus être *coléreuse quand vous ressentez de la haine, de l'amertume, du ressentiment et de vilaines émotions*, comme je l'ai déjà expliqué. Au moins, ne vous mettez pas en colère contre votre mari. Si vous vivez ces émotions violentes, il vaut mieux déverser votre colère sur un ami ou un parent digne de confiance, ou de vous jeter dans un dur travail physique. Essayez alors de développer votre caractère et surtout les qualités d'humilité et de pardon avant d'exprimer votre colère à votre mari. C'est seulement lorsque vous aurez surmonté les vilaines émotions que vous pourrez faire passer votre colère sans causer de tort à votre relation.

Exprimez votre colère infantile *sur le moment de l'offense*, et pas un peu plus tard quand vous aurez eu le temps de penser aux choses à dire et à faire. Cela veut dire que vous devrez penser vite et planifier certaines réactions avant le temps. Si vous êtes *incapable* de réagir « sur le moment », considérez alors que c'est un échec et, à ce moment-là, vous feriez aussi bien de pardonner et d'oublier. Révisez la situation et soyez prête à réagir la prochaine fois. Mais surtout, ne blâmez pas votre mari. Si vous ne pouvez exprimer votre colère « sur le moment », c'est *vous* qui en êtes responsable.

De plus, ne vous servez pas de la colère enfantine comme moyen de *refaire un homme*, en pensant qu'il cessera de vous insulter et de vous négliger, etc. Cela peut arriver mais d'autre part, il peut continuer de vous maltraiter. Si tel est le cas, continuez de réagir par votre colère enfantine. Le seul but de la colère enfantine est de donner libre cours à vos émotions, de faire passer un message et d'être fascinante.

Exprimez votre colère à l'occasion d'offenses *moyennes*. En d'autres mots, il est préférable de passer par-dessus les *vétilles* de peur de paraître « irritables ». Les offenses *majeures* peuvent être tellement troublantes qu'il peut être difficile de les surmonter avec une attitude infantile (ce n'est pas impossible, toutefois). Servez-vous toutefois de la colère enfantine lors d'offenses *moyennes*. J'aimerais maintenant ajouter quelques commentaires sur les *offenses majeures* :

Les offenses majeures

Il y a des offenses graves que les hommes font subir aux femmes : infidélité, abus physique, négligence grossière, absence de soutien et de protection, irrespect de la liberté et des droits humains, etc. Quand un homme maltraite sa femme de cette façon, cette dernière doit, pour un certain temps, vivre entièrement la philosophie de *L'univers fascinant de la femme* afin d'adoucir le cœur de l'homme et d'essayer de corriger le comportement de son mari. Les mauvaises actions des hommes sont parfois dues à l'erreur de la femme, à son manque d'acceptation, d'admiration, de sympathie, de compréhension et à son échec de faire de son mari le numéro un dans sa vie. Quand elle renie ainsi ces grands besoins de l'homme, elle peut provoquer ces vilaines attitudes.

Les offenses majeures peuvent aussi être surmontées par l'attitude infantile dont nous avons parlé. En voici un exemple, celui d'une femme qui m'écrivit son expérience : « Une nuit, mon mari était allé rencontrer une autre femme. En attendant, morfondue et désespérée, qu'il rentre aux petites heures du matin, je décidai fermement de réagir à la façon de l'enfant. Quand il arriva, je courus à la porte pour l'accueillir, me jetai dans ses bras en pleurant et dit : Oh ! *comment peux-tu faire cela à cette pauvre petite créature qu'est ta femme* ? Mon mari fut ému jusqu'à la compassion et me prit tendrement dans ses bras. Ce fut le commencement d'une nouvelle vie pour nous. »

Un mot à celles qui sont réticentes à la colère infantile

Si vous trouvez qu'il *n'est pas naturel* d'exprimer votre colère d'une façon enfantine, souvenez-vous que lorsque vous étiez enfant, cette attitude était naturelle chez vous. C'est seulement en grandissant que vous l'avez perdue. Il ne vous reste qu'à récupérer ce qui appartient à votre nature. Plusieurs femmes se sont senties sottes à exprimer leur colère d'une façon enfantine, mais elles ont relevé le défi, ont travaillé pour y arriver et ont été agréablement surprises de retrouver ce talent inné.

Certaines femmes prétendent *qu'elles n'ont pas besoin* de faire de colères enfantines, que la vie va bien pour elles. Ce peut être vrai dans quelques cas, mais aussi longtemps que nous aurons des hommes irréfléchis et critiqueurs, et des femmes sensibles qui s'émeuvent et qui sont amères et coléreuses envers leur mari, la colère enfantine aura sa raison d'être.

Il y a certaines femmes qui essayeront de résoudre leurs problèmes de colère *d'une façon différente* : en changeant leur mari. Nous sommes toutes humainement portées à vouloir vaincre notre sentiment de colère en changeant ou à tout le moins en essayant de changer la personne qui nous a offensées. « S'il pouvait seulement changer, raisonnons-nous inconsciemment, s'il pouvait seulement arrêter de faire les choses qui me mettent en colère, mes problèmes de colère disparaîtraient. » Cela semble être la façon la plus facile. Néanmoins, ce n'est pas la bonne. Le changement doit se faire en nous. Dans les relations humaines, il est beaucoup plus assuré de nous changer nous-mêmes que de compter que l'autre personne changera. Nous devrions laisser les hommes agir d'eux-mêmes. Nous, femmes, devrions apprendre comment réagir. Je ne veux pas laisser entendre que les hommes n'ont pas besoin de s'améliorer, mais seulement qu'ils peuvent ne pas le faire et que, par conséquent, nous avons besoin d'un moyen efficace pour faire passer notre colère.

Il y a quelques femmes qui trouvent *ridicule l'idée de la colère infantile*. Comment peuvent-elles, en tant que femmes adultes, prendre parti pour une petite fille qui trépigne, branle la tête et fait la moue ? N'est-elle pas adorable lorsqu'elle s'emploie à ce jeu ? Je défie les femmes d'essayer ce genre de colère, ne serait-ce qu'une seule fois. N'oubliez pas que cela peut vous sembler ridicule à vous mais pas à un homme. Évidemment, si vous ne jouez pas bien ce jeu, si vous vous mettez à rire et à faire des farces, vous vous ridiculiserez vous-même et l'homme trouvera certainement cela ridicule. Ou si vous n'avez pas vraiment l'air d'une enfant, vous ne réussirez pas à faire passer votre message ni à impressionner l'homme. Mais si vous mettez en pratique ces principes, tels que je vous les ai enseignés et avec sincérité, en jouant le rôle de petite fille, l'homme sera charmé.

Il ne vous est toutefois pas toujours nécessaire de taper du pied et de tourner vos mèches de cheveux. Il y a plusieurs autres façons d'être enfant. Vous pouvez toujours utiliser des qualificatifs comiques, des expressions amusantes et des exagérations qui raviront l'homme. Cependant, si vous sentez que vous ne pouvez vous exprimer dans aucune des façons que je vous ai suggérées, vous *devrez* trouver une façon d'exprimer votre colère, une façon qui ne vous rendra pas amère envers votre mari et qui ne fera pas de tort à votre relation conjugale. *C'est un devoir que vous avez à l'égard de votre mari*, aussi bien qu'à votre égard. Vous ne devez pas étouffer votre colère, sinon vous nourrirez du ressentiment et de la rancune envers votre mari. En vous enseignant à faire des colères enfantines, mon seul but est que vous puissiez éliminer ce problème et bâtir un mariage meilleur.

Comment vaincre la colère

Aussi longtemps que nous serons coléreuses, aussi longtemps que nous aurons en nous ce détestable sentiment, nous devrons toujours chercher des moyens efficaces pour résoudre ce problème ou pour apaiser ce tourment intérieur. Mais il y a certaines choses que nous pouvons faire pour vaincre cette tendance à la colère :

1. La croissance spirituelle : nous pouvons surmonter notre tendance à la colère en grandissant notre esprit, c'est-à-dire, comme nous l'avons appris, en pardonnant, en étant compréhensives et patientes, en acquérant de l'humilité, en étant tolérantes envers les faiblesses et les erreurs humaines des autres. C'est de cette façon que nous ne vivrons plus les tourments qui accompagnent la colère. Grâce à la croissance spirituelle, nous sommes en mesure de surmonter la colère. Cependant, dans notre processus pour devenir des anges, nous sommes toujours des êtres humains sujets à la colère. Nous devons donc, tout au long de la vie, avoir des moyens pour surmonter ce défaut humain.

2. Le respect de soi : la femme qui a un sincère respect d'elle-même, ou une bonne image d'elle-même, est vraisemblablement moins portée à se sentir offensée et par conséquent, moins sujette à la colère que la femme qui n'a pas cette vertu. Le respect de soi s'accompagne d'une certaine « invulnérabilité » ; elle empêche la femme d'être blessée par les autres, même par son mari. C'est comme se dire que « seuls les coups physiques peuvent me blesser, mais pas les mots ».

Une femme qui est invulnérable à la critique ou aux insultes peut avoir le sentiment que : « Je sais que tu me négliges, me critiques ou me traites injustement, mais je sais que tu m'aimes trop pour le faire intentionnellement. » De cette façon, elle est merveilleusement affranchie du tort que pourraient lui causer des offenses, et elle garde ainsi sa relation intacte.

Je vais illustrer cette attitude par l'exemple suivant. J'étais en compagnie d'une dame et de son mari au moment où celuici la critiquait d'une façon que je trouvais sévère. Il lui disait qu'elle ne cuisinait et ne cousait jamais, qu'elle ne nettoyait jamais la maison, et qu'il avait dû engager une domestique pour tout faire à sa place. Il lui a ensuite dit qu'elle n'enseignait jamais rien aux enfants et qu'il pensait qu'elle devrait rester un peu plus à la maison pour faire toutes ces choses. Je fus surprise de voir la dame sourire et même rire légèrement. Elle lui répondit qu'il avait raison et que, très bientôt, elle tournerait une nouvelle page et s'améliorerait. Savez-vous pourquoi elle était invulnérable à sa critique ? C'est parce qu'elle avait un entier respect d'elle-même. Elle connaissait ses faiblesses, mais elle connaissait aussi ses qualités. Elle était en réalité une femme merveilleuse et aimait ses enfants. Tous le savaient et elle aussi.

Mais il y a ici un autre point : même si nous progressons en esprit et que nous avons du respect de nous-mêmes au point d'être invulnérables, il est moralement incorrect de laisser quelqu'un abuser de nous. Nous devrions répondre au mauvais traitement de façon à protéger notre dignité humaine. Nous devons le faire d'une manière adéquate et féminine en exprimant nos émotions *à la façon des enfants*.

Quand les hommes maltraitent d'autres personnes

Quand les hommes nous maltraitent, nous pouvons répliquer par « la colère enfantine » ; mais que faire quand ils sont durs envers *quelqu'un d'autre* ? Nous pouvons faire face magnifiquement à la plupart de ces situations en étant femme-enfant. J'illustrerai ceci en me rapportant à l'histoire intitulée *Le petit ministre*, de James Barrie :

Nanny, une charmante vieille dame, était sur le point d'être expulsée de sa maison et logée dans un asile de pauvres parce qu'elle n'avait pas d'argent. Le petit ministre et le médecin, tous deux responsables de cette expulsion, étaient des êtres calculateurs et plutôt froids ; ils n'étaient mus que par un sens de la justice, comme le sont souvent les hommes. Alors qu'ils parlaient à Nanny dans l'encadrement de la porte, Babbie arriva. Nanny tomba à ses pieds en sanglotant. « Ne les laisse pas m'emmener, ne les laisse pas m'emmener. » Avec des flèches dans les yeux, Babbie dévisagea les deux hommes : « Comment osez-vous ! » dit-elle en frappant du pied. Les deux hommes frissonnèrent comme s'ils s'étaient sentis des malfaiteurs. « Vous, qui vivez dans le luxe, vous voulez l'envoyer dans un asile de pauvres. J'avais une meilleure opinion de vous que cela. » Puis, se tournant vers Nanny : « Pauvre chérie ! Je ne les laisserai pas t'emmener. »

Elle ne sauva pas seulement Nanny de l'asile des pauvres, mais elle se fit dès l'instant aimée du petit ministre, parce qu'il avait vu en elle force et noblesse de caractère et qu'il avait été charmé par son cran. Un peu plus tard, dans la journée, le petit ministre dit à Nanny : « Elle a été très bonne pour vous, Nanny. Elle a un merveilleux cœur ! » de la même façon, nous pouvons faire naître compassion et miséricorde en défendant les maltraités grâce à une attitude de femme-enfant. Mais ici aussi, nous devons faire attention de ne pas être amères, de ne pas insulter ni abaisser l'homme qui a été méchant.

Lorsque le mari est en colère

Dans le mariage, il y a deux sources de colère. L'une est lorsque la femme est fâchée contre son mari. L'autre est lorsque le mari est fâché contre sa femme. Faites toujours la différence entre ces deux situations et ne les confondez jamais. Lorsque c'est la femme qui est en colère, la façon suggérée est qu'elle fasse montre de colère ou de toupet à la façon de l'enfant. Mais lorsque c'est l'homme qui est en colère contre sa femme, n'oubliez pas que c'est une autre affaire. Avoir du toupet peut parfois être fructueux mais n'est pas toujours la bonne façon. Voici quelques suggestions à considérer :

1. Réfléchissez un peu : rappelez-vous ceci : « Il a le droit d'être fâché. Il n'est qu'humain. Je me fâche bien, pourquoi pas lui ? Si sa colère semble plus dure et plus violente que la mienne, c'est parce qu'il est un homme. » N'oubliez pas que vous attendre à ce qu'il ne se fâche pas, c'est vous attendre à ce qu'il ne soit pas humain.

2. *Laissez-le s'exprimer* : laissez-le déverser ses sentiments de colère et même, encouragez-le à le faire. N'oubliez pas qu'en agissant de la sorte, il se débarrassera de son ressentiment. S'il ne s'exprime pas d'une façon acceptable, essayez de passer outre. Vous pourrez plus tard lui montrer quelques techniques de colère enfantine et comment exprimer la colère de façon plus acceptable. Les hommes, toutefois, devraient exprimer une colère enfantine d'une manière masculine.

3. *Si vous êtes coupable* : soyez d'accord avec lui en disant : « Oh ! ce fut tellement stupide de ma part. » ou « Comment as-tu pu m'endurer tout ce temps ? » Ces expressions sont enfantines parce qu'elles sont absentes d'amertume et d'hostilité et qu'elles sont exagérées et amusantes. Puis faites des excuses et demandez pardon.

4. *Si vous n'êtes pas responsable* : si un homme est fâché contre vous et que vous n'êtes pas responsable, laissez-le quand même s'exprimer. N'oubliez pas, même si vous êtes innocente, il pense que vous ne l'êtes pas. Il aura quelques émotions refoulées, qu'il a besoin d'exprimer. Pendant ce temps, n'essayez pas de vous défendre. Laissez-le faire son discours. Après qu'il aura terminé, vous pourrez vous expliquer et vous disculper. Mais ne le mettez pas à la gêne pour ses fausses accusations et n'utilisez pas des mots tranchants pour « lui rendre la pareille ». Faites-lui savoir que vous considérez que c'est un malentendu et pardonnez-lui comme vous pardonneriez n'importe quelle autre erreur.

5. *Répondez à une parole dure par un mot gentil* : parler gentiment est une réponse féminine à la colère d'un homme. S'il est dur, parlez-lui doucement et adoucissez alors sa colère. Il y a un cantique chrétien qui dit qu'on peut dire un mot doux au cœur soulevé par la colère. Cette attitude est féminine et angélique. On ne doit cependant pas prendre une attitude de quelqu'un « qui se laisse abaisser », car ce serait manquer de dignité.

6. *L'enjouement taquin* : si l'homme est seulement

moyennement fâché, contrarié ou qu'il a un ton de mauvaise humeur, la femme peut démontrer un enjouement taquin. C'est une tactique de femme-enfant que j'expliquerai dans le prochain chapitre.

7. *L'impertinence* : si la colère de votre mari vous blesse réellement et semble injuste, vous pouvez encore y répondre par votre attitude de femme-enfant : faire la moue, marmonner quelques mots, baisser les yeux attristés ou même verser quelques larmes, ou utiliser n'importe quelle des méthodes suggérées dans ce chapitre. Chacune des sept façons pour répondre à la colère d'un homme soulagera la tension et contribuera à préserver de bonnes relations. La colère est souvent intensifiée à cause du sentiment de frustration qu'on ressent lorsqu'on essaie de retenir cette émotion et à cause de la peur de susciter des problèmes si on la laisse aller. Si nous permettons aux hommes d'exprimer leur colère sans crainte, nous pouvons ainsi les aider à réduire leurs émotions coléreuses.

2. Les blessures infantiles

Le deuxième moyen d'être femme-enfant est dans la façon de supporter les *blessures* (morales). Les blessures sont une sensation humiliante, faites à l'esprit et non à la chair. Lorsque nous sommes blessées, nous ne ressentons pas de colère ni ne sommes portées à devenir de mauvaise humeur. À la place, nous sommes plutôt sujettes à *pleurer*, ou à *nous enfermer dans le silence*. Le problème est que, lorsque la femme est portée à pleurer, elle réagit beaucoup trop fortement en laissant voir la profondeur de ses blessures et ses tourments émotionnels. Cela est très frustrant pour les hommes car souvent, ils ne savent plus à quel saint se vouer pour réconforter leur femme. J'ai connu des hommes qui, à cause de leurs sentiments d'incapacité à surmonter la situation, ont laissé leur femme seule avec leur désespoir. Ou lorsque la femme réagit de façon tout à fait contraire, qu'elle s'enferme dans sa coquille, elle nourrit du ressentiment et coupe la communication. Dans les deux cas, grand tort est fait à la relation conjugale.

La meilleure façon de nous exprimer lorsque nous sommes blessées est, encore une fois, de copier les manières des enfants. Quand ils sont blessés, leurs lèvres tremblotent et une larme ou deux coulent sur leurs joues. Ou ils ont un regard attristé, font la moue, marmonnent quelques mots coupés, tremblent, se traînent les pieds sur le tapis et semblent plutôt sans ressource dans leur fâcheuse position. Ou si la situation s'y prête, leurs larmes peuvent être plus abondantes, plus exagérées et ils peuvent avoir la poitrine gonflée mais ils ne montrent pas d'amertume. Leurs pleurs d'enfant sont amusants et charmants et suscitent de la tendresse chez les hommes. Ils sont une façon merveilleuse de surmonter la fragilité humaine et de construire de bonnes relations matrimoniales.

Lorsqu'une femme réagit à la manière des enfants, elle doit cependant veiller à ce que ses gestes ressemblent aux gestes exagérés des enfants et non pas aux tourments d'une femme profondément blessée. Si elle n'est pas capable de se débarrasser de sa profonde douleur émotionnelle, c'est un signe qu'elle doit travailler son caractère pour avoir d'elle une bonne image, pour trouver du bonheur intérieur, pour accepter son mari et pour apprendre le pardon et l'humilité.

Il est intéressant de noter que les blessures morales surgissent habituellement quand l'homme maltraite sa femme, surtout lorsqu'il l'insulte, la critique ou la néglige, bref, pour les mêmes raisons qui font surgir la colère. C'est à ces occasions que la femme doit s'exprimer et non pas quand l'homme échoue dans quelque aspect de sa vie. Et si la femme est incapable d'apprendre à s'exprimer à la façon des enfants, je lui suggère de trouver quelques façons acceptables de soulager ses blessures morales de façon à ne pas nourrir du ressentiment envers son mari et à ne pas faire de tort à sa relation.

3. La déception

La réaction devant la déception devrait se traduire de la même façon que devant les blessures morales : moue, une larme ou deux, yeux attristés, etc. Le problème est que la plupart des femmes réagissent tout différemment. Quand elles sont déçues, elles exigent leurs droits, remémorent à l'homme son obligation morale à tenir ses promesses et s'attendent à une explication détaillée des malencontreuses circonstances.

Comme ce serait rafraîchissant et charmant si, à la place, la femme réagissait à la manière des enfants, si, en réalisant sa position vis-à-vis de l'homme, elle acceptait la situation avec confiance, ne demandait aucune explication, ne posait aucune exigence, ne mettait aucune obligation contraignante sur les épaules de son mari, bref, si elle exprimait sa déception d'une façon humaine et charmante. Comme ce serait doux si elle le faisait d'une manière enfantine et comme elle serait féminine.

Conclusions

Dans ce chapitre, nous avons examiné trois des douze moyens d'être femme-enfant : en exprimant la colère, les blessures et la déception, trois émotions *désagréables*. En résumé, permettez-moi de répéter que nous sommes des êtres humains enclins à la colère et à toutes les émotions désagréables. Ce sont des sentiments affligeants que nous devons savoir diriger d'une façon ou d'une autre. Même si nous devrions constamment essayer d'améliorer notre caractère afin de surmonter ces faiblesses, dans notre aspiration à devenir des anges, nous restons toujours des êtres humains.

Le principe de femme-enfant est difficile à appliquer pour certaines femmes, mais je dois souligner que c'est une des parties les plus importantes de *L'univers fascinant de la femme*, car elle aide à surmonter les faiblesses humaines (les nôtres et celles de notre mari). Il arrive parfois que des petites choses sans importance prennent la dimension d'une montagne. L'attitude de femme-enfant amoindrira ces problèmes et changera en plaisir ce qui aurait pu être de la douleur ; elle rendra la femme plus heureuse et permettra à l'homme de se détendre et d'être lui-même ; l'épouse réagira au comportement de son mari d'une manière charmante ; ils auront une meilleure relation ; la femme acquerra un charme fascinant et une vitalité de l'esprit qui susciteront la tendresse de l'homme. Il y a des preuves concluantes sur le fait que l'attitude de femme-enfant fonctionne tel que je l'ai affirmé. Voici des histoires vécues qui m'ont été racontées. Si vous avez encore des doutes, je vous défie d'essayer cette méthode dans votre propre vie et de voir par vous-même qu'elle peut « changer la nuit en une journée ensoleillée ».

Un air impertinent

« Quand j'ai essayé de répondre avec un air impertinent au manque d'égards de mon mari, il a dit : *C'était tellement charmant, si nous recommencions !* »

Une moue

« J'avais des doutes sur l'attitude de femme-enfant parce que je pensais que je ne pourrais pas prendre cette attitude. Mais une fois, alors que j'avais été offensée, j'ai abaissé (très légèrement) ma lèvre inférieure en guise de moue. Mon mari me dit : *Tu es tellement mignonne quand tu fais cela* et nous avons oublié tous les deux pourquoi nous étions fâchés. »

Le plancher de la cuisine

C'est l'histoire d'une femme qui venait de frotter et de cirer son plancher de cuisine. Quand elle eut fini, son mari traversa la cuisine avec ses souliers pleins de boue. Elle dit avec une voix de petite fille : « Oh, chéri, regarde ce que tu as fait, regarde ce que tu as fait ! Oh, qu'est-ce que je vais faire ? » Combien c'était mieux pour elle que de ne rien dire et de garder rancune, ou que d'avoir murmuré en elle quelques mots plaintifs, ou que d'être sortie de ses gonds en disant la même chose mais sur un ton amer et dégoûté.

Il trouvait à redire sur tout

« Mon mari avait passé la journée à la maison et il avait été tout ce temps de mauvaise humeur, me critiquant sur tout ce que je faisais ou se plaignant de tout et de rien. J'étais vraiment prête à laisser libre cours à ma colère. Un bref moment de réflexion sur sa mesquinerie me fit décider qu'une bonne petite colère enfantine serait une bonne façon de lui répondre. Au premier commentaire désagréable qu'il fit, je dis : *Oh, toi, grande brute, tu n'as pas arrêté de la journée de trouver à redire sur tout ce que je fais. Juste parce que tu es plus fort et plus grand que moi, tu penses que tu peux me malmener ainsi !* Puis je fis demi-tour et tapai du pied. Avec le même ton bourru qu'il avait eu toute la journée, il dit : *Allons donc. Reviens ici et embrasse-moi.* Notre journée s'est soudainement améliorée. »

Il me négligeait

« Mon mari était très passionné de judo, à un point où parfois il me négligeait (c'est ce que je sentais). Quand je me sentais ainsi, je devenais froide et je refusais de m'intéresser à ses activités. Mon attitude le faisait se sentir coupable, mais ne l'incitait pas à passer davantage de temps avec moi et les enfants. Après avoir eu mon cours sur la femme-enfant, je décidai d'essayer de faire passer ma colère de façon enfantine dès que se présenterait le prochain problème, pour voir si cette méthode apporterait de meilleurs résultats.

« La semaine qui suivit, mon mari alla au judo trois fois et, les soirs où il resta à la maison, il était trop fatigué pour être d'agréable compagnie. Quand il se leva le samedi matin, il m'annonça qu'il allait passer la plus grande partie de la journée à son club de judo. J'avais planifié toutes sortes de choses à faire en famille et à l'annonce de ses projets à lui, je devins furieuse. Mais au lieu de retenir mes sentiments, je fis la moue, je tapai du pied et je le traitai de gros insupportable. Il dit finalement : *D'accord, je reste. Mais j'ajoutai : Non, vas-y à ton damné judo, je ne veux pas t'avoir avec moi. Vas-y !* À ces mots, il se mit à rire ; il se tourna vers les enfants et dit : *Non mais, elle est drôle maman !* À leur approbation, il ajouta : *Mais elle est mignonne.* Il prépara alors les enfants et nous emmena magasiner ; il nous emmena dîner, et sur le chemin du retour, il s'arrêta à une boutique de fleurs pour acheter des fleurs pour moi et pour nos filles. Le soir même, alors que nous nous préparions à nous mettre au lit, il fit la remarque suivante : *Sapristi, j'ai bien aimé notre journée !* »

La méthode silencieuse

« Au début de mon mariage, j'avais un caractère explosif. Je m'emportais vivement et mon mari, lui, sortait précipitamment de la pièce, claquait la porte et s'en allait en auto pour des heures. Quand il revenait, je pouvais m'attendre à ce qu'il ne me parle pas pendant une bonne semaine. J'ai très vite appris à nie taire, et lorsque j'étais fâchée, je couvais ma colère en dedans. Mon mari utilisait la même "méthode silencieuse" que moi mais, au moins, il ne quittait plus la maison. Cette absence de communication dura jusqu'à ce que je connaisse *L'univers fascinant de la femme*. Grâce à l'attitude de femme-enfant, j'ai appris à me soulager de mes émotions tout en ne détruisant pas l'ego de mon mari. Je dis : *Grosse brute méchante, tu me fais de la peine* ! Mon mari rit de bon cœur et ne me donne plus le traitement du silence. »

Un petit rire

« Le cours le plus important de tout *L'univers fascinant de la femme* pour moi, fut la partie portant sur la femme-enfant. C'est merveilleux de pouvoir canaliser sa colère adéquatement et de recevoir de son mari, en guise de réponse, un délicieux petit rire, plutôt qu'un accès de colère ou de mauvaise humeur ! Depuis deux mois que je vis les principes de *L'univers fascinant de la femme*, mon mari me comble de présents, de compliments et d'attentions. Mon mari est hors de tout doute convaincu que je suis de son côté et plus du tout contre lui. »

Témoignage d'une petite fille

« J'ai dix ans et je suis en sixième année. Ma maman a le livre *L'univers fascinant de la femme*. Un jour, il y a environ deux mois, elle me dit d'apporter le livre à mon institutrice et de le lui laisser pour qu'elle le lise. Mais je pensais qu'il était trop tard parce que son mari était mort depuis environ six ans. Mais en fait, cela ne l'empêcha pas de le lire. Comme elle n'avait pas le temps de le lire en classe parce qu'elle était trop occupée à tenir à l'ordre des garçons turbulents qui avaient joué au hockey la veille et contre qui elle était fâchée, je lui ai dit qu'elle pouvait l'apporter chez elle pour le lire. Elle le fit. Le lendemain matin, elle est venue à l'école avec une très jolie petite robe. Elle a dit : *C'est un livre fantastique. Si plus de gens le lisaient et faisaient ce qui y est écrit, il n'y aurait plus de divorces ! Est-ce que je peux l'emprunter plus longtemps ?* J'ai répondu : Moi, je veux bien. Maintenant, chaque fois qu'elle se fâche, elle prend un air gamin et une voix douce. Merci à *L'univers fascinant de la femme* pour tout. »

Jusqu'au lever du jour

« Un soir que mon mari et moi étions en visite chez ma sœur, deux de mes amies en profitèrent pour me rendre visite. Il était très tard. Mon mari s'était retiré dans la chambre à coucher et, quand je vis que la conversation entreprise pouvait durer longtemps, je m'excusai pour aller demander à mon mari s'il avait objection à ce que je veille tard. Comme j'entrais dans la chambre à coucher, il avait un air irrité et dit : *Eh bien, qu'est-ce qui se passe donc en bas ?* Je levai la tête haute, redressai les épaules et dis : *Eh bien, je suis montée ici pleine de considération, pour voir si tu avais objection à ce que je veille tard. Mais puisque tu es si désagréable et si dur*, je vais *redescendre et veiller jusqu'au lever du jour.* Je me suis retournée rapidement en marmonnant quelque chose d'incompréhensible et lorsque j'arrivai à la porte, je jetai un coup d'œil derrière moi, et je vis mon mari se soulever sur un des oreillers, mi-souriant. Puis je me tournai rapidement la tête et descendis l'escalier. Et j'ai, de fait, veillé jusqu'au lever du jour. Quand je remontai à la chambre, j'agis gentiment avec mon mari ; je n'avais aucun ressentiment. Si je ne m'étais pas exprimée hier soir, je me serais sentie maltraitée. Le lendemain, nous avons entrepris le voyage de retour, un voyage de 400 kilomètres, et tout le long du chemin, tout en conduisant, mon mari me tint la main et fut particulièrement gentil et tendre. »

La taquinerie

« Alors que nous recevions des amis, mon mari sortit de vieilles photos de moi pour les montrer à nos invités. Je n'aime pas particulièrement ces photos et j'étais froissée qu'il les montrât. J'ai bien essayé de les récupérer mais, comme mon mari est plus gros et plus fort que moi, je n'ai pas réussi. Il me prit alors dans ses bras, me transporta dans la chambre à coucher et ferma la porte à clé. Je donnai des coups de poing sur la porte et proférai des menaces : *Je ne te parlerai plus jamais. Je vais aller au centre-ville et dépenser tout ton argent.* Je pouvais entendre rire mon mari. Les enfants étaient tout près et riaient de voir leurs parents se quereller de façon si amusante. Ils dirent à leurs amis la façon charmante avec laquelle leurs parents se disputaient. »

Comment exprimer la colère de façon enfantine

1. Développez votre caractère de façon à éliminer les vilaines émotions de haine, d'amertume, de sarcasme, de ressentiment, etc.

2. Utilisez des manières enfantines.

3. Faites-vous une liste de qualificatifs qui compliment la masculinité.

4. Exagérez : A. Le traitement que votre mari vous fait subir. B. Vos attitudes défensives. C. Les menaces de vengeance.

Exercice

1. Faites une liste de qualificatifs qui compliment la masculinité.

2. Inventez des expressions exagérées pour exprimer sur le moment une colère enfantine.

CHAPITRE XXI

QUELQUES MOYENS ADDITIONNELS

Dans le chapitre précédent, j'ai annoncé que je vous enseignerais douze moyens d'être femme-enfant ; tous résoudront vos problèmes en mariage et charmeront les hommes. Jusqu'ici, nous en avons vu trois : la colère, les blessures (morales) et la déception. Dans ce chapitre, je vous expliquerai brièvement les neuf autres.

4. Comment demander des choses

Dans notre vie quotidienne, nous, les femmes, voulons certaines choses. Ce peut être des choses dont nous avons besoin, des choses que nous voulons faire, des endroits où nous voulons aller, ou des choses dont nous avons besoin qu'elles soient faites pour nous. Je ne parle pas ici de caprices égoïstes, mais de justes désirs. Nous sommes dépendantes de notre mari pour obtenir beaucoup de choses. Nous devons les lui demander. Savoir comment demander pour qu'il dise « oui » est simple à un point que vous pouvez difficilement imaginer. Mais aussi simple que cela puisse être, la plupart des femmes ne savent pas comment demander et par conséquent, elles demandent de la mauvaise façon et plus souvent qu'autrement, elles ne reçoivent rien. Regardons les erreurs que les femmes font et pourquoi elles essuient souvent des refus :

Les erreurs que font les femmes

1. Les insinuations : une erreur courante que peut faire une femme est de faire de légères insinuations, espérant que son mari (qui est supposé l'adorer et la chérir) tiendra compte de ses désirs juste pour lui plaire. S'il ferme les yeux sur ces insinuations, comme cela arrive souvent, elle interprétera vraisemblablement son indifférence comme étant un manque d'amour. C'est alors qu'elle peut se sentir négligée et qu'elle peut nourrir du ressentiment. Elle peut se dire : « S'il m'aime vraiment, pourquoi n'est-il pas intéressé à m'aider à obtenir les choses que je veux vraiment, surtout quand je l'ai laissé entendre ? » La raison pour laquelle cette tactique échoue est que la plupart des hommes sont tellement préoccupés par leurs propres problèmes qu'ils n'accordent pas beaucoup d'attention aux insinuations de leur femme. Ils peuvent aussi considérer que ce sont des caprices de femme. Mais en réalité, un homme oublie souvent les insinuations d'une journée à l'autre.

2. Les suggestions : les suggestions les plus courantes sont : « Faisons cela » ou « Je pense que ce serait bien si nous faisions cela » ou « Ne serait-ce pas plaisant si nous construisions une bibliothèque dans ce coin du salon ? » ou « Ne penses-tu pas que nous devrions agrandir le patio ? » Ces suggestions sont correctes si vous ne savez réellement pas ce que vous voulez et si vous cherchez vraiment l'opinion de votre mari. Mais si vous savez exactement ce que vous voulez, ne vous attendez pas à ce que cette approche vous donne une réponse favorable, à moins que votre mari n'ait déjà la même idée que vous en tête. Sinon, vous vous heurterez fort probablement à une opposition.

3. Les arguments convaincants : quand une femme veut réellement quelque chose, elle prend d'abord son temps pour penser à toutes les raisons qui peuvent justifier sa demande. Puis, elle présente sa demande à son mari en essayant de le convaincre. Le problème est que cette attitude tend à provoquer de l'opposition, puisqu'il pense que toutes ces raisons ne sont pas justifiées. Ici encore, toutefois, si la femme n'est pas sûre de ce qu'elle veut, il vaut mieux qu'elle en discute avec son mari pour voir qui des deux arrivera au meilleur raisonnement. Mais quand une femme veut vraiment quelque chose pour laquelle elle se sait justifiée, ce n'est pas la meilleure façon de l'obtenir.

La raison pour laquelle essayer de convaincre un homme échoue souvent est que la femme apparaît être une partenaire égale à l'homme, et cela place l'homme dans l'état d'esprit de dire « non », juste pour montrer son autorité. Il peut en réalité vouloir acquiescer à la demande, mais il refuse spontanément. Il réalise rarement que son refus tend à préserver sa place de leader.

4. Les exigences : parce que certaines femmes sont frustrées dans leurs relations avec les hommes, elles pensent qu'elles n'ont pas d'autres choix que de réclamer leurs droits. Quand un homme sent des pressions de sa femme, il peut céder, mais ce n'est jamais de bon cœur et par conséquent, cela peut être un sujet de dispute dans le mariage. Ni l'homme ni la femme n'en retirent satisfaction quand elle exige les choses qu'elle veut. Cette tactique est infructueuse pour la femme, car elle se trouve à *usurper l'autorité* de son mari, ou à tout le moins parce qu'elle fait preuve d'irrespect envers la position de leader de ce dernier. Quand l'homme se sent menacé dans sa position de chef, rien au monde ne le fera *accepter volontiers* de faire des choses pour sa femme, même s'il arrive qu'il « cède ».

Parce que les femmes ont tellement de difficultés à obtenir quelque chose d'un homme, plusieurs d'entre elles deviennent frustrées et abandonnent complètement. Elles préfèrent se priver de ces choses plutôt que de passer par les énormes difficultés pour obtenir quelque chose de leur mari. Mais le problème est qu'en abandonnant, elles ne peuvent pas s'empêcher d'avoir du ressentiment envers leur mari. Elles peuvent avoir le sentiment *qu'elles lui donnent* tellement qu'il n'est pas juste qu'il ignore leurs simples requêtes. Mais, s'il vous plaît, *n'abandonnez pas*. Ce qui est important à toute relation homme/femme, c'est que l'un et l'autre répondent aux désirs du cœur de chacun. Plutôt que « d'abandonner », apprenez donc à demander de la bonne façon, de manière à ce que l'homme veuille faire des choses pour vous. Voici la méthode suggérée :

La bonne façon de demander des choses

Pour demander quelque chose à un homme, encore une fois, faites-le à la manière des enfants. Comment obtiennent-ils ce qu'ils veulent ? *Ils ne font que demander*, d'une manière confiante. Ils ne justifient pas ni n'expliquent leurs raisons, ils n'argumentent pas sur un point, car ils sont trop dépendants et incapables en présence d'adultes. Lorsqu'une petite fille veut quelque chose, elle s'approche de son père en toute confiance, en sachant qu'il a le pouvoir de dire « oui » ou « non ». Elle dira : « Est-ce que... s'il te plaît ? » ou « Voudrais-tu...? » ou « Cela me ferait tellement plaisir si... » De cette façon, elle montre une attitude de dépendance qui fait que son père se sent fort et viril et dans une position de chef. Tous bons parents sont portés à dire « oui » à pareille requête enfantine.

Lorsque vous faites une requête à un homme d'une manière confiante et enfantine, vous le placez dans une juste position de leadership et le faites se sentir davantage viril. Lorsqu'il se rend compte du respect que vous lui portez, et que vous êtes dépendante de lui pour tout ce que vous avez, il devient plus attentionné et est psychologiquement porté à faire tout son possible pour répondre à vos requêtes. Il sera alors content de faire des choses pour vous. Si vous les lui demandez de la bonne façon, il sautera sur l'occasion, et il ne vous en aimera que davantage. Et comme j'ai déjà dit, *les hommes sont souvent prêts à jouer les casse-cou pour combler tous les caprices de la féminité*, rien qu'à cause de la sensation merveilleuse qu'ils en ressentent. Et même si j'ai utilisé le mot « caprices », je vous conseille fortement de demander des choses qui sont utiles et importantes pour votre bien-être. Vos relations n'en seront que meilleures et votre mari ne se sentira que plus tendre envers vous ; il sera charmé par votre confiance d'enfant, cette confiance qui le fait se sentir homme. Et vous vous sentirez davantage bienveillante envers lui parce qu'il a tenu compte des désirs de votre cœur.

Les choses à ne pas demander

Il y a certaines choses que vous ne devriez pas demander : les choses qui sont *égoïstes* ou celles que votre mari *ne peut pas se permettre*. Ne demandez pas non plus amour ou *tendresse* ou *affection*. Ces sentiments n'ont de valeur que s'ils viennent vraiment spontanément. De plus, ne demandez jamais à un homme de vous faire un cadeau ou de vous emmener prendre un repas. C'est beaucoup trop direct. Ne demandez pas non plus des choses qui viendraient *en conflit* avec *ses responsabilités*, ou qui le forceraient à *négliger quelque devoir important*. Ne demandez pas des choses qui iraient *contre ses convictions*, son jugement ou ses principes. Ne lui demandez rien qui pourrait être un fardeau pour lui, ou qui le tourmenterait. Enfin, il est préférable que vous ne demandiez rien *si vous n'avez pas rempli votre rôle d'épouse*, c'est-à-dire, par exemple, si vous avez négligé l'entretien du foyer, la préparation des repas, votre apparence, ou si vous n'avez pas été une bonne partenaire sexuelle. Ne demandez rien de spécial tant que vous ne vous serez pas améliorée.

Si un homme dit « non » à vos requêtes, ne vous alarmez pas. Demandez-vous si vous avez été égoïste, si vous vous êtes imposée ou si, de toute autre façon, vous avez demandé les choses de la mauvaise façon. Si vous avez été fautive, renoncez alors à avoir ces choses et soyez mieux préparée la prochaine fois et ne faites que des demandes justifiées.

Pratiquez l'art de demander des choses à votre mari et vous constaterez vous-même ses réponses immédiates. Non seulement ses réponses viendront-elles du cœur et seront-elles chaleureuses, mais vous noterez aussi que votre relation conjugale est en santé. Un homme aime davantage une femme quand il fait des choses pour elle. N'oubliez jamais de remercier votre mari et il sera ainsi heureux de combler vos désirs. Mais il ne faudra pas que vous employiez cet « art » comme un « moyen » de manipulation dont vous tireriez injustement avantage pour obtenir des choses égoïstes, car une telle attitude irait tout à fait à l'encontre des objectifs de *L'univers fascinant de la femme*.

L'abnégation de l'épouse

Il y a malheureusement plusieurs femmes qui font l'erreur de se passer, sans raison, de choses dont elles ont besoin, seulement parce qu'elles pensent, en agissant de la sorte, qu'elles sont angéliques. Pendant des années, elles peuvent désirer des choses, mais elles subjuguent leur impulsion à les demander en croyant, la plupart du temps, que c'est de l'argent économisé au profit de leur mari ou de leurs enfants.

Mais que pense le mari de tout ceci ? Dans des situations critiques, un homme appréciera grandement la volonté de sa femme à mettre de côté ses besoins personnels pour résoudre certains problèmes. Mais quand il n'y a pas de raisons urgentes pour que la femme se prive, un homme ne veut pas d'une épouse qui se sacrifie. Elle est sa reine, digne du meilleur qu'il peut lui offrir. Il ne veut pas qu'elle fasse passer ses besoins après le confort des enfants et le sien.

De plus, une femme qui se sacrifie vole à son mari une expérience de vie qui pourrait faire croître leur amour. Nous avons toutes une tendance naturelle à aimer ceux pour qui nous nous dévouons. Par ailleurs, nous sommes portées à cesser d'aimer ceux que nous négligeons. Par exemple, quand nous négligeons les soins d'un animal, nous sommes enclines à ne plus l'aimer. Les femmes qui négligent leurs enfants trouvent beaucoup plus difficile de les aimer. Par conséquent, vous avez le devoir envers votre mari et au nom de votre mariage d'obtenir de la vie les choses qui ont une très grande importance pour vous. Mais vous devez les demander. Un homme n'est pas obligé de lire dans les pensées.

Une vieille promesse

Voici ce qu'une femme écrivit après avoir pris connaissance de l'art de demander : « Mon mari est le genre d'homme qui dit toujours "non" à tout ce que je demande. Je me souviens d'une vieille promesse qu'il m'a volontairement faite et qu'il n'a négligemment jamais gardée. Je n'ai jamais pensé que je méritais d'en être privée ; c'était quelque chose que je brûlais presque d'avoir.

« Je vins vers mon mari en toute confiance et en déployant des manières enfantines. Je lui remémorai sa vieille promesse en l'assurant toutefois que je reconnaissais son droit d'accepter ou de refuser. Je dis alors : *tout ce que j'ai dans la vie dépend entièrement de toi. Et ce que je désire tant, je ne peux pas l'obtenir sans ton consentement. Voudrais-tu considérer, s'il te plaît, si tu peux me l'accorder maintenant ?*

« Mon mari eut une expression plaisante, et il laissa tomber sa plume (il était en train d'écrire). Il me fit signe de venir jusqu'à lui et de m'asseoir sur ses genoux. Il m'embrassa alors affectueusement et me dit : *Sais-tu comment je me sens à cause de toi ? J'ai l'impression d'être un grand juge devant une pauvre petite enfant qui est venue vers moi pour plaider sa cause.* Puis il dit très affectueusement : *Tu pourras avoir tout ce que tu veux dans la vie.* » Quand une femme peut avoir tout ce que son cœur désire grâce à cette méthode efficace, elle serait bien folle d'employer un autre moyen.

Une autre façon de demander une chose, c'est l'attitude de l'expectative confiante

Il y a une autre façon de demander des choses et, bien que ce ne soit pas une manière d'enfant, c'est efficace dans certains cas. Il s'agit de l'attitude de l'expectative confiante. Cette tactique, cependant, ne s'applique que dans certaines situations, et il faut alors faire très attention de l'utiliser de la bonne façon. Je l'illustrerai en donnant l'exemple de la belle-mère d'Abraham Lincoln, Sarah.

La véritable mère d'Abraham Lincoln était Nancy Hanks. Elle vivait depuis des années, avec son mari et ses enfants, dans une sorte de cabane au plancher en terre battue. Elle était une douce petite dame et son mari, Tom Lincoln, était négligent et quelque peu paresseux. Il ne trouvait jamais de temps pour construire pour elle un plancher de bois.

Quand Nancy mourut, Tom Lincoln épousa Sarah. Elle était une très bonne personne, mais très différente de Nancy. Quand Tom l'emmena dans son humble demeure, elle jeta un coup d'œil au plancher de terre battue. Elle avait apporté avec elle plusieurs chariots chargés de beaux meubles et de belles garnitures de maison. Elle dit alors : « Oh! mon Dieu, Tom, il est impensable que je mette toutes mes belles choses ici, sur ce plancher en terre battue. Je vais les laisser dans les chariots et tu pourras me construire un plancher de bois demain. » Et Tom Lincoln construisit le plancher de bois dès le lendemain. N'est-ce pas triste de penser que Nancy vécut toutes ces années sur la terre battue juste parce qu'elle ne sut pas comment inciter son homme à l'action! Remarquez que Sarah était *agréable*, mais elle était *déterminée* ; aussi sut-elle fixer un temps limite pour que le travail soit fait. En laissant l'ameublement à l'extérieur, elle ajoutait du poids à sa demande. Elle était entièrement dans ses droits. Cependant, tel que je le précisais au début, nous ne sommes pas toujours dans des situations où nous pouvons agir de la sorte.

5. La joie Infantile

L'expression d'une joie infantile est aussi autre chose qui charme les hommes. Si vous observez la joie des petits enfants, vous remarquerez qu'un rien les rend heureux. Quand on les récompense par une surprise ou qu'on leur promet quelque chose d'agréable à venir, que font-ils ? Ils deviennent très excités et leurs yeux brillent. Ma petite fille tape dans ses mains et sautille. Les enfants tendent même à exagérer en disant : « *C'est la plus belle chose au monde !* » Le bienfaiteur est tellement récompensé de voir ces explosions de joie qu'il est prêt à recommencer et recommencer encore, juste pour voir ces yeux pétillants et ces manières enjouées.

Un homme apprécie la même attitude chez une femme lorsqu'il lui fait un cadeau ou qu'il fait quelque chose de particulièrement gentil pour elle. Les femmes exubérantes, qui s'émerveillent de tout ce que les hommes font pour elles, ont habituellement des hommes qui les dorlotent et les gâtent, et qui les comblent de cadeaux dont elles n'ont souvent même pas besoin. Par contre, les femmes qui répondent par un faible « Merci » ou par un « Oh ! que c'est beau » ou « Oh ! que c'est une bonne pensée de ta part », ne font rien pour encourager la générosité d'un homme. Pire même, certaines femmes reçoivent les faveurs d'un homme en se disant : « Il me le doit bien. »

Il y a un certain nombre d'années, j'ai connu une femme que son mari avait laissée pour une autre. Plusieurs choses firent qu'il l'abandonna, dont une était l'incapacité de sa femme à apprécier tout ce qu'il faisait pour elle. Une fois, il lui apporta un magnifique ensemble de vaisselle qu'elle accepta en laissant voir que cela lui était dû. Quand une amie intime lui demanda pourquoi elle n'avait pas montré davantage d'appréciation, elle dit : « Eh bien, un homme n'est-il pas supposé faire ces choses pour sa femme ? » Peut-être un homme est-il *supposé* faire ces choses pour sa femme, mais n'oubliez pas que *sa seule récompense est de voir la joie de sa femme*. Pour quelle autre raison dépenserait-il ainsi de l'argent durement gagné ? Certainement pas pour avoir un très beau fauteuil dans lequel s'asseoir. Un homme peut apprécier une belle pièce d'ameublement, mais si l'argent lui fait plus défaut qu'autrement, il sera beaucoup plus porté à garder son argent et à sacrifier du confort, surtout si sa générosité n'est pas pleinement appréciée.

Il y a une autre façon d'apprécier un cadeau ou une faveur : lorsqu'un homme donne à une femme quelque chose d'une valeur exceptionnelle ou qu'il fait pour elle quelque chose qui exige beaucoup de sacrifices de sa part, même la joie infantile peut ne pas être suffisante dans ces occasions exceptionnelles. Exprimer profondément son appréciation peut être plus significatif et d'une plus grande récompense pour lui ; cette expression peut même aller jusqu'à des « larmes de joie ».

Quand un homme vous donne quelque chose que vous n'aimez pas

Ce peut être un réel problème quand un homme offre à une femme un présent qu'elle n'aime pas. Dans un tel cas, elle peut faire l'erreur de montrer son désappointement, de critiquer, de retourner le cadeau, de l'échanger ou de le mettre de côté et de ne pas l'utiliser. (Le changer pour une autre grandeur est correct.) Tous ces gestes sont *impardonnables*. Une situation comme celle-là ne devrait pas poser de problèmes, comme beaucoup de femmes sont portées à s'imaginer le contraire. Voici donc ce qu'il faut faire :

Vous n'avez pas besoin de manquer de sincérité et d'agir comme si vous aimiez le cadeau alors que vous ne l'aimez vraiment pas. Ce que vous devez apprécier, *ce n'est pas le cadeau, mais le donateur et son acte*. Vous devriez choisir soigneusement vos mots pour qu'ils laissent voir votre appréciation de l'homme, de la pensée qu'il a eue et de sa générosité. Le cadeau même est de peu d'importance si on le compare à l'homme qui a fait ce cadeau, aux sentiments qui l'animaient et au merveilleux moment dont vous pourrez vous souvenir pendant longtemps si vous savez le prendre sagement. Quel que soit le cadeau, faites en sorte de l'utiliser, au moins pendant un petit bout de temps, en guise de profonde appréciation envers le donateur.

Quand un homme vous donne quelque chose qui dépasse ses moyens

Une femme peut faire une erreur semblable au cas précédent quand un homme lui offre quelque chose qui dépasse ses moyens financiers. Certaines femmes très pratiques et très économes sont portées à faire des remarques pas très gentilles en faisant voir à l'homme qu'il aurait dû faire quelque chose d'autre que d'acheter tel ou tel objet qui coûtait si cher. Je connais une femme qui reçut de son mari, pour Noël, une magnifique bourse en cuir. Elle lui fit légèrement remarquer « qu'il n'aurait pas dû lui acheter quelque chose d'aussi dispendieux ». Elle voulait seulement montrer qu'elle n'était pas égoïste. Mais son mari, au lieu d'apprécier la volonté de sa femme à se passer de belles choses au nom de l'économie, fut tellement écrasé par sa réaction qu'il ne lui fit plus de cadeaux pendant trente ans.

La seule façon de surmonter cette tendance est de ne pas être trop matérialiste et ne pas tout évaluer en termes de dollars mais d'apprendre que la générosité et l'amour sont les plus grandes contributions que nous pouvons apporter aux relations humaines. Si vous avez un mari extravagant envers vous, considérez que vous avez de la chance. Si vous pensez que vous êtes dans une situation où vous devez refréner sa tendance à dépenser follement, alors expliquez-lui, bien avant le moment où il serait susceptible de vous acheter quelque chose, que vous appréciez grandement les cadeaux moins dispendieux, tout autant que s'ils coûtaient cher puisque, pour vous, « le geste de donner » est plus important que le cadeau lui-même.

S'il vous arrive que votre mari soit peu porté à offrir des cadeaux, essayez de ne pas trop vous en attrister. C'est peut-être que par le passé, vous avez failli à montrer de l'enthousiasme quand il vous accordait présents ou faveurs et qu'il a ainsi perdu de l'intérêt à faire des choses pour vous. Mais que ce soit le cas ou non, il est reconnu que les hommes sont négligents à faire des cadeaux. Ils manquent d'imagination dans le choix des cadeaux appropriés à faire aux femmes et ils oublient souvent les occasions où un cadeau serait bienvenu. N'attachez toutefois pas trop d'importance à cette négligence ou n'interprétez pas cela comme un manque d'amour. De plus, les hommes sont portés à détester les occasions obligatoires de faire des cadeaux, qui ont été transmises par la tradition, telles que les anniversaires de naissance, Noël, la Saint Valentin, etc. Les hommes préfèrent acheter des choses quand cela leur tente et que cela leur vient du cœur, plutôt que quand les traditions sociales le dictent.

En outre, essayez de comprendre l'attitude personnelle de votre mari vis-à-vis des cadeaux. S'il lui est difficile d'en faire, s'il déteste magasiner pour des choses de femme, ou s'il déteste l'obligation de faire des cadeaux, acceptez cette faiblesse chez lui et essayer de la surmonter. Dites-lui que vous comprenez son attitude et que vous ne vous attendez pas à ce qu'il vous fasse des cadeaux. Il sera grandement soulagé de ce sentiment d'obligation et sera plus enclin à vous acheter quelque chose de son propre chef. Si ce n'est pas le cas, apprenez tout de même à accepter cela. Considérez tout ce qu'il fait et ne vous arrêtez pas sur une chose aussi insignifiante. Par contre, nous ne devrions jamais décourager notre mari à nous acheter des cadeaux ou à faire des choses pour nous, puisque nous choyer et nous gâter un petit peu le fait nous aimer davantage. Et nous pouvons l'inciter à la générosité en accueillant ses faveurs avec une joie tout enfantine.

6. La confiance de petite fille

La confiance de petite fille est celle que les enfants ont en leurs parents, cette confiance que les parents ont à cœur l'intérêt de leurs enfants et *qu'ils prendront toujours soin d'eux*. De la même façon qu'une petite fille a confiance en son père en tant que leader et en son habileté à prendre soin d'elle, à lui donner ce dont elle a besoin, à résoudre les problèmes et à prendre de sages décisions, ainsi la femme doit-elle avoir la même confiance en un homme. Elle devrait faire attention de ne pas douter de l'habileté de son mari.

Elle ne devrait pas, par exemple, lui dire quoi faire. Il n'y a rien qu'un homme déteste plus qu'une femme qui lui donne des ordres et des directives sur des choses qu'il est supposé connaître mieux qu'elle. Je me souviens avoir été en compagnie d'un couple qui essayait de nous faire connaître la ville où il vivait. À chaque virage que l'homme faisait, sa femme était continuellement à lui dire quoi faire et où tourner. Quand un homme est au volant de l'automobile, ne faites jamais l'erreur de lui dire où tourner, à moins qu'il ne le demande. Il est préférable de le laisser faire une erreur et d'avoir à revenir en arrière que de lui donner l'impression que vous doutez de son bon jugement. C'est particulièrement agaçant quand il s'agit d'une chose aussi simple que de trouver son chemin.

Ne doutez jamais de l'habileté d'un homme à résoudre un problème. Par exemple, ne remettez pas en question sa capacité de réparer une voiture en panne en lui suggérant d'appeler un mécanicien. Ou ne mettez pas en doute sa capacité de se sortir d'un problème financier ou de toute autre situation complexe. Ne doutez pas non plus de sa capacité à atteindre un objectif élevé, comme compléter son éducation supérieure ou obtenir de l'avancement à son travail. Douter de son habileté est faire preuve d'un manque de confiance.

Par contre, quand un homme essaie d'atteindre un but élevé ou de résoudre un problème difficile, ne lui donnez pas l'impression que vous vous attendez que ce soit fait facilement. Par exemple, si un homme a l'intention de faire et de réussir des études difficiles, d'une part, ne doutez pas de son habileté à atteindre son but, mais d'autre part, ne lui donnez pas l'impression que vous pensez que ce sera facile, car vous le priveriez ainsi de son sentiment d'héroïsme. Ce qu'un homme attend de vous est que *vous reconnaissiez les difficultés de ses objectifs et de ses problèmes, mais que vous ayez cette confiance de petite fille qu'il réussira d'une façon ou d'une autre à en sortir vainqueur*. De cette façon, vous reconnaissez là une situation héroïque et vous ne doutez pas de sa capacité à être un héros. C'est cela avoir une confiance de petite fille.

De plus, quand un homme est sur le point de prendre une décision, faites attention de ne pas l'insulter dans son jugement en le questionnant sur ses motifs, en suggérant que cela pourrait échouer ou en apportant de simples faits que tout homme connaît. Et lorsque l'homme a pris une décision dont vous pouvez douter, n'exigez pas d'explication ou ne le placez pas dans une position où il se sentirait obligé de justifier ses actions. Vous laisseriez voir de cette façon que vous manquez de confiance.

La confiance de petite fille est d'un rôle particulier pour une femme en relation avec le rôle de son mari. La confiance fait d'elle une meilleure adjointe et fait de son mari un meilleur leader. Quand l'homme fonctionne dans son rôle de guide, de protecteur et de soutien, la femme, grâce à sa confiance de petite fille, le suivra avec plus d'assurance en sachant qu'il prendra soin d'elle dans toutes les circonstances. *Avec lui, elle se sent en sécurité. Elle n'est pas tant confiante dans l'issue des événements que dans les intentions de son cœur ou sur ses motifs.*

Elle sait qu'il est un être humain et qu'il fera des erreurs. Mais mû par son désir de toujours la protéger, il agira au meilleur de son jugement. Voilà tout ce qu'une femme est en droit d'attendre. Elle sait aussi que puisque Dieu a donné à l'homme la responsabilité de veiller sur sa famille, Il lui donnera certainement la sagesse de le faire. Par conséquent, il est mieux pourvu que la femme pour remplir ce rôle. Celle-ci peut être intelligente et peut avoir le sentiment qu'elle est justifiée de donner ses opinions à l'occasion, mais elle le fera de façon à ne pas démontrer un manque de confiance.

Vous pouvez peut-être vous demander comment vous pouvez croire un homme qui a fait plusieurs erreurs sottes. D'abord, il faut se rappeler que *l'homme* apprend en faisant des *erreurs et que ces erreurs du passé contribuent à former son jugement pour l'avenir*. Il ne serait toutefois pas réaliste de s'attendre qu'à l'avenir, l'homme cessera de faire des erreurs. L'erreur humaine fait incessamment partie de la vie des hommes et des femmes ; ceux-ci doivent s'attendre à subir les erreurs des autres et aussi à en faire eux-mêmes. Deuxièmement, la femme devrait apprendre à être confiante, pas tant dans l'issue « des événements que dans *l'intention de l'homme de prendre soin d'elle*. Dans sa confiance de petite fille en l'homme, elle doit être prête à mettre en jeu l'argent, la sécurité, le confort et les choses matérielles car, si l'homme désire vraiment bien faire les choses et s'il s'efforce d'agir au meilleur de son jugement, elle n'a pas à attendre davantage de son mari.

Il est important de comprendre exactement la valeur de la confiance. Quand une femme met sa confiance en son mari, cela ne peut pas faire autrement que de le faire se sentir plus responsable. Il doit simplement estimer ce que sa femme attend de lui et ne jamais la laisser tomber. Et que gagne la femme ? Sa confiance de petite fille lui permet d'être davantage femme-enfant et par conséquent, d'être plus fascinante et davantage apte à susciter la tendresse de l'homme.

Par contre, la femme qui manque de cette confiance de petite fille suscite des réactions négatives. Par exemple, si elle doute de l'habileté de son mari à *diriger*, elle prendra incontestablement la direction et mènera les choses à sa façon, pensant qu'elle peut faire mieux que lui. Si elle est hautement intelligente, elle peut réussir à éviter quelques erreurs de plus que lui, mais elle le diminuera indubitablement en tant qu'homme et elle minera sa confiance en lui. Ou si elle doute de la capacité de son mari à *gagner convenablement* la vie et qu'alors elle entre sur le marché du travail pour s'assurer plus de sécurité et de confort matériel, elle brise encore plus sa confiance en lui-même. En plus, elle perd de ce charme et de cette confiance de petite fille qui la font tellement femme. Elle peut gagner l'univers mais tout perdre dans sa relation conjugale.

7. La coquetterie plaisante

Une autre qualité charmante qui caractérise la femme-enfant est la coquetterie plaisante. Vous pouvez répondre d'une façon « taquine », « provocante », quand un homme est beaucoup trop *sérieux, austère* ou de *mauvaise humeur* contre vous, ou quand il « *vous assoit* » *pour vous faire un sermon sur les choses que vous auriez besoin d'améliorer, ou même quand il vous ignore*. Victor Hugo, dans sa description louangeuse de Déruchette, mentionne qu'elle a « la coquetterie plaisante de l'enfant ».

On trouve une parfaite illustration de cette coquetterie taquine chez Babbie, personnage de la pièce de théâtre *Le petit ministre*. Le petit ministre, plein de dignité, regardait avec horreur l'air sauvage et les manières bohémiennes de Babbie. Mais lorsqu'il s'éleva contre elle sur son apparente irresponsabilité, elle interrompit son sérieux discours et, taquine, voulut savoir qui des deux était de plus grande taille ; et elle le fit se mettre dos à dos avec elle pour mesurer leur grandeur respective. Et alors qu'il était sur le point d'éclater d'indignation devant son manque de sérieux, elle fit une moue adorable comme pour dire : « Vous n'allez pas vraiment vous fâcher contre moi, pauvre petite » ; et elle lui lança un coup d'œil et un sourire tellement confiants qui disaient : « Je suis certaine que vous m'aimez trop pour me blesser », que le pauvre homme oublia complètement son indignation et lutta contre son désir de prendre cette adorable créature dans ses bras et de lui dire : « Non, pour rien au monde je ne voudrais vous blesser. »

Si vous avez remarqué, la première chose que fit Babbie fut de *changer le sujet* en voulant savoir qui des deux était le plus grand. Puis, elle a distrait son attention de son discours en le faisant se mettre dos à dos avec elle. Vous pouvez utiliser un enjouement taquin similaire en suivant les mêmes principes. Changez d'abord le sujet pour quelque chose de léger et d'amusant, puis distrayez l'attention de l'homme en « ajustant ses lunettes », en « mettant sa cravate en place », en « remplaçant ses cheveux », ou en faisant toutes sortes de choses semblables. Trouvez des façons et des moyens de mettre en pratique cet art charmant. Les hommes trouveront cela enchanteur et vous contribuerez à éloigner de leur vie trop de sérieux.

Vous pouvez aussi mettre en application cette coquetterie quand vous vous sentez négligée ou ignorée. Par exemple, si votre mari passe trop de temps à lire le journal et qu'il ne vous accorde pas d'attention, vous pouvez vous asseoir sur ses genoux, lui enlever le journal des mains, lui caresser la joue ou lui tirer les oreilles en disant : « Tu ne m'accordes pas assez d'attention. » Ou vous pouvez faire la même chose s'il regarde par la fenêtre pendant que vous essayez de lui expliquer quelque chose. Le seul moment où l'homme n'acceptera pas l'attitude taquine d'une femme est lorsque celle-ci aura été coupable d'un terrible comportement, qu'elle aura été exigeante, dominatrice, critique ou que de toute autre façon, elle aura failli en tant que femme ; dans ces circonstances, l'homme peut avoir une attitude tellement froide vis-à-vis de sa femme que rien de ce qu'elle pourrait faire ne le charmerait. Cependant, si l'atmosphère est bonne entre l'homme et la femme, elle peut se montrer enjouée et taquine quand il est maussade, de mauvaise humeur, trop sérieux, exigeant ou négligent. La coquetterie taquine chez la femme ne veut toutefois pas dire de jouer des tours. Cette dernière attitude est caractéristique des petits garçons, pas des petites filles. À l'occasion, jouer des tours est convenable pour un homme, mais jamais pour une femme.

8. La douceur des émotions

La femme au cœur doux est portée à avoir de tendres sentiments vis-à-vis des enfants, des animaux, des fleurs, vis-à-vis de quelqu'un qui est malade, sans ressource ou dans le besoin, et elle est facilement encline à la pitié ou à la sympathie. Amélie, par exemple, pleurait la mort d'un canari ou d'une souris, ou la fin d'un roman. Si un homme raconte une émouvante histoire où il y a du danger ou de la détresse, une femme au cœur doux sympathisera avec les personnes impliquées. Elle est tour à tour horrifiée et émerveillée et elle a beaucoup de difficulté à attendre la fin de l'histoire pour savoir si tous s'en sont sortis indemnes. Cette révélation de la tendresse d'un cœur d'enfant fascine les hommes. Ceux-ci inventent parfois des histoires à fendre le cœur juste pour voir l'émotion de ce doux cœur de femme.

Le problème est que la plupart des femmes se sentent honteuses de leurs douces émotions et qu'elles essaient de les cacher. Lorsqu'elles regardent un film tragique ou dramatique, ou qu'elles lisent un poème émouvant ou écoutent raconter un incident qui éveille de la sympathie, elles retiennent leurs larmes et leurs émotions pour qu'on ne les voie pas. La femme ne devrait pas essayer de cacher ses tendres émotions. Elle n'en sera que plus attrayante.

9. La franchise

La franchise est un autre moyen de nous exprimer à la façon des enfants. Cela ne veut pas dire de « parler sans retenue » ou de parler trop ouvertement sans tenir compte des sentiments des autres, comme c'est là un défaut notable chez les adultes. La franchise dont je veux parler consiste à être *direct en conversation et non pas évasif*, « *à ne pas tourner autour du pot* », à ne pas chercher inutilement des excuses et à en venir directement au sujet.

Un enfant qui a été élevé par des parents gentils et pleins d'amour qu'il ne craint pas, est porté à être honnête et franc. Il dit des choses aussi directes que « Je ne veux pas » ou « J'ai oublié ». Il n'a pas peur d'être honnête. Si, par exemple, vous demandez à une petite fille si elle aimerait vous accompagner chez une dame en bas de la rue et que l'enfant ne veut réellement pas, elle dira : « Je ne veux pas y aller. » Elle ne cherchera pas mille excuses ; elle est honnête et directe. C'est le genre de réponses qu'un homme apprécie chez une femme.

Si vous magasinez avec votre mari pour acheter des meubles ou des vêtements et qu'il vous suggère d'acheter des choses que vous n'aimez pas, il n'est pas nécessaire que vous lui expliquiez vos objections. Soyez honnête et franche et dites simplement : « Chéri, je crois vraiment que je ne veux pas l'avoir. » Cette franchise éclaircira la situation ; votre mari l'appréciera et il n'aura vraisemblablement pas l'impression que vous méprisez ses goûts. Il est évidemment important de plaire à votre mari dans la façon de décorer la maison, mais il n'est pas nécessaire de prendre des choses qui se heurtent complètement à vos goûts. D'ailleurs, la plupart des hommes veulent plaire à leur femme, veulent qu'elle ait des choses qu'elle aime, et ils apprécieront donc qu'elle exprime franchement ses désirs.

J'ai connu une femme qui avait tout le charme de la franchise. À ce moment, je me souviens, son mari et quelques autres hommes venaient juste d'annoncer leur projet de descendre le fleuve Colorado sur un radeau. La jeune femme, voyant que ce périple était extravagant et voyant aussi qu'elle devrait se passer de choses dont elle avait besoin, dit avec des manières de petite fille : « Mais, et moi alors ! J'ai besoin de nouvelles robes de coton et de souliers de printemps. » Son mari la regarda, amusé et merveilleusement surpris. N'était-ce pas beaucoup mieux qu'elle agisse ainsi plutôt que de se plaindre, d'accuser son mari d'égoïsme, ou même pire, de se taire et de garder rancune ? Cependant, notez ceci, s'il vous plaît : dans certaines circonstances, une femme devrait encourager avec vigueur et empressement pareils projets d'homme ; mais dans ce cas précis, ce voyage dépassait leurs moyens ; et grâce à ses paroles franches et honnêtes, la femme ramena son mari à la réalité et elle l'empêcha de faire une bêtise. Puisqu'elle avait le sentiment qu'elle devait s'exprimer, il était sage qu'elle le fît avec une franche attitude de petite fille.

10. La versatilité

Une femme est plus intéressante si elle est changeante, si elle n'est pas toujours la même. Charles Reade, dans *The Cloister and the Hearth* dit : « Les filles aiment tour à tour être timides et farouches, douces et piquantes. » La versatilité d'une femme la rend mystérieuse et, par conséquent, plus intéressante pour les hommes. Si elle est imprévisible et que l'homme ne peut pas savoir ce que seront ses réactions ou son humeur dans une situation particulière, elle sera une femme beaucoup plus fascinante. Déruchette, vous vous souviendrez, bien qu'elle fût *douce* et *bonne*, était enjouée, taquine, pleine de vivacité, et elle avait *un air d'ensorcelante langueur et un soupçon de mélancolie*.

La *façon* d'être changeante est dans l'expression des *émotions*. Et à cet égard, nous copions cet art des petits enfants. J'ai vu, par exemple, des petites filles qui, le visage couvert de larmes, accouraient vers leurs mères, lesquelles, après les avoir réconfortées d'un baiser ou d'une agréable surprise, les ont vues brusquement sourire alors que leurs joues étaient encore mouillées de larmes. De plus, les enfants ne tiennent pas rancune, ce qui est une raison pour laquelle leurs émotions varient librement. Observez aussi les émotions des enfants lorsqu'ils sont préoccupés par une histoire au moment de se mettre au lit. Si l'histoire prend une mauvaise tournure, ils montrent de l'énervement ; mais si les choses tournent bien, ils expriment alors leur joie. Les enfants ne sont pas monotones, ils sont changeants et expressifs.

11. Les manières juvéniles

Les manières juvéniles sont le propre d'une attitude *d'enthousiasme pour la vie*, ou d'un sentiment intérieur de jeunesse. Avoir le printemps au cœur, un esprit allègre, de la vivacité face à la vie et de l'enthousiasme devant l'avenir, c'est cela avoir un esprit juvénile et il peut être conservé même à un âge avancé. J'ai récemment eu une conversation avec une dame qui me disait : « Vous savez, j'ai 74 ans, mais je me sens jeune et même un peu coquette. » Une femme devrait ressentir cela toute sa vie si elle veut être fascinante. C'est cet esprit de jeunesse qui la gardera éternellement attrayante pour son mari.

Une femme juvénile est celle qui a une réaction de plaisir quand elle accroche de nouveaux rideaux, quand elle fait une robe à sa fille, quand elle cuisine sa recette préférée, quand elle nettoie les armoires ou quand elle respire la fraîcheur de la lessive. C'est celle qui « s'enflamme » de l'odeur de la mer, de la première neige ou d'un chemin de campagne bordé d'arbres. C'est celle qui aime la vie, la merveilleuse vie.

Si vous voulez avoir des manières juvéniles, la première chose à faire est d'éliminer toutes tendances de matrone, surtout dans votre façon de marcher. Les vieilles femmes sont portées à s'incliner vers l'avant, à baisser le menton, à arrondir les épaules, à marcher les jambes écartées et à faire osciller la partie supérieure de leur corps. C'est ce qui caractérise la démarche des gens avancés en âge. Donc, si vous voulez paraître jeune, faites le contraire. Évitez aussi d'avoir une expression morne et terne qui est le résultat d'un caractère aigri, de la peur de l'avenir et d'un ennui face à la vie, et qui sont toutes des caractéristiques de la vieillesse.

12. L'allure juvénile

Pour arriver à avoir une allure juvénile, la première chose à faire est *d'éviter d'avoir des allures de matrone*. Mais qu'est-ce qu'avoir des allures de matrone ? Elles diffèrent de génération en génération, mais pour avoir un point de référence, dites-vous que ce sont les styles qui sont *dépassés*. C'est s'habiller, se coiffer et se maquiller comme il y a dix ans ou plus, ou tout simplement d'après des styles qui ne sont plus à la mode. Il y a une tendance chez les femmes à rester accrochées à des styles qui étaient populaires dans leur jeunesse, et cette tendance contribue à les faire paraître anciennes.

Je ne veux pas suggérer que nous devions aller vers l'autre extrême et que nous portions des choses qui changent de mode d'une saison à l'autre. Une femme bien habillée porte toujours des styles de bon goût et qui lui conviennent, quelles que soient les modes en cours. Et les vêtements qui sont de bon goût tendent à rester longtemps à la mode.

Pour éviter d'avoir l'air d'une matrone, ne vous laissez pas aller à « prendre du poids », même si ce n'est que cinq kilos en trop. Il n'y a rien qui détruise plus l'apparence de jeunesse qu'un visage bouffi. Il est presque impossible pour une femme d'avoir des manières et une apparence juvéniles si elle est grasse, car elle ne paraîtra pas bien dans ses vêtements et elle aura une démarche chancelante.

Pour favoriser un habillement jeune, visitez les boutiques où les jeunes filles achètent leurs vêtements. Il n'est pas nécessaire de choisir vos vêtements dans ces boutiques, mais vous aurez une vue d'ensemble de ce qui est à la mode. Ces styles ont souvent tendance à se démoder rapidement, mais vous aurez quand même une bonne idée de ce qui est jeune, parce que les jeunes s'habillent toujours selon « le dernier cri ». C'est typique de la jeunesse.

Et si vous voulez créer votre propre style juvénile, surtout pour les robes d'intérieur, visitez les boutiques pour adolescentes. Vous y verrez boutons et rubans, des tissus à carreaux, des tartans écossais, des plissures, des rayures, des jumpers, des tissus à marguerites, et même du satin, des dentelles et des velours, et plusieurs autres styles. Tous ces vêtements sont beaux à voir. La section des enfants est aussi une source de styles juvéniles. Vous pourrez y consulter des catalogues de patrons qui sont généralement reproduits dans les grandeurs pour femmes. Copiez aussi les styles traditionnels de coiffures de petites filles : cheveux longs, tresses, queue de cheval, cheveux bouclés. Ces styles s'accompagnent de rubans, de fleurs, de bandeaux, de broches à cheveux et autres.

Si vous pensez qu'il est un peu ridicule pour une femme mûre de porter un style juvénile, portez-le dans votre maison et laissez votre mari en être juge. Il peut ne pas vouloir que vous le portiez en public, mais il aimera vraisemblablement vous le voir porter à la maison ou dans des circonstances informelles.

La femme puérile

La femme-enfant ne devrait pas être confondue avec la

« femme puérile », ce dernier type étant une qualité négative. Être *puérile*, c'est copier les défauts des enfants et ainsi, faire des choses qui ne sont pas dignes d'une adulte ; tandis qu'être femme-enfant, c'est copier leurs qualités, leurs vertus. Quelques caractéristiques déplaisantes qu'on retrouve chez les enfants sont leur égocentrisme, leur irresponsabilité, leur tendance à attendre beaucoup des êtres humains ordinaires. Ceux qui maintiennent ces traits à l'âge adulte sont portés à se tourmenter quand ils ne trouvent pas leurs voies, à blâmer les autres lors de circonstances malencontreuses, à ne pas reconnaître leurs propres erreurs et leurs échecs personnels, et à exiger trop de choses déraisonnables. Lorsque nous étions jeunes, nous attendions beaucoup de nos parents et nous pensions qu'ils pouvaient faire l'impossible. De projeter cet irréalisme dans la vie adulte, c'est d'attendre trop de nos semblables et c'est, par conséquent, puéril. La *puérilité* chez une femme mûre n'est pas attrayante.

Conclusion

Il y a quelques femmes qui sont réticentes à l'idée d'agir à la façon des enfants et qui trouvent que c'est faire insulte à leur bon sens que de leur demander de jouer un rôle de petite fille. Elles croient toujours que les hommes vraiment sensibles, ce genre d'hommes qu'elles admirent, se sentiraient repoussés plutôt qu'attirés par une créature infantile. La seule façon de vous prouver que l'attitude de femme-enfant charme les hommes est de la mettre en pratique dans votre propre vie et de constater vous-même la réaction de votre mari.

Et même lorsque les femmes admettent qu'une femme-enfant est très attrayante, beaucoup d'entre elles pensent à tort qu'il leur est impossible de jouer ce rôle. Soyez certaine que chaque femme peut être une femme-enfant puisque, pour chacune de nous, ce trait est inhérent à notre nature. Cela fait partie de la femme. N'oubliez pas qu'il n'y a pas si longtemps, vous étiez une petite fille et que ces traits infantiles vous étaient naturels. Vous pouvez reconquérir ces manières et ce charme de votre jeunesse et les ajouter à votre personnalité. Vous serez plus charmante aux yeux de votre mari, et il se sentira plus fort et plus homme. N'oubliez pas, *si vous voulez vraiment être traitée et aimée comme une femme, vous devez faire en sorte que votre mari se sente homme.*

Il y a une tendance marquée chez la femme à perdre ses traits infantiles lorsqu'elle grandit et surtout lorsqu'elle est mariée. Elle a en quelque sorte l'impression qu'elle se doit alors d'être « mature », et ne réalise pas qu'un homme ne veut jamais d'une femme tout à fait « mature ». La vraie femme fascinante n'acquiert jamais les traits d'une matrone et ne devient jamais sceptique, entêtée, cynique, ni arrogante comme le sont les vieilles femmes qui ont perdu leur jeunesse.

Les moyens pour être femme-enfant

1. La colère enfantine
2. Les blessures infantiles
3. La déception
4. Comment demander des choses
5. La joie infantile
6. La confiance de petite fille
7. La coquetterie plaisante
8. La douceur des émotions
9. La franchise
10. La versatilité
11. Les manières juvéniles
12. L'allure juvénile

RÉSUMÉ

Comme nous arrivons à la fin de l'étude de *L'univers fascinant de la femme*, il peut vous sembler qu'on attend beaucoup de vous et qu'on vous demande de faire beaucoup de concessions. Il peut vous apparaître que ce n'est pas toujours juste. Mais n'oubliez pas que le mariage n'est pas une affaire moitié-moitié. On attend de chaque partenaire qu'il se donne à quatre-vingt-dix-neuf pour cent. En donnant de tout son cœur, on est grandement récompensé. *Quand on fait du bien, on est récompensé au centuple*. La doctrine chrétienne nous enseigne la même chose : *Celui qui perd sa vie pour Moi, la gagnera*. La femme qui suit avec dévotion ces enseignements est récompensée par une relation conjugale tendre et romantique. Et un heureux mariage est le cœur d'un foyer heureux. *L'univers fascinant de la femme rend la femme plus heureuse, le mari plus heureux et les enfants plus heureux*. C'est la promesse donnée à toutes celles qui vivent les principes de ce livre. Et si vous avez quelques doutes à ce sujet, je vous défie de mettre en application ces enseignements dans votre propre vie et de constater par vous-même leur véracité.

Il revient en très grande partie à la femme de céder à l'homme son droit au leadership et de se tenir en dehors du rôle masculin de guide, de protecteur et de soutien. Celle qui a partagé le pouvoir de prises de décision et celui de gérer les finances, celle qui a gagné de l'argent par ses propres moyens, peut avoir l'impression que suivre ces enseignements, c'est d'abandonner beaucoup trop de choses. En réponse à cela, n'oubliez pas que quand une femme partage le rôle de l'homme et qu'elle ne veut rien abandonner, elle ne récolte que maux de tête, frustrations, déceptions, durs travaux et découragement. Peut-être cède-t-elle un peu de sa précieuse liberté, mais quand elle laisse à l'homme la position de leadership qui lui revient et qu'elle délaisse ce qui lui semble être ses droits, elle gagne tous les avantages qu'une femme peut espérer : un mari qui fera tout en son pouvoir pour la rendre heureuse.

En tant qu'épouse, une femme est dans une situation précaire, car une fois qu'elle a compris les profonds besoins d'un homme, elle est dans une position soit de construire ou de détruire son mari. Elle le détruira si elle le harcèle constamment pour changer, si elle lui vole sa position de leadership, si elle le blesse dans son orgueil et si elle fait fi de ses importants besoins. Elle le construira si elle regarde son meilleur côté, si elle admire sa masculinité, si elle lui offre sympathie et compréhension et si elle l'aide à réussir dans son rôle de guide, de protecteur et de soutien.

Le principe fondamental enseigné dans ce livre est le suivant : si vous voulez éveiller l'amour et la tendresse d'un homme, vous devez : 1) *Être une personne digne d'amour*, une femme de caractère qui inspire un sentiment d'adoration dans l'esprit d'un homme. 2) *Le faire se sentir homme*. Vous arriverez à cela en admirant ses qualités mâles, en le faisant se sentir indispensable et compétent dans son rôle d'homme, en remplissant votre rôle de femme et en acquérant les caractéristiques féminines et infantiles qui le font, par contraste, se sentir viril. L'évidence des différences entre un homme et une femme éveille amour et tendresse.

En vivant *L'univers fascinant de la femme*, ne vous découragez pas si, occasionnellement, vous « régressez)) en commettant des erreurs. C'est normal. Il faut habituellement un an avant de se faire de nouvelles habitudes. Mais persévérez. Vous vous créerez une nouvelle façon de vivre et vous vous trouverez dans un « nouveau monde », un monde que vous verrez comme à travers des « verres teintés de rose ». Lorsque vous aurez eu un aperçu de ce nouveau monde de *L'univers fascinant de la femme*, vous ne vous contenterez plus jamais de votre ancien monde. Pendant un certain temps, il est possible que vous vous teniez entre les deux mondes, incapable d'atteindre les objectifs élevés de *L'univers fascinant de la femme*, et mécontente des jours malheureux de votre passé. Mais avec le temps, vous parviendrez au « banquet de la vie », et jamais plus vous ne « mangerez les miettes ».

Lorsque l'homme aura vu en vous cette femme fascinante, il

ne voudra plus jamais voir votre « vieux type ». Une fois qu'il aura connu mieux, il ne voudra pas revenir en arrière. Il vous est donc avantageux d'accepter le fait qu'une fois que vous êtes sur la voie de *L'univers fascinant de la femme*, il n'est plus question de rebrousser chemin.

Vous pouvez vous demander pourquoi je n'ai pas inclus dans ce livre des enseignements concernant la sexualité. La raison est que *L'univers fascinant de la femme* traite de l'harmonie de l'esprit avec l'esprit, tandis que les relations physiques doivent être traitées séparément.

Je reconnais que les relations sexuelles sont grandement importantes, que des problèmes peuvent être résolus et que des améliorations peuvent être apportées si on suit de bons principes. Pour vous aider sur ce sujet, mon mari et moi avons préparé un petit livre expliquant comment appliquer *L'univers fascinant de la femme* aux problèmes sexuels courants.

Peut-être que le plus grand encouragement pour vous serait d'examiner les expériences fructueuses d'autres femmes. J'en ai déjà cité plusieurs dans ce livre, et plusieurs centaines d'autres furent écrites. En voici trois autres dont vous pourrez vous souvenir.

Un déchirement du cœur... mais qui eut une fin heureuse

"Mon mari et moi nous sommes mariés alors que j'avais 18 ans et lui, 19. Nous sommes allés à l'école ensemble et nous avons attendu six mois après notre remise de diplômes pour nous fiancer. Après un an et demi de mariage, il fut envoyé outre-mer par les forces armées. Pendant les cinq mois qui suivirent, je vécus chez ses parents, en ramassant suffisamment d'argent pour le rejoindre. Ses parents étaient plus proches de moi que ma propre famille. Il était leur seul fils et ils m'acceptèrent affectueusement chez eux comme étant leur seule fille. Je pensais que je savais tout ce qu'il y avait à savoir sur mon mari quand je l'ai finalement rejoint.

« Eh bien, j'avais tort. J'ignorais complètement les choses vraiment importantes qu'une épouse doit savoir au sujet de son mari et spécialement au sujet d'elle-même. Par ignorance, j'ai trébuché pendant sept ans de notre mariage. De ces années, les quatre dernières furent, émotionnellement, un véritable enfer pour moi car, alors que notre premier enfant avait trois mois, mon mari avoua finalement, après que je l'eus accusé un million de fois de ne pas m'aimer, que j'avais peut-être raison, parce qu'il n'avait plus du tout l'impression de m'aimer. Voilà, la vérité était sortie au grand jour et nous ne savions plus quoi faire. Nous sommes des personnes ayant des normes morales très élevées ; nous avons donc décidé de chercher de l'aide professionnelle pour savoir s'il était encore possible de sauver notre mariage.

"Notre ministre du culte nous conseilla de voir un conseiller matrimonial, ce que nous avons fait hebdomadairement pendant deux ans. Nous avons eu un deuxième enfant, dix-sept mois après le premier ; et peu de temps après, je fus gravement brûlée dans un accident d'automobile. Je croyais que c'était là la réponse à mes prières. Stupide, n'est-ce pas ? Oui, mais j'étais tellement désespérée et émotionnellement brisée que, puisque le conseiller matrimonial n'apportait pas de réponses à nos problèmes (les miens en vérité), j'avais prié Dieu chaque jour pour qu'Il m'aide à trouver une porte de sortie, ou pour qu'Il me sorte de ma misère en m'emportant avec Lui, ou pour que quelque chose d'horrible m'arrive afin que mon mari soit secoué par les événements et qu'il puisse découvrir si oui ou non il m'aimait.

"Eh bien, cet accident le permit. Ou du moins, je pensais que cela avait été le cas pour un court instant. Alors que j'étais à l'hôpital aux soins intensifs, j'entendis mon mari dire pour la première fois depuis trois ans : Je t'aime. Notre mariage avait été si merveilleux au début que je souffrais grandement qu'il ne le fût plus ; mais ce je t'aime fut ce qui me permit de passer mes deux mois à l'hôpital, car je pensais qu'à mon retour à la maison, tout serait à nouveau beau et merveilleux, malgré mon visage et mes mains horriblement brûlés.

"J'étais encore une fois dans l'erreur. Les choses furent pires que jamais et je passai les deux années suivantes à implorer la miséricorde du Seigneur pour une pauvre créature humaine qui était vraiment au bout de son rouleau. J'ai essayé très fort de changer, tel que le conseiller l'avait dit mais rien n'y faisait. Le problème n'était définitivement pas résolu, et je n'avais plus aucun contrôle sur mes émotions. J'étais vraiment une « épave », dans tous les sens du mot.

"En juillet dernier, mon mari me parla cruellement et irrespectueusement devant les enfants et ce fut pour moi la goutte qui fit déborder le vase. Je l'aidai donc à faire ses bagages et lui demandai de partir. À ma grande surprise, il le fit ; on aurait dit qu'il était prêt à cela. Une merveilleuse paix régna enfin et je pensais vraiment que c'était la réponse de Dieu à mes prières.

"Je me trompais, encore une fois. Les deux premiers mois, nous étions le couple séparé le plus heureux que la terre n'ait jamais connu. Les enfants firent de grands progrès pendant cette courte période de temps. Le bébé, alors âgé de deux ans, et qui n'était pas du tout déluré, se mit à se traîner de lui-même ; et mes deux fils étaient heureux comme ils ne l'avaient jamais été. C'est à ce moment que ma sœur m'apporta *L'univers fascinant de la femme*. Je commençai immédiatement un programme d'étude intensive, comme je ne l'avais jamais fait de ma vie. Je le lus au complet, lentement et attentivement ; puis je réfléchis et réfléchis et décidai d'appliquer un chapitre à la fois. Une révolution extraordinaire se produisit en moi et je remerciai Dieu de m'avoir enfin donné une réponse à mes problèmes ; mais en même temps, je me suis mise à me haïr avec une ardeur que je ne me connaissais pas. *Comment avais-je pu être si sourde, si aveugle... si stupide !!!*

"Mon mari était tout ce que je voulais dans la vie ; je me haïssais de ne l'avoir jamais compris en tant qu'homme. Lorsque j'ai terminé le livre, je me suis regardée dans le miroir, je me suis vue telle que j'étais, et telle que mon mari me voyait. Je méprisais ce que je voyais. Oh ! combien ignorante et pharisaïque j'étais. J'ai pleuré pendant deux jours après avoir lu l'histoire de l'auteur russe de *Guerre et paix*, Tolstoï, et surtout quand je vis qu'il ne pouvait plus supporter la vue de sa femme tellement elle lui était devenue choquante et désagréable. J'étais sûr qu'il était trop tard pour réparer le tort fait à mon mari. Il s'était bâti un mur de réserve qui faisait paraître la Grande Muraille de Chine minuscule !

"Mais heureusement, notre Dieu est un Dieu de miséricorde. Je suivis étape par étape les principes de *L'univers fascinant de la femme* et la réponse de mon mari fut miraculeuse. J'aurai toujours une dette envers *L'univers fascinant de la femme*, envers Helen Andelin et envers Dieu pour avoir montré à une créature perdue comment être heureuse et comment rendre les autres heureux : juste pour cette raison et pour aucune autre. Voici comment les choses se passèrent :

"Je téléphonai à mon mari et lui demandai d'arrêter un soir, après son travail. Je voulais le mettre au courant de mes nouvelles connaissances et je voulais « briser la glace » de la façon que j'avais apprise. Il vint et je bégayai un petit moment avant de pouvoir lui dire que, dans ma solitude, j'avais fait plusieurs lectures et que j'avais eu le temps de voir combien j'avais eu tort pendant toutes ces années de notre mariage (sept ans).

"Je lui dis que je n'attendais pas de lui qu'il me pardonne pour avoir fait de sa vie un enfer sur terre ; mais je voulais m'en excuser et lui dire que j'étais profondément désolée pour la misère que je lui avais causée. Je voulais qu'il sache que je me rendais compte maintenant que notre échec était de ma faute et de ma faute seulement, et qu'il était le meilleur mari qu'une femme puisse avoir. Je lui dis que je l'admirais pour sa force de caractère, pour n'avoir jamais cédé à mes critiques et pour ne m'avoir jamais permis de faire de lui ce que je voulais. Je me devais de lui dire cela pour qu'il puisse trouver du bonheur dans l'avenir et pour qu'il ne pense pas que notre mariage avait échoué à cause de lui. Je voulais l'assurer qu'un jour, il trouverait le genre de femme qu'il mérite et qu'alors, il serait heureux, parce qu'il est le meilleur gars du monde. Je voulais qu'il sache que je me détestais pour ne pas avoir vu cela à temps.

"Pendant tout ce temps où je lui disais ces choses, il restait assis, regardant alternativement dans le vide, sans rien voir, puis vers moi, dans une muette incrédulité, puis dans le vide encore. Quand j'eus terminé, des larmes roulaient sur mon visage et un long silence remplissait toute la maison. Il resta muet, le regard fixe ; je me suis assise près de lui, et j'attendis, j'attendis... Ces deux ou trois minutes m'ont semblé une éternité. Ses premiers mots furent : *Je suis stupéfié ; je ne sais pas quoi dire*. Je lui dis que je ne voulais pas ou ne m'attendais pas à ce qu'il dise quoi que ce soit, mais que je voulais seulement qu'il sache comment je me sentais. Il partit, toujours ahuri et incrédule.

"Je restai à la maison pendant trois jours, attendant un téléphone ou quelque chose d'autre. Il téléphona enfin pour savoir s'il pouvait venir faire sa visite hebdomadaire aux enfants. Je dis : *Bien sûr*. Ce soir-là, j'admirai ses longues jambes, ses larges épaules, son physique viril et ses regards francs ; et il accepta avidement ces compliments. Il sourit à pleines dents, retint des rires et dit aux enfants de ne pas croire tout ce que leur maman leur disait. Après avoir, mis les enfants au lit, il m'invita à un dîner dansant dans un mois ; et encore une fois, j'étais heureuse, heureuse, heureuse. Cela voulait dire qu'il y avait peut-être un espoir que je me rétablisse auprès de lui ; et je remerciai Dieu à nouveau pour être si miséricordieux envers un être humain aussi indigne que moi. Les visites hebdomadaires venaient et passaient ; les enfants prenaient toujours toute son attention, mais il me complimentait à l'occasion sur des améliorations que j'apportais à mon apparence, à l'entretien ménager, etc. Mais jamais un indice sur son retour éventuel au foyer. Aussi, dans un de mes moments les plus solitaires, je l'appelai pour qu'il vienne regarder la télévision avec moi. Et il vint.

"Après avoir couché les enfants, nous avons parlé un petit peu et je lui dis que je voulais qu'il sache que je l'aimais vraiment, que je voyais toutes mes erreurs de parcours, que je sentais que je le comprenais en tant qu'homme et que je croyais que je pourrais le rendre heureux s'il voulait bien me pardonner suffisamment pour revenir à la maison. J'ajoutai que j'aimerais avoir la chance de le rendre heureux. Je lui demandai respectueusement d'y penser. *Je veux seulement que tu saches que je te veux plus que tout au monde et que si, par quelque miracle, tu voulais revenir à la maison, nous t'aimons et nous serions la famille la plus heureuse*. Il me dit qu'il était trop tôt pour prendre une décision et qu'il était désolé que je n'eusse pas changé plus tôt. Et pendant les deux mois qui suivirent, il ne dit mot, ni ne fit miroiter l'espoir de son retour.

« Il s'était passé sept ans depuis que nous avions dit "oui" à l'église, et cinq mois depuis notre séparation, quand il arriva un jour à la maison avec des papiers à me faire signer. Il venait juste d'acheter une voiture et avait besoin de ma signature pour que l'auto soit à nos deux noms. J'ai littéralement flotté dans la maison pendant des jours (sept pour être exacte), voyant cette lueur d'espoir qu'il puisse penser à me donner une "dernière chance" de refaire notre mariage. J'étais si heureuse ; mais je n'ai jamais fait pression sur lui à ce sujet.

« Une semaine plus tard, son réfrigérateur se brisa à son appartement, et il apporta toute sa nourriture dans le nôtre pour la conserver jusqu'à ce que le sien soit réparé. Comme il essayait de s'imaginer comment il pourrait venir chaque jour chercher sa nourriture et préparer ses repas, je lui suggérai en plaisantant qu'il pourrait déménager à la maison et qu'il n'aurait plus à se préoccuper de cela. À ma grande surprise, il s'arrêta et sourit. J'attendais sa réponse. Quand elle arriva enfin, je me suis retrouvée au "septième ciel" : *Eh bien, je pense que je pourrais faire cela*, dit-il. Je me suis blottie dans ses bras et j'ai écarquillé les yeux de joie. Les seules paroles que je pouvais dire étaient : *Tu veux dire... tu veux dire que tu es prêt à me donner une autre chance ?*

« Après quelques instants, le temps qu'il me fallut pour retrouver un peu de calme, il m'installa sur une chaise et dit qu'avant de revenir à la maison, il devait savoir comment je réagirais face à sa chère "liberté" ; car, pendant ce temps passé seul, il avait réalisé que sa liberté d'être lui-même et de s'adonner à des passe-temps (travail du bois, électronique, etc.) et de ne pas être pris dans un horaire étouffant, était ce qui lui était de plus précieux et qu'il n'était pas prêt à abandonner cela pour rien ni personne. Je lui dis que je comprenais. Il se dirigea alors vers la porte pour aller chercher ses effets, se tourna et étendit la main. Il y avait dedans un trousseau de clés flambant neuf pour sa nouvelle voiture. Il dit : *Voilà, je pense bien que tu en auras besoin maintenant !* Et il s'en alla, mais seulement pour pouvoir revenir et cette fois, pour de bon. Cela s'est passé trois semaines avant Noël ; et nous avons eu le plus heureux Noël qu'une famille puisse avoir. Depuis ce jour glorieux, presque six mois se sont écoulés, et il ne se passe pas une semaine sans que mon mari me dise qu'il n'en croit pas ses yeux de voir combien j'ai changé. (Il me rappelle comment j'aurais réagi auparavant.)

« *L'univers fascinant de la femme* a sauvé mon âme, mon mariage et ma famille. Je vais m'efforcer pour le reste de ma vie à vivre ses enseignements. Je n'avais jamais rien fait de bien avant, pas une seule chose de bien, et j'ai eu beaucoup à faire pour chasser de mon existence mes vieilles habitudes et ma façon de penser afin de les remplacer par les bonnes attitudes. Aucun des principes de L'univers fascinant de la femme que j'ai appliqués n'a échoué et je sais que c'est la bonne façon de vivre, même si chaque jour est un défi. Je sais cela, parce que mon mari ne peut pas croire que j'ai tellement changé. Je remercie Dieu dans les cieux et vous sur terre, qui m'avez donné ma "dernière chance" de rendre ma famille heureuse. Merci, merci, merci. »

Comment j'ai reconquis mon mari des mains d'une prostituée

« L'univers fascinant de la femme fut littéralement une réponse à ma prière. Je me souviens des circonstances où le livre fit son apparition à la maison. J'avais prié le Seigneur pour qu'il me montrât ce que je devais faire pour m'améliorer en tous points, partout où j'étais fautive dans mon mariage effrité. Un jour, je décidai d'appeler une vieille compagne avec qui je partageais une chambre au collège et que je n'avais pas vue depuis des années. Elle vint me visiter. Quand elle me demanda comment mon mari avait réagi à l'annonce du quatrième enfant dont j'étais enceinte, je cherchai des échappatoires sur le sujet ; je savais, moi, qu'il était furieux. J'ai finalement éclaté en sanglots et je lui ai raconté que mon mari avait par deux fois intenté un divorce, qu'il avait demandé une fois la séparation, qu'il était allé voir un psychiatre et un conseiller matrimonial et que moi, j'avais consulté un conseiller, notre ministre du culte, tous les amis que nous avions, mon obstétricien et même un hypnotiseur, mais tous ne pouvaient rien me dire de plus que de prier ou de divorcer.

« Toutes les plaintes de mon mari m'accusaient de quelque chose. Pourtant, la maison était archipropre et j'empêchais les enfants d'être bruyants et de tourner autour de mon mari. S'il disait qu'il n'aimait pas quelque chose, j'accourais immédiatement pour corriger ce qui n'allait pas. J'essayais le plus possible de ne pas agir comme une femme enceinte, parce que je savais qu'il détestait la situation dans laquelle j'étais.

Tour à tour, je lui envoyais par la poste d'émouvantes lettres d'adieu, je l'appelais de tous les noms, le menaçais de divorcer ou lui disais que je ne lui permettrais jamais de le faire ; je ne répondais pas au téléphone et ne le laissais parler qu'aux enfants, ou bien je me précipitais sur le téléphone à la première sonnerie et lui parlais avec une voix des plus capiteuses. J'ai essayé tous les trucs auxquels une femme peut penser pour garder un homme, en jouant sur les faiblesses de ce dernier. Ce ne fut qu'un soulagement temporaire ; il n'y eut pas de changement.

« Le soir suivant, mon amie de collège fit soixante-cinq kilomètres en voiture pour m'apporter *L'univers fascinant de la femme*. J'ai lu en survol quelques chapitres ; j'étais tellement excitée que j'en avais des papillons dans l'estomac. Le lendemain matin, je mis les enfants dans l'auto et fis trente kilomètres, jusqu'à la librairie la plus proche pour acheter le livre, coupant ainsi sur la partie du budget consacrée à l'alimentation de la famille. Le livre me suivait partout dans la maison : dans la cuisine, dans la salle de bain, dans la chambre à coucher ; je le dévorais comme quelqu'un qui, presque mort de soif, boirait de l'eau. Je sentais mon visage s'enflammer et brûler quand je lisais qu'il ne fallait pas comparer son mari à d'autres hommes, qu'il fallait être heureuse en soi, accepter les défauts de l'homme et ne pas essayer de le changer, regarder son meilleur côté, perdre patience à la manière des enfants, ne pas me laisser marcher sur les pieds, accepter mon mari à sa juste valeur. Comme vous pouvez voir, je ne comprenais pas du tout les hommes.

« Un mois après que j'aie lu *L'univers fascinant de la femme* pour la vingt-cinquième fois, il arriva ce que j'avais espéré : mon mari me dit que j'avais changé. Il ne savait pas trop en quoi mais chose certaine, cela lui plaisait. Environ quatre mois plus tard, il m'avoua que, extrêmement malheureux de l'état de notre mariage, il s'était lié avec une prostituée et qu'il la voyait régulièrement depuis trois ans et demi. Elle était laide, sans éducation et malade ; à l'âge de vingt-quatre ans, elle avait divorcé trois fois ; elle était presque alcoolique et ne pouvait garder un emploi. Elle avait donné à élever son seul fils à ses parents. Mais elle était fascinante. À ses yeux, mon mari était un dieu. Les ennemis et les amis de mon mari étaient les siens.

Elle le faisait se sentir important, accepté et compris.

« Lorsque mon mari me confessa cela, j'ai temporairement oublié tous les principes de L'univers fascinant de la femme ; je perdis toute maîtrise de moi et fis une colère. Je cassai un verre contre la porte et les vitres de deux cadres. J'étais vaincue ; mon mari quitta la maison, se rendit au motel et appela sa maîtresse pour trouver du réconfort.

« Même après que mon mari fut revenu à la maison et qu'il eut retrouvé son calme, il continua à voir sa maîtresse durant quelques semaines encore. Et moi, je gardais à l'esprit l'image de ce terrible tigre qui avait été apprivoisé grâce à de la gentillesse et de la patience, et je me souvenais des récompenses qui en résulteraient et pour lesquelles j'avais prié pendant nos huit années de mariage. Lorsque je commençai à étudier les dures leçons sur la façon d'être fascinante, il semble que ce sur quoi s'appuyait la relation de mon mari avec la prostituée s'effrita complètement, selon, en fait, les dires même de mon mari.

« Je ne veux pas dire qu'il a été facile de faire tous ces changements. Mon mari s'était "entiché" de cette femme et j'ai dû être compréhensive et pleine d'amour ; j'ai dû même éponger son front quand, étendu sur le lit, il tremblait de ne pas avoir parlé à sa maîtresse depuis trois jours. Quand il sombrait dans la mauvaise humeur et que ses conversations glissaient sur elle, j'ai dû trouver suffisamment de sérénité et de force en moi pour passer par-dessus cela et j'avoue que, parfois, je me serais laissée aller au désespoir.

Durant cette période où mon mari essayait de s'affranchir de son "attachement", il apporta à la maison la Bible judaïque qu'il commença à lire. Je tressaillis de joie. Environ sept semaines après qu'il m'ait fait sa "confession", nous avons été tous les deux baptisés dans notre église. Environ deux mois plus tard, mon mari fut mis en charge d'un ministère, tel qu'avait espéré notre église ; et il s'engagea ainsi sur une voie prospère.

"Mon mari continua de lire la Bible à une vitesse phénoménale et il grandit de plus en plus dans le christianisme. Un an après, il continuait toujours d'étudier la Bible. Il a une compréhension de Dieu comme, j'en suis sûre, peu d'hommes en ont : c'est comme si je vivais avec un prophète, un homme comme un Paul ou un David de la Bible.

"Il a monté sa propre affaire et il est devenu, en cinq ans, prospère au point où il m'a dit qu'il avait 200 000 dollars en banque. Mais, comme Tolstoï, il ne veut pas laisser le monde le séparer de Dieu et il ne veut donc pas utiliser cet argent pour des choses matérielles. Il ne sait pas encore ce que le Seigneur veut qu'il fasse de cet argent, mais il parle d'adopter des enfants. Merci, madame Andelin, et je remercie encore davantage Dieu d'avoir porté votre message jusqu'à moi et ma famille."

Je ne l'aimais plus du tout

"George et moi étions mariés depuis seize ans. Je voulais vivre la joie que j'attendais du mariage. J'étais certaine que si nous le voulions vraiment, nous aurions un mariage magnifique, même si les gens que nous connaissions n'avaient pas ce genre d'union merveilleuse. Le problème est que George n'avait pas la même volonté que moi. Je lisais tout ce qui me tombait sous la main. George, lui, ne voulait pas lire et ne me permettait pas de lui faire la lecture. Je laissais traîner partout des articles de revues portant sur le mariage. Cela ne donna aucun résultat.

"Six fois, je suis allée voir un psychologue croyant et pratiquant. Il m'a dit : Nous ne donnons jamais de conseils mais si j'étais vous, je le quitterais. Vous ne vivrez pas plus de dix ans si vous restez avec lui ! Mais je ne voulais pas croire que le divorce était la solution. En plus, nous avons trois enfants ; que leur arriverait-il si j'étais divorcée ? Et n'avais-je pas fait un vœu, pour le meilleur ou pour le pire ?

"George ne me frappait pas, ni rien de tel, et il m'était fidèle. Mais il m'ignorait et ignorait les enfants totalement. Il ne m'aurait pas donné cinq minutes de son temps. Il était occupé par son travail et par ses intérêts personnels. Il ne m'aurait pas aidé avec les enfants. Quand il faisait un nœud dans son lacet de soulier, il jouait au martyr. Il ne m'aurait emmenée nulle part, ne m'aurait jamais acheté quoi que ce soit. Il ne fallait pas dépenser d'argent, sauf pour les absolues nécessités.

"Il se fâchait contre moi pour des vétilles, ce qui m'irritait grandement. C'était vraiment blessant. Sous la menace de divorcer, je l'amenai de force avec moi chez un conseiller matrimonial orienté vers la religion. Cela aida vraiment à améliorer un pauvre mariage. Mais il n'y avait pas de joie, pas de bonheur. Après six mois, je réalisai que je ne l'aimais plus. L'amour était mort, tué par tant d'années de négligences et de blessures. Pouvez-vous vous imaginer ce que c'est que de nettoyer une maison, faire la cuisine et prendre soin des enfants d'un homme que vous n'aimez plus ? George, pourtant, disait qu'il m'aimait toujours. C'était difficile à comprendre. Je me souvenais de la tendre amitié que nous avions avant de nous marier, du plaisir que nous avions ensemble et combien nous nous adorions. Et maintenant, je me demandais ce qui se passait. Je me demandais pourquoi je l'avais épousé. J'ai pensé des centaines de fois : Pourquoi ai-je fait cela ? Pourquoi l'ai-je épousé ?

"L'été dernier, une amie me prêta *L'univers fascinant de la femme*. Dès ce jour, notre mariage se mit à changer de bon à excellent. J'avais toujours pensé : S'il pouvait changer! ; mais c'était moi qui devais changer et j'avais essayé de le changer, lui. Je le diminuais, le critiquais, lui donnais des ordres et je jouais à la mère avec lui. Je ne lui montrais pas d'admiration (pauvre homme) et je ne me concentrais pas sur son meilleur côté. (Mais je m'attardais à son mauvais côté en l'examinant à la loupe). Tout n'était toutefois pas complètement mauvais. J'étais toujours propre et soignée de ma personne et j'étais une bonne mère, une bonne cuisinière et une bonne ménagère.

"Lorsque je l'admire, je me sens maladroite et un peu ridicule, et je ne me sens pas très à l'aise ; mais ça ne fait rien. Il est tellement avide d'admiration que ce n'est pas important que je m'y prenne mal. J'ai toujours répondu à ses besoins physiques et sexuels ; j'ai toujours entretenu ses vêtements et la maison. Ses besoins spirituels étaient assouvis parce qu'il est chrétien et qu'il lit la Bible et prie chaque jour. Mais je n'ai jamais nourri son âme. Je ne savais pas comment. Est-ce que cela ne faisait pas pitié ? Maintenant, j'essaie de nourrir régulièrement son âme. Je me dis : *Ai-je servi un repas à son âme, aujourd'hui ?*

"George est ravi du changement qui s'est opéré en moi. Il me disait récemment : *Je peux difficilement croire que j'ai enfin le genre de femme que j'ai toujours voulu.* Il s'intéresse davantage aux enfants maintenant et il est beaucoup moins mesquin au sujet de l'argent. Il est plus ouvert. Et j'ai retrouvé mon amour pour lui. Merci, madame Andelin. Merci, merci, merci."

Déjà publié

ÉDITIONS
LE RETOUR AUX SOURCES

www.leretourauxsources.com

www.ingramcontent.com/pod-product-compliance
Lightning Source LLC
Chambersburg PA
CBHW071950220426
43662CB00009B/1072